회심의 목회사회학적 이해

열린출판사 목회사회학 시리즈
회심의 목회사회학적 이해

지은이 / 장진원
펴낸이 / 김윤환
펴낸곳 / 열린출판사

1판 1쇄 펴낸 날 / 2010년 11월 25일
등록번호 / 제2-1802호
등록일자 / 1994년 8월 3일
주소 / 서울 중구 인현동2가 192-20 장암프라자 504호
전화 / (02)2275-3892   팩스(02)2277-6235

2010ⓒ열린출판사
저자와의 협의에 의해 인지는 생략합니다
잘못된 책은 바꾸어 드립니다.

ISBN 978-89-87548-93-7 93230

값 15,000원

회심의 목회사회학적 이해

장 진 원

열린출판사

■ 추천사_

　　회심에 대해서는 교회 현장에서 항상 이야기되어 왔다. 그러나 신학에서는 이 부분에 대한 연구가 그렇게 활발하지 못했다. 아마 애써 외면하여 왔다는 것이 옳을 것이다. 그 이유는 회심이라고 하는 주제가 그렇게 이성적으로 이해할 수 있는 부분이 아니라고 여겨져 왔기 때문일 것이다. 또한 회심이 현장에서 잘못 강조될 경우 이단종파나 극단적인 열광주의 등에 빠져왔기 때문에 신학자들의 입장에서는 이것을 신학의 주제로 삼기에 부담이 있었을 수도 있다. 그러나 기독교의 역사에서 이 회심은 항상 새로운 사람을 낳았고 그들에 의해서 기독교가 그 모진 박해를 이겨 나왔으며 부패되어지고 교권화된 교회에서 새로운 신앙으로 이끌어 나온 것이다. 즉 회심이 없이는 기독교의 역사 역시 상상할 수 없는 것이다.

　　장진원 박사는 그간 신학이 소홀이 했던 이 회심이라는 주제를 신학으로 이끌어 들어왔다. 그래서 성서적으로, 그리고 교회사적으로 고찰하고 신학적 성찰을 이루어내었다. 더불어 인접학문인 종교사회학, 심리학, 교육학적인 관점에서 이 회심을 잘 살펴보았다. 이러한 면에서 볼 때 회심에 관해서 이와 같이 집대성해 낸 책은 국내에서 찾아보기 힘들 것이라고 생각한다.

　　특히 장진원 박사의 연구에서 주목할 부분은 이 회심을 신앙공동체의 사건으로 보았다는 것이다. 회심은 일반적으로 개인이 경험하게 되는 종교적 체험으로 이해되어 왔다. 그래서 그 체험은 공동체와 분절되고 개인적인 신앙으로 발전해 왔던 것이 과거 역사에서 우리가 봐왔던 바이다. 그러나 장진원 박사는 부활경험과 성령체험으로 대표될 수 있는 회심의 체험에서 교회를 보았고 그리고 그것을 공동체적 신앙공동체로 표현하고 있다.

즉 회심이 지극히 개인적인 경험이지만 이것은 동시에 공동체로서 공통된 신앙경험으로 이해되는 것이다. 예를 들어서 바울의 회심은 지금까지 한 개인의 극적인 사건으로 이해되어 왔다. 그러나 저자는 여기서 성서는 이 사건을 통해서 바울이라는 한 인물을 '영웅화'하는 것이 아니라 회심한 바울을 통해서 그 신앙공동체가 고백하고 지녀야 할 믿음과 소망의 문제를 전하고자 했다고 이해한다. 즉 회심은 개인의 사건에서 공동체의 사건으로 이어져야하고, 공동체를 만들어 가고 세워가는 하나님의 관심 안에서 이해해야함을 설명하고 있는 것이다.

바로 여기서 하나님 나라 백성공동체의 비전을 보게 된다. 고립되어진 개인, 게토화된 집단으로서의 교회가 아니라 회심을 통하여 부활을 경험하게 된 개인이 종말론적인 비전을 안고 있는 이 하나님 나라 백성공동체로 영입되어 이 땅에 증인으로서의 삶을 살게 되는 것이다. 회심으로서 개인의 신앙이 완성되는 것이 아니라 종말로 열려 있는 이 공동체의 비전을 따라 이 역사 가운데 하나님 나라가 이루어지기까지 일하여 수고하는 자가 되는 것이다. 회심은 바로 이 공동체로 들어오는 과정이며 동시에 바로 이 하나님 나라의 비전에 대한 증거인 것이다.

이 회심에 대한 발견은 부평초처럼 떠온 한국교회의 신앙에 새로운 가능성을 제공해 줄 것이다. 새로운 이정표와 방향성을 제시해 줄 것이다. 부디 이 책을 통하여서 한국교회가 새로워지고 다시금 하나님 나라에 대한 비전을 세워갈 수 있기를 기대해 본다.

실천신학대학원대학교 총장 은준관

■ 추천사_

　목회사회학은 실천신학과 사회학의 만남으로 빚어진 학문분야이다. 사회학적 방법론을 통해서 사회를 보고, 교회를 보며, 신앙과 삶의 모습들을 비춰 보고자하는 것이 목회사회학이다. 바로 여기서 우리는 하나님과 세계, 그리고 인간을 만나게 된다. 그리고 그것이 만들어내는 이 세계의 모든 모습 속에서 하나님을 발견하고 그의 뜻을 발견해 보고자 하는 것이 그 목적이다.
　장진원 박사는 이러한 목회사회학의 정신에 충실하여 본서를 이루었다. 회심이라고 하는 지극히 개인적인 사건에서 그는 하나님을 발견하고 그것의 목회사회학적 의미들을 밝혀보고자 다양한 접근을 시도하였다. 성서, 역사, 신학, 종교사회학, 심리학, 교육학 등의 접근 등을 통해서 그는 회심의 총체적인 면을 살펴보았고 그러한 것에서 목회사회학의 의미를 만들어 내었다. 즉 그는 회심이라는 한 개인의 종교적 사건에서 사회적 차원을 열고, 그 신앙인과 교회의 사회적 의미를 만들어낸 것이라고 볼 수 있다. 이를 통해서 그간 회심을 통해 '세상 등지고 십자가 보는' 신앙의 갇혀진 공동체를 열어 세상을 보고 그것에 책임 있는 역할을 감당하도록 만들고 있는 것이다. 바로 여기에 이 책의 귀중한 의미가 담겨져 있다.
　또한 이 책의 흥미로운 부분은 그가 연구한 회심에 관한 심층인터뷰이다. 장 박사는 특유의 날카로움과 통찰력을 가지고 회심을 경험한 사람들의 인터뷰를 만들고 그에 대한 해석을 만들어 내었다. 앞부분에서 회심이라는 주제를 가지고 상당히 폭넓게 다루어 읽는 이들이 어려움이 있다면 바로 이 심층인터뷰의 부분을 보기 권한다. 그러면 실제적 경험 안에서 회심이 어떻게 경험되는지, 그리고 그러한 경험이 가지고 있는 의미가 무엇인지를 잘 안내 받을 수 있을 것이다.

특히 회심에 대한 이해에서 다양한 카테고리를 가지고 장 박사는 회심의 아주 디테일한 부분까지 다루고 있어서 우리가 그간 신앙에 대해, 그리고 회심에 대해 가지고 있었던 막연한 생각들을 잘 정리할 수 있도록 안내해 주고 있다.

그간 한국교회는 수많은 회심을 경험해 왔다. 그러한 회심이 진실이었다면, 그리고 그것이 삶으로, 현장으로 이어졌다면 오늘 이 한국교회의 모습은 다르게 나타났을 것이다. 율엘은 회심을 '그 경험의 경험'이라고 표현하고 있다. 정말 특별한 경험을 한다면 바로 그 경험을 통해서 이전의 삶을 다르게 바라보고 해석하게 될 것이며, 앞으로의 삶도 역시 다르게 바라보게 될 것이라는 의미이다.

바로 이 저서를 통해서 한국교회에 회심에 대한 관심이 일어나고 그에 대한 바른 이해와 바른 행함으로 이 주님의 교회가 새로워지기를 소원해 본다.

한국목회사회학연구소 소장   조성돈

■ 목 차_

추 천 사_ 은준관
추 천 사_ 조성돈

제1부 회심, 이야기의 시작

I. 서론 ; 회심과 한국교회 · 13
II. 회심과 목회사회학 · 18

제2부 목회적 차원으로의 회심이해

I. 회심에 대한 성서적 이해
  1. 성서연구의 틀 · 29
  2. 구약성서에 나타난 회심 · 35
    1) 계약과 회심   2) 구약역사와 회심   3) 예언자와 회심
  3. 신약성서에 나타난 회심 · 63
    1) 예수와 회심   2) 성령과 회심   3) 바울과 회심
  4. 성서적 회심의 의미 · 87

II. 회심에 대한 역사적 이해 · 91
  1. 종말론적 회심기 · 95
    1) 고난과 변증   2) 해방과 변동
  2. 제도적·정치적 회심기 · 104
    1) 수도원과 교황   2) 정치적 회심기   3) 정치와 학문, 사상
  3. 개혁적 회심기 · 118
    1) 발견과 도전   2) 종교개혁   3) 사상의 도전과 개혁의 확산
  4. 역사적 회심의 의미 - 한국 기독교 역사속의 회심 · 133
    1) 기독교의 시작   2) 변화와 도전   3) 역사적 의미의 과제

III. 회심에 대한 신학적 이해 · 144
   1. 유기체(organic)로서의 회심신학 · 147
      1) 교회란 무엇인가   2) 변증법적 신학의 함의-세속화 신학
   2. 코이노니아로서의 회심신학 · 159
      1) 교제(koinonia)   2) 변증법적 신학의 함의-평신도신학
   3. 말씀사건으로서의 회심신학 · 176
      1) 새로운 전통   2) 변증법적 신학의 함의 - 말씀의 신학
   4. 섬김으로서의 회심신학 · 183
      1) 하나님의 선교   2) 변증법적 신학의 함의-선교 신학
   5. 회심의 신학적 의미 · 193
      1) 회심 신학의 재구조화   2) 새로운 회심신학의 가능성

제3부 사회적 차원으로의 회심 이해

I. 회심의 종교사회학적 이해 · 205
   1. 회심의 (종교)사회학적 이해 · 209
      1) 회심과 종교사회학   2) 회심과 세속화
   2. 우리의 자리 · 227

II. 회심의 심리학적 이해 · 231
   1. 회심의 심리학적 연구들 · 233
      1) 종교심리학과 회심 2) 종교체험의 여러모습들-윌리엄 제임스
   2. 회심학 · 251
      1) 종교적 회심의 이해-램보   2) 회심의 상호관계성
      3) 기독교적 체험으로서의 회심 - 로너간과 젤피
   3. 회심의 종교심리학적 이해의 함의들 · 260
      1) 회심의 개인성과 공동체성   2) 정신적인 것과 영적인 것
      3) 심리학의 신앙적 이해

III. 회심의 교육학적 이해
  1. 회심과 교육 - 만남의 기독교교육 · 276
  2. 회심과 신앙발달 교육 · 277
    1) 신앙의 발달단계-파울러   2) 정신과학적 교육학의 회심이해
  3. 변화하는 시대의 회심교육 · 283
    1) 변화하는 시대를 위한 기독교 교육
    2) 공교회-실천적 회심의 장(場)

제4부 회심의 목회사회학적 이해

I. 회심의 목회사회학적 과제 · 307
  1. 한국사회 속에서 교회의 회심을 말하다. · 308
  2. 한국교회의 회심공동체 이야기 · 315

II. 한국교회, 회심을 말하다. · 324
  1. 회심의 목회사회학적 지평 · 325
    1) 회심의 통전적 이해
    2) 역사-종말론적 회심
  2. 회심의 목회사회학적 과제 · 339
    1) 회심의 시대적 요청
    2) 끝나지 않은 회심의 이야기

제5부 평가와 전망 · 348

저자후기_ 장진원
참고문헌_

제1부
회심, 이야기의 시작

I. 서론 ; 회심과 한국교회

우리는 회심(Conversion)하면서 살아간다. 이 회심은 개인적이고 사회적인 변화에 대한 시대적 전승언어이다. 이 시대는 우리에게 끊임없는 변화(Transformation)를 요구하고있다. 이 변화의 의미는 현대에 있어서 더욱 중요한 가치와 이슈를 제공한다. 과학의 혁명으로 인한 디지털 시대와 사이버 공간으로 대변되는 세계화와 정보화의 시대, 이 시대속에서 변화의 의미는 단순한 속도의 의미를 뛰어넘는다. 이 뜻은 이제 변화를 통한 경쟁의 문제를 뛰어넘어, 생존의 문제로 여겨지고 있다는 것이다. 한 개인, 가정, 사회와 세계는 이미 변화라는 생존의 문제속에서 어떠한 변화의 방향과 가치를 가져야 하는가에 집중하고 있다.

우리는 회심을 겪어야 하고, 돌려세워져야 한다! 우리의 현재 사고방식과 생활방식에서 일어나야 할 근본적인 변화만이 어떤 소망의 근거를 제공할 수 있다.[1]

회심은 변화라는 통합적인 의미의 종교적 채색이다. 여기에서 '종교적'이라는 것은 인간의 종교적 심성을 통한 변화의 경험들(종교적 체험)을 통한 직접적(개인적)이거나 간접적(사회적)인 변화의 결과들을 가진다는 의미이다.[2] 결국 회심은 변화의 주체와 방향성, 변화의 형식과 내용에

---

1) 짐 월리스/정모세역, 『회심』 [Jim Wallis, The Call to Conversion] (서울 : IVP, 2008), 22.
2) 『쉐마 주제별 종합자료사전, 15』 (서울 : 성서연구사, 1992).

따라 다양한 의미로 해석된다. 일반적으로 종교적 차원에서 회심이라는 표현은 각 개인이 가지는 종교적 신념, 삶의 가치들에 대한 변화된 순간을 표현하는 용어로 사용된다. 특히 종교적 변화로서의 회심은 종교적 신념을 통한 존재의 변화를 의미한다. 하지만, 너무 쉽게 사용되는 용어나, 단어가 가지는 함의 속에는 결코 단순하지 않은 다양한 의미와 역사적 사실들을 간직하고 있다. 물론 회심이라는 의식적(ritual) 의미만으로도 우리의 믿음과 신앙을 어렵지 않게 표현하고 생활할 수 있다. 하지만, 어느 순간 그 의미의 진실을 다시 찾고자 했을 때의 결과는 의외로 참담할 수 있다. 어찌 보면 이것이 변화의 모순이며 불안이다. 존재 목적과 존재양식이 바뀌었을 때 나타나는 혼란처럼, 왜곡되거나 변질된 의미에 대한 남용은 잘못된 결과와 아픔으로 무의식 중에 우리를 지배하게 된다. 이러한 현상은 회심에 대한 중심공동체인 교회의 책임으로 이해될 수 있다.

 21세기를 살아가는 현대 한국 개신 교회들의 모습은 총체적인 변화를 요청받고 있다. 사회 속에서 뿐만 아니라, 교회 내에서도 한국 교회는 위기, 불안, 불신 등의 온전하지 못한 현실을 보여주고 있다. 이에 대한 위기의 진단들과 회복의 노력에도 불구하고 희망의 소리는 멀어지고 있다. 이러한 상황 속에서 회심은 우리교회가 고민해야할 중요한 주제가 될 수 있다. 회심은 개인적인 종교체험 뿐만 아니라 교회의 신앙공동체의 회복, 사회의 변화에 까지 이르는 통전적인 관계 언어이기 때문이다. 특히 한국교회의 문제는 단순한 현상적 차원을 넘어서 본질적 의미를 회복해야 할 시점에 와있다. 개신교인의 감소, 사회적 신뢰성의 추락, 교단과 교회내의 갈등, 사회-정치적 문제 등 이미 드러난 교회의 아픔들은 제도적이고 형식적인 표면상의 문제가 아니라, 교회의 본질적이고 근본적인 문제에서 기인하기 때문이다. 이러한 인식 속에서 우리는 회심의 의미와 한국교회의 현장을 다시한번 돌아볼 때가 되었다.

회심의 의미와 연구의 범위들

회심을 이해하기 위한 정의와 접근법은 다양하다. 회심이란 용어는 주로 유대교 및 기독교 용어이기는 하지만 그것은 모든 종교에서의 개인적 공동체적인 변형과 결부되는 현상을 가리킨다. 변화는 종교사 및 종교경험에 널리 분포되어 있는 개인 및 집단들의 변형과 과정으로서 다양한 종교적 이해를 수반한다. 이러한 회심은 역동적이고 다양한 차원이기에 정의적 서술보다는 다양한 학문적 접근과 이해를 통해서 통합적으로 제시될 주제이다.

회심의 이해를 위한 차원으로서,

① '전통'은 상징, 신화, 제의, 세계관, 제도를 포함하는 사회적 문화적인 모체를 포괄한다. 이는 사회학자, 인류학자, 역사가들을 중심으로 제시된다.

② '변형'은 사람들의 생각과 감정, 행동들의 바꾸임을 통하여 나타나는 변화의 과정으로서 심리학의 분야에서 주로 제시된다.

③ '초월'은 신성한 것의 영역 즉 '거룩'과의 조우를 통한 회심의 종교적 삶의 변화와 결단을 의미한다.

이러한 차원은 다양한 "회심의 유형론"적 분류로 이해될 수 있다. 특히 회심은 종교적 현상으로서 강조되는데, 개인이나 공동체의 전통이나 제도의 이전(개종), 가입, 강화, 배교/변절 등과 같은 변화의 유형들을 포함한다. 이와 함께 회심의 단계나 과정들도 회심연구의 주제로 이해될 수 있다.

- 『쉐마 주제별 종합자료사전, 15』 (서울 : 성서연구사, 1992).

"회심의 진정한 의미는 무엇인가?" 목회현장 속에서 고민한 주제가 바로 변화에 대한 물음이었다. 우리가 교회에서 일상적으로 쓰는 회심, 체험 등은 하나님을 경험하고 그리스도를 구주로 고백하는 신앙의 결단이고 고백이다. 문제는 회심의 고백이 실천적 삶으로 연결되지 못한다는 것이다. 이러한 문제는 회심에 대한 근본적인 의미와 교리적인 정의의 혼란에서부터 시작되었다고 할 수 있다. 또한 이것을 사용하고 추구하는 방향성의 왜곡에서 오는 문제라고 볼 수 있다.

"회심의 장(場)으로서의 교회의 역할과 사명은 무엇인가?" 교회는 교인들에게 어떠한 회심을 제시하고 또한 회심공동체로서의 교회의 의미와 실천은 무엇인지를 고민하게 된다. 많은 한국교회의 모습 속에서, 회심의 전형(全形)은 개인적인 은사체험이나 이를 통한 축복과 개교회와 성장이라는 도구로 사용되고 있다. 이러한 상황은 회심에 대한 감정적이고 현상적인 차원을 강조하는 모습으로 나타난다. 하지만 회심은 이러한 개인적인 가치를 넘어서는 공동체적이고 사회적인 가치를 가지고 있다.

이러한 가치를 회복하는 것은 회심에 대한 교회의 역할과 사명을 새롭게 발견할 때 가능하다. 그것은 한국교회를 향한 명시적(明示的) 목적들로 구체화 될 수 있다.

첫째, 한국교회가 회복해야할 과제를 신앙의 본질적인 차원으로 보고, 이에 대한 이해를 회심에 대한 근원적 고찰로서 회복하고자 한다. 단순히 회심 현상을 중심으로 한 행위적 방법론이나 교리적 해석이 아닌, 기독교의 회심에 대한 본질적인 의미를 성서와 역사, 신학을 통한 통전적인 방법론을 통하여 제시한다.

둘째, 회심연구에 대한 다양한 분야들을 사회적 차원으로 이해함으로써, 회심이 변화하는 현대사회 속에서 어떻게 이해되고 확장될 수 있는지를 검토한다. 이것을 바탕으로 교회의 실천적 역할과 사회적 책임의 가능성을 발견한다.

셋째, 회심에 대한 새로운 가능성으로써, 회심의 목회사회학적 이해를 통하여 한국교회가 회복해야 할 회심의 이론적 실천적 과제를 제시한다.

이 문제의식은 한국교회의 아픔에서 자유롭지 못한 스스로에게도 많은 반성과 책임을 요구하는 성찰적 작업이다. 그럼에도 아직 희망과 소망을 이야기할 수 있는 것은 그만큼 더 큰 책임과 과제를 요청하기 때문이라고 할 수 있다. 단순한 종교적 교리논쟁이나 종교적 이기주의, 교권주의 등 이미 세상에 드러난 응답 없는 외침이 아니라, 진정한 삶의 고백과 믿음의 증거로서의 개인과 공동체의 회심 사건에 대한 고민과 두려움이 이 연구의 작은 소망이라고 할 수 있다

II. 회심과 목회사회학

　　기독교 역사의 시작에서부터 현대에 이르기까지 회심의 의미는 다양하고 복잡하게 사용되어져 왔으며, 학문적인 연구의 방향과 논의들도 광범위하게 진행되고 있다. 이것은 회심에 대한 보편적이고 일반적인 이해가 학문적 연구보다 앞서서 경험되고 사용되어 왔음을 의미하며, 이러한 원초적 경험을 바탕으로 연구된 학문적 시도 또한 경험적이고 주관적이 될 수 있음을 의미한다. 그럼에도 이 회심연구에 대한 다양한 분화는 신학, 심리학, 사회학, 과학과 문화, 교육 분야에 이르기까지 다양한 의미들과 주제들로 지속적으로 연구 되고 있다.
　　이것은 회심에 대한 단순한 종교적인 관심과 이해를 넘어서, 현대인들의 삶과 가치 문제, 사회와 공동체의 문제에까지 그 의미와 중요성이 넓어지고 있음을 보여주는 것이다. 이러한 다양한 차원 속에서 이번 연구는 목회 사회학 이라는 학문적 이론과 방법론을 중심으로 회심에 대한 통합적 연구를 시도한다.

　　목회사회학은 교회와 기독교의 행위상황에 대해 사회학적인 접근을 시도한다. 이는 교회에 관련지어진 사람들과 그룹들의 삶의 정황들을 이해하는데 도움을 주게 될 것이다. 또한 교회 자체의 사회적 상황을 이해하는데도 그 역할을 감당하게 된다. 이러한 연구를 통해서 사회적 연관성 안에서 교회의 문제점들을 반성하고 비평하여 교회의 사회적 건강성을 답보하게 될 것이다. 또 사회적 유관단체들과의 연대를 튼튼히 하며 그 가운데 교회의 정체성을 확보하고 강화한다. 더 나아가 신학적 사고들과 형태들에 대해 역사적 시각에서 비판적 역할을 하게 된다. 또 이러한 연구를 통하여 교회의 정책과정에서 가능한 역할을 감당한다. 이러한 역할들을 통해 목회사회학은 실천신학적 성찰과 교회의 현장에서 사회적, 목회적 실제를 인식하는데 그 방법론으로 이바지하게 될 것이다.[3]

목회 사회학이란 학문의 기능은 실천적이며 관계적이다. 이것은 사회와 교회(신학)와의 소통의 문제라고 할 수 있으며, 또한 현장에 대한 포괄적 접근이다. 예를 들어 목회사회학의 주제는 목회로서의 교회와 신학일 수 있지만 또한 사회로서의 삶과 경험이기 때문이다. 결국 이것은 다양한 현장의 응용과 만남을 예시하게 될 것이다. 이런 의미에서 목회사회학은 교회와 사회에 펼쳐진 다양한 "경험, 신앙 그리고 삶"의 교육이고 응답이라고 할 수 있다. 하지만 단순한 현상만을 가지고 접근하거나 해결법을 제시하는 방식을 말하는 것은 아니다. 여기에 사회학적 이해라는 요청이 있어야 한다. 이 문제는 종교사회학적 관점과 연구방법의 대화로 적용될 수 있다. 또한 교회, 신앙, 신학 등 목회적 차원에 대한 포괄적 선이해가 전제 되어야 한다. "교회를 어떻게 이해할 것인가?" "우리가 믿는 신앙과 신학의 지향점은 무엇인가?" 이러한 물음 속에서 우리가 제시할 수 있는 "목회사회학적 응답"이 가능하게 되는 것이다. 이 가능성을 위한 "회심의 목회사회학적 이해"는 통전적이고 상호관계적인 "지평적 융합(Horizontversch melzung)의 작업"을 필요로 한다.

---

3) 조성돈, 『목회사회학』 (서울 : 토라, 2004), 34.

이것을 위한 구조적인 구분으로써, 회심에 대한 목회적 차원과 사회적 차원으로 이해하도록 한다. 회심연구에 대한 다양한 학문 영역이 있지만 큰 틀 속에서 구분한다면, 기독교의 종교적 회심을 중심으로 한 목회적 차원과 종교사회학, 심리학, 교육 등의 사회적 학문을 통한 사회적 차원의 회심 연구들로 구분할 수 있기 때문이다. 이 구분은 신앙(신학)과 세상(사회)의 이분법적 분리가 아니라, 회심의 통전적 이해를 위한 상호 관계적 연구가 될 것이며, 목회-사회학적 통합을 통해서 현장교회의 실천적 차원으로 확대될 것이다. 또한 이러한 이해 구조는 최근 한국에 소개되고 있는 목회사회학의 학문적 개론작업을 위한 목적 설정임을 밝혀둔다.

이러한 구분 속에서 전개될 형식적 지평 융합의 차원은 "통전적인 작업(holitic works)"과 "이야기 형식(narrative forms)"이다. 여기서 의미하는 통전적 차원은 단순한 종합의 개념이 아니라, 전체적인 흐름과 연결성을 찾는 만남의 작업이다. 또한 이야기 형식은 회심의 주관적 특성을 우리의 삶과 현장의 이야기를 객관화 시키는 대화적 형식이다. 이러한 방법론적 틀은 각 학문의 근원적 만남과 서로의 대화를 요청한다. 회심의 의미와 개념의 다양성은 연구의 복잡성이라는 한계로 나타나고 있다. 회심의 용어적 이해에 있어서도 개종(改宗) 변화 중생, 각성 등 다양한 표현과 이해방식이 존재한다.

또한 회심의 현상학적 이해에서는 종교와 관련된 인간의 경험으로서 종교체험(experience)으로 표상화된다.[4] 종교체험이란 신적인 것이나 궁극적인 것에 대한 특수한 체험인 동시에, 일상생활 속의 다른 체험을 신적인 것이나 궁극적인 것을 지시하는 것으로 파악하는 경험이다.[5]

---

4) 이를 위한 초기연구는, Oscar Schultz Kriebel, *Conversion and Religious Experience*, Pennsburg, Penna, 1907. (Biblio Bazaar, LLC). 종교심리학적 관점에서 '종교체험'에 대한 이론과 정의는, 김성민, 『종교체험』 (서울 : 동명사, 2001), '서론', '1부 종교체험에 대한 일반적 고찰' 참조.
5) 『브리태니커 세계 대백과사전, 19』 (한국브리태니커, 1997), 594.

지평적 융합

"지평적 융합" 의 개념은 가다머의 해석학적 방법론으로써, '이해'를 위한 변증법적 방법론을 의미한다. 즉 이해로서의 해석은 텍스트의 해석과 경험과 역사, 여기에 상징적인 언어적 영역을 포함하여 이해의 지평을 확대할 수 있다는 것이다. 본 연구에서는 회심을 "다양한 경험" 과 "상호적인 만남" 이라는 상호 관계적 차원으로 이해 하고자 하는 의도 속에서 "지평적 융합" 의 방법론적 개념을 이해의 도구로서 활용하고자 한다. 또한 회심에 대한 해석학적 차원의 지평적 확대도 염두해 두면서 이 개념을 사용한 것이다.

-조지아 윈킨 / 이한우역, 『가다머의 철학적 해석학』 (서울:사상사, 1993).
-최신한, 『지평확대의 철학-슐라이허미허, 점진적 자기발견의 정신탐구』 (경기:한길사, 2009).

회심과 종교체험

'회심(conversion)' 과 '종교체험(religious experience)' 의 용어적 표현과 사용은 통일적이지 못하다. 주로 기독교의 종교적 체험을 회심으로 이해했기에, 초기에는 신앙적 변화의 통칭으로 '회심' 을 사용하였으며, 회심에 대한 개인적 형태와 경험들을 포함한 심리적, 사회적 현상을 표현할 때에는 '종교체험' 을 용어적으로 사용하고 있다. 현대에는 이러한 구분이 확대되어 기독교 외에 다양한 종교적 회심과 종교체험을 인정하고 각 분야에서 통상적으로 이해되는 주제 용어로 사용되고 있다. 본 연구에서는 '회심' 과 '종교체험' 의 용어적 구분은 각 학문의 주제들을 통해서 제시될 것이다. 그러면서도 목회사회학의 관점에서의 '회심' 은 기독교적 가치관에 근거를 둔 '종교적 표상' 으로 이해 하고, 목회현장인 교회에서 일반적으로 이해하는 종교적 변화와 체험으로서의 '회심' 에 중심 관심을 두고 있다.

- Oscar Schultz Kriebel, *Conversion and Religious Experience*, Pennsburg, Penna, 1907. (Biblio Bazaar, LLC).
-김성민, 『종교체험』 (서울 : 동명사, 2001)

이러한 종교 체험을 본질적으로 규명하는 다양한 작업의 초점은 다시 종교적 회심으로 전환되어 신비주의나 실존주의 등과 같은 신학적 개념으로 환원되기도 한다. 또한 종교와 인간과의 본질적인 연구로 확대되어 철학, 심리학, 인류학, 사회학을 통해서 다양하게 적용되고 있다.[6] 이러한 회심 연구의 다양성은 연구의 한계성과 함께 서로간의 학문적인 대화를 통한 창조적 연구의 가능성도 열어 놓았다고 할 수 있다. 이러한 창조적 연구의 한 분야로서, 목회사회학을 통하여 회심이 가지는 교회와 사회의 간(間) 학문적 의미들을 교회의 실천적 관심으로 통합할 수 있을 것이라는 방법론적 가능성을 시도한 것이다. 이를 위해서는 회심에 대한 새로운 지평적 작업을 필요로 한다. 그것은 회심을 하나의 학문 분야 속에서 이론화시키기 보다는, 회심의 통합적인 관계 속에서 경험된 중심 사건들과 이야기들, 그 속에서 펼쳐지는 다양한 상호관계적인 대화들과 만남들을 기대하는 것이다. 이것은 회심이라는 현상적 주제에서 출발하기 보다는 회심의 역사와 경험, 다양한 학문의 뿌리적 경험에서부터 시작하여야 한다. 이를 위한 방법론적 과제와 주제의 흐름은 다음과 같다.

목회적 차원의 회심이해를 통해서 기독교를 중심으로 한 회심의 성서적, 역사적, 신학적 의미들을 고찰하도록 한다. 회심은 신앙공동체의 중심 이야기이다. 이 이야기는 성서를 통해서 전해진다. 회심은 구약의 하나님의 계약과 역사, 예언자 전승을 통해서 사건화 된다. 신약은 예수그리스도를 통한 거듭남과 회개의 회심으로부터, 성령사건, 바울의 선교와 공동체 사상을 통해서 회심의 존재적 경험을 하게된다. 이것이 하나님 나라의 하나님 백성들의 책임과 소명, 예수그리스도의 십자가와 부활이라는 종말론적 사건을 통해서 신앙공동체에게 전해진 회심의 본질적인 이야기가 되는 것이다. 이제 이 존재적 회심사건은 기독교 역사를 통해서 구체화되고 변형되는 과정을 겪게 된다. 특히 하나님의 역사는 하나님을 향한 인

---

6) Donald W. Musser & Joseph L. Price, *A New Handbook of Christian Theology* (Nashville : Abingdon Press, 1992), "Experience-Religious", 178-181.

간의 다양한 역사적 경험들을 통해서 회심의 양식들을 변형시켜 왔다. 이 것을 교회사적 구분과 의미적 차원을 적용하여, 종말론적, 제도-정치적, 개 혁적 회심기로 구분하고 마지막으로 한국 교회의 회심의 역사적 의미를 탐구한다. 마지막으로 신학은 성서와 역사 속에서 발견된 인간의 변증법적 작업이다. 이를 통해서 신학은 신앙을 체계화하고 이론화시킨다. 회심의 신학적 작업은 교회론의 기초위에서 유기체, 코이노니아, 말씀사건, 섬김의 신학을 통해서 구조화 하고, 회심과 관련된 변증법적 신학적 주제들을 제시한다. 이를 통해서 궁극적으로 역사-종말론적 회심신학의 가능성을 예비하게 될 것이다.

사회적 차원의 회심이해는 종교사회학, 심리학, 교육학의 차원에서 제시한다. 회심은 종교적 언어를 포함한 하나님의 역사로서의 사회변화와 연결된다. 개인적이거나 공동체적인 회심은 사회변화의 중심으로 이해되는 주제임을 발견한다. 또한 세속화이론은 현대사회의 종교의 변화를 회심의 차원으로 해석하는 중심적인 개념으로 적용될 수 있다. 이를 통해서 우리 사회가 가지는 종교적 현상을 회심의 사회학적 의미로 고찰해 볼 것이다. 다음으로 심리학의 이해로서, 회심은 인간의 정신적인 분야와 연결되고 있다. 인간의 종교적 본성은 종교 체험을 통해서 심리학적으로 해석되고 연구되고 있다. 회심과 관련된 심리학적 과제들을 윌리엄 제임스, 로너간과 젤피, 램보의 회심학을 통해서 정리한다. 또한 회심에 대한 심리학과 영적인 차원을 분석하면서 한국교회에 만연된 심리적 회심현상을 지적하고 구별점을 찾아보도록 한다. 마지막으로 교육학은 인간의 변화를 위한 실천적 과제라고 할 수 있다. 교육을 통한 변화는 다양한 생태환경의 영향을 통해서 이루어지는 발달론적이고 관계적인 작업이다. 이를 위해 교육의 회심적 원리를 만남의 교육으로 이해하고 제임스 파울러의 신앙 발달 단계를 통하여 종교적 회심의 교육적 차원을 제시한다. 이를 통해서 변화하는 시대의 기독교 교육을 통한 회심의 가능성을 교육의 실천적 장인 공(Public) 교회를 통해서 회심교육의 가능성을 소망해본다.

회심의 목회사회학적 이해는, 한국교회의 회심과 현장의 이야기들을 목회사회학의 관심으로 해석하고, "역사-종말론적 회심"을 통한 한국교회의 회복될 회심의 가능성을 제시하게 될 것이다.

학문으로의 회심

회심을 체계적인 학문으로 이해한 것은 최근의 일이다. 특히 램보(Lewis R. Ramb)교수는 회심연구를 체계적으로 정리한 대표적 학자이다. 특히 그의 회심연구의 인류학적, 사회학적, 역사적, 심리학적, 신학적 관점에 대한 정리와 소개는 [Lewis R. Rambo, "Current Research on Religious Conversion", Religious Studies Review, Vol.8, NO 2 (April, 1982)회심의 학문의 기틀을 마련하였다. 하지만 회심이 학문의 의미로 시작된 것은, 체계화된 이전부터 그 뿌리 경험을 가지고 있다. 종교 체험은 종교의 기원에 대한 지적인 차원에서 샤를르드브로스(페티쉬적인 신에 대한 예배,1760), 타일러(원시문화와종교, 1871), 스펜서(조상숭배), 프레이저(황금가지,1890) 감정적인 측면에서의 탐구로서, 슐라이어마허(절대의존의 감정), 분트, 프로이드(토템과 터부, 1913), 윌리엄 제임스, 오토(누미노제)의 초기 연구들을 들 수 있다. 또한 인류학은 인간의 창조성의 현상과 개인화, 집단화, 사회화의 모습의 문화의 본성을 탐구하면서 종교 체험과 회심의 과정을 통한 인류학적 문화의 변화를 통한 연구 주제들을 제공다.

제2부
목회적 차원으로의 회심이해

목회적 차원으로의 회심이해

교회가 이해될 수 있을까? 아니 이해되어져야 할 상황에 와 있는 것은 아닌가? 목회사회학에서 교회의 이해는 사회와의 소통의 중요한 전제가 된다. 한국 상황에서 교회의 존재는 이미 드러내어진 조직이라고 할 수 있다. 시대와 인식의 변화 속에서 교회(개신교)[7]는 드러나고 표현되는 사회 속의 공동체적 성격을 지향한다. 문제는 이해 될 수 있어야 할 교회가 이해되지 못하는 영역을 포기하지 않는 것에 있다고 본다. 대표적인 모습으로 교권주의 를 들 수 있다. 결국 교회의 권위가 왜곡되어 참된 성도로서의 개인의 삶과 신앙 고백이 중심이 아니라, 교회 자체가 권위가 되고 지배하는 결과가 되었다. 이 속에서 지도자의 위치는 영적 권위의 대리자나 또 다른 종교 자체로 오해되고 있다. 이러한 교회는 결코 사회와 소통하는 도구가 될 수 없으며, 그들만의 신의 왕국을 외치며 종속된(사사화된) 사회를 추구하고, 구별된(sected) 신의 자리를 차지하게 되는 것이다. 이러한 문제는 한국 교회에 끊임없이 제기되는 문제이다. 결국 사회 뿐만 아니라 시민들과의 오해와 몰이해를 초래하는 결과를 가져왔다. 더욱 심각한 것은 이러한 교회 속에서 지탱해 온 신앙인들의 모습도 진지한 신앙을 포기하고 결국 세상과 다르지 않은 포기된 신앙의 삶을 살게 된다는 것이다.

---

7) 이하 사용하는 '교회' 라는 표현은 개신교의 교회를 의미한다. 기독교의 구교(천주교)의 경우는 가톨릭(Catholic)으로 사용한다. 단 역사적 서술에 따른 용어는 일반적 개념을 따르며, 인용본문은 원문을 사용한다.

교회는 자신만을 위한 존재가 아니다. 교회의 목적은 자신이 아니라 세계다. 교회는 항상 세상에 대한 책임을 인식해야 한다. 그러나 구체적으로 세상을 향해 나아가는 방법은 교파와 교회에 따라 매우 다양하다8)

결국 교회의 존재 이유 와 존재 목적의 혼란 속에서 지금 우리 교회의 근원적 목적과 이유가 무엇인가를 물어야 한다. 이러한 물음을 회심이라는 주제로 접근하고자 한다. 이를 위한 방법적 연구의 과제로서, 목회적 차원에서의 회심연구는 기독교 신앙의 중심 주제인 성서 와 역사, 신학을 통해 이해할 수 있다. 이것은 교회를 향한 회심의 가능성 을 목회사회학의 과제로 인정하고 그 의미들을 고찰해 보고자 하는 것이다.

---

8) Hans Küng / 정지련 역, 『교회』 〔Die Kirche〕 (서울 : 한들, 2007), xxxxii .

I. 회심에 대한 성서적 이해

성서는 회심 사건의 증거이다. 기존의 성서적 회심 연구는 주로 성서 속의 주제별 분류나 개별적 연구를 중심으로, 언어학적 이해나 성서 인물들의 회심 체험과 현상을 중심으로 진행되어져 왔다. 본 연구에서는 구약과 신약에 나타난 다양한 회심의 증거들을 "하나님(계약, 역사, 예언자 전통)-예수그리스도(복음서)-성령(신앙공동체와 바울)" 의 구속사적인 "삼위일체적 관계의 틀" 속에서 이해할 것이다. 구약을 중심으로 한 하나님의 계약과 역사, 그 속에서 활동한 예언자들, 신약의 예수그리스도를 중심으로 한 제자 됨과 케리그마 사건, 성령시대로 대변되는 바울의 선교와 처음 교회의 종말론적 공동체의 사건들은 종교적 회심에 대한 근원적 뿌리들이다. 이러한 차원에서 성서적 회심 연구는 전체적인 구속사적 관점을 기초로 회심의 중심 이야기들과 역사의 이해 속에서 진행되며, 성서(구약, 신약) 신학의 주요한 연구들의 도움을 받으면서도 그 가치를 논하거나 논쟁하고자 하는 의도가 아니기에, 성서신학의 개론적인 차원과 회심과 관련된 성서적 의미들을 주관적으로 선별하여 인용하였다.

1. 성서연구의 틀

기독교의 회심을 이해하는 우선된 방법은 성서를 기초로 이해되어야 한다. 기존에 성서를 통한 회심 이해의 주된 주제는 '회심현상(typology)'

에 대한 초점이었다고 할 수 있다. 바울의 다메섹 체험을 통한 변화된 삶과 성령을 통해 회심한 교회의 역사는 기독교 회심의 기준을 제시해 주었다고 할 수 있으며, 지금까지 한국교회 신앙 체험의 중요사건으로 인식되고 있다. 반면, 회심의 내용과 과정이 가지는 회심의 다각적 차원의 접근은 아직은 부족한 모습이다. 여기에서 의미하는 회심의 내용과 과정은, 단순한 현상을 중심으로 해석된 변화됨의 이전과 이후의 이원론적 해석이 아니라, 회심을 일으키게 된 내용들과 과정들, 역사적, 문화적 배경들을 통합적으로 이해하는 "통전적 작업(holistic works)"이라고 할 수 있다. 이를 위해서는 필연적으로 성서에 대한 "통전적 이해(holistic reading)"와 신학적인 작업이 요청된다고 할 수 있다.9) 이를 위해 우선 구약과 신약의 전체적인 구조적 이해를 통해서 회심의 성서적 이해를 시도하고자 한다.

우리는 회심이라는 종교적 현상을 이해하는 작업을 시작하기에 앞서서 몇 가지의 난관에 부딪치게 된다. 그것은 회심이라는 주관적인 경험에 대한 객관적인 판단의 기준을 어떻게 잡을 수 있는가의 문제이다(객관성의 문제). 또한 개인적인 경험에 대한 판단기준을 만약 정했더라도 그 기준에 맞는 또 다른 경험이 얼마만큼 지속가능하며, 어떠한 가치가 있을 수 있는가의 문제를 언제나 고민하여야 한다(보편성의 문제). 여기에서 말하는 고민은 바로 객관적 현실에 대한 주관적 체험의 합일점의 가능성이라고 할 수 있다. 결국 우리가 할 수 있는 것은 회심에 대한 판단과 증명이 아니라, 회심의 물음을 통한 나와 우리의 변화됨과 실천의 문제를 고민하여야 한다(실천적 과제의 필요성).

이것을 위한 기준의 근거는 바로 성경-말씀이다. 성경-말씀이라는 표현은 우리에게는 굉장히 거룩한 느낌으로 다가온다. 하지만 그 거룩함이란 성경을 이해하는 다양한 표시에 대한 개인적인 느낌일 경우가 대부분이다. 거룩함은 개인의 종교적 체험을 통해 성경적 삶으로 이어져야 한다. 하지만 우리가 살아가는 거룩한 삶의 의미는 많은 부분, 타성(他姓)의 대리물이 되어버렸다. 즉 나에게 거룩함이나 거룩한 삶이 중요한 것이 아니

---

9) 김영봉, 『신앙공동체를 위한 신약성서이해』 (서울 : 성서연구사, 1995), 18.

라, 종교적 거룩함, 종교지도자를 통한 대상적 거룩함, 단지 종교적 표상(表象)으로서 만의 거룩함이 중요시 되었다. 이것을 통한 개인의 삶은 거룩을 포장한 종교행위에서 끝나면 그만이며, 종교 공동체는 그러한 거룩함을 대신 살아주는 또 다른 개인의 세속(世俗)이 되어버렸다. 이러한 상황 속에서 우리에게 성경은 무엇을 의미할 수 있을지, 또한 "성경-말씀"은 이 시대에 어떠한 역할과 가능성을 가질 수 있을 것인가를 성경에서의 회심을 통하여 발견해야 한다.

통전적 성서이해 방법

김영봉 교수는 "새로운 방법론"을 활용한 통전적 성서이해 방법을 설명한다. "이 새로운 방법론들은, 그 동안의 역사 비평적 방법들이 성서의 본문을 너무나 단편적(atomistic)이고 분석적(analytical)으로만 읽어 왔다는 반성과 그 목적에 있어서 지나치게 역사적 재구성(historical reconstruction)에만 집착했다는 반성 위해서 새롭게 개발된 것들이다. 이 방법론들은 성서의 각 책을 독립적인 예술품으로 생각하고, 통전적인 읽기(holistic reading)로써 이해를 시도한다. 독서의 목적은 역사적 재구성에 있지 않고, 본문의 세계(the world of the text)를 이해하고 본문과의 실존적 만남(existential encounter)을 이루는데 있다. 이 방법론은 그 동안 역사 비평방법이 가지고 있던 약점들을 보완해 준다는 점에서 많은 지지를 받고 있다. 이 책에서 필자는, 과거의 역사비평방법의 결실 위에 서서 문학비평적인 통전적 읽기를 시도할 것이다. 신앙공동체의 독서 목적을 고려할 때, 문학비평은 매우 큰 공헌을 해 줄 수 있다고 믿기 때문이다."

-김영봉, 『신앙공동체를 위한 신약성서이해』 (서울 : 성서연구사, 1995)

다음으로 우리가 고민해야 할 문제는 구체적인 성경의 물음에 대한 자세를 정의하는 것이다. 즉 성경을 보는 우리의 태도로서, 성경을 통한 회심체험인지 아니면 회심을 통한 성경 이해 인지에 대한 입장을 밝힐 필요가 있다. 종교적 체험이 없이도 성경은 하나의 역사적 고서(古書)로서의 중요한 가치며 진지하게 연구될 수 있다. 반면 종교적 체험(기독교의 회심)을 통한 성서의 이해는 또 다른 새로운 세계에 대한 삶의 기준이며 살아있는 문서가 된다. 이러한 사실이 지금까지 숨어있던 우리의 솔직한 논쟁의 발단이었다고 할 수 있다. 앎(지식)과 경험(체험)의 문제, 즉 신학과 신앙의 분리, 이성과 영성의 분리는 종교적 논쟁의 시작이었다. 결국 서로는 상대방을 불신해 왔고 자신의 경험만이 진실이라고 고집하게 된다. 이러한 극단이 모여 공통된 힘을 만들고 결국 주류(主流)라는 경향을 만든다. 이러한 경향이 세력(勢力)을 모으게 되면 권력이 되고 이것이 종교적 교권이 되어 버린다. 결국 그 안에 진정한 기준인 성경말씀은 없고 스스로의 또 다른 경전만 존재한다. 이 경전을 사이에 두고 그 소속자들은 또 다른 회심을 경험하고 그 경험의 진리를 주장한다. 이러한 상황 속에서 우리가 고백하고 경험하는 존재는 진정 무엇이란 말인가? 이 물음에 대한 성경의 근원의 소리를 듣는 작업은 성경적 회심 연구의 진지한 태도를 요청한다. 적어도 이 둘 사이의 적절한 만남과 해석적 균형을 이루는 것이 객관적 진술의 기본적 태도임을 우선적으로 제시할 수 있을 것이다. 그렇다면 이제, 어떻게 성경을 바라볼 수 있을까를 정리해야 할 것이다. 즉 해석의 문제이다. 기독교의 종교적 체험으로서의 회심은 기독교 종교의 주관자인 하나님을 향한 돌아섬이다. 즉 하나님을 향한 나의 전향(轉向)을 의미한다고 할 수 있는데, 이 때 주체는 변화된 '나'가 아니라 변화시켜주시는 하나님에게 있다. 즉 나를 향한 하나님의 심정, 우리 인간을 향한 하나님의 마음이라는 것이다. 이러한 이해 속에서, 성경해석에 대한 많은 신학적 방법론과 연구과제들이 있지만, 첫째로 그 진실의 소리는 바로 성경이 본래 말하려는 의도를 파악하는 작업이라고 할 수 있으며, 이 의도의 주체에 대한 인간의 표현 또한 하나님의 입장과 심정을 요청한다. 율법을 재해석하던 예언자들은 하나님의 심정으로 성경을 해석 하였는데

'여호와께서 가라사대'는 곧 이것을 말하고 있다. 율법과 선지자를 완성(재해석)하러 오신 예수님께서는 성서를 하나님의 입장에서 해석하셨는데, 예수님의 입장은 곧 하나님의 입장이었다. 예수님은 하나님의 입장, 즉 하나님의 심정으로 늘 말씀하시고 사람들을 대하셨다.[10] 둘째는 배경(context)에서 본문(text)을 해석하는 작업이다. 성서는 수천 년 전에 독특한 문화적인 환경에서 기록되었다. 따라서 그 시대의 배경을 모르고는 성경이 올바르게 해석되어질 수 없기 때문에 성서의 본문을 이해하려면 배경에 대한 충분한 이해가 선행되어야 한다. 결국 성서는 "하나님의 심정으로 본문을 그 배경에서 해석할 때" 비로소 바르게 해석된다. 즉 회심의 영성(kenosis)과 성경(text), 역사(context)가 만나야 되는 것이다.[11] 여기에 한 가지 추가될 요소를 제시한다면, 바로 '신앙 공동체'라고 할 수 있다. 이는 역사라는 큰 틀 속에서 이해될 수 있지만, 신앙공동체는 좀 더 구체적인 성경의 의도와 해석의 주체라고 할 수 있다. 성서는 학문 공동체의 책이기 이전에 신앙공동체의 책이었다. 흔히 구약성서의 경우, 주후 90년 유대인 랍비들의 얌니아 회의(Council of Jamnia)에서, 신약성서를 포함한 기독교 경전의 경우, 주후 387년 칼타고 회의(Council of Carthage)에서 정경으로 확정되었다고 말한다. 그러나 얌니아 회의나 칼타고 회의가 회의 석상에서 정경을 새로 만들었다고 생각해서는 안 된다. 성서는 정경으로 고정되기 훨씬 이전부터 정경적으로 읽히고 있었다. 이들 회의는 정경적으로 읽히워오던 거룩한 이야기들 중의 어느 하나를 표준판으로 삼은 것에 불과하다고 보는 것이 더 정확하다. 얌니아 회의나 칼타고 회의는 성서를 정경적으로 읽어왔던 역사의 최종단계라고 보아야 한다. 신앙공동체의 책이란, 다른 말로 하면 정경 또는 경전(Canon)이다. 정경이란 말의 뜻은 자(尺)다. 다시 말해 성서를 정경으로 대한다고 하는 것은 성서를 신앙공동체의 삶과 신앙의 표준이 되는 지침서로 받아들인다는 뜻이다.[12] 이러한

---

10) 길동무, 『하비루의 길』 (경기 : 케노시스 영성원, 2007), 23.
11) 길동무, 『하비루의 길』, 24. 이를 도식화 하여, 성경해석 = 영성+성경+역사로 정리하고 있다.
12) 왕대일, 『신앙공동체를 위한 구약성서이해』 (서울 : 성서연구사, 1993), 23.

신앙공동체의 고백은 성경의 개방성과 함께 진리의 보편성을 의미한다고 볼 수 있다. 즉 하나님의 입장에서 하나님의 진리의 말씀은 그를 아는 모든 신앙공동체에게 주는 보편적인 삶의 이야기와 대화라고 볼 수 있다. 이것은 "성경의 정경적 읽기" 라는 표현으로 정의될 수 있다. 이러한 성경 이해의 방법을 도식화하면 다음과 같다.

성경해석 = 영성(종교적 체험) + 성경(Text) + 역사(Context)
+ 신앙공동체(Faith Community)

마지막으로 이러한 이해의 구조를 통한 이해의 실제적인 방법들을 제시해 볼 수 있을 것이다. 우선, 성서를 이해한다는 것에 대한 다양한 연구방법과 신학적 과제로의 전문성의 한계를 인정하게 된다. 그럼에도 이러한 성서이해의 방법은 결코 주관적이거나 독단적이 되어서는 안 될 것이다. 이것은 학문 분야 뿐만 아니라 우리의 교회 현장에서도 마찬가지이다. 이러한 우려 속에서 이번 연구가 선택한 방법이 바로 이야기(통전적 읽기)라는 관점이다. 이 이야기는 꾸며낸 동화나 상상력의 산물로서가 아니라, 삶의 진실된 고백과 경험된 사건들을 의미한다. 이 이야기 구조는 성서를 이해하는 주요한 방법이라고 할 수 있다. 성서의 기록은 많은 구전을 통한 전승이며, 이 이야기 구조 속에는 다양한 율법과 설교, 비유, 신앙고백 등이 섞여 있다. 또한 이 이야기는 질문과 대화 라는 경험적이고 공동체적인 성격을 가지고 있다. 즉 이러한 경험적 방법론은 종교적 회심을 이해하는 주관적인 의미를 객관화 시킬 수 있는 이상적인 방법론이라고 할 수 있다.[13]

이 성서의 이야기는 단편적일 수도 있지만, 전체적인 흐름과 주제를 가지고 있다. 이 이야기의 중심을 찾는 것, 즉 중심이야기의 사건은 바로 하나님의 약속과 구원사건, 예수그리스도를 통해 다시 오실 소망으로의 종말론, 성령시대의 처음교회의 모습과 그 신앙고백으로 이해될 수 있다. 즉

---

13) Donald W. Musser & Joseph L. Price, *A New Handbook of Christian Theology*, "Narrative Theology", 323-327.

하나님의 구속사건은 구약과 신약의 이야기의 중심사건으로서 예수그리스도의 십자가의 사건, 즉 케리그마의 실현이며, 다시 오실 예수그리스도의 대망에 대한 종말론적 삶의 이야기라고 할 수 있다.

이러한 틀 속에서 우리가 성경을 이해하는 방법적 틀은 성서의 구속사적 이해 속에서 성서 역사의 사건들과 신앙공동체의 고백과 경험, 여기에 우리의 삶의 이야기라는 재해석의 공동체에게 필요한 방법들을 고려하여 성서에서의 회심의 이해를 시작할 수 있을 것이다. 이것은 주제적(의도적) 적용의 방법이 아니라 오히려 의도되지 않는 새로운 응답의 가치들을 기대할 수 있는 열려진 방법이 될 것이다.

2. 구약성서에 나타난 회심

구약(Old Testment)이라는 표현은 신약(New Testment)의 상대적 표현이다.14) 즉 예수그리스도를 믿는 그리스도인들에게 예수그리스도의 사건과 복음은 새로운 약속으로서, 이전의 약속 즉, 구약을 통해서 새롭게 해석되고 적용되어졌다는 것이다. 이 옛것(구약)과 새것(신약)의 차이가 유대교와 예수그리스도를 믿는 그리스도교의 구분적 표현이지만, 하나님의 약속(계약)이라는 공통적인 이해와 흐름을 가지고 있다고 볼 수 있다. 특히 구약은 유대교, 히브리인들의 경전이라고 볼 수 있다. 그래서 구약성서에 대한 이해들은 이스라엘의 역사와 배경이 함께 연구되어지고 있다. 그럼에도 구약이 가지는 중심 주제는 이스라엘 백성을 통한 구원의 이야기이며, 그 이야기 속에서 이스라엘이 경험한 하나님에 대한 이해와 고백들, 경험들과 사건들이라고 할 수 있다. 이것은 신약성서 속에서 예수의 선포의 중심주제이다. 결국 구약은 이스라엘의 하나님께서 어떻게 그들을 거룩한 백성으로 만드시는가에 대한 관심이며, 이스라엘 백성은 그 거룩한 하나님의 뜻을 어떻게 수행해야 하는가에 대한 역사적 응답과 신앙의 해

---

14) 종교교재편찬위원회 편,『성서와 기독교』 (서울 : 연세대학교 출판부, 2008), 40- 41.

석이면서 신약에 이르러는 예수의 고난과 십자가를 통해서 완성된다.15)

그 속에서 하나님을 향한 그들의 마음과 자세가 바로 종교적 경험의 근거이며 시작이라고 할 수 있다. 그렇다면 이 하나님에 대한 종교적 경험이 가지는 구약의 함의는 무엇인가? 성경이라는 큰 틀 속에서 구약이 제공하는 회심의 경험은 하나님과 이스라엘의 약속(관계), 즉 "계약 관계"라고 볼 수 있으며 이 계약사상과 연계된 하나님과의 경험사건들과 표상들, 역사와 예언자의 선포로 이어지는 소명사건으로 이해할 수 있다.16)

> ### 성서의 '약(約)'
>
> 성서는 구약과 신약으로 나뉘어져 있다. "그 때가 오면, 내가 이스라엘 가문과 유다 가문과 새 언약을 세우겠다. 나 주의 말이다". (예레미야서31:31). 여기서 예레미야는 "새 언약"이라는 말을 사용하였다. "새 언약"이란 곧 "신약"이라는 말이다. 그리하여 신약이라는 명칭이 생겨났고, 이에 대비하여 구약이라는 말도 만들어지게 되었다. 구약과 신약에서 "약(約)"이라는 말은 언약(言約) 또는 계약(契約)이라는 말로 히브리어의 브리트(berith)라는 말의 번역이다. 이 말은 본래 "계약"(covenant)이라는 뜻이다. 이 말이 희랍어로 번역될 때 diatheke라고 번역되었고, 다시 라틴어의 testamentum을 거쳐 영어의 testament가 되었다. 구약은 하나님과 이스라엘과 맺으신 옛 언약/계약이요, 신약은 "새 이스라엘"과 맺으신 새 언약/계약이다.

---

15) Raymond E. Brown, *The Death of the Messiah vol II*, 1445-1467.
16) Michael Brennan Dick, ed. Robert Duggan, *"Conversion in the Bible", Conversion and the Catechumenate* (Paulist Press, New York, 1984), 46-63.

1) 계약과 회심

언약(계약)의 뒷면에는 은혜로우신 하나님의 주권적인 의지가 놓여 있다. "나는…너희 하나님이 되고 너희는 나의 백성이 될 것이니라"(레 26:12) 하나님의 뜻이 이제 사건들의 특정한 경로를 지시하게 된 것이다. 이 사실의 중요성은 아무리 강조해도 지나치지 않다. 이제 이스라엘의 삶 (그리고 이스라엘 백성 각 개인의 삶)은 독특한 의미를 얻게 된 것이다. 즉 역사 자체가 그 방향과 의미를 갖게 되었다. 이것은 하나님께서 역사 속에 들어오셔서 자신을 특정한 사건들과 연결시키기 때문인데, 하나님께서는 이런 사건들이 영원한 의미를 갖게 될 것이라고 약속하신다.17)

이 계약의 관계는 단순한 법의 순종만을 의미하는 것이 아니라, 근본적으로 여호와를 아는것, 하나님과의 인격적 관계를 맺고 "결속의 영성"18)으로서 모든 개인과 공동체를 아우르는 실천적인 경험의 증거이며 행위이다. 존 브라이트는 이스라엘 민족의 결속은 단순한 지파동맹이나, 종교적 통일성만으로는 설명하기가 한계가 있음을 말하면서 "대규모의 회심(수24) (mass conversion)"을 통한 여호와와 맺은 언약을 통해 하나가 된 지파들의 동맹으로서 팔레스타인에 탄생되었음을 강조하고 있다.19)

그러므로 우리는 언약 동맹의 기원도 여호와 신앙(Yahwism)자체의 기원과 마찬가지로 시내산까지 거슬러 올라간다고 추론하지 않을 수 없다. 사실 이 언약 동맹은 초창기 여호와 신앙의 외적인 표현이었다. 만약 여호와 신앙이 사막에서 기원했다면(확실히 그렇듯이), 우리는 언약사회도 거기서 기원했다는 결론을 내려야 한다. 왜냐하면 여호와 신앙과 언약은

---

17) 윌리엄 다이어네스 / 김지찬 역, 『주제별로 본 구약신학』 [William Dyrness, Themes in Old Testament Theology] (서울 : 생명의 말씀사, 2006), 144.
18) 윌리엄 다이어네스, 『주제별로 본 구약신학』, 145.
19) 존 브라이트 / 박문제 역, 『이스라엘 역사』 [John Bright, A History of Israel] (서울 : 크리스챤 다이제스트, 1998), 219.

보조를 같이 하는 것이기 때문이다! … 물론 시내 반도에서 형성된 공동체는 표준적 형태의 이스라엘 지파동맹이 아니라 좀 작은 가문들의 연합체였다. 하지만 앞 장에서 묘사한 대로 이 핵심적인 족속들이 유랑하면서 나뉘고 그 수가 불어남에 따라 여호와 신앙으로 개종한 상당수의 사람들을 흡수하여 괄목할만한 큰 씨족 동맹체로 성장하였다고 추측할 수 있다. 그런 다음 이 집단이 팔레스타인으로 침공해 들어오자 이미 그 곳에 있었던 족속들이 그 집단의 신앙을 받아들이고 또 세겜에서 맺은 위대한 언약과 같은 의식들을 통하여 그 구조 안에 이끌려 들어갔다. 세겜의 언약은 여호와를 예배하지 않았던 족속들 및 새로운 세대와 맺어졌다는 점에서 새로운 언약이었다.(수24:14f) 그러나 또한 이 언약은 이스라엘의 존재 근거가 된 저 시내산 언약을 재확인하고 확대시킨 것이기도 했다.[20]

이 계약에 나타난 구약성서의 증언은 특히 신명기역사 연구사를 통해서 현대에 까지 지속적으로 그 의미와 가치를 보존하고 있다. 또한 이 계약의 의미는 구약과 신약과의 관계성 속에서, 성경 전체에 흐르는 구속사적 활동의 중심주제로 이해될 수 있는 다양한 근거들이 존재한다. 우선 신명기 연구를 중심으로 한 구약의 계약 구조를 살펴 보자.

제 1 역사의 계약 도식과 케리그마[21]

A. 원역사(창1~11), 대표자 노아, 노아 계약(9:8~17) : 삼라만상의 기원
   a) 첫계약(천지창조), 창1~3장,불순종으로 인한 심판(아담계약, 호 6:7)
   b) 둘째 계약(천지 재창조), 창6~9장, 영원한 계약, 생육과 번성
   c) 계약의 징표-무지개(창9:13, 자연과의 계약)
   d) 성취: 창 10~11장, 인간 후손의 중다함
B. 족장사(창12~50), 대표자, 아브라함, 아브라함계약, 이스라엘 민족의 기원

---

20) 존 브라이트 『이스라엘 역사』, 223-224.
21) 김영진 외, 『구약성서개론』, 노희원, "제12장 신명기역사 연구사 및 최근동향" (서울 : 대한기독교서회 ,2004), 348-350.

a) 첫 계약, 창15:1~21, 이스라엘 민족의 기원
  b) 둘째 계약, 창17:1~22, 후손과 땅
  c) 계약의 징표-할례(창17:11b, 민족공동체의 상징)
  d) 성취, 창19장, 수24장, 이삭의 탄생(창21:1ff.)과
     땅의 정복(창23장, 막벨라동굴)
C. 정복사(출1장~삿21장), 대표자 모세, 모세 계약(시내산 계약),
   신앙공동체의 기원
  a) 첫 계약, 출19~24,
     신앙공동체의 기원(십계명과 계약책, 출20:1~17, 22~23:33), 파괴됨
  b) 둘째계약, 출32:19~34:1;십계명과 신명기 법전(신5장과 신12~26장),
     다시 기록됨
  c) 계약의 징표-안식일(출31:17, 신앙공동체의 상징)
  d) 성취, 신5~29, 십계명과 신명기 법전
B. 왕국사(삼상1장~왕하25장), 대표자 다윗, 다윗계약,
   야웨 신앙이 국교인 다윗 왕국의 기원과 역사
  a) 첫 계약, 삼하7:7~17, 다윗 왕조와 시온 성전(7:12~13),
     성전건축(첫번째는 불허)
  b) 둘째 계약, 왕상8장, 하나님께 불순종 신 포로생활
  c) 계약의 징표-예루살렘 성전(삼하7장, 시온에 야웨의 임재 상징)
  d) 성취, 왕상 8:20, 왕하17장, 북이스라엘의 멸망과 포수,
     왕하25장, 남유다의 멸망.
A. 망국사(왕하25장,렘52장,대하36장), 희망의 대표자, 여호와긴,
   새계약 마음에 새겨질 새 계약(렘21:21f.)
  a) 첫 번째 기록된 예언의 말씀(렘36:1~26)-불살라서 파괴됨
  b) 두 번째 기록된 예언의 말씀(렘36:27~32)-다시 기록됨
  c) 계약의 징표 - 여호와긴의 석방과 영광의 가능성
              (왕하 25:27~30, 렘52:31~34, 다윗의 씨)
  d) 성취될 것(렘31:31) - 새 계약,
     다윗의 뿌리에서 나온 메시아(렘23:5~6),
     하나님과 이스라엘의 관계회복

위의 도식에서 역사기록자들 그들의 고난 상황 속에서 하나님의 의미를 재해석한다. 하나님의 끊임없는 사랑 속에서도 끊임없이 범죄하는 인간이지만, 끊임없는 사랑인 헤세드(hesed ; 신의, 사랑) 하나님께서는 다시 계약을 체결하시며 사랑하시되 끝까지 사랑하시는 분으로 나타난다. 이러한 하나님의 헤세드에 대한 케리그마는 포로기 때의 백성에게 선포된다. 다시 말하면 이스라엘 백성들이 현재 바벨론 포로의 고난을 당하는 것은 하나님이 힘이 없어서가 아니라 이스라엘 백성들의 범죄로 인한 것이라는 것이다. 그러나 하나님은 아직도 이들을 버리지 않으시고 다시 자신의 품으로 돌아오기만을 기다리는 하나님이며 그렇게 돌아오면(왕상 8장) 이전 족장들과의 계약에서 그랬듯이 그들을 가나안 땅으로 다시 부르시는 하나님으로 선포된다.[22] 이러한 하나님의 심정이 모세의 입을 통해 이스라엘 백성의 회심(하나님께로 돌아섬)의 명령이 된다.

신명기 역사란?

신명기역사 이론의 기원은 1943년에 출판된 노트(M.Noth)의 『전승사 연구』라는 책과 함께 시작되었다.
노트는 신명기와 신명기 역사가 하나의 통일된 역사이며 이는 포로기 때의 단일 저자가 기록했다는 것이다. 노트는 이 역사가를 신명기역사가(Deuteronomist=Dtr)라고 불렀다.
우리말 성서에서 창세기로부터 민수기에 이르는 사경과 신명기를 포함한 신명기역사(혹은 전기예언서)를 제 1역사, 그리고 역대기 상하와 에스라, 느헤미야를 역대기역사 혹은 제2역사로 부른다. 제1역사(창세기로부터 열왕기까지)는 대개 예언이나 약속의 말씀이 역사화하거나 역사 속에서 실현되는 도식으로 되어있다. 예를 들면, 창세기1장에서 이 세상은 하나님의 말씀으로 창조된다. 마찬가지로 신명기에서 하나님 말씀의 대언자 모세의 말이 신명기역사에서 성취된 형태를 갖추고 있다.

---

22) 노희원, "제12장 신명기역사 연구사 및 최근동향", 353.

너희가 주 너희 하나님의 말씀을 귀담아 듣고, 내가 오늘 너희에게 명한 그 모든 명령을 주의 깊게 지키면, 주 너희의 하나님이 너희를 세상의 모든 민족 위에 뛰어나게 하실 것이다. 너희가 주 너희 하나님의 말씀에 순종하면, 이 모든 복이 너희에게 찾아와서 너희를 따를 것이다.(신명기 28:1~2)

나는 너희에게 너희가 받을 수 있는 모든 복과 저주를 다 말하였다. 이 모든 일이 다 이루어져서, 너희가 주 너희의 하나님이 아내신 모든 나라에 흩어져서 사는 동안에, 너희의 마음이 이 일들이 생각나거든, 너희와 너희의 자손은 주 너희의 하나님께로 돌아와 서,(בשׁו, shubh) 마음을 다하고 정성을 다하여 오늘 내가 너희에게 명령한 모든 말씀을 순종하여라. 그러면 주 너희의 하나님이 마음을 돌아키시고(shubh), 너희를 불쌍히 여기셔서, 포로생활에서 돌아오게(shubh) 하여 주실 것이다. 그리고 주 너희의 하나님이 너희를, 그 여러 민족 가운데로 흩으신 데서부터 다시 모으실 것이다. 쫓겨난 너희가 하늘 끝에 가 있을지라도, 주 너희의 하나님은, 거기에서도 너희를 모아서 데려오실 것이다. 주 너희의 하나님이 너희를 너희의 조상이 차지했던 땅으로 돌아오게 하시어, 너희가 그 땅을 다시 차지하게 하실 것이며, 너희의 조상보다 더 잘 되고 더 번성하게 하여 주실 것이다.(신명기 30:1~5)[23]

2) 구약역사와 회심

출애굽 사건은 이스라엘에게 하나님 체험의 근원적 경험이었으며 이스라엘을 통해 하나님이 행하실 구원역사의 시작이었다. 이스라엘 신앙공동체는 출애굽 사건의 참여자들일 뿐만 아니라 경험자들이 된다. 모세는 이스라엘 사람들을 애굽에서 이끌고 나와서 가나안이 아닌 시내산으로 이

---

23) 이하 성서본문인용은 재인용을 제외하고는 표준새번역(대한성서공회)을 사용한다.

동한다. 이 곳에서 하나님-모세-이스라엘 신앙공동체의 계약이 이루어진다. 이 계약은 단순한 조항으로서가 아니라 이스라엘 역사의 경험이요 회복이며, 새로운 하나님 나라에 대한 중심예표가 되는 것이다. 이 계약의 중심인 십계명과 많은 계약법들은 문자적 해석만이 아니라, 하나님의 먼 소망에 대한 구체적인 실현이라고 할 수 있다.

> ### 구약에서 회심 'Shubh'
>
> Shubh는 구약의 히브리성서에서 회개와 회심의 개념으로 오랜 역사를 갖고 있다. 히브리어로 "shubh"란 말은 변화의 상태와 변화하지 않는 상태의 양자를 모두 포함하는 의미를 지니고 있다. 일반적으로 "돌아온다" 란 말인데, 그 의미는 다음과 같은 문장 가운데서 사용되고 있다. 시편51:13은 "죄인들이 주께 돌아오리라." 시편 19:7은 "여호와의 율법은 완전하여 영혼을 소생케 하고", 우리말 시편은 회심이란 낱말을 "돌아오다" 혹은 영혼을 "소성케 하다" 혹은 생기를 "북돋우어 주다" 등으로 사용되고 있다. 이사야 1:27은 "시온은 정의로 구속함을 받고, 회개한 백성은 공의로 구속함을 받을 것이다" 로 "회개한 백성" (repentant)으로 번역하였다. 히브리어 shubh는 구약성서에 1,100회 이상 사용되며 그 의미는 다음과 같은 뜻으로 정리될 수 있다. 돌아오다(창18:33), 뒤로 돌아가다(삿3:19), 외국 땅으로부터 돌아오다(룻1:6), 방향전환하다(왕상19:27), 행동의 방향을 돌리는 것(왕하24:1), 죄로부터 돌아서는 것(왕상8:35), 회복하는 것(출4:7), 하나님께로 돌아가는 것(호6:1) 등이다.
>
> — 장종철, "회심의 성서 신학적 이해", 「신학과 세계」 제31호

이 법은 하나님을 만나는 회심의 계약적 기능을 담당하게 된다. 즉 이 하나님의 약속을 통해서 하나님께 돌아서는 삶의 구체적인 기준이 된다. 그 중심 의미는

첫째, 하나님의 사랑을 통한 사람을 위한 법이라는 것이다.[24] 피조물

---

24) 길동무, 『하비루의 길』, 104-119.

인 유한한 사람에게 신이란 존재는 언제나 천상을 지배하고 통치자로서 계시는 분이었다. 하지만 하나님은 그 어떤 신적 지위를 요구하시거나 맹목적인 제물을 원하시는 분이 아니시다. 당신의 피조물인 인간에 대한 끊임없는 사랑과 모든 인간이 평등하고 행복하게 살기를 원하시는 것이다. 이러한 하나님은 이스라엘의 노예생활 400년 기간 동안에도 함께 하셨고 광야의 경험들은 단순한 고통이 아니라 예비된 훈련의 장이 되는 것이다.

둘째, 거룩한 삶을 위한 거룩한 법이다. "제사장 나라와 거룩한 민족"은 그들에게 주어진 사명이며 책임이다(출19:5-6). 이 사명 속에는 선택된 백성으로의 축복과 동시에 책임에 대한 두려운 사명이 주어졌다. 거룩이라는 의미는 단순히 세속과의 구별을 의미하는 것이 아니라, 누룩으로서의 거룩이라고 할 수 있다. 하나님의 법으로 세상을 변화시키는 "거룩의 힘"을 말한다. 하나님의 입장에서 볼 때 이스라엘의 고통은 단순히 실패와 좌절이 아니다. 그 속에서도 끊임없이 회복하시고 변화시키는 거룩된 힘이 구약과 신약, 지금의 복음의 힘이다. 이 거룩을 위한 방법이 바로 하나님과의 친밀함 속에서 이루어져야 하며 이것이 바로 회심을 위한 영적 목표라고 할 수 있다.

셋째로 살아가는 법이다(신6:4-9). 인간의 입장에서는 하루하루를 힘들게 살아가는 것이지만, 하나님의 입장에서는 살아지는 하루하루의 삶이다. 오늘도 하나님이 인도하시는 삶 속에서 이스라엘 백성들은 조금씩 하나님을 알아가고 그들의 삶으로 고백하게 된다. 특히 삶은 먹고 마시는 문제 뿐만 아니라, 하나의 민족 공동체로 되어가는 지속성과 역사성이라는 상황을 고려해야 한다. 이것을 위한 하나님의 법이 바로 교육과 문화[25], 윤리의 법, 실천법이라고 할 수 있다. 이어서 하나님의 약속을 현실화시키는 방법이 제시된다. 이것은 시내산 계약과 함께 주어진 종교적 상징(제의)을 이해해야 한다. 시내산 율법을 보면 하나님의 성막과 언약궤를 만

---

25) 길동무, 『하비루의 길』, 104-124.

들라는 말씀이 나온다(출 35-40). 이것은 구약성서의 복잡한 신앙 제의적 차원의 중심 내용이다. 클레멘츠는 구약성서의 종교적 개념을 중심으로 그 신학적 체계를 형성하고 있다.26) 여기에서 종교적 개념은 이스라엘 역사와 전승들, 그리고 신앙공동체의 고백을 포함한 구약종교의 통일성을 찾고 그 중심으로 제의적 차원이 강조되는 의미이다. 특히 이 제의는 하나님을 만나는 하나님 임재적 사건, 즉 신앙의 체험적 사건으로 해석된다.

> ### 십계명의 사랑
>
> 대표적으로 안식일법과 희년법을 들 수 있다.(출23:10-11;레25:18-22; 신15:11-15) 여기에서 안식일은 단순히 무노동과 예전의 의미보다는 노예와 가축들, 모든 하나님의 백성들이 평등하게 쉼을 얻는 회복과 질서의 법이라고 할 수 있으며, 많은 제사법의 중심은 화목제와 속죄제로 단순히 죄의 해결뿐만 아니라 회복을 통한 삶의 결단이고 하나님이 허락하신 행복한 삶을 추구하는 것이다.
>
> ### 십계명의 가르침
>
> 시내산 계약법에서 가장 중요한 비중을 차지하고 있으며 강조하고 있는 부분은 교육(국민교육, 평생교육, 무상교육)이다. '쉐마'(신 6:4-8)는 이스라엘에게 주어진 교육헌장이라고 할 수 있다. 또한 레위지파의 구별은 궁극적으로 이스라엘의 신앙과 문화의 교육과 전승이다. 시내산 계약은 하나님께서 하나님의 백성 모두에게 주시는 인격적인 메시지라고 할 수 있다. 삶의 실제적인 문제와 이 문제 해결을 위한 궁극적인 가르침, 더욱 중요한 것은 이 문화를 이루는 거룩한 정신에 이르는 하나님 백성으로서의 인격적 삶을 원하고 계신 것이다.
>
> ―길동무, 『하비루의 길』, 104-124.

---

26) 로날드 E. 클레멘츠 / 김찬국 역, 『구약신학』 [Ronald E. Clements, Old Testament Theology] (서울 : 대한기독교서회, 1995), 30.

무엇보다 제의의 영향을 많이 받은 것은 아마도 하나님의 이해에 관한 것일 것이다. 구약에서 가장 중요했던 것은 하나님의 본질에 대한 어떤 교리가 아니라 하나님의 임재였다. 하나님을 찾는 것은 어떤 지적인 논쟁에 뛰어드는 것이 아니라 하나님의 얼굴을 보기 위해서 성소로 올라가는 것이었다.27)

이것을 확증하는 주요한 상징들이 바로 법궤(신10:1-3)와 고대 장막 성소(출26:1-37), 예루살렘 성전(왕상6:1-36)이다. 이러한 전승들의 신학화는 제의의 예배적 요소 뿐만 아니라, 하나님의 영의 개념(시139 : 7 ; 학2 : 4-5 ; 슥 4:6) 들과 이와 더불어 말씀과 지혜의 개념으로 확대된다. 이것은 하나님의 임재에 대한 공간적(거룩한 성소)이고 시간적(거룩한 시간, 절기 등)인 인식으로 까지 확대되고 이해되어 진다.

그 중에서도 성막은 장막적인 형태(시간적이고 이동적인)와 법궤적인 임재의 형태를 통합하는 형태라고 할 수 있다. 하나님의 임재의 자리(법궤)이면서도 성막은 하나님의 약속의 땅을 향해 하나님의 인도하심을 따라 이동(장막)하는 공동체인 것이다. 그래서 성막은 하나님과 이스라엘 사이의 언약과 성취과정 그 중심적 위치에 있었던 움직이는 현존(moving presence)이었으며, 순례의 공동체였다.28) 이 성막의 중심인 법궤는 하나님의 임재와 계약을 상징하는 십계명과 교육을 의미하는 제사장의 지팡이, 평등의 양식인 만나 항아리를 통해(히9:3-4 ; 출16:33 ; 민17:10) 하나님의 마음을 예표하고 있다. 이것은 하나님의 임재에 대한 하나님의 경험, 즉 회심의 관점에서의 영적 체험을 어떻게 실존화 시키는가의 중요한 단초가 된다.

하나님의 현현 언어와 관련해서 두 갈래의 발전이 이루어짐을 볼 수 있다. 먼저 큰 절기 때 하나님이 자기 백성들에게로 직접 '오신다'는 표현은 사라져 버렸다. 그 대신에 제의에 대한 이해가 단계적으로 변천하여

---

27) 로날드 E. 클레멘츠, 『구약신학』, 46.
28) 「구원사로 접근하는 TBC 성서연구, 목회자교재 - 구약 I」 (경기 : TBC 성서연구원, 2003), 203.

예배의식과 찬양들이 과거에 행해졌던 하나님의 일을 기억하는 행위로 바뀌었다(특히 신16:3 참조). 과거를 기억하는 주관적인 행위를 통해서 예배자들은 새로운 이득과 의미를 전유할 수 있었다. 이와 관련하여 이루어진 발전은 자기 백성에게 오시는 하나님에 관한 언어를 미래에로 투사시킴으로써 그 언어가 하나님이 이스라엘을 위해서 섭리하신 목적을 실현하실 때 이스라엘이 얻을 축복이 소망의 표현으로 바뀌었다는 것이다. 물론 이 모든 종말론적인 소망의 본질적 요소들은 예언자들에 의해서 생겨났다.[29]

가나안 정복사건

가나안 땅 정복에 대한 모델들은, 1) 노트에 의해서 제안되고 바이퍼트에 의해서 개정된 이주모델(Migration), 2) 올브라이트와 라이트에 의해서 주장된 군사 정복 모델(Military Conquest), 3) 멘덴홀에 의해서 주장되고 구약성서의 사회학적 연구의 갓월드에 의해서 발견된 내부혁명모델(Internal Revolt)을 들 수 있다. 특히 내부혁명모델은 이스라엘이라는 공동체의 탄생은 내부적인 정치적 소요나 사회적인 혁명의 결과라고 보는 것이다. 기원전 13세기의 가나안 땅은 여러 성읍들에 의해서 지배를 받고 있었으며, 이 성읍들은 지방의 농민들과 유목민들을 억압하며, 도시의 거주민들에게 억압받던 사람들의 지배계급에 대한 불만의 목소리는 높아질 수밖에 없었다. 이들이 세력을 규합하고 상류층의 억압으로부터 벗어나려고 투쟁하였다. 여호수아와 히브리인들의 작은 집단은 이러한 폭동에 있어서 촉매제의 역할을 하였다고 본다. 멘덴홀은 이 근거를 '하비루(Habiru)'라는 변두리 계층의 사람들에게서 이 이론의 근거를 찾고 있다. 구약의 회심 이해 속에서 이스라엘 종교 형성에 대한 관점은 회심의 역사적 배경을 근거해야 한다. 즉 단순히 하나님의 약속은 이스라엘 백성만을 위한 종교적 배타성(정복)이 아니라, 하나님을 믿는 보편적이고 역사적인 사건 가운데에서, 이방민족은 정복의 대상만이 아니다. 이방민족은 이스라엘 중심의 역사 해석 속에서도 하나님의 관심과 회심의 대상이 된다는 점이다(출12:48;민15:15-16;민11:4).

---

29) 로날드 E. 클레멘츠, 『구약신학』, 76.

이제 이 하나님의 부르심은 이스라엘에게 하나님과의 계약이 선포된 가나안 땅 - 그 법을 실현할 땅, 거룩한 땅, 하나님 나라의 모형 -으로 들어가게 되는 것이다.

가나안으로 들어가는 과정에 대한 성경의 모습은 다분히 전투적이다(수 11장). 하지만 이러한 모습을 단순한 종교적 힘의 논리로 이해해서는 많은 한계에 부딪친다. 정복의 과정이 그들의 신앙고백 속에서는 단순히 고대 종교의 승전가만을 의미하는 것이 아니다.30) 이 속에는 이스라엘 민족이 앞으로 살아가야 할 사회적, 문화적 차원의 이해를 가지고 있다고 볼 수 있다. 특히 여호수아를 중심으로 들어간 가나안 땅이라고 하는 약속의 땅은 단순히 행복과 번영을 약속한 땅이라기 보다는 하나님의 백성으로서 하나님의 법으로 살아가야 할 실현의 땅이요, 책임의 땅이 된다. 하지만 그 속에서 펼쳐지는 역사는 인간의 입장에서 보면 피와 전쟁, 도전의 과제가 주어졌다. 이제 역사는 사사시대를 거쳐 왕정시대에 이르는 또 다른 계약의 시대를 맞이한다.

사무엘의 삶과 역할에 대한 성경의 기록은 중요한 한 시대의 전환점을 제시하고 있다. 사울 왕을 세우고 다윗에게 기름을 부었다는 것(삼상 16장), 한편으로는 하나님의 뜻 속에서 그가 찾았던 미래에 대한 불안과 새로운 희망들이 교차하는 순간이었다. 사무엘은 왕정에 대해 부정적인 입장 속에서(삼상 8:11-17), 백성의 강한 요구에 수락하는 대신 왕과 백성이 하나님의 명령을 순종하지 않으면 하나님의 형벌을 자초할 수밖에 없다는 사실을 강조하였다(삼상12:14-15). 하지만 사울의 실패와 다윗과 솔로몬으로 이어지는 왕의 이야기 속에서 중심으로 등장하는 것이 바로 '다윗 계약(삼하 7장)' 이라고 할 수 있다. 다윗계약의 전승은 솔로몬 왕에 이르러 예루살렘 성전건축과 함께 성전신학으로 연결된다. 문제는 이 다윗계약에 대한 해석적 차원에 따라서 구약의 계약 전통과 회심 사건의 본질적 의미가 구별된다는 것이다.31)

---

30) 김영진 외, 『구약성서개론』, 장석정, "제13장 여호수아-사사기", 363-366 .
31) 김영진외, 『구약성서개론』, 정중호, "제14장 사무엘-열왕기", 392-395.

다윗의 정치드라마

블레셋의 영주였던 다윗이 헤브론으로 옮겨가고 유다 사람들에 의해 기름 부어 유다의 왕이 되었다. 그 다음 단계는 이스라엘 장로들과 계약을 맺어 명실 공히 유다와 이스라엘의 왕이 되는 것이다(삼하5:1-3). 숨 가쁘게 진행된 다윗의 상승의 절정은 다윗이 예루살렘을 차지하고 예루살렘을 '다윗의 성'으로 명명한 것이다.

예루살렘은 여부스 족의 도시였고 다윗은 그 도시를 수구를 통해 올라가 기습 공격하여 점령하였다(삼하5:8). 즉 다윗은 예루살렘 성을 파괴하지도 않았고 불태우지도 않았다. 여부스 족의 사람들과 그들의 문화를 그대로 인수받은 것이다. 예루살렘성은 이스라엘과 유다의 중심지임과 동시에 다윗의 개인적인 소유물로서 '다윗의 성'으로 그 독특성을 유지하였다. 여부스 족의 도시가 이스라엘과 유다 사람들의 종교적 중심지로서 인정받기 위해서는 야웨의 법궤가 예루살렘에 있어야만 하였다. 이러한 목적을 위해 다윗은 이스라엘 지파들의 종교적 상징물이었던 법궤를 예루살렘 성으로 운반한 것이다.

다윗의 상승은 사울의 쇠망과 그 궤도를 같이할 수 밖에 없었다. 사울 왕과 요나단이 전사한 이후 사울의 아들 이스보셋은 장수 아브넬과 함께 마하나임으로 건너가서 이스라엘 왕으로 행세하였다. 그러나 이스보셋과 아브넬은 오랫동안 지탱하지 못하고 모두 괴멸되고 말았다. 이로써 다윗에게 대항할 수 있는 세력은 사라져 버렸다. 그러나 다윗은 이러한 죽음에 대해 직접적인 책임이 없음을 여러번 밝히고 있다. 이러한 와중에서 다윗은 왕권의 정치적인 합법성을 사울의 계승자라는 맥락에서 찾았다. 다윗은 요나단의 아들 므비보셋을 궁궐에 데려왔다. 즉 사울의 자손에 대해 정중하게 대한다는 태도를 보였다. 또한 사울의 딸 미갈도 데려왔다.

당시 사울의 딸 미갈은 다른 사람과 결혼한 상태였다. 그러나 다윗은 자신이 미갈의 남편이었던 점을 내세워 미갈을 예루살렘으로 불러들여 왕비로 삼았다. 이로 인해 다윗은 사울 왕의 사위로서 사울 왕을 계승한다는 정치적 명분을 세울 수 있었다. 그러나 다윗에게 미갈을 빼앗긴 미갈의 남편 발디엘이 울면서 따라오는 장면(삼하 3:15-16)이 보여 주듯이, 다윗과 예루살렘에 대한 지파들의 반감은 이러한 명분으로 잠재워 질 수 있는 것이 아니었다. 압살롬의 반역과 세바의 반역은 이러한 반 예루살렘적인 정서를 등에 업고 일어난 것이다.

다윗의 왕권은 밧세바와의 사이에서 난 솔로몬에게로 이어진다(왕상 1-2장). 그러나 이 과정 속에서도 원래 다윗의 아들 아도니야와의 정치적 갈등과 계약에 대한 미묘한 갈등을 보이고 있다. 요압 장군과 아비아달 제사장을 중심으로 한 아도니야와 솔로몬을 지지하는 밧세바와 용병대장 브나야 그리고 사독제사장과 나단 예언자 등이 등장한다. 결국 아도니야는 이 경쟁에서 패배하였고 숙청되었다.

 솔로몬의 등장은 지파의 세력보다 예루살렘 중심으로 한 세력의 승리로 볼 수 있다. 이러한 왕위 계승에서 표면화된 갈등은 결국 솔로몬이 죽고 나서 남북으로 나라가 분열되는 불행의 불씨 역할을 한 것으로 보인다. 회심의 차원에서 보면, 하나님은 시내산 계약을 중심으로 사무엘 전통과 예언자전승으로 연결되는 하나님 백성의 삶을 요청하셨다. 다윗계약은 왕권을 위한 황실화, 권력화, 사제화로 나타나고 하나님 백성의 온전한 회심을 제도화시킨 의미로 해석될 수 있다.

-김영진외, 『구약성서개론』, 정중호, "제14장 사무엘-열왕기"

권력으로의 왕권 속에서 나타나는 부정적인 모습들, 많은 왕비와 후궁들, 이방 신전건축과 이방신의 유입 등은 결코 화려함의 뒤편에 보이는 실패의 역사를 암시하고 있다. 이후의 남북 분열의 역사를 중심으로 신명기 역사가는 다윗계약에 대한 역사적 서술을 진행하고 있다.

계약과 회심

다윗계약에 대한 구약의 논쟁들은 구약의 계약에 대한 통일성의 문제와 단속성의 문제의 복합적인 모습을 보이고 있다. 결국 신학적인 논쟁은 폰라트의 주장처럼, "가나안에 정착한 신의 백성의 역사도 야웨와의 역사, 야웨신앙이 가장 중요하게 생각하고, 조심스럽게 제시한 각양한 사실들을 동반한 역사가 되었었다. 그러나 이 사실들이 육중한 것이 될 만큼 그것들은 신앙고백으로 형성하면서, 신앙고백을 확대시키면서 작용했다. 야웨가 이스라엘을 애굽에서 인도해 냈다는 사실은 어느 시대에나 이스라엘의 신앙고백의 일부였다. 그러나 야웨가 다윗 왕좌의 지속을 보장했었다는 것(이것은 "정경 후"의 사실들 중에서 가장 중요한 것인데)은 이 신앙고백 진술들의 계열에 연결된 일이 없다. 이로써 그것의 중요성이 반대된 것은 아니다. 단지 이 사건은 본래의 이미 옛 시대에 경전이 된 구속사의 영역 밖에서 일어났다는 것을 말할 뿐이다." (폰라트 『구약성서신학 제1권』, 307). 성서의 구속사적인 통일성을 보이는 데는 많은 한계가 생긴다. 특히 구약의 예언자 해석과 신약에 이르는 예수와 교회의 기록들은 그 의미에 있어서 철저한 재해석을 요구하고 있다. 이러한 사실 속에서 우리의 회심체험에 대한 성서적 근거는 단순히 성경의 문자적 관심을 벗어나야 한다는 것이며, 성경 전체에 대한 하나님의 관점, 즉 회심의 관점으로 이해해야 한다는 것이 본 연구의 요체(要諦)라고 할 수 있다.

구약에서의 회심은 하나님의 계약을 중심으로 출애굽사건과 하나님의 임재로서의 성막을 통해 역사 속에서 체험되고 현존화된 조건인인 책임이 되고 있다. 이제 이 책임은 예언자들의 회심을 통해서 이스라엘백성과 우리에게 전해진다.

3) 예언자와 회심

구약의 예언자들은 그 시대의 영적 해석자로서 나타난다. 즉 그들은 하나님의 사명을 통한 그 시대의 회심자들이다. 예언자들의 경험과 독특한 선포와 메시지들은 단순한 개인적 황홀이나 고대종교와 같은 주술적 예언의 역할과는 구별되고 있다.[32] 특히 이스라엘의 분열과 죄악상은 그들의 활동의 중요한 촉매제이다. 결국 아픈 시대 속에서 하나님의 이끌림을 통해 자신의 삶을 살아간 사람들이다. 이들의 삶을 통해 종교적 회심의 차원이 어떻게 하나님의 계약과 관계될 수 있는지, 또한 회심과 사명의 관계를 이해함으로써 개인의 경험적 차원의 회심이 어떻게 실천적, 역사적 차원으로 나타나는지에 대한 성서적 근거를 만날 수 있다. 이를 위해 예언자의 역할과 선포의 내용들을 중심으로 이해할 수 있을 것이다.

성서의 예언자와 그 시대는 전승사적으로 많은 논란을 가져왔다.[33] 그럼에도 예언자들의 역할은 성서전체(구약과 신약)속에서 그 의미와 정신들을 통해 계속해서 흐르고 있다. 예언자 그들은 누구인가? 이 물음은 예언(nabi/propet)이라는 단어적 함의로만 보기에는 많은 한계가 있다. 일반적으로 생각하는 미래를 예시하는 예언기능(foretelling) 이라기 보다는, 하나님의 말씀의 전달자로서 "앞장서서 말하기"(forthtelling) 라고 할 수 있다. 그들의 관심사는 미래가 아니라 그가 살아가고 경험되는 오늘이라는 현재이다.

---

32) 아브라함 J. 헤셸 / 이현주 역, 『예언자들』 [Abraham Joshua Heschel, The Prophets]
 (서울 : 삼인, 2008), 36.
33) 왕대일, 『신앙공동체를 위한 구약성서이해』, 134-135

예언자가 하나님의 말씀을 전하는 까닭은 오직 현재를 결정짓기 위함이다. 지금 여기에서의 회심을 호소하기 위해서이다. 타락한 현존을 버리고, 새 현존을 선택하라!(겔36 : 25 ~ 27)그것이 예언자들이 기울였던 궁극적인 관심사이었다.34)

예언자들에게 그들의 현재는 하나님이 개입하시는 현재이며, 준비될 미래가 되고 있는 것이다. 이러한 상황은 단순히 예언자라는 주관적 상황 속에서 만의 이해를 넘어서서 "하나님께서 왜 예언자들을 그 시대 속에서 출현시키셨는가?"의 의미로 확대된다. 즉 예언자 자신의 역할은 하나님의 부르심과 관계 속에서 펼쳐지기 때문이다.

이스라엘의 통일왕국은 그리 오래가지 못하게 된다. 솔로몬 이후의 왕은 결국 북이스라엘의 여로보암과 남 유다의 르호보암으로 나뉘어지게 된다. 결국 인간적 태평성대 속에서 누렸던 사치와 향락은 대부분의 신앙공동체들에게는 고통과 아픔의 시간이었음을 알 수 있다(암4:1-4 ; 6:3-8 ; 호4:1-10). 이러한 시대 속에서 하나님이 하시는 방법은 또 다른 대안을 찾으시는 것이고, 그 대안은 하나님의 사람을 찾으시고 사용하시는 것이다. 이 때 나타난 존재들이 바로 예언자들이다. 결국 예언자들은 살아계신 하나님을 보여주어야 할 시대적 사명을 띠고 있는 것이다. 이러한 차원은 그들이 자신을 이해하는 도구가 되고 있다(왕상18).

결국 하나님은 돌아와야 할 이스라엘 백성에게 예언자를 보내주셨고, 예언자의 개인적 고통을 넘어서게 하신다(왕상19). 그렇다면 예언자의 삶을 살게 한 회심, 즉 종교적 경험의 의미는 무엇일까? 예언자의 종교적 경험에 대한 신학적 담론보다는 그가 보았던 하나님과 그 음성 속에서 보게 된 시대의 아픔과 삶이 결정적 근거로서 다가온다.

---

34) 왕대일, 『신앙공동체를 위한 구약성서이해』, 132.

예언자들

구약성서는 우리에게 많은 예언자들을 소개하고 있다. 이 예언자들은 우선 전기 예언서에 등장하는 초기(주전8세기 이전)예언자들과 후기(문서)예언서의 예언자로 구분된다. 전기 예언서에 소개되고 있는 초기예언자들로는 사무엘(삼상3:20), 나단(삼하12장), 미가야(왕상22장),엘리야(왕상17-19장;21장;왕하1-2장), 엘리사(왕하2-8장)등이 여기에 속한다.

이들 외에도 구약성서는 우리가 잘 아는 상당수의 인물들을 예언자라는 칭호로 소개하고 있다. 아브라함(창20:7), 모세(신18:18), 아론(출7:1), 미리암(출15:20), 드보라(삿4:4), 시므이(삼하16장), 아히야(왕상11:29), 훌다(왕하22:14-20)등이 바로 그들이다. 후기 예언자들의 이름은 우리의 귀에 퍽 친숙하다. 이사야, 예레미야, 에스겔은 삼대 예언자이다. 그 외 호세아, 요엘, 아모스, 오바댜, 요나, 미가, 나훔, 하박국, 스바냐, 학개, 스가랴, 말라기는 열두 명의 소 예언자들이다. 기능적 구분으로는 궁중예언자, 제의 예언자, 혹은 개별 예언자 등으로 나눌 수 있다. 궁중 예언자는 주로 궁중을 중심으로 군사문제, 정치 문제를 예언한 사람들로서 나단, 갓(삼하24:11이하), 아히야(왕상14:1이하)혹은 이사야 등이 속한다. 제의 예언자들은 나훔, 하박국, 요엘이 속하는데 주로 포로 시대에 구원을 선포하여 이스라엘 사람들을 위로하는 역할을 하였다.

한편 오바댜는 직업 예언자로 분류되기도 한다. 한편 다른 개별 예언자들은 이들과 성격을 전혀 달리 한다는 점에서 큰 관심의 대상이 되었다. 이들은 기원전 8세기 중엽에 등장한 아모스를 출발로 해서 등장하였는데 주로 단독으로 등장하여 국가, 제의, 그리고 사회 비판을 강하게 한 매우 독특한 유형의 예언자들이다.

예언자의 소명설화에 관한 연구는 고고학적 고대전승, 심리학적 등 다양한 차원으로 해석하고 있다. 하지만 종교체험, 환상 등의 예언자의 개인적 경험은 후대에 전승적 편집을 하였을지라도 그가 이해한 하나님의 마음과 의지, 개인적인 삶의 표상들은 예언서에 기록된 시대전승과 큰 차이를 나타내고 있지는 않다.

이를 바탕으로 구약성서신학에서 예언자에 대한 주요한 관심은 폰 라트에 의해서 제공되고 있다.

특히 그의 구약성서신학 제 2권, "이스라엘의 예언적 전승의 신학" 을 통해서 그의 역사적 전승사적 관심이 예언서를 통해서도 적용되고 있음을 제시하고 있다. 이스라엘 역사와 구원사의 통합의 입장에서 그는 역사적 전승이라는 관점에서 성서주인공들의 경험과 집필자들의 이해와 조직, 이를 통한 신앙전승이 어떻게 우리에게 이해되는가를 계속해서 강조하고 있다. 이런 의미에서 구약에서의 예언자의 의미는 구약성서의 중심이 된다. "구약성서 신학의 출발점과 배열을 가장 정확하게 보여 줄 수 있는 시금석이 예언현상이다. 어느 시점에서 그리고 어떤 것에 연관시켜 구약성서 신학을 다룰 것인가? 만일 우리가 종교 이념들을 조직적으로 서술한다면, 우리는 야웨의 거룩성, 창조 신앙, 그리고 계약 개념 등을 다루면서 예언형상을 처음부터 끝까지 다룰 수도 있을 것이다. 그렇다고해서 우리가 그 메시지를 제대로 찾아낼 수 있겠는가? 그렇다고 예언현상을 이스라엘 국가와 세계의 운명에 관한 이스라엘 자신의 사고에만 국한시켜도 공평하지 못할 것이다. 이렇게 해서 예언자들의 메시지가 이스라엘의 종교적 이념과 유기적으로 연결되는 것도 아니다.

이스라엘의 과거 전승이 아무리 다양하다고 해도, 그 출발점은, 야웨와 관련된 이스라엘의 과거 역사가 끝나고 이제 야웨가 이스라엘을 위해 무엇인가 새로운 것을 시작하신다는 확신이다.

예언자들은 당대의 청중들에게, 지금까지 존재한 구원의 요소들이 아무런 가치가 없으며, 이스라엘이 구원받기 위해서는 야웨의 새로운 구원활동에 대한 신앙을 가져야 한다고 강권한다. 그러나 지금까지 존재했던 것은 단절되었다고 보는 그들의 확신은, 그들 자신을 이스라엘이 이처럼 위대한 구원 역사 밖에 두게 된 것이다. 예언자들의 메시지는 현재까지 야웨와 더불어 이어진 이스라엘의 존재를 산산조각 내는 당혹스럽고도 역동적인 효과를 가져 온 것이다. 그러므로 구약성서 신학에서 예언 현상은 따로 취급될 수밖에 없는 것이다 (I, 128)".

예언자들의 주장을 분석해 보면 예언자의 가장 근본적인 경험은 하나님의 느낌을 함께 나누는 것, 하늘의 정념을 동조하는 것, 하늘의 정념에 생각을 모으고 참여함으로써 오는 하나님의 의식을 함께 나누는 것임을 보게 된다. 전형적인 예언자의 마음은 거룩한 정념의 가슴 한복판에 뛰어드는 것이다. 동정(同情, Sympathy)이야말로 예언자의 영감에 대한 응답이요, 계시에 대한 보답이다. 예언적 동정은 초월적인 감수성에 대한 반응이다. 그것은 사랑과 마찬가지로 거룩한 존재 자체(Being)에게로 끌어 당겨지는 것이 아니라 예언자의 감정적인 삶이 거룩한 분에게 동화되는 것이다. 존재의 동화가 아니라 기능의 동화. 예언자의 감정적인 경험이 예언자의 하나님 이해를 위한 초점이 된다. 그는 자신의 삶을 살 뿐만 아니라 하나님의 삶도 산다. 예언자는 하나님의 음성을 듣고 하나님의 마음을 느낀다. 그는 메시지의 정념을 그 내용과 더불어 전달코자 한다. 전달자로서 그의 영혼은 흘러넘쳐, 그의 동정심으로부터 솟구치는 말을 토한다.35)

예언자의 종교적 경험을 이해함에 있어서 사람의 필요성이 아닌 하나님의 필요성의 관점으로 접근해야 한다. 요약컨대 하나님의 정념은 영원한 것과 일시적인 것, 의미와 신비, 형이상학적인 것과 역사적인 것의 하나됨이다. 그것이야말로 하나님과 인간 사이의 관계, 창조주와 피조물의 상호 관계, 이스라엘의 거룩하신 분과 당신의 백성 사이의 대화에 진정한 바탕이 된다. 예언자의 예언자됨은 미래를 내다보는 데 있지 않고 지금 여기에 있는 하나님의 정념을 꿰뚫어보는 데 있다. 36) 계시란 하나님이 당신 자신을 알려주시는 게 아니라 당신의 뜻을 알려주시는 것이다. 하나님이 당신의 존재를 드러내시는 자기현시가 아니라 당신의 뜻과 정념, 당신 몸소 인간과 관계 맺으시는 방법을 드러내시는 것이다. 인간이 알아보는 것은 계시된 말씀이지, 하나님의 자기 계시가 아니다. 그가 보는 것은 하나님의 본질이 아니라 나타나심이다. 하나님은 정념의 주인이시지 정념

---

35) 아브라함 J. 헤셸, 『예언자들』, 67.
36) 아브라함 J. 헤셸, 『예언자들』, 684, 366.

그 자체는 아니다. 예언자의 통찰은 언제나 종속관계와 하나의 바탕과 한정된 관계를 내포한다. 이 관계의 바탕은 도덕이다. 그리고 하나님의 관점에서 보면 객관적이며 비개인적이다. 관계의 목적은 인간에 있다. 하나님의 정념은 옮아가는 것이다. 자신이 원해서가 아니라, 하나님께서 필요하시기에 사용하신다는 것이다. 그렇다고 우연한 사건으로 발생하는 것은 아니다. 사람을 선택하시는 하나님의 입장은 어느 정도 공통점이 존재하고 있는데, 첫째는, 하나님의 선택의 범위이다. 예언자의 자격은 직분의 초월로 나타난다. 제사장으로부터, 평신도 목자에 이르기까지 그들은 혈통적이거나 권위적 차원으로의 계승이 아닌 소명의 차원으로 부르심을 받은 자들이다.[37] 예언자들은 그 시대의 역사해석자였다. 체계적인 교육이나 신분적 지식보다는 하나님 체험이라는 소명적 앎이 그들을 인도한 것이다. 이 직분의 초월은 결국 정치적인 이해관계를 벗어나 하나님의 입장을 객관적으로 판단하는 역할을 가능하게 한다. 그 당시의 부패와 사회악을 비판하고 하나님의 근본법(시내산계약)을 회복하고자 하는 열망이 그들의 신랄한 선포와 삶 속에서 나타나고 있다. 예언자는 준비된 과정과 계획된 하나님의 의지를 포함하고 있다(렘1:5). 둘째는, 하나님의 선택의 방법이다. 구약성서에는 예언자의 소명 이전의 삶의 모습을 구체적으로 표현하지는 않는다. 그렇다고 해서 그들이 갑자기 하나님의 일을 감당했다고 주장할 수는 없다. 적어도 그들의 예언 형식과 삶의 다양성은 그들의 삶과 준비된 과정의 모습을 나타내고 있다고 할 수 있다. 하나님은 예언자들을 선택하실 때 그들의 진지한 삶의 모습을 보신 것이다. 모세의 이스라엘 백성에 대한 고민과 열정, 아합 왕과 이세벨의 우상숭배에 분노하고 있었던 엘리야, 종교지도자와 정치 지도자들의 향락과 사치, 백성들의 아픔에 함께 고뇌하던 시골 목자 아모스, 그 시대의 아픔과 죄악을 눈물로 통회하던 예레미야, 하나님의 사랑에 배반한 이스라엘을 보고 통회하던 호세아 등. 그 시대의 예언자들은 그 시대의 아픔과 모순 속에서 하나님의 마음과 눈으로 아파하고 고민하던 신앙의 해석자들이었다. 하나님은 준비된 그들을 선택

---

37) 김영진외, 『구약성서개론』, 이경숙, "제21장 예언서 연구와 그 최신 동향", 541-547.

하셨고 그들의 인격과 성품을 사용하신다.

그 과정에서 나타난 것이 하나님 경험의 영적 체험과 경험들, 삶으로 표현되는 경건과 실천 모습들이었다. 그들은 이러한 과정을 겸허히, 때로는 고민하며 반응하였고, 일단 확신에 찬 이후에는 전 삶을 들여 예언자의 소명에 충실했음을 역사가 증언하고 있는 것이다.

이러한 예언자의 소명은 그들의 선포의 내용으로 연결되고 있다. 선포의 통일성과 다양성속에서 그들은 하나님의 입장 속에서 그 시대의 문제와 아픔을 보았다. 이것을 "예언자 전승"이라고 표현하는데, 무엇이 예언자들로 하여금 자기 시대의 역사를 비판적으로 조명하고 그 정신은 어디에서 나온 것인가?를 의미한다. 그 중심은 시내산 계약의 토라의 이야기이다. 하나님께서 과거 이스라엘 조상들의 역사에서 어떻게 활동하셨는지를 기억하는 것이 예언서 속에 새겨져 있는 전승의 큰 맥이다. 족장들을 부르시고, 이집트의 노예생활에서 모세를 통해 구출하시고, 광야의 길을 통해 보여주신 경험과 계약들, 가나안에 정착하게 하신 하나님의 역사를 회복하는 것이다. 예언자들의 대부분은 출애굽이 가르쳐 준 해방정신을, 그 해방정신 속에 담겨있는 평등한 사회를 신앙의 맥으로 계승한 인물들이었다.38)

예언자는 알고 있었다. 종교가 인간에게 내신 하나님의 명령을 오히려 왜곡시킬 수도 있다는 사실을. 사제라는 자들이 거짓 증언을 잉태하고 폭력을 용납하며 증오를 묵인하고 무자비, 거짓, 우상숭배, 폭력 따위를 분노로 두드려 부수는 대신 오히려 의식으로 승격시켜 위증죄를 범해 왔다는 사실을. 일반 사람들에게는 성전과 사제직과 분향(焚香)이 종교였다. "이것은 야훼의 성전이다, 야훼의 성전이다, 야훼의 성전이다(예레미야 7:4)"이런 신앙심을 예레미야는 속임수요 환상이라고 낙인찍는다.39)

---

38) 왕대일, 『신앙공동체를 위한 구약성서이해』, 136-142.
39) 아브라함 J. 헤셀, 『예언자들』, 45.

예언자와 회심

일반적으로 예언자들이 선포는 죄에 대한 책망과 징계, 회개의 요청, 희망의 선포라는 큰 틀에서 이해되며, 각 예언자의 다양성은 예언자의 시대 속에서 다양한 메시지의 흐름이 파악될 수 있다. 식민지 시대 이전의 예언자들은 왕국의 멸망과 백성들의 흩어짐(사로잡혀감)을 하나님이 이스라엘과 유다 백성에 내리시는 심판으로 선언하는 데에 열중하였다. 심판 예언자인 셈이다. 이들은 한결 같이 회개를 촉구하였다. 아모스, 호세아, 예루살렘의 이사야, 미가, 예레미야, 에스겔(겔1-32장)이 이 부류에 속한다. 그러나 정작 하나님의 말씀대로 나라가 망하고, 성전이 무너지고, 땅마저 빼앗기는 식민지 시대(포로기)가 전개되자, 예언자들의 메시지는 그 성격을 달리하게 된다. 이름하여 구원을 선포하는 예언자들이 등장하게 된다. 성전의 회복, 민족의 회복, 땅의 회복을 다짐하고 선언하는 희망의 신학자들인 셈이다.

에스겔(겔33-48장)과 제 2이사야(바빌론의 이사야)가 바로 그들이다. 포로기 후기라고 말하는 그 다음의 시대는 다시 심판과 구원의 신탁을 엇갈리며 선포하는 예언자들의 시대가 된다. 포로후기 시대의 정치적, 사회적, 종교적 혼란기가 그 시절에 등장한 하나님의 사람들로 경고와 위로를, 심판과 구원을 같이 말하도록 몰아갔던 것이다.

이것은 계약 전통 속에서도 나타나는데, 시내산 전통에 서있는 아모스(하나님의 정의), 호세아(사랑), 미가, 예레미야(렘2:4-6)가 이런 부류에 속하는 자들이다. 반면 다윗계약전통에 서있는 예언자들이 출현하는데, 제 1이사야(사 4:1, 3-5 ; 비교, 9:2-7) 를 대표적으로 볼 수 있다. 이는 앗시리아 산헤립의 예루살렘 침공(주전701)속에서 극적으로 위기를 넘긴 후 형성된 예루살렘 즉 시온에 대한 신뢰를 회복한 것이다(사 29:8 ; 비교, 1:21-27;5:1-7;28:16-17).

포로기 이전에는 각각 따로 전수되던 "모세-출애굽 전승" 과 "다윗 -예루살렘 전승" 이 나라가 망하고 난 후에는 식민지살이의 설움 속에서 하나로 통합되게 된다. 포로기 이후의 예언자들의 사고 속에서는 모세의 출애굽 전승이 다윗의 예루살렘(시온) 전승을 흡수하는 과정을 엿볼 수 있다. 주전 6세기 중반에 이르러 다윗신학, 왕조신학, 시온신학은 철저히 모세 신앙의 정신에서 재해석하게 된다. 제 2이사야(사40-55장)가 바로 그런 과정을 보여준다. 제 2이사야의 예언에는 족장 전승, 모세전승, 다윗전승이 훌륭하게 연결되어 있다(사43:14-17;비교, 사 43 :18-21). 제 2이사야가 전하는 바빌론 포로 생활로 부터의 해방은 유다지파만의 축제가 아니다. 그것은 온 이스라엘 자손이 경험할 은혜의 사건이다. 야곱의 아들들에게 일어날 사건이다. 이 예언자의 정신 속에 모세의 출애굽사건과 족장 전승의 기억이 아름답게 연결되어 있다(사51:1-2). 제 2이사야의 예언은 여기서 그치지 않는다. 그의 예언은 예루살렘(시온)을 회복하시는 하나님, 다윗이 위엄을 회복시키실 하나님의 역사로 줄달음친다. 모세, 아브라함, 다윗이 제2 이사야의 예언 속에 함께 숨을 쉬는 것이다(사55:26-4 ; 비교, 49:8-26 ; 52 : 1-2). 예언신학의 중요한 지평은 바로 종말론적 지평으로 통합될 수 있다.

예언자들은 야웨적 윤리와 종말론의 선포자로 등장한다. 예언자들이 이스라엘의 현재를 그렇게 엄격하게 비판할 수 있었던 것은 그들이 야웨의 미래를 확신하고 있었기 때문이었을 것이다. 그들은 종말론적으로 사고하면서 세계를 창조하신 야웨에 의해서 이루어질 세계의 미래에 대한 확신과 끝없는 시적 상상력을 가지고 있었다. 따라서 예언자들은 야웨의 계획에 적극적으로 참여하기 위해 노력하였다. 그러나 이들에게 있어서 인간들의 윤리적인 타락으로 말미암아 오게 될 세계의 종말은 하나님의 종말은 아니었다. 오히려 이 때야말로 하나님의 세계를 살리시는 능력과 의지가 표출되는 계기가 될 것이다.

예언자들은 종말론을 통하여 인간의 인과응보 사상을 뛰어넘는 하나님의 초월적 힘을 그려내었다. 하나님은 전혀 새로운 일을 해 내실 수 있다. 이것이 바로 예언자들의 희망이며 확신이었다.
이사야 9:2-7, 11:1-9, 예레미야 31:31-34, 31:20, 31:15, 이사야 49:14-15, 에스겔 36:22-32,39:25-29, 하박국 3:17-19, 요엘 2:28-29, 말라기 4:5-6 등은 이러한 예언자들의 미래에 대한 야웨의 약속이 잘 그려져 있다. 이러한 예언자들의 종말론적 기대는 이스라엘이라는 지평을 벗어나 세계를 향한 하나님 구원의지가 잘 나타난다. 이러한 차원은 성경의 계약 이해와도 연결되는 부분이다. 모세의 시내산 계약과 다윗 계약의 불연속성의 문제와 계약 이해의 문제는 예언서에서도 나타나고 있다. 성서의 회심에 대한 통전적 이해는 구속사적 관점에서, 이 계약의 신앙공동체적 관점과 예수그리스도의 케리그마, 초대교회로 이어지는 모세의 시내산 계약전통의 빛을 보게 된다. 회심을 통한 역사의 재해석의 의미는 예언자들의 자기 시대 인식과 옛 신앙전통을 적용하려는 노력에서 볼 수 있듯이 신앙전통의 육화(肉化)인 동시에 종말론적 양식화의 과정이다. 이것은 지금시대 속에서도 성서를 이해하는 중심 주제라고 할 수 있다. 하나님의 말씀 속에서 우리가 이해하는 성경이 전체적인 것이냐?(구속사적) 부분적인 것이냐?(양식적)의 의미를 뜻한다.

-왕대일, 『신앙공동체를 위한 구약성서이해』, 136-142.

이제 마지막으로 예언자들이 남겨놓은 회심의 가능성은 무엇인가? 돌아서야 할 이스라엘, 그들이 회복해야 할 믿음과 신앙에 대한 궁극적 목표는 예언자들의 마지막 소망이 된다. 이것이 예언자의 신중한 과제가 되고 있는데, 이 속에서 예언자는 이중의 과제를 지니고 있다. 하나는 하나님의 신비 체험 속에서 하나님의 말씀을 받는 과제요, 다른 하나는 그것을 사람들에게 어떻게 전달하느냐는 과제이다. 이 속에서 예언자의 참과 거짓이 구별된다.

모두가 하나님을 예배하는 소명자인 것 같지만 그들은 하나님과 이스라엘의 관계를 해석하는 다른 차원이 있었다. 주로 제도권 신학자들은(거짓 예언자들은 대부분은 여기에서 나왔다) 하나님이 이스라엘의 신이시기에 이스라엘은 하나님이 이스라엘을 위해 하실 수 있는 힘과 능력을 믿어야 한다고 강조한다. 이것이 소위 말하는 제사신학, 능력(은총)신학, 성전신학으로 자리 잡았다고 볼 수 있다. 반면 정경적인 신학자들은(참 예언자 부류)하나님이 이스라엘의 신이시기에, 이스라엘이 하나님께 대해 어떤 자세를 가져야 되는지가 중요하다고 강조한다(고난의 신학, 실존신학, 십자가 신학). 이들에게 이스라엘은 불성실하다. 불순종하다. 그러나 하나님은 성실하시다. 당신의 약속을 신실하게 지키신다. 그러므로 이스라엘은 반드시 존재할 것이다. 그러나 변화된 이스라엘(transformed)이 존재할 것이다.

여기에서 나오는 심판의 메시지는 새 이스라엘로 변화되기 위한 창조의 고통이며, 변화된 자의 삶의 필수요건이다. 십자가의 고난이 부활의 영광으로 변화되는(겔37장) 체험인 것이다.[40] 예언자들의 소망은 결국 개인의 욕심이 모두에게 고통으로 다가오는 시대에, 한 개인의 바로섬과 희생이 모두를 살릴 수 있다는 하나님의 고뇌와 궁극적 사랑을 예표했던 것이다.

무엇보다도 예언자들은 백성의 도덕적 상태를 우리에게 상기시켜 준다. 잘

---

40) 왕대일, 『신앙공동체를 위한 구약성서이해』, 142-147.

못은 소수에게 있지만 책임은 모두가 져야 한다. 만일 우리가, 어느 한 개인이 그가 사는 사회의 정신에 상당한 영향을 받는다는 사실을 인정한다면, 그 개인의 범죄는 사회의 타락을 드러내는 것이다. 고통에 무관심하지 않고 무자비와 거짓을 그냥 넘기는 일이 없으며 끊임없이 하나님과 모든 인간에게 눈길을 주고 있는 사회에서는 범죄가 훨씬 드물게 발생할 것이다.[41]

여기에서 변화된 개인은 단순히 개인적 유익을 위한 신적 체험과는 별반 상관이 없음을 알 수 있다. 한 마디로 하면 "인격적 변화의 체험이요, 인격적 삶"이다. 이 인격 속에는 영성과 도덕성, 사회에 대한 책임성과 긍휼의 마음, 즉 인격적인 하나님의 요소를 모두 포함하며 이를 위해 끊임없이 회개하고 고뇌한다. 이들의 삶은 결코 한 시대의 외침으로 끝나는 것이 아니라, 성경의 중심 속에서 신앙공동체의 아픔과 미래를 함께 짊어지고 있다. 이 예언의 완성이 바로 예수그리스도임을, 이미 우리의 교회가 증거해야하는 종말론적 지평을 열어주고 있는 것이다.[42]

예언은 하나님과 인간 사이에 책정된 것이 약정이 아니라 계약이라는 사실을 끊임없이 상기시켜준다. 계약보다 먼저 사랑이, 선조들에 대한 사랑이 있다.(신명기4:37;10:15).그리고 하나님과 이스라엘 사이에 맺어진 계약은 법적인 것으로가 아니라 인격적인 관계로, 협동과 참여와 긴장으로 이해되어야 한다. 하나님의 삶이 백성의 삶과 상호작용을 한다. 계약 속에서 사는 것은 하나님과 당신 백성의 사귐을 더불어 나누는 것이다. 성경이 말하는 종교는, 인간이 혼자서 이루는 무엇이 아니라 만인에 대한 하나님의 관심과 더불어 이루는 무엇이다.[43]

---

41) 아브라함 J. 헤셀, 『예언자들』, 52.
42) 김영진외, 『구약성서개론』, 이경숙, "제21장 예언서 연구와 그 최신 동향", 557.
43) 아브라함 J. 헤셀, 『예언자들』, 364.

3. 신약성서에 나타난 회심[44]

신약 또한 하나님의 계약의 연속선상에 있다. 하나님의 마음은 신약의 예수그리스를 통해서 더욱 강화되고 확증된다고 볼 수 있다. 여기서 강화는 율법의 강화이다. 예수님은 율법을 완성하신 분이다(마5 : 17 -18). 확증은 복음의 기쁜 소식과 그로 인한 구원의 확증이다. 십자가 사건과 부활사건은 우리 모두에게 구원이라는 확증의 사건으로 고백된다. 이는 성령의 증거로 개인과 교회에 경험되어진다. 이제 우리는 예수그리스도로 말미암아 구원백성이 되는 것이다. 이 진리를 믿는 자에게 오는 구원의 은혜가 바로 회심이라는 종교적 체험의 분기점이 된다고 할 수 있다.

이 구원의 은혜의 분기점인 회심사건은 사실 개인에게 숨겨져 있는 진실이다. 자신의 신앙고백과 신앙생활에 대한 정의를 내리라고 한다면, 그 정의자체도 너무도 복잡하다. 이 복잡성의 단순한 표현이 "예수를 만났다"라는 것이다. 예수를 만난 근거 또한 너무나 다양하다. 이 부분을 굳이 단순화 시키자면, "새 사람, 즉 거듭났다"는 것이다. 예수를 만나기 전과 후의 삶이 변화되었다는 것이고 이 변화를 통해서 자신의 삶의 의미를 새롭게 깨닫고 새로운 소망과 비전을 발견하였다는 것이다. 그러나 예수를 만나 변화된 삶, 즉 우리가 말하는 회심한 삶의 모습은 자신만의 숨겨진 진실일 경우가 너무나 많다. 우리는 유한하기에 변화된 삶의 이후에 대해서 끊임없는 한계를 스스로 경험한다. 또한 스스로의 회심에 대한 객관적인 평가를 두려워한다. 결국 선택된 방법이 회심의 주관화 와 형식화 라는 방식이다. 회심의 주관화는 고대의 영지주의(gnosis)적 전통 에서 그 흔적을 발견할 수 있다. 즉 눈에 보이지 않는 세계의 막연한 동경은 육체의 부정, 윤리의 타락, 종교적 이원론의 오류로서 영지주의적 성향으로 지금까지 보이지 않는 유혹으로 우리 주위에 있다.

---

44) 리처드 V. 피스 / 김태곤 역, 『신약이 말하는 회심』 [Rechard Peace, Conversion in the New Testament : Paul & the Twelve] (서울 : 좋은씨앗, 2001), 430-434.

에피스트로페(epistrophĕ)

신약성경은 에피스트로페(epistrophĕ)를 회심으로 번역한다. 그러나 회심을 의미하는 단어에는 이외에도 에피스트로포(epistrophŏ), 메타노이오(metanoeŏ), 메타멜로마이(metamelomai)가 있다. 에피스트로포와 '타노에오는 동의어로 사용될 수 있는 단어로 '전환하다' '돌아서다' '반대 방향으로 향하다' 라는 뜻을 지닌다. 그러나 두 단어를 엄밀히 구분하면 중요한 차이가 있다. 피스트로포 는 보다 넓은 의미로 사용하는 단어로서 돌아서는 행위 자체를 강조하며, 회개(메타노이오)와 믿음(피스티스[pistis])의 의미를 가지고 있다. 반면 '메타노에오' 는 좁은 의미로 사용되는 단어로서 돌아서는 결단, 과거의 잘못을 시정하겠다고 하는 내면의 의지적인 결단을 강조한다. 회개(메타노에오)가 회심(에피스트로페)으로 이어지려면 반드시 믿음(피스티스)이 있어야 한다. 메타멜로마이는 잘못을 저지른 것을 후회한다는 단어로서 과거의 죄, 잘못, 실수 등을 회개 개념과 연결시킨다. 성경에서 회심을 의미하는 단어로는 주로 에피스트로포와 메타노에오가 사용될 뿐 메타멜로마이는 자주 사용되지 않는다. '회개하다' 라는 말은 '전환하다' 라는 의미다. 간혹 이 말은 '마음을 변화시키다' 로 번역되기도 한다. 헬라 단어를 문자적으로 해석하면 이러한 번역이 가능하다. 그러나 신약 성경 시대에도 정확히 이와 같은 의미로 이해되었는지는 불확실하다. 한편, 세례요한과 예수님께서는 아람어를 사용하셨다. 아람어에서 '회개하다' 라는 말은 루터의 구약 성경 역본에서 항상 '회심하다' 라는 의미로 번역된 것과 동일한 뜻을 지닌다. 그러나 '회개하다' 라는 말은 '마음을 변화시키는 것' 이상의 의미를 지니고 있다. 보다 중요한 의미는 새로운 마음을 지니는 것이며, 스스로의 변화를 꾀하는 차원을 넘어서 하나님과의 정상적인 관계를 회복하는 데 강조점이 있다. 그러므로 회개란 회심과 같은 것으로서 그 이상도 이하도 아니라는 사실을 기억해야 한다. 루터는 '회개하라' 는 말의 의미가 근본적으로 '회심하라' 는 의미임을 깨달았다.

- 리처드 V. 피스 / 김태곤 역, 『신약이 말하는 회심』

메타노이아(metanoia)

쿰란 공동체의 견지에서 볼 때, 메타노이아의 신약적 의미를 세례 요한의 외침에서 찾아볼 수 있다. 쿰란 공동체는 그것을 가리켜 '회개의 언약(berith teshuba)'이라고 칭했다. "광야에 나타난 세례요한은 회개(메타노이나)의 세례를 전파했다. 그러므로 '메타노이아'는 구약의 대선지자들이 이스라엘 백성에게 회개하고서 하나님의 언약을 따르라고 선포했을 때 사용한 히브리어 '슈브'와 동일한 의미로 쓰인 단어임을 알 수 있다. 다시 말해, 70인역의 역자들이 '슈브'를 '메타노에오'로 번역하긴 했어도 실상은 구약적 의미를 표현한 것이다. 흥미로운 사실은 세례요한과 예수님께서 동일한 메시지를 선포하셨다는 점이다. "회개하라 천국이 가까웠느니라" 세례요한은 예수님의 선구자로서 유대인들에게 하나님 나라의 도래를 준비하고 기다리라고 선포했다. 그리고 예수님께서 오심을 곧 그 나라의 시작을 의미했다. "그러므로 회개란 이제 율법이 아닌 주님께 복종을 의미한다. 회개하라는 외침은 곧 주님의 제자가 되라고 하는 외침이다. 그러므로 '회개' '믿음' '제자됨'은 동일한 일의 제각기 다른 양상에 지나지 않다('회개하고 복음을 믿으라' -막1:15). 신약성서의 회심은 피스(Peace)의 회심연구를 통해 중요한 의미를 제공해주고 있다. 회심을 일회적 사건이 아닌 '과정'으로 보면서, 신약성서(특히 마가복음)의 제자들의 변화됨의 과정을 통해 현대교회의 극단적 전도방식에 대한 새로운 실천과 도전을 주고 있다.

-리처드 V. 피스 / 김태곤 역, 『신약이 말하는 회심』

또한 형식화는 율법주의 신앙에서 볼 수 있다. 예수님께서는 바리새인들을 그토록 책망하셨다. 그들에게 가장 큰 오류는 바로 율법주의라는 한계에 있었다. 형식적이고 문자적인 율법을 지키는 것, 이것이 그들에게 구별되는 회심의 삶이요, 구원의 조건이 되었다. 하나님의 조건이 아닌, 자신의 기준과 조건으로 다른 사람을 판단하는 기준이 되었으며, 자신이 행하는 선행과 양심이 종교적 경험의 대체 기준이 되었다. 하지만 예수님이 요청하신 회심은 근본 그것과는 다른 것이었다.

그렇다면 신약성경, 예수님이 말씀하신 진정한 회심의 요구는 무엇이며 그 근거를 어디에서 찾아야 하는 것일까? 또한 이 궁극적 회심 사건은 지금 우리에게 어떻게 요청되며 살아가게 하는가? 의 물음이 신약성서를 통해 우리가 발견해야 할 밝혀질 진실이 된다.

이를 위해 먼저는 복음서를 통한 회심이해의 차원이 필요하다. 신앙공동체의 입장에서 복음서의 관심은 "예수는 누구인가?"와 "예수의 제자는 누구냐?"로 요약될 수 있다.[45] 이것은 예수그리스도를 자신의 구주로 고백하는 우리에게는 내가 만난 예수는 누구인가?의 회심의 주체에 대한 물음과 예수를 만난 이후, 제자된(거듭난) 나의 삶은 어떠해야 하는가? 의 회심 이후의 삶에 대한 성경적 대답이 될 수 있다.

1) 예수와 회심

신앙공동체의 고백은 예수의 모습을 역사 속에서 실존화하고, 말씀 속에서 정경화되었다. 이 뜻은 우리가 손에 들고 있는 신약성서의 탄생과정과도 연결된 부분이다. 특히 복음서(공관복음, 요한복음)의 탄생과정은 신약성서의 해석에 있어서도 정경적 읽기의 가능성을 열어주고 있다.[46] 많은 역사적 연구의 한계를 주장하면서도 예수의 의미는 처음교회의 신앙고백의 기준이었을 뿐만 아니라, 아직은 생생한 사건으로 기록되고 있다. 특히

---

45) 김영봉, 『신앙공동체를 위한 신약성서이해』, 81.
46) 김영봉, 『신앙공동체를 위한 신약성서이해』, 20-24.

구약의 하나님의 관심은 신약의 예수의 관심으로 전환되어야 하는데, 이 기준은 바로 구약에 대한 예수의 태도로 이해되는 부분이다. 여기에서 이 해됨이 바로 예수의 순례의 과정과 의도된 선포, 기적과 행위들의 기록인 신약성서(특히, 복음서)라고 할 수 있다. 그렇다면 이 이해됨의 주제들을 개괄적으로 살펴봄으로써 예수가 전하고자 하는 회심의 구원사적 함의를 이어갈 수 있을 것이다.

회개하라! 천국이 가까워 왔다!(막1:14-15, 마3:2;4:17) 회개(repent, metanoia)47)는 돌아서는 것이다. 돌아서기 위해서는 이미 있었던 자리가 있다는 것이고, 어디를 향하여야 한다는 방향이 설정되어 있다는 것이다. 이 방향의 시작은 마가복음의 서언(1:1-15)을 통해 신약성서의 회심 이해의 중심적 역할을 하고 있다. 요한이 잡힌 뒤에, 예수께서 갈릴리에 오셔서, 하나님의 복음을 선포하셨다.

"때가 찼다. 하나님의 나라가 가까이 왔다. 회개하여라. 복음을 믿어라." (마가복음1:14-15)

세례요한과 예수의 선포의 시작은 바로 이 복음과 돌아섬의 회개라고 할 수 있다. 예수그리스도의 복음은 하나님의 복음이며, 구약성서의 복음이다. 이 복음의 주제는 아들이신 예수그리스도시며, 그 분은 죽은 자 가운데서 살아나신 부활하실 메시야이다. 이 복음사건을 믿고 회개하는 것이 회심의 실질적 동기로 작용된다. 예수께서는 세례요한에게 세례를 받으시고 성령과 하나님의 음성가운데 임하신다. 성령의 인도하심으로 광야에서 사탄과의 시험을 이기시고 하나님 나라의 선포가운데 복음 선포와 회개를 요청하고 계신 것이다. 바로 예수가 복음의 주체가 된다. 종말론적인 의미에서의 복음은 하나님의 결정적인 구원 행동과 연결되어 있다.48)

---

47) 리처드V.피스『신약이 말하는 회심』, 434-436.
48) 김영봉, 『신앙공동체를 위한 신약성서이해』, 37-56 참조.

성서의 문학적-정경적 읽기

정경적 읽기의 첫째 목적은 성서의 책들을 읽으면서 역사적 정보나 과거의 메시지를 찾는데서 그치는 것이 아니라, 오늘의 신앙 공동체를 위한 살아있는 메시지를 찾는데 목적을 둔 독서방식이다. 이것이 클레어몬트대학교의 구약학자 제임스 샌더스(James Sanders)가 말하는 "정경적 읽기" 이다. 이러한 독서방식을 예일대학의 신약학자 켁(Leander E. Keck)은 이미 오래 전에 "성경으로서의 성서 읽기" 라고 이름지은 바가 있다. 이것은 현대의 학문적 논의를 무시하고 과거로 돌아가자는 것이 아님을 지적한다. 그것은 그 동안 발견된 모든 정보들을 종합하면서, 독자와의 진지한 실존적 대화를 시도하자는 노력이라는 것이다. 다시 말하면, 신앙공동체 밖에서 이루어진 학문적인 연구의 결실들을 공동체 안으로 끌어 들여 이용하자는 것이다. 둘째, 정경적 읽기란 서로 다른 상황과 시대의 산물인 성서의 각 책들을 "정경" 이라고 하는 새로운 틀 안에서 읽는 독서 방식을 말한다. 셋째, 신약성서의 각 문서들을 전체 정경의 틀 안에서 다시 보고, 한권의 정경의 일부로서 각 책들이 어떤 기능과 의미를 가지는지를 관심있게 볼 것이다. 결론적으로 "문학적-정경적 방법(Literary-Canonical Method)" 이라고 할 수 있다. "문학적-정경적 읽기" 에서 종말론(eschatology)에 대한 이해는 중요한다. 그 당시 신앙공동체는 이 종말론에 대한 중요한 인식과 배경 속에서 예수그리스도의 신앙과 믿음을 이해했으며, 이 사상이 신약 정경의 신학적 틀이라고 할 수 있기 때문이다. 구약에서 하나님과의 계약의 약속과 성취는 신약에서 "예수그리스도 안에서의 종말론적인 새 계약의 성취" 라는 신앙적 고백위에 서 있다. 이 고백이 "하나님의 결정적인 구원 행동에 대한 믿음" 으로 이해되며, 이 사상이 예수의 선포와 사건 속에서 시간적 공간적 의미로 재해석되고 있다.

-김영봉, 『신앙공동체를 위한 신약성서이해』, 20-24.

예수께서 말한 하나님의 나라는 하나님의 다스림이며, 결국 예수의 십자가의 죽음과 부활사건은 우리를 구원하신 복음의 핵심내용이다. 이 예수를 믿고 회개하는 사건이 바로 회심의 궁극적 관심이다. 그렇다면 복음이신 예수를 믿는 우리는 무엇을 회개해야 하는 것일까? 하나님에게 돌아선 이스라엘에게 회개는 하나님께로 다시 돌아서는 것이었다. 그들에게 죄는 하나님과의 관계와 계약의 불이행이며 불순종이었다. 물론 이것은 구약 율법에 대한 개인적인 죄의 차원이 공동체적 차원으로 새롭게 해석되는 문제이다. 신약에 들어선 회개의 의미는 율법의 완성에 있다. 세례요한과 예수의 선포는 복음의 기쁜 소식과 새로운 회개의 준비를 함께 한다. 이는 하나님 나라를 맞이하는 종말론적 신앙공동체에게 주어진 사명이며 과제였다. 복음서의 각 성경의 저자들은 이 복음과 회개, 즉 은혜와 삶의 부분을 신앙공동체의 상황과 질문 속에서 풀어갔던 것이며, 이 회개의 의미를 지금 우리에게 주기 위한 재해석이 회심을 위한 회개의 과제가 되었다. 이 준비된 선포는 예수의 공생애의 과정 중에서 구체화되고 있다.

첫째, 제자들을 부르심(마4:19;막1:17;눅5:10;요1:43)이다. 제자들은 회심을 위해 준비된 자들이었다. 우리는 예수와 제자들의 관계 속에서 예수에 의해 예비되고 준비되는 과정을 찾아볼 수 있다.49) 또한 신약성서에 기록된 제자들의 모습들을 단순화시키는 오류도 벗어나야 한다. 적어도 성서가 기록될 당시의 제자들은 이미 처음교회의 막대한 영향과 신앙공동체의 중심적인 믿음과 삶을 살았다고 보아야 한다(마10:1-4).50) 제자들은 자신들의 모습을 철저히 인식하고 있었다. 그것은 자신들의 삶이 예수의 부르심에 합당하게 변화되어야 하기 때문이다. 예수의 부르심의 대상은 이러한 자의식 속에서 진지하게 자신의 문제를 고민하던 사람들이었다. 결국 그들이 예수의 일차적 구원의 대상으로 전면에 나타나게 된 것이다.

---

49) 리처드V.피스 『신약이 말하는 회심』, 352-353.
50) '세리 마태'(마10:4)에 주목하여 보라. 마태복음은 유대인들을 대상으로 쓰여졌다. 그들에게 '세리'는 단순히 직업의 의미가 아닌 증오와 비판의 대상이다. 이것은 마태 자신의 철저한 자기고백으로 이해될 수 있다. 이미 자신의 모습을 예수님의 마음으로 이해할 수 있는 부분이다.

그 지역이 바로 갈릴리요(마4:15-16), 그들은 죄인, 이방인, 병자들, 소외자들이었다(눅4:14-21). 물론 제자들도 그 부류에 속한다고 볼 수 있다.

그렇다면 예수님은 제자들을 변화시킨 스승이다. 예수님의 말씀과 사건들을 통해서 그들은 새로운 변화된 삶의 전향점을 경험하게 된다. 그 선택받은 사람들은 다름 아니라 제자들이요, 제자공동체인 것이다. 따라서 이 제자공동체는 권위 있는 스승이신 예수께 배워야 했다.

> 수고하고 무거운 짐 진 사람은 모두 내게 오너라. 내가 너희를 쉬게 하겠다. 나는 마음이 온유하고 겸손하니 내 멍에를 메고 내게 배워라. 그러면 너희는 마음에 쉼을 얻을 것이다. 내 멍에는 편하고, 내 짐은 가볍다. (마 11:28-30)

모세를 능가하는 예수의 가르침, 예수는 인간을 죄로부터 구원하신 분이다(마1:21;26:28). 예수 안에서 믿는 자들은 그 동안 인간을 묶어놓았던 죄의 사슬을 벗어나, 원래 주어졌던 하나님의 원 창조로 회복될 수 있다. 그것이 곧 종말론적인 새 창조였다. 예수의 가르침은 마음이 완악한 사람들에게 주어진 것이 아니라, 마음이 새로워진 사람들에게 주어진 것이다. 즉, 예수는 사람들을 종말론적인 구원으로 인도하고, 그들에게 종말론적인 계시를 전해 준다는 점에서, 모세와 견줄 수 없는 크신 선생이다. 실상, 모세의 모든 가르침은 예수의 완전한 가르침 안에서 비로서 완성된다.(마 5:17)[51] 바로 우리의 회심은 예수를 통해서 배워야 한다. 이 배움은 개인에게만 한정되는 것이 아니라 신앙공동체인 교회로 전해진다(마 16:18;18:17).[52] 이를 위한 예수의 가르침의 내용이 산상수훈(마5-7장)과 많은 예수의 설교, 비유를 통해서 전해지고 있다. 예수께서는 당신의 제자들이 온전한 삶(마5:48)을 살아가길 원하신다. 하지만 이 온전함은 구약의 율법의 새로운 이해와 인식이 필요했다. 여기에 율법의 강화(특히 마 5:21-48)는 예수를 따라 살려는 개인과 신앙공동체 속에서 금욕적 삶이 회

---

51) 김영봉, 『신앙공동체를 위한 신약성서이해』, 83-91.
52) 김영봉, 『신앙공동체를 위한 신약성서이해』, 95.

심의 목적이 되기도 하였다. 하지만, 예수의 가르침은 세상과 분리되고 개인적인 금욕을 원하신 것이 아니라, 오히려 세상 속에서 살아가야 할 빛과 소금(마5:13-16)을 근본으로 새로운 율법의 정신을 요청하신 것이다. 이것이 제자들에게 요청하신 회심의 진정한 의미였다.

새로운 율법에 대한 일반적인 이해는 십자가 사건을 중심으로 시작된 사랑의 실현이며, 실천이라고 할 수 있다. 하지만 좀 더 적극적인 표현은 자기 비움이라고 할 수 있다. 산상수훈의 강화계명을 적극적 노력의 실천 조항으로 여길 수 있지만, 좀 더 솔직한 우리의 삶의 자리는 오히려 그 조항의 한계를 인정하는 것이다. 새계명으로서의 산상수훈은 율법의 강화를 통한 능력받음을 말하는 것이라기보다는 오히려, 자기를 비워 십자가를 지신 예수님의 삶을 살아가면서, 스스로 포기해야 할 자기 의를 인정하는 것이다. 결국 이루는 것은 내가 아니라, 예수그리스도이심을 진심으로 고백하게 하는 것이다.

마태 복음의 신앙공동체

마태공동체는 유대공동체로부터의 신학적 공격에 대하여 흔들리지 말고, 예수에 대한 신앙을 굳게 지키라는 교훈을 받게 되기를 바랬다. 이 마태복음의 예수의 초상은 대 유대교적인 변호의 결과였다. 결국, 예수 이야기를 통해서, 모세의 권위를 능가하는 예수를 참된 스승으로 믿고, 유대교로 되돌아 가려는 유혹을 이겨내야 했다. 그는 또한 자신의 예수 이야기를 통하여 극단적인 열광주의적 경향이 교정되기를 바랬다. 그래서 그는, 단순한 믿음의 고백만이 아니라 그 고백에 따르는 행동이 있어야 한다는 사실을 명백히 하는 예수의 말씀들을 의도적으로 많이 전해준다. 믿음은 마땅히 행실로써 열매 맺어야 한다.

- 김영봉, 『신앙공동체를 위한 신약성서이해』

둘째, 예수님의 기사와 이적사건이다. 우리는 회심의 결정적 근거를 예수님의 행하신 능력의 기적사건으로 착각하는 경우가 많다. 하지만 예수와 니고데모의 대화는 새로운 "거듭남의 회심"의 원리를 전하고 있다 (요3:1-21).

예수께서 대답하셨다. "내가 진정으로 진정으로 너에게 말한다. 누구든지 물과 성령으로 나지 않으면, 하나님 나라에 들어갈 수 없다. 육으로 난 것은 육이요, 영으로 난 것은 영이다. 너희가 다시 태어나야 한다고 내가 말한 것을, 너희는 이상히 여기지 말아라. 바람은 불고 싶은 대로 분다. 너는 그 소리는 듣지만, 어디에서와서 어디로 가는지는 모른다. 성령으로 태어난 사람은 다 이와 같다." (요3:5-8)

니고데모와의 대화 속에서 예수는 "율법의 지킴"이 문제가 아니라, 바로 성령으로 거듭남의 사건이 우선됨을 강조하신다. 이 거듭남의 진리는 아직은 모두에게 모호한 의미였다. 많은 들음과 질문, 사건들 속에서도 그 비밀은 아직 숨겨져 있음을 알 수 있다. 단지 무엇인가 시작될 예표들에 의해서 만이 조금씩 그 중심 사건에 다다를 수 있음을 신앙공동체들은 존재론적으로 경험했던 것이다.53) 그 경험 속에서 예수님의 기적사건들은 회심을 강화하는 표적사건으로 이해된다.

우리는 기사와 이적을 예수의 능력으로만 이해하고 그 능력이 믿는 우리에게도 현실이 되기를 소망한다. 하지만 예수는 하늘의 표적을 원하신 것이 아니라 요나의 표적을 말씀하셨다(마12:38-45). 하늘의 표적은 바로 유대인의 메시야요 영광으로 오실 유대인의 왕을 의미한다. 반대로 요나는 누구인가? 그러한 유대인의 선민의식을 뛰어넘어야 할 사명을 가지고 간 자이다. 즉 이방인, 죄인을 향한 하나님의 명령을 지키는 것이다.

---

53) Rudolf Bultmann, *The Gospel of John - A Commentary*, tr. G. R. Beasley-Muttay, General, ed. R. W. N. Hoare and J. K. Riches (Philadelphia : The Westminster Press, 1971) , 133-143.

바리새파 사람들이 나와서는, 예수에게 시비를 걸기 시작하였다. 그들은 예수를 시험하느라고 그에게 하늘로부터 내리는 표적을 요구하였다. 예수께서는 마음 속으로 깊이 탄식하시고 말씀하셨다. "어찌하여 이 세대가 표적을 요구하는가! 내가 진정으로 너희에게 말한다. 이 세대는 아무 표적도 받지 못할 것이다." (막8:11-12)

우리는 예수의 이적 그 자체의 놀라움보다는 기적의 의미, 즉 왜 예수의 기사와 이적이 그 상황 그 곳에서 일어났는가? 예수께서 행하신 일의 이유와 목적은 무엇이었는가? 를 이해해야 한다. 앉은뱅이, 중풍병자, 혈루병 여인 등, 이들은 죄인 취급받은 자들이며, 당시 율법에 의한 죄인들이었다. 그들에게 병은 자신을 스스로 죄인 되게 하고, 혼자서는 어찌할 수 없는 자포자기의 삶을 살게 하는 상황적 죄인이었다. 그들에게 병의 치유는 말씀의 경험이요, 죄에서의 해방이요, 삶의 새로운 차원의 증거였던 것이다. 특히 예수께서는 예루살렘 사역가운데 많은 이적을 행하신 것을 요한복음은 증거하고 있다.

요한의 공동체는 예수를 메시야로 고백한다는 이유로 유대공동체에서 추출되고 있었다. 이러한 상황 속에서 요한복음의 저자가 선택한 방법이 표적(semeion)이라는 것이다. 그 이유는, 이적과 기사들이 하나님의 영광을 결정적으로 계시될 때는 그의 죽음의 때이다. 이런 의미에서, 예수의 죽음은 가장 큰 표적이다.[54] 예수님께서는 때를 기다리신다. 이 '때'는 적대자들의 증오와 박해의 정도가 높아지면서 점차로 가까워 온다. 그 증오가, 마침내 나사로를 다시 살린 기적으로 절정에 이르자("그들은 그 날부터 예수를 죽이려고 모의하였다"-요 11:53) 예수께서는 마침내 그의 때가 이르렀다고 선언한다.(요 12:23). 표적과 대화와 논쟁을 통한 계시의 때가 마감이 되고, 죽음과 부활을 통한 계시의 때가 온 것이다.[55] 예수의 많은 기사와 이적을 접한 신앙공동체에게 예수는 병의 치료자 이상이라고 할 수 있다. 오히려 회복자요, 구원자로서 접근하게 되며, 그 은혜를 경험

---

54) Rudolf Bultmann, *The Gospel of John - A Commentary*, 3-12.
55) 김영봉, 『신앙공동체를 위한 신약성서이해』, 120-122.

한 그들은 복음의 증거자로서의 삶을 살아가야 할 책임을 부여 받게 된 것이다.

요한복음의 증거처럼 이제 예수의 표적의 중심은 바로 십자가 사건과 부활사건이 된다. 이것이 신약성서의 복음서에서 말하고자 하는 중심이었다.56) 그리고 그 사건에 대한 과정과 경험들, 사명들이 그들이 이루어갈 신앙공동체 속에서 어떻게 해석되고 이해해야 하는가를 통해서 참된 그리스도인의 정체성과 삶을 결정했던 것이다.

셋째, 예수님의 십자가와 부활 사건이다. "참으로 이분은 하나님의 아들이셨다(막15:39)" 예수의 십자가 밑에서 그의 모습을 보고 고백한 백부장. 고난과 고통을 절정에서 그는 놀람이나 흥분이 아니라 차분한 영적 고백을 토설(吐說)하고 있다.57) 이 백부장의 고백은 베드로의 고백과 함께 이해되어져야 한다. 마가복음 저자는 기적이야기 중심 후에 베드로의 "선생님은 그리스도십니다 (8:27-30)" 고백에 대한 예수님의 침묵을 명하셨다고 기록한다(33절). 그러면서 곧바로, 자신이 수난을 받고 죽게 될 것이라는 사실을 예언한다(34절). 이것은 베드로의 고백이 비록 그 외면적인 표현(그리스도)에 있어서는 옳았지만, 그 내용에 있어서는 옳지 않았다는 점이다. 반대로 백부장은 예수의 본질을 꿰뚫어 본 것이다. 예수가 그리스도라는 고백 자체는 옳다. 문제는 어떤 그리스도인가에 있다. 예수께서는 스스로 십자가의 길을 걸어 죽음에 이름으로써 그리스도됨의 사명을 다할 수 있다고 믿었다. 물론, 기적도 그의 그리스도 됨의 일부였다. 기적은 바로 하나님의 다스림이 지금 예수를 통하여 시작되고 있다는 의미이기 때문이다(3:20-27). 이제 사탄의 패배가 시작되었다는 뜻이다. 하지만 그것으로 전부는 아니다. 예수의 그리스도 됨의 참된 신비는 그 위엄있고 능력있는 그리스도 예수가 무력하게 십자가에서 죽어야 한다는데 있었다. 그렇게 됨으로써 비로써 그리스도임을 완성하게 된다. 이 한마디는 복음서 전

---

56) Rudolf Bultmann, *The Gospel of John-A Commentary*, 632-636.
57) 김영봉, 『신앙공동체를 위한 신약성서이해』, 101-102.

체의 결론이다. 예수의 그리스도 됨은 수난의 빛 아래에서 고백되어야 한다. 그러나 예수는 수난과 죽음으로 끝나지 않았다. 예수는 수난의 종으로 온 분이지만, 원래의 신분은 인자(the son of man designate)이다. 인자는 다니엘 7:13의 배경에서 이해되어야 하는데, 그는 고난 받은 공동체와 함께 영원한 나라를 다스리도록 위임받는 신적인 존재이다. 마가에 의하면,[58] 예수는 원래 인자로 부름 받았다. 다만, 이 땅에서의 사역 동안에는 인자의 역할이 아니라 종의 역할을 하게 되어 있다(막 10:45). 그래서 예수께서는 "그대는 찬양받으실 분의 아들 그리스도요?"(막 14:61)라는 가야바의 질문에 대해서 이렇게 답을 한다.

> 내가 바로 그 이요. 당신들은 인자가 전능하신 분의 오른쪽에 앉아있는 것과 하늘의 구름을 타고 오는 것을 보게 될 것이요(막 14:62)

죽음에 직면한 예수는 죽음을 보지 않고, 그 죽음 후에 마침내 얻게 될 영원한 왕으로서의 지위를 보고 있었다. 죽음은 그에게 있어서 패배도 실패도 아니었다. 그것은 영광을 향해서 통과해 가야 할 관문이었다. 죽음만을 보면 슬픔이지만, 그 이후의 변화를 보면 기쁨이었다. 비참한 죽음을 당하고 매장되었던 예수께서는 부활로서 인자의 위치로 높여졌다.[59] 결국 부활사건을 통해서 죽음을 이기신 승리의 사건이 되었다. 이것은 단순한 신적 부활을 넘어선 우리 모두에게 구원의 사건이 된 것이다. 이 때 많은 신앙공동체들은 종말론적 소망 속에서 하루하루의 삶을 승리하며 살아갔다. 이제 회심은 단순히 받기의 문제를 뛰어넘어 종말론적 지평으로 확장된다. 이것은 신앙공동체의 존재이유이자 존재목적이기 때문이다.

---

58) 김득중, 『복음서 신학』, 121-124.
59) 김영봉, 『신앙공동체를 위한 신약성서이해』, 103.

마가복음의 신앙공동체

예수의 부활사건을 경험한 그들에게 찾아온 것은 내우외환(內憂外患)이라는 어려움이었다. 정부와 세상에서의 박해 속에서 신앙공동체는 배교의 위기와 내부의 신앙적 왜곡이 자리 잡고 있었다. 마가복음은 마가 시대의 고난의 교회에 보내진 "좋은 소식" 혹은 "기쁜 소식"이다. 이 고난의 교회에 필요했던 것 그래서 마가가 강조했던 것이 바로 소망의 형태로 제시한 승리의 복음, 승리의 신학이며, 이것을 통해 마가는 그의 교회로 하여금 현재의 고난과 핍박과 죽음 너머에 있는 마지막 승리를 보게 하려고 했다. 그가 전하는 "하나님의 아들 예수 그리스도의 복음" (1:1)의 주인공은 "능력이 많으신 분"이요, 승리자이다. 이 신앙공동체 내부에는 소위 "영광의 신학" (theologia gloriae)이 자리를 잡고 있어서, 박해의 와중에 있던 신자들을 혼동시키고 있었다. 이 신학은 예수를 믿으면 모든 것이 잘 될 것이라는 믿음에 기초를 두고 있다. 예수도 승리했고, 따라서 그를 믿는 자도 승리해야 한다는 것이다. 믿음 앞에 실패는 있을 수 없다는 생각이다. 이러한 믿음에 빠져 있던 사람들은 기독교 공동체가 무력하게 박해를 감내해야 한다는 것을 인정할 수가 없었다. 요약하면, 이 공동체는 물리적으로나 정신적으로 혼란의 와중에 있었으며, 이 공동체를 위해서 주어진 이야기 설교였다.

- 김득중, 『복음서 신학』, 121-124.

2) 성령과 회심

신약성서에서 회심사건은 성령강림사건(행2:1-13)을 통해서 증언되고 있다.

성령과 회심

성령의 역사를 이해하는 방식에 있어서 누가-행전의 저자의 의도는 단순히 성령의 능력과 대중적 회개에 초점을 두고 있는 것만이 아니다. 이러한 기적적 현상은 예수그리스도의 십자가와 부활의 전권적 능력을 표현하는 방식이며, 오히려 이 방식을 통해서 히브리파(본토) 유대인들이 가지고 있던 잘못된 율법주의에 대한 지적과 함께 헬라파 유대인들을 통해서 새롭게 고백되는 예수그리스도의 복음과 신앙공동체를 전파하고자 하는 것이다. 즉 성령의 회심의 능력은 과거 유대교의 울타리를 넘어서 이방세계, 땅 끝에 이르는 하나님의 구원 역사를 표현하는 것이다. 사도행전 5:17-42(가말리엘의 변호) ; 6장(헬라파 유대인들을 세움) ; 7장(스데반의 설교)은 처음 기독교의 모습이 단순히 '예수그리스도의 믿음' 으로 박해를 받는 것이라기 보다는, 처음교회의 신앙공동체에게 필요한 새 율법[스데반은 하나님의 복음의 탈 유대성(7:1,9)과 유대인의 다윗 계약과 성전 개념이 아닌 모세의 계약과 증거막의 회복(7:30,39,45-51), 예언자의 선포에 중심하고 있다, 이 때문에 결국 유대인의 모욕죄로 죽음을 당하게 된다] 이후 예루살렘 핍박(8:2)은 "… 사도외에는 …" 즉 사도들을 제외한 헬라파 유대인들의 흩어짐을 말하고 있다. 결국 누가행전의 저자가 말하고자 하는 것은 단순히 "성령 받아 예수그리스도를 믿는" 고백적 행동이 아니라, 성령을 통해서 하나님의 구원 역사 속에서의 종교의 회복, 즉 예수그리스도를 통한 새 율법, 유대교적 신앙(율법주의, 성전주의, 형식주의 등)에서 벗어나 그리스도의 바른 신앙과 선교적 삶을 어떻게 살아야 하는지를 보여주고 있는 것이다. 이런 의미에서 회심을 "단순히 기도해서 성령을 받는것!" 이라는 단편적 도식으로 이해해서는 안 될 것이다. 성령을 통한 회심은 하나님의 주권적 사건인 동시에 형식화 되고 타성에 젖어 있는 율법적 종교의 울타리를 벗어나는 것이며, 하나님의 마음을 바로 이해하는 노력이며 용기라고 할 수 있다. 이것이 진정한 회심자 스데반과 바울 등, 위대한 회심자들이 우리에게 주는 십자가의 외침이었다. 이를 더 자세히 이해하기 위한 자료로는 보르캄의 『바울-그의 생애와 사상』, 김득중 『누가의 신학』, (서울:컨콜디아사, 1995). W.G.큄벨 『주요 증인들에 따른 신약성서신학』 (서울:성광문화사, 1994). 김세윤, 『바울복음의 기원』, (서울:엠마오, 2007). 길동무, 『죄인의 길』 (경기:케노시스영성원, 2008) 등이 있다.

성령(聖靈)[רוּחַ , πνεύμα] 60)에 대한 성경의 증언들은 구약에서부터 그 의미가 내려오고 있다. 하나님의 영으로, 전쟁의 용기와 힘, 예언과 재판, 뛰어난 기술과 지혜 등은 하나님의 영의 은사였다. 신약에서는 예수께서 세례 받으실 때에 하나님의 성령이 임하셨고, 예수를 광야로 인도하셨고, 귀신을 쫓아내셨고, 하나님의 뜻을 이루셨다. 성령께서 일하시는 곳에서는 예수의 생애의 의미가 분명해지고, 예수께서 구주이심을 확신하게 된다. 즉 회심의 경험은 성령을 통해서 현재도 살아계신 예수그리스도를 고백하게 된다. 성령에 의해서 믿는 자는 하나님의 아들의 신분이 주어지고 하나님과 교제를 가지게 되며 신자 서로의 교제와 일치된다. 따라서 사랑이 성령의 은사 중에 최고이다. 그리고 종말의 소망을 주시는 분도 성령이시다. 성령은 그리스도의 역사하심에 의해 시작된 구원이 마침내 신자들에게 완성되는 일의 보증이 되신다. 이 성령의 경험이 처음교회의 경험적 시작이었다고 할 수 있다. 오순절 마가의 다락방 성령강림사건은(행 2:1-13) 유대교의 장벽을 넘어서는 공간적, 언어적 사건이었다.

그 속에 있던 많은 이방 유대인들과 이방인들은 성령사건의 직접적 목격자요, 경험자들이 된 것이다. 이어서 나타나는 베드로의 설교와 회심 사건들, 스데반의 설교와 순교 등은 성령의 역사를 통한 회심 사건의 절정을 나타내고 있다.

하나님께서 이 예수를 살리셨으며, 우리는 모두 그 증인입니다. 하나님께서는 이 예수를 높이 올려 하나님의 오른편에 앉히시고, 약속하신 성령을 주셨습니다. 예수께서는 아버지께로부터 받은 성령을, 여러분이 지금 보고 듣고 있는 것처럼 우리에게 부어주셨습니다.… 사람들이 이 말을 듣고 마음이 찔려서 "형제자매 여러분, 우리가 어떻게 하면 좋겠습니까?" 하고 베드로와 다른 사도들에게 말하였다. 베드로가 대답하였다. "회개하십시오. 그리고 여러분은 각각 예수 그리스도의 이름으로 세례를 받고, 죄의 용서함을 받으십시오. 그러면 성령을 선물로 받을 것입니다. 이 약속은 여러분과 어려분의 자녀와 또 멀리 떨어져 있는 모든

---

60) 밴 A.하비 / 박양조 역, 『신학 용어해설』 (서울 : 기독교문사,1995), 149.

사람들, 곧 주 우리 하나님께서 부르시는 사람 모두에게 주신 것입니다 (행2:32-39)

스데반은 은혜와 권능이 충만해서, 백성 가운데서 놀라운 일과 큰 기적을 행하였다. (행6:8)

   누가복음과 사도행전에 이르는 신약성서의 성령과 증언의 의미는 회심에 대한 성서이해의 실제적인 모습들을 보여주고 있다. 누가 행전 속에서 나타나는 증언공동체의 전향성은 성령사건으로 이루어진 "예수그리스도의 닮음(Imitatio Christi)"[61] 으로 이루어진 처음교회의 공동체의 사명이요, 모습이라고 할 수 있다. 성령님을 통한 예수의 구속의 삶은 처음교회의 성령 받음으로, 바울의 성령체험을 통해 땅 끝까지 이르는 증인의 삶을 살게 되는 것이다. 곧 증인의 삶은 성령의 충만함을 통해 가능하다. 증언의 행동을 하기 전에 성령의 충만함을 받았다는 보고들을 사도행전에서 자주 목격한다. 산헤드린 앞에서 베드로가 그랬고(행4:8), 바울을 증언자로 만들기 위해 그랬고(행9:17), 바울이 마법사에게 말할 때도 그랬다(행13:9). 게다가 성령은 증언의 진행 방향을 인도하고 지시하기까지 한다. 빌립이 에티오피아 내시에게 접근하여 전도한 것도 성령의 인도함에 의한 것이었고(행8:29), 베드로가 고넬료를 방문함으로써 이방인 선교의 장을 열었던 역사적 사건도 성령의 인도함에 의한 것이었다(행10:19). 안디옥 교회가 사울과 바나바를 증언자로 세운 것도 성령의 지시에 의한 것이었고(행13:2), 바울이 유럽에 첫발을 내딛는 것도 성령의 인도에 따른 것이었다(행16:6-7). 성령은 교회의 증언활동의 원동력이요, 인도자인 것이다. 오순절에 임하기 시작하여 계속적으로 신앙 공동체 내에서 활동하는 성령은 그 공동체가 종말론적인 실존에 있음을 확인해 주는 증거였다. 성령의 현상에 대한 이와 같은 종말론적인 해석은 베드로의 오순절 설교(행2:14-36)에 반영되어 있다. 이 설교에서 베드로는 요엘 2:28-32("내가 모

---

61) 김영봉, 『신앙공동체를 위한 신약성서이해』, 111.

든 사람에게 나의 영을 부어 주겠다")을 인용함으로써 오순절 성령 강림을 해석하고 있다. 이 본문은 종말에 있을 현상의 하나로서 성령의 차별 없는 부여를 약속하고 있다. 이 구절은 이후에, 성령의 영감은 말라기 이후에 그쳤으며 종말에 회복될 것이라는 종말론적 믿음의 기초가 되었다.

이러한 믿음이 널리 퍼져 있던 상황에서, 교회는 성령 강림의 현상을 체험한 것이다. 따라서 그것이 곧 종말의 시작을 알리는 것이라고 확신하게 된 것은 당연한 일이다. 교회는 예수의 부활과 성령의 강림이라는 두 개의 체험을 통해서, 그들이 종말론적인 실존 안에 있음을 확고하게 받아들이게 되었다. 그들은 이 세상 안에 살고 있지만, 그러나 "올 세상" 안에서 이미 살아가고 있는 존재들이었다. 미리 앞당겨 사는 그 세상이 완전히 이루어지기까지 그들의 삶을 인도해 주는 것은 바로 성령이다. 부활하셔서 승천하신 주님은 이제 하나님의 보좌 우편에 앉으셔서 성령을 통하여 역사를 주관하게 되었다.[62]

신앙공동체의 성령의 체험을 통해 우리는 회심의 전형적인 증거 현상을 이해할 수 있다. 성서의 증언 속에서의 성령에 대한 회심의 의미와 해석은, 다양성 속에서, 개인이 가지는 성령 고백을 통한 회심의 변동성을 각 시대마다 가지고 있었으며, 그 상황에 따른 하나님의 전권적 사건이었음은 확실하다. 특별히 바울의 다멕섹 도상의 회심은 많은 논란 속에서도, 지금의 교회들이 일반적으로 생각하는 회심의 모형처럼 여겨지고 선포되고 있다. 그러나 바울의 회심에 대한 성서적 논쟁 또한 단순하지 않으며, 예수와 바울과의 성서적, 역사적 과제들도 쉽지 않은 이해의 도구를 요청하고 있다.[63]

3) 바울과 회심

전형(全形)적 모습이란, 하나의 현상에 대한 기준이 되고 객관적인 형

---

[62] 김영봉, 『신앙공동체를 위한 신약성서이해』, 149-151.
[63] 귄터 보르캄 / 허혁 역, 『바울-그의 생애와 사상』 [Günther Bornkamm, Paulus] (서울 : 이화여자대학교출판부, 1994), 15-16.

태를 지닌 주된 모습이라는 뜻이다. 이 모습이 어떠한 현상의 중심이 되었다는 것은 그만큼 그 사안에 대한 전문가적인 입장에서 객관적이고 경험적인 모든 것을 포함한 경력과 이력이 있어야 한다. 바울의 회심이 회심에 대한 전형적 모습으로 이해된다는 것은 우리가 추구하는 회심에 대한 객관적 기준과 방향이 그에게 향한다는 말이다.

사실 이것은 매우 두려운 물음이다. 성서의 증언에 대한 우리의 태도는 이러한 전형적 표현에 언제나 상응할 수 없는 한계점들을 가진다. 그것을 이상화라는 표현을 쓰기도 한다. 즉, 성서는 거룩한 기록이며, 그 기록은 이상화되고 영웅 설화로 채색된 희망의 문서일 뿐이라는 것이다.64) 하나님의 말씀이라는 의미도 어떠한 영감과 초월적 차원의 능력이 있기 때문에, 그것을 따르는 것은 전적인 하나님의 인도하심과 기적을 요청한다는 것이다. 어떻게 보면 당연한 듯 하면서도 그 속에서 전형적 오류가 있음을 발견해야 한다. 예를 들어 바울의 회심사건을 사도행전 속에 서술한 기자는 그 말씀을 읽고 있는 공동체가 똑같이 바울과 같이 회심하길 바란 것이라고 할 수 없다. 바울의 회심 고백을 기록하면서 그 기자가 의도했던 것은 바울의 영웅화가 아니라 회심한 바울의 진정성을 통해서 그 신앙공동체가 고백하고 지켜야 할 믿음과 소망의 문제를 전하고자 했던 것이다. 바울은 뜨거운 성령의 경험을 통해 하나님의 증인된 삶을 살았다. 그러나 방언과 같은 황홀한 상태를 성령역사의 최고의 것으로 생각하지 않았고, 교회 전체의 건덕(健德)과 하나님께 영광 돌릴 수 있는 하나님의 자녀로서의 완성을 목적으로 하고 있음을 강조하고 있다.65) 바울이 에베소에서 한 고별설교의 내용은 그 신앙공동체에게 주어진 위임명이라고 할 수 있다.

여러분은 자기 스스로를 잘 살피십시오. 또 여러분은 양 떼를 잘 보살피십시오. 성령이 여러분을 양 떼 가운데서 감독으로 세우셔서, 하나님께서 자기 아들의 피로 사신 교회를 돌보게 하셨습니다. 내가 떠난 뒤에, 사나운 이리들이 여러분 가운데로 들어와서 양 떼를 마구 해하리라

---

64) 김영봉,『신앙공동체를 위한 신약성서이해』, 100-101.
65) 밴 A.하비,『신학 용어해설』, 149.

는 것을 나는 압니다. 바로 여러분 가운데서도 제자들을 이탈시켜서 자기들을 따르게 하려고 어그러진 것을 말하는 사람들이 나타날 것입니다. 그러므로 여러분은 깨어 있어서 내가 삼 년 동안 밤낮 쉬지 않고 각 사람의 눈물로 훈계하던 것을 기억하십시오. 나는 이제 하나님과 그의 은혜로운 말씀에 여러분을 맡깁니다.(행20:28-32)

이 말씀을 정경으로 읽던 신앙공동체는 돌아오지 못한 바울의 유언을 생각하면서, 신앙 훈련과 부활 중인의 삶을 살도록 결단하게 되었던 것이다. 그렇다면 우리가 경험해야 할 성령의 경험과 회심 체험의 의미가 새롭게 이해되어야 한다. 회심 자체에 대한 진위여부의 문제가 중심이 아니라, 회심을 통한 믿음의 형성과 삶, 실천의 문제에 적용되어져야 한다. 즉 예수그리스도를 통한 구원경험이 신앙공동체에서 어떻게 융화되고 적용될 수 있는가의 관심이다. 이것이 회심자 바울을 통해서 전해진 구원의 복음과 처음교회 공동체의 존재이유가 되기 때문이다. 바울에게 이러한 관심은 구원의 문제(의인화, 화목, 변화)[66]와 신앙 공동체의 문제로 이해되고 있는 것이다. 이러한 입장에서 바울의 회심사건을 새롭게 이해해 볼 필요가 있다.

바울이 피신 중인 헬라파 유대 그리스도인을 추적하여 다메섹으로 가는 도중에 하나님께서는 나사렛 예수를 높임 받은 하나님의 아들로 계시하였다(갈1:16). 즉 십자가에 달려 죽은 나사렛 예수가 부활하신 그리스도의 모습으로 그 앞에 나타나신 것이었다. 그리하여 바울은 부활하신 그리스도를 그의 주(고전9:1)로 하나님의 형상(고후4:4-6)으로 만나게 되었다. 이 부활하고 높임 받은 예수 그리스도와의 만남은 바울의 사상(신학)과 인생에 커다란 변혁을 가져오게 된다 : 이 만남에서 그는 복음과 이방인을 향해 이 복음을 전할 사도로서의 부르심을 받는다. 무엇보다 바울은 이 만남에서 그리스도인들의 선포가 옳았다는 확신을 가지게 된다 ; 십자가에 달린 나사렛 예수는 하나님에 의해 죽은 자 가운데서 다시

---

66) 김세윤, 『바울복음의 기원』 (서울 : 엠마오, 2007), 443.

살아나셨으며, 그는 바로 메시아였다. 유대교에서 메시아의 나타남과 죽은 자의 부활은 종말에 있을 하나님의 구원의 행위로 인식되어 왔으며, 그것은 이 세대가 끝나고 새시대가 시작되는 표징으로 이해되었다. 그러므로 부활하신 그리스도를 만난 바울은 종말, 혹은 메시아의 구원의 시대가 예수 그리스도 안에서 하나님의 구원의 행위와 함께 역사 속에서 침범해 들어 온 것으로 생각하였다. 그래서 바울은 "때가 차매 하나님께서 그 아들을 보내사" (갈4:4). "보라 지금은 은혜 받을 만한 때요, 보라 지금은 구원의 날이로다" (고후6:2)라고 선포하였다.[67)

이 속에서 바울은 예수그리스도의 십자가의 죽음을 율법의 심판이 아닌 우리의 죄를 대신 속량하신 속죄제물로서 "그리스도의 죽음이 하나님의 구원의 사건, 곧 우리의 구원을 위한 속죄의 제사였다"는 그리스도인들의 해석을 받아들이게 된다. 그리고 바울은 이 해석을 자기 신학의 핵심으로 전개 발전시켰다. [68)

바울의 구원 경험이 회심의 사건으로 고백되었다면 우리의 문제는 구원 받는 문제에 관심을 가져야 하는 것이다. 이 문제에 대해서 마샬 (Marshall)의 누가행전 연구[69)가 도움이 된다. 인간에게 구원을 받는 문제를 접근하면서 본질적으로 거쳐야 할 과정(pattern)을 제시하고 있는데, 첫 번째 단계는 사람들이 말씀 설교를 듣는 것이다. 매 경우마다 회심의 첫 번째 단계는 그리스도께서 구주로 알려지도록 말씀을 설교하는 일이다(바울의 경우는 예수 자신이 직접적으로 나타나셨기 때문에 분명히 예외가 된다). 둘째는 말씀을 받아들이는 자들의 반응은 믿음으로 묘사된다. 한 관점에서 보면 그것은 메시지에 대한 믿음이다(행8:12) ; 다른 관점에서 보면

---

67) 김세윤, 『바울복음의 기원』, 451-452.
68) 김세윤, 『바울복음의 기원』, 453. 바울은 그리스도의 죽음의 구원사적 중요성을 짧은 문장으로 표현하여 선포하였다 : 갈라디아서3:13;로마서8:3;고린도후서5:21;갈라디아서4:4f.;로마서4:25;5:6-10;갈라디아서1:4등.[의인화 : 율법의 행위로가 아니라 sola gratia(은혜로만), sola fide(믿음으로만) 의롭다함을 받는다]
69) 하워드 마샬 / 이한수 역, 『누가행전』 [I. Howard Marshall, Luke:Historian & Theologian] (서울 : 엠마오, 1996).

그것은 예수 그리스도에 대한 믿음이다. 후자의 표현은 그리스도에 대한 헌신의 행위를 묘사할 때 사용된다. 셋째는 믿음과 나란히 회개가 회심에 있어서 중요한 요인이다. 회개의 내용은 의심할 것도 없이 종교적일 뿐만 아니라 도덕적이다. 회개는 십자가에 예수를 못 박은 유대인들이 죄와 관련될 뿐만 아니라 죄와 악에서 돌아서는 일과도 관련된다.(행3:26;8:22f). 회개는 마음의 내적인 변화의 실재를 시사하는 외적인 행위들로 표현된다(행26:20). 죄는 고백되어야 하고 포기되어야 하며(행19:18f), 새로운 삶이 시작되어야 한다(눅19:1-10). 이것은 회심자의 내적인 태도의 변화라고 할 수 있다.

변화는 외적으로 '세례'와 연관된다. 세례는 믿음이 있음을 시사하는 외적인 행위임이 분명하다(행8:36).[70] 세례의 직접적인 효과들은 죄 용서(행2:38;5:31;10:43;13:38;26:18)와 성령을 받는 일(행1:5;2:38,41)이다.

누가행전은 성령 충만을 통한 증언공동체의 사명을 회심자들이 가지는 실천의 열매로서, 찬양(행2:46 ; 8:8,39 ; 13:48,52 ; 16:34 ; 5:41 ; 11:23 ; 15:3,31 ; 12:14 등)과 기도(행1:14 ; 2:42 ; 3:1 ; 13:3 ; 16:25 등)의 중요성을 강조하고 있다[71]. 또한 재물의 올바른 사용과 공동체의 나눔(행4:32 이하)을 통해 십자가의 고난을 공동체적으로 이기며 나아가야 한다. 그 속에서 바울의 회심은 화목(Reconciliation)의 경험이었다.

> 다메섹 도상에서 하나님께서 그에게 나사렛의 예수를 메시아로, 또한 높임받은 하나님의 아들로 계시하셨을 때, 바울은 자신이 그리스도인들을 박해했던 것이 비단 그들을 적대한 것일 뿐이 아니라 하나님을 적대하여 하나님의 원수로 행동하였던 것임을 알게 되었다. 그러나 하나님은 그를 받아 주시고 사도로 부르셔서 바울로 하여금 이방인에게 아들을 전할 수 있도록 하여 주셨다. 바울은 하나님의 용서함, 의롭다 함, 화목케 함을 통해 그의 은혜를 체험하였다. 이러한 완벽한 개인적 체험을 통하여 바울은 그리스도 안에 이루신 하나님의 속죄 행위는 과거의 죄의 용서

---

70) 하워드 마샬, 『누가행전』, 295.
71) 하워드 마샬, 『누가행전』, 306.

(이것에 대해서는 바울은 좀 더 의미 심장한 의미를 나타내는 '의인화'란 신학용어를 사용하여 표현한다)나 새 언약의 재정뿐 아니라 '화목케 하심'에 그 목적이 있다는 것을 알게 되었다.[72]

이것은 단순한 죄용서의 개념을 넘어선다. 거듭남의 삶, 진정한 종말론적 '새사람'의 옷을 입는 것이다.

믿음과 세례로써 그리스도의 죽음을 본받은 믿는 자들은 그리스도의 고난에 동참함으로써 계속적으로 그리스도의 죽음을 본받고 있다. 믿음과 세례 안에서 우리의 옛사람은(그리스도와)함께 못박혔고(롬6:6) 우리는 그리스도와 더불어 새 생명으로 일으킴을 받았다(롬 6:4,11;엡2:5f.;골2:12ff). 믿음과 세례 안에서 우리는 이미 옛사람을 벗어버리고 '새사람', 그리스도로 옷 입었다(갈3:27;골3:9f.).그렇지만 믿음과 세례 안에서 일어난 것은 종말(eschaton)에 일어날 일의 첫 열매일 뿐이다. 종말에 가서야 우리 '옛 사람'의 죽음이나 '새 사람'의 성취가 완료될 것이다. 그때까지 우리는 믿음과 세례 안에 내포된 의미-그리스도와 함께 죽고 사는 일을 우리의 삶 속에서 실행해 나가야 한다: 우리는 끊임없이 우리의 '옛사람'을 벗고 '새사람'을 '입어야 한다' (엡4:22-24;골3:12ff.;롬12:1f.). 우리 안의 '새사람', 곧 '속사람'은 지속적으로 새롭게 함을 받아야 한다. 이러한 일은 그리스도인들의 제자로서의 삶 안에서, 특히 고난받음 속에서 계속하여 이루어진다. 그러므로 이같이 그리스도의 고난에 동참하고 그의 죽음을 본받는 제자의 삶은 역설적으로 그리스도의 형상으로 변화받아 영광에서 영광으로 이르는 과정이며(고후3:18), 또한 우리의 썩어질 몸안에 예수의 부활 생명이 나타나게 되는 과정(고후4:10f.;빌3:10)이다. 종말에 이 과정은 완료될 것이다(롬6:5). 그리하여 종말에는(현재 이미를 포함한) 하나님의 아들이시며 마지막 아담이신 그리스도의 영광스러운 형상으로 온전히 변화될 것이다.[73]

---

72) 김세윤, 『바울복음의 기원』, 518.
73) 김세윤, 『바울복음의 기원』, 541.

이제 구원의 회심의 사건이 실현되는 현실의 장이 신앙공동체의 회심 사건으로 바울의 그리스도인 공동체 사상74)으로 발전되고 있다. 전 지중해 연안의 바울이 지나간 지역마다 그리스도인의 공동체가 생겨나고 강화되어 배가되기 시작했다. 이것은 그의 신중한 정책의 소산이었다. 바울은 그리스도에 관한 말씀을 전하여 사람들을 하나님과 친밀한 사이가 되게 할 뿐 아니라, 그 말씀이 그를 통해 회심한 사람들의 삶 속에 영향을 미쳐 서로 간에 개인적인 친숙한 관계가 형성되도록 했다. 바울에게 있어서 복음이란, 사람들을 하나님뿐만 아니라 다른 사람들과도 한 데 묶어주는 것이었다. 그리스도께 용납된 사람들은 이미 그가 기꺼이 맞아 주신 또 다른 사람들을 필연적으로 받아들여야만 한다(롬15:7). 또한 하나님과의 화평은 다른 사람과의 화평을 수반하는 것이며 이것은 복음 전도의 특징을 나타내 주는 것이기도 하다(빌4:2,3). 성령 안에서의 연합이란 다른 사람과의 연합을 포함한다. 왜냐하면 원래 성령은 개인적인 것이 아닌 공통된 체험이기 때문이다(고후13:14;빌2:2;엡4:3). 복음이란 순전히 개인적인 것은 아니다. 그것은 사회적인 차원을 포함하고 있다. 복음은 바로 공동체적인 것이다.75) 그러나 바울에게 있어서 이 공동체는 많은 문제와 아픔을 지니고 있다. 그럼에도 그 이상을 포기할 수 없는 것은 "교회는 그리스도의 몸"이며, "그리스도인들은 그 몸의 지체"라는 공동체 신학에 근거하고 있다[고전12:12-27,"여러분은 그리스도의 몸이요 한 사람 한 사람은 그 지체입니다!"(27)].76) 그리스도인들은 성령에 의해서 한 몸으로 묶여진

---

74) 로버트 뱅크스 / 장동수 역, 『바울의 그리스도인 공동체 사상』 *[Robert John Banks, Paul's Idea of Community]*(서울 : 여수룬, 1999). 바울을 통한 처음교회의 신앙공동체의 모습을 교리적 접근이 아닌, 역사적, 공동체적으로 접근한 탁월한 연구이다. 특히 바울에게 공동체 이상의 한계 속에서도 포기할 수 없는 이유는 그의 회심경험이 가지는 "교회(이방 세계)와 함께함"(고후1:24)의 사명이기 때문이다. 또한 이 공동체는 그 당시의 사변적이고 철학적인 담론이 아니었으며(스토아,견우학파), 어떠한 조직적, 권위적 종교로서의 교회를 추구한 것이 아니다. 결국 복음의 회심은 자연스럽게 공동체 사상으로 연결되고, 이것은 종교공동체로서 문제를 넘어서 사회와 문화적 차원으로도 통용되는 사상이라고 할 수 있다.
75) 로버트 뱅크스, 『바울의 그리스도인 공동체 사상』, 57-58.

존재들이며, 자신들만을 위한 종파적, 은둔자적 종교가 아니다. 이 공동체는 성령 안에서 하나된 일치성(unity)을 성령의 은사와 사역에 따른 다양성(diversity)으로 고백하는 삶의 자유의 장이다. 그러기에 각자가 받은 은사는 다양하고 귀천이 있을 수 없다(고전12:28,"첫째는 사도요, 둘째는 예언자요, 셋째는 교사요, 다음은 기적을 행하는 사람이요…"). 우리가 구할 것은 더 큰 은사(고전12:31) 즉 사랑이라는 공동체의 가장 중요한 삶의 원리이기 때문이다. 결국 바울은 우리가 경험할 공동체 회심의 핵심은 사랑이라는 실천적 희생과 섬김이었음을 선포하고, 우리에게 그 삶을 살아가길 원하고 있는 것이다.

4. 성서적 회심의 의미

지금까지 성서의 회심을 주제로 구약과 신약의 통전적인 구속사적 이야기들을 살펴보았다. 여기에는 "신앙공동체의 종말론적 삶"이라는 중심 주제를 바탕으로 구약과 신약의 전체적인 구원사적 흐름을 발견하고 회심 경험을 신앙의 중심주제와 사건들로 이해한 것이다. 이를 통해서 성서적 회심이 가지는 몇 가지의 의미들을 정리해 볼 수 있다.

첫째, 회심에 대한 성서 이해의 연속성의 문제이다. 구약과 신약의 계약으로서의 성서는, 구약의 "모세-시내산 계약전승" 과 "다윗-예루살렘 계약전승" 으로 나뉘어진다. 이와 함께 "예언자 전통" 은 모세-시내산 전승을 기초로 유대의 역사적 상황 속에서 "다윗-예루살렘 전통" 과의 시대적 통합으로 전승되어진다. 이것이 신약에 이르러 예수를 통한 "율법의 강화" 와 "복음의 사건" 으로 연결되며, 예수의 구속사적 사건은 성령을 통한 신앙공동체와 바울의 회심을 통해 선교 사건으로 확장된다. 구약의 회심은, 계약사건으로서 하나님의 약속과 부르심, 이스라엘 역사를 통한

---

76) 김영봉, 『신앙공동체를 위한 신약성서이해』, 190.

하나님의 구원모형, 예언자를 통한 하나님께의 회개와 돌아섬으로 정리할 수 있다. 이것이 신약으로 이어져 예수그리스도의 구속사적 사건을 중심으로 제자들의 부르심과 응답의 요청, 회심을 위한 교훈과 가르침, 하나님 나라를 향한 기적과 치유들, 성령 사건을 통한 변화된 삶과 증언 공동체로서 연결되고 있다. 이 구속사적 역사이해의 중심은 예수그리스도의 십자가와 부활사건을 통해서 정점에 이르게 되며, 신앙공동체는 다시 오실 예수그리스도의 약속으로 종말론적 소망의 공동체로 이해되어 진다. 이것이 지금시대의 신앙공동체로 이어지는 성서의 중심 개념으로 이해되고, 성서를 통해 우리가 회복해야 할 회심의 중심 이야기들이다.

둘째, 회심에 대한 공동체의 의미이다. 성서의 회심은 신앙공동체를 향한 하나님의 계획이며, 하나님 나라를 향한 신앙공동체의 자기이해를 그 기초로 하고 있다. 구약은 하나님의 계약 공동체로서 출애굽과 광야경험을 통해 시내산 계약이라는 하나님의 임재적 회심을 성막과 법궤를 통해 공동체에게 경험되었다. 이후 다윗계약을 중심으로 한 예루살렘 공동체는 제도적 신학의 오류를 경험하면서도, 예언자를 통해 하나님 백성의 공동체적 영성의 회복을 요구하고 있다. 신약의 예수는 이러한 율법적 공동체의 왜곡된 하나님 경험에 반대하였으며, 진정한 신앙공동체의 이상을 자신의 전 삶을 통해 전해주고 있는 것이다.

이런 의미에서 처음교회는 결코 현실에 안주하거나 정체되어 있어서는 안 되는 존재이다. 끊임없이 밖으로, 모든 장벽을 허물고 모든 난관을 극복하고 나아가야 한다. 인종의 장벽, 문화의 장벽, 언어의 장벽 등 모든 장벽을 허물고 나아가는 사랑스러운 종말론적 신앙공동체이다.[77] 아니, 이런 공동체를 실현해 나가야 한다. 그것이 예수께서 보여준 모범이며, 또한 처음교회가 증거한 모습이다. 오늘의 신앙공동체는 이와 같은 이야기의 끝나지 않는 이야기가 되어야 한다. 이 이야기를 우리의 현실로 받아들일 때 성령의 체험과 회심의 경험은 단순한 받기의 문제가 아니라, "이미 약

---

77) 김영봉, 『신앙공동체를 위한 신약성서이해』, 159.

속된" 그리고 책임적 누림의 문제이다. 하지만 지금 우리의 신앙공동체의 가장 큰 오해는 이 성령의 체험과 회심의 경험을 능력 받음이나, 기복적 누림 으로 이해하고자 하는 실수이다. 이러한 현상은 성서의 공동체적 지향성에 대한 오해 속에서, 성서의 회심의 유형들을 단편적으로 우리의 삶에 적용하거나 그 요령과 방법들만을 강조하고 있다. 그리고 그 결과에 대한 책임은 누구도 지고 있지 않다. 결국 성서의 공동체적 지향성은 회심 사건의 새로운 접근과 이해를 요청한다.

  셋째, 우리의 회심에 대한 성서해석의 의미이다. 회심에 대한 기초요, 증거인 성서에 대한 이해를 통해서 회심에 대한 개념이 어떻게 이해되고 해석되고 있는지를 발견해야 한다. 대표적으로 전체와 부분의 문제, 형식과 내용의 문제, 표현과 의미의 문제 등에서 오는 이원론적 오류들은 신앙의 형식과 의미를 혼동하는 결과를 가져온다. 예를 들어, "모세-시내산 계약전통" 과 "다윗-예루살렘 계약전통" 의 불일치는 성서의 구속사적 이해 속에서 적용해야 한다.

  단순히 다윗-예루살렘 전통의 부분만을 이해하거나 주장하면서 생긴 결과는, 예루살렘 성전에 대한 예언자적 회복과 예수그리스도의 십자가의 은혜와는 상관없는 은총신학으로 변질되어 개인의 복과 은혜만을 간구하거나, 솔로몬의 부귀영화를 갈구하는 회심의 자기화로서 변질되어 나타날 수 있다. 소위 이것이 십자가 없는 영광의 신학이요, 성령의 주술화로 전락하는 순간이다. 이러한 성서적 해석이 가지는 회심에 대한 오해들 속에서 우리가 가져야 될 회심의 진정성의 문제가 이 성서적 이해를 통하여 제시될 새로운 의미로 전해져야 하는 것이다.

  이러한 성서적 문제의식은 기독교 역사 와 신학의 작업에서도 끊임없이 제기되는 문제가 될 것이다. 우리의 진정한 회개와 회심의 마음은 어떠한 표현과 글로도 완전할 수 없다. 그럼에도 이 신앙의 경험으로의 회심이 가질 수 있는 특권은 회심의 자유함이다. 하지만 이 자유함 속에서 나타날 진정한 하나님의 뜻은 개인의 소유물로는 전해질 수 없는 것이다.

II. 회심에 대한 역사적 이해

　　기독교 역사는 회심 사건의 계속되는 중심 이야기이다. 기독교의 역사는 개인적이고 공동체적인 신앙체험과 고백의 역사라고 할 수 있다. 이것은 단순한 기독교의 종파적 역사만을 의미하는 것이 아니라, 보편적이고 지금까지 함께 살아지는 역사이다. 이 역사 속에서의 회심의 의미들을 살펴봄으로써, 회심을 통한 개인적인 회심의 범위가 역사 속에서 어떻게 적용되고 실현되는지를 역사적 회심을 통해 발견하게 된다.
　　개인의 영적 체험을 통한 수도원 운동, 신앙 고백과 많은 신학적 논쟁들은 근본적으로 개인의 회심과 공동체의 반동으로 이어지게 된다. 결국 종교개혁, 독일의 경건주의와, 미국의 대각성운동, 사회복음 운동, 신 성령운동에 이르기까지 이어온 역사적 사건의 중심은 회심이라는 개인적이고 공동체적인 삶의 이야기에서 시작된다.
　　회심의 차원에서 본 기독교 역사를 단순히 주요 역사적 서술로서 정리하는 것은 이 연구의 중심 주제가 아니다. 어찌 보면 역사란, 역사가의 관점에 따른 서술이며 그것을 이해하는 방식도 언제나 객관적인 것은 아니었다. 이런 상황에서 기독교 역사의 입장은 보편적이기 보다는 일방적인 성격을 가지고 있었다. 특히 기독교 신앙인의 입장에서는 기독교의 역사 자체는 하나의 회심의 역사로서 전 세계에 운행하시는 하나님의 전권이었음을 고백하는 것이다. 이것이 불가피한 상황이었음에도, 지금의 시대 속에서 기독교 역사는 극단적인 주관적 편향을 용납하지 않는다. 과학의 발달로 인한, 고고학, 인류학, 세계사의 활발한 연구들과 학문간의 교류 등은 이미 직조되고 검증된 역사적 사실들과 의미들, 가치 들을 어느 정도 객관적으로 펼쳐놓게 하고 있다. 결국 단순한 개인적인 고백의 역사를 넘어서, 회심자들은 객관적인 역사 속에서 나타난 신앙의 의미들과 가치들에 대한 새로운 적용과 이해를 하게 되었다는 것이다. 그렇다면 이러한 상황 속에서 우리는 회심을 통한 기독교 역사의 이해의 방향과 방법론을 어떻게 정의해야 하는지를 물어야 한다.

회심자들의 입장에서 기독교 역사를 살펴본다면 자신들의 "믿음을 지키는 것"과 "믿음을 전하는 것"이라고 할 수 있다. 이러한 믿음은 때로는 신앙의 박해와 순교를 감당하게 하였으며, 자신들의 신앙을 변증하였고, 많은 분파와 반동을 통한 기독교 교리의 성립과 수호들로 나타나게 되었다. 이것이 기독교 제국에 이르러서는 많은 정치적 사건들과 전쟁들, 이후의 종교개혁과 현대에 이르는 기독교 역사의 흐름들로 이어지게 된 것이다. 하지만 이 믿음을 지키고 전한다는 것이 사회적으로는 많은 영향과 파동들로 인해 또는 외적 환경을 통해서 변형되고 적응되어 왔다고 할 수 있다. 이러한 모습들이 후대에 이르러 자신들의 뿌리를 찾는 것 과 합리화 또는 재평가 등을 통해서 역사의 맥락이라는 틀을 만들고 범주화하였다. 또한 이를 통해서 교육화시키는 기독교 역사의 전승들을 만들게 되는 것이다.

이 전승들의 시대적 구분들은 단절된 구분선이 아니라, 기독교 역사를 이해하기 위한 변증법적 구분이라고 할 수 있다. 우리는 이 구분을 통해서 역사의 주요한 사건들과 주제들을 통전적으로 이해하는 데에 많은 도움을 받게 된다. 또한 이해의 도움은 큰 변화라는 역사적 사실들을 근거로 하게 된다. 즉 역사의 이해 자체는 역사의 큰 변화됨을 통해서 우리에게 전해지는 사건들과 경험들이다.

이러한 시각으로 기독교 역사의 접근은, 변화의 역사 속에서 움직이는 변화된 사람들, 즉 회심자들의 삶의 자리요, 이야기들로 표현된다. 기독교 역사 속에서 믿음을 지키고 전하는 회심자들의 삶을 특정한 몇몇의 사건들과 사람들로 이해하는 것에는 한계가 있을 수 있지만, 우리는 이 구분 속에 회심의 주제들을 적용함으로써 기독교 역사 속에서 회심의 역사적 뿌리와 과정들을 살펴볼 수 있다. 이 구분 속에는 변화의 중심적 주제들과 이에 대한 반동으로 나타난 또 다른 사건들의 "변증법적 순환과정"을 거치면서 역사라는 큰 변화의 물결이 일어나는 것이다. 이러한 역사이해는 사실적 사건들을 표현하는 적절한 방법이 된다.

이와 함께 회심의 역사이해는 의미적 차원을 포함해야 하는 과제를 가지고 있다. 여기에서 말하는 의미적 차원은, 역사해석에 대한 사실적 관점 속에서 하나님의 심정, 즉 구속사적 맥락을 이해하는 해석을 말한다. 보통 이러한 역사이해를 구분하는 방법으로, 현재의 자리에서 과거 시대를 구분하고, 그 구분 속에서 인류 역사의 큰 변화와 하나님의 구속사역과 연관시킴으로서 현재를 평가하고 미래를 예측하는 예언적 작업을 들 수 있다.

이에 기독교 역사 속에서의 회심연구는 이러한 객관적, 예언적 작업을 통합한 방식으로 이해될 수 있을 것이다. 이 방법의 대표적인 예로서, 인류의 역사 속에서 기독교와 교회의 역사의 흐름을 연대기적 기준으로 "500년 주기설"을 사용한 방법을 볼 수 있다.[78] 이 구분을 통해서 단순히 역사기술 뿐만 아니라 영적 중심의 이동을 통해 기독교 신앙의 '부흥'과 '쇠퇴' 속에서 변증법적으로 해석되는 "구속사적 역사이해"에 많은 도움을 주고 있다. 특히 회심의 구속사적 역사이해를 통해서 기독교 역사의 큰 흐름과 영적 변화의 과정을 이해할 수 있는 주요한 단서가 된다고 할 수 있다. 이러한 역사적 이해의 방법을 구체화 하기위해, 시대적 주요사건들을 중심으로 신학적 의미의 용어를 적용하여, "종말론적 회심기(A.D. 0-500)", "제도적·정치적 회심기(500-1000-1500)", "개혁적 회심기(1500-현대)"로 구분하여 회심의 살아있는 역사의 이야기들을 들어보자.

---

78) 은준관, 『신학적 교회론』, (서울 : 한들 출판사, 2006), 15-23.

500년 주기설

500년 주기설에 대한 구속사적 이해는 케노시스의 "전환기적 이해"를 들 수 있다.
첫 번째 전환기는 B.C. 2000-1500년, 아브라함의 선택에서부터 출애굽과 가나안 입주까지.
두 번째는 B.C. 1500-1000년, 가나안 입주에서 왕정등장까지.
세 번째는 B.C. 1000-500년, 왕정에서부터 남북 왕국 멸망까지.
네 번째는 B.C. 500-0년, 포로와 귀환, 재건에서 예수님까지.
다섯 번째는 A.D.1-500년, 초대교회(예수님에서부터 초대교회 말기까지).
여섯 번째는 A.D.500-1000년, 중세초기(라틴로마의 멸망)에서 중세중기(십자군 전쟁)까지.
일곱 번째 A.D. 1000-1500년, 중세중기에서 르네상스(종교개혁)까지.
여덟 번째 A.D. 1500-2000년, 근대에서 현대후기(포스트모더니즘)까지로 구분하여 한 시대의 흐름을 주요한 전환기적 사건으로 영성적 이해를 시도하고 있다. 또한 교회론의 이해에서 불만(Bühlmann)의 이론을 들 수 있다.
그의 제3교회론은 "1년-500년에는 세계의 중심이 팔레스틴이었으나, 500년-1500년에는 유럽으로 옮겨졌다. 제1교회와 제2교회는 이 기간 동안 얽혀서 태동되었다. 1500년-1850년에는 미국 중심의 시대로 전환되었으며, 1500년-1950년은 아시아와 아프리카의 역사 각성기이다. 이 기간은 제2교회의 전성기이다.
1950년 이후 지구의 '중심'이 아시아로 옮겨짐과 동시에 제3교회의 태동이 이 지역에서 일어난다."

- 은준관, 『신학적 교회론』

1. 종말론적 회심기

처음교회와 제국교회로 이해되는 이 시기는 기독교 역사의 원역사로서 예수그리스도를 통한 기독교(유대교로부터 분리되어가는)의 모습, 로마시대와 헬레니즘 문화의 영향, 기독교의 박해와 신앙의 수호의 시기를 지나, 콘스탄틴 황제의 개종과 밀란칙령(313) 그리고 서로마제국 황제의 몰락(476)까지로 이해될 수 있다. 이 시기를 종말론적으로 이해한 이유는 이 시기에 가졌던 신앙의 이해 중심이 바로 메시야대망이라는 종말론적 사상에 근거하고 있다는 것이다.

1) 고난과 변증

처음교회의 신앙공동체가 가지는 믿음의 소망은 바로 다시 오실 예수그리스도의 약속이었다. 이것이 로마시대의 문화 속에서 타협할 수 없는 신앙적 조건들을 가지게 되었다. 황제숭배나 국가 군대를 거부한다던지, 독특한 종교의식으로 오해되는 등 결국 기독교 박해라는 현실을 맞이하게 된다. 이 상황은 신앙인들에게 순교를 통해 믿음을 지키고 하나님께 나아가는 종말론적 믿음을 삶으로 보여주는 시기였다고 할 수 있다.[79] 많은 순교자들에게 신앙을 지키는 것은 단순한 개인적인 결단이나 선택의 문제를 넘어서는 전 삶의 고백으로 이해되고 있다. 하지만 이러한 순교의 삶이 모두에게 적용될 수 있는 것은 아니다. 이 후에 많은 변절자의 문제들이 기독교 역사에 점철되고 있음을 알 수 있다. 또한 이 고난은 다시 오실 예수그리스도의 소망으로, 곧 승리하리라는 종말론적 회심을 통해서 그들의 신앙을 수호할 수 있었다. 하지만 지연되는 재림과 당시 로마의 상황 속에서 그들의 신앙을 변호하는 변증가들(호교론자), 즉 신앙의 수호자들의 새로운 임무들이 주어졌던 것이다. 특히 그 당시 기독교인들이 받았던 많은 오해들을 설명

---

79) 유스토 L. 곤잘레스 / 서영일 역, 『초대교회사』 [Justo L. Gonzalez, The Story of Christianity] (서울 : 은성, 2006), 76.

하면서 그 당시의 문화와의 새로운 접촉점과 이해의 방식들로 제시하고 있다.80)

> ## 기독교 박해
>
> A.D. 64년 6월18일 로마 대 화재 사건은 기독교 박해의 주요한 시점으로 기록되고 있다. 당시 네로는 자신의 정치적 목적을 위해서 기독교인들을 화재의 주범으로 몰고 조직적인 박해를 하였다. 그 후 도미티안 시대의 박해, 2세기에 이르러 트라얀의 정책에 따른 마르쿠르 아우렐리우스의 박해(A.D. 161), 3세기에 셉티무스 세베루스와 데시우스(249)의 박해, 4세기 초에 디오클레티안 황제의 박해를 들 수 있다. 로마제국의 박해는 종교적인 차이나 개인적인 감정의 문제 였다기 보다는 정치적으로 로마를 운영하고 통일하고자 하는 그 시대의 문제들과 연관이 되어있었다. 각 시대에 따라서 박해 정도나 지역적으로 차이가 존재했음을 알 수 있다. 이러한 박해시대 속에서 기독교 신앙인들에게는 신앙을 수호하는 것에 집중하게 되면서 신앙을 변증하기 위한 변증론자들의 역할을 통해 교리와 규범들이 확립되고, 박해 속에서 신앙을 수호하고 결정해가는 종말론적인 신앙의 모습들은 믿음을 지키는 의미와 방법들에 많은 영향을 끼치게 된다.

---

80) 유스토 L. 곤잘레스, 『초대교회사』, 89-94.

기독교 변증

기독교에 대한 오해들과 비판들[비밀집회(혼음,성찬식),성육신,부활 문제 등)]에 대해 반박하는 과정을 통하여 2세기에서 가장 중요한 신학 작품들이 생성되었다. '디오그네투스', 저스틴의 '트리포와의 대화' 타티안의 '헬라인에게 주는 글', 아데나고라스의 '그리스도인을 위한 탄원' 과 '죽은 자들의 부활에 관하여', 3세기 오리겐이 저술한 '켈수스를 논박함', 라틴어로 쓰여진 미누키우스 펠릭스의 '옥타비우스', 터툴리안의 '변증' 등을 들 수 있다. 저스틴의 경우, 기독교와 이교철학 사이에 몇 가지 접촉점이 있다고 주장하였다. 예를 들어, 가장 우수한 철학자들은 모든 다른 존재들이 그 존재 자체를 파생받은 지존의 존재(Supreme Being)에 관하여 말하면서, 진리에 대한 철학적 부분을 '로고스(logos)' 에서 찾고 있다. 로고스는 '말씀' 과 '이성' 을 동시에 의미하는 헬라어 단어이다. 제 4 복음은 예수님 안에서 로고스, 혹은 말씀이 '육신' 이 되었으며 성육신에서 발생한 사건은 온 우주를 떠받치고 있는 이성, 혹은 하나님의 말씀이 육신이 된 것이다.

변증가들의 역할을 통해서 우리는 이 시기의 신앙을 지킨다는 것이 단순히 기독교 신앙만으로 이루어질 수 없는 문화적, 철학적 변증의 작업임을 알 수 있다. 이것이 그 당시에도 신앙의 순수성에 대한(황제숭배문제와 같은) 근본적 물음의 변화들을 보이고 있는 것이다. 그렇다고 해서 단순히 기독교 신앙의 혼합주의나 변질을 말하는 것이 아니다. 기독교 신앙은 끊임없이 고민하면서 자신들의 신앙을 수호하고 그 진리들을 확립해 나갔다. 특히 영지주의와 마르시온과 같은 이단과의 싸움을 통해서 사도전승을 발전시켜 나갔으며, 보편적 기독교(가톨릭)의 모습은 교회의 위대한 스승들, 즉 그들의 믿음과 신학적 정리를 통해서 기독교의 기초적 토양을 만들고 있었다.

> ## 가톨릭(Catholic)
>
> '가톨릭'은 곧 '보편적'(universal)을 의미하며, 동시에 "전체에 의하여"라는 의미도 지닌다. 고대 교회는 여러 가지 이단적 집단들과 분파들로부터 스스로를 구별하기 위해 '가톨릭'이라는 용어를 사용하기 시작하였다. 따라서 이 칭호는 교회가 토대로 삼고 있던 전통과 교훈의 보편성과 포괄성을 강조하는 것이다. 이는 곧 "전체에 의한"(according to the whole), 즉 모든 사도들의 전체적 증언에 의한 교회를 의미한다. 여러 영지주의 집단들은 이처럼 전체적 기초를 주장할 수 없었기 때문에 '가톨릭'이 아니었다. 실제로 이들 가운데 사도직 기원을 주장한 자들은 단 한 사람의 사도를 통해 전승되었다는 비밀의 전통을 가정하고 있었기 때문이다. 오직 '가톨릭' 교회, 즉 "전체에 의한" 교회만이 전체 사도들의 증언을 주장할 수 있었다. 그런데 아이러니컬하게도 그 후 수세기에 걸친 시간의 흐름을 통하여 '가톨릭'의 진정한 의미에 관한 논란이 단 한 사람의 사도-베드로-의 존재와 권위에 초점을 맞추게 되었다.
>
> - 유스토 L. 곤잘레스, 『초대교회사』 113.

이러한 신학의 기초형성은 그 당시의 종교적 분위기들 속에서 함께 이해되어져야 한다. 특히 그 당시의 신앙을 이해하는데 있어서, 고대의 종교적, 철학적 사상인 혼합주의적인 영지주의와 금욕주의적인 신플라톤주의는 기독교 신앙 이해에 큰 영향을 끼쳤다고 할 수 있다. 기독교적 영지주의자들은 육체와 물질은 악한 것이므로 대부분의 천상의 메신저였던 그리스도가 우리들과 같은 육체를 가지고 있었다는 사실을 부인하였다. 어떤 이들은 그의 육체가 단지 유령에 지나지 않을 뿐이며 기적적으로 진짜 육체처럼 보였을 뿐이라고 주장하였다. 또한 많은 영지주의자들은 천상적 그리스도와 지상적 예수를 구분하였다. 어떤 경우에는 예수가 육체를 가지고 있기는 하였으나 이는 우리들의 육체와는 다른 영체라고 주장하기도 하였다. 이들 가운데 대부분은 예수님의 탄생을 부인하였다. 왜냐하면 예수님께서 인간처럼 탄생하셨을 경우 그는 물질세계의 세력 하에 들어가기 때문이다. 이러한 관념들은 당시 교회에서 '가현설' 이라 불리던 이단과 비슷한 경향을 지닌다.[81] 이러한 경향은 육체에 대한 극단적 금욕이나, 반대로 정신과 상관없는 육체의 쾌락주의로 변형되기도 하였다.

신플라톤주의는 많은 관점에서 헬레니즘의 마지막 산물이며, 동시에 헬라, 로마문화 몰락의 증언이기도 했다. 이 사상은 최후의 대상으로서 초이성적인 것을 노리면서 계시를 믿고 싶어 했고 권위에 대해 목말라 했으며 종교적 해탈의 욕구를 만족시키며 황홀경에서 절정에 도달하는 종교적 신비주의를 이성적인 사유 위에 두려고 하였다. 그러는 동안에 철학은 종교로 변하고 있었다. 그리고 하나의 종교로서의 보편성과 절대적 유일 진리에 대한 욕구가 융합되었다.[82] 이러한 처음교회의 상황과 역사 속에서 신앙공동체들은 자신들의 종말론적 신앙을 유지하는 예배와 기억의 절기들, 전통들을 지키는 평범한 사람들이었다. 그들은 어려운 박해와 고난 속에서도 자신들의 죄를 대신 지신 예수그리스도를 진정으로 기뻐하였으며, 순례적 공동생활과 용기 있는 죽음들로 표현되기도 하였던 것이다. 이들은 비록 어둠속에 있었지만 소망을 잃지 않고 어떠한 제도나 교리적 한계에 젖기 보다는 그리스도를 중심으로 한 종말론적 삶을 그들의 회심의 전부로 표현하였다고 할 수 있다.

2) 해방과 변동

이러한 초대교회적 상황이 변화되는 중요한 전환점이 바로 콘스탄틴에 의한 로마의 통일과 밀란 칙령(313)이라고 할 수 있다. 여기에 대한 적지 않은 역사적 증언들과 연구들을 바탕으로 기독교는 제국교회의 모습으로

---

81) 유스토 L. 곤잘레스, 『초대교회사』, 102.
82) 칼 호이시 / 허혁 역, 『교회사 편람』 [Karl Heussi, Kompendium der Kirchengeschichte](서울 : 임마누엘, 1988), 70.

변화하는 주요한 시점에 이르게 된 것이다. 콘스탄틴의 회심의 사실여부에 대한 많은 논란이 있지만, 적어도 그로 인한 기독교 제국, 서구 역사의 중요성은 아무도 부인할 수 없는 사실이다. 특히 기독교 역사는 이 중심사건을 통해서 많은 신앙의 변동들이 생겨나기 때문이다. 직접적인 결과는 박해의 종식이다. 그때까지만 해도 기독교인들은 항상 박해의 공포 속에 살았으며 많은 이들은 순교를 꿈꾸고 있었다.

콘스탄틴 개종 이후 이러한 공포와 소망은 사라지게 되었다. 이러한 상황은 소위 어용신학(Official theology)이라 부르는 경향으로 나타난다. 황제가 교회에 베풀었던 은혜에 감격한 많은 기독교 신자들은 콘스탄틴 이야말로 역사 속에서 교회와 국가를 한데 묶어 그 양성을 이루시고자 하는 하나님에 의해 선택된 존재임을 증명하고자 하였다. 반면 어떤 이들은 극단적으로 반대의 태도를 취하였다. 이들은 황제들이 스스로 기독교 신자임을 선언하고 이러한 이유 때문에 많은 이들이 교회에 모여드는 것은 축복이 아니라 오히려 커다란 배교라고 생각하였다. 이러한 관점을 가지고 있었으나 교회 전체와의 교제를 끊기는 원하지 않았던 인물들은 사막으로 은거하여 이곳에서 명상과 금욕의 생활을 하였다. 이들은 더 이상 순교할 기회는 없으므로 진정한 하나님의 경주자들은 순교를 위해서가 아니라면 최소한 수도생활을 통해 단련되어야 한다고 믿었으며, 극단적인 분파로 나타나기도 하였다. 교회 내에서는 지적활동이 활발해 졌으며, 많은 논쟁의 시대를 열었다고 할 수 있다. 그러나 대부분의 신자들은 이러한 새로운 상황에 대해 전면적으로 순응하지도 완전히 거부하지도 않았다. 대부분의 교회 지도자들(교부들)은 이 새로운 시대가 예기치 못한 기회들과 아울러 심각한 위험들을 가져오고 있음을 볼 수 있었다.[83] 또한 신앙생활의 형식적 변화를 가지고 왔다. 예배는 왕실의 의식과 제도에 영향을 받았으며, 그 당시의 바실리카 양식의 교회당들이 건축되고 결과적으로 제도적 교회의 근거가 되었다. 대다수의 성도들은 점차 수동적이 되어갔으며, 성상, 성물 숭배 등의 미신화의 경향이 우려되기도 하였다. '교회사'를 기록한 유세비우스는 이 시

---

83) 유스토 L. 곤잘레스, 『초대교회사』, 198-199.

기의 신앙적 변화의 모습을 이해하는 주요한 자리를 차지하고 있다. 이에 대한 그의 친 정부적 이해는 새로운 상황 속에서 기독교 신앙이 어떻게 적용되는지를 잘 보여준다.

초대 교회와 신약 속에서는 복음이 무엇보다도 가난한 이들에게 좋은 소식이므로 특히 부유한 자들은 이를 받아들이기에 어려움을 겪었음을 볼 수 있다. 실제로 초대 기독교 신자들이 당면했던 어려운 신학적 문제들 가운데 하나는 어떻게 부자도 구원을 받을 수 있을까 하는 것이었다. 그러나 콘스탄틴으로 부터 시작하여 부의 가치가 하나님의 은혜를 받았다는 증거로 받아들여지게 되었다. 유세비우스는 당시 건축되고 있던 화려한 예배당의 모습을 기쁨과 자랑 속에 묘사하고 있다. 그러나 이러한 건물들과 여기서 비롯된 예배 의식의 결과, 마치 세속 귀족층과 흡사한 종교 귀족층이 발전하게 되었으므로, 이들 성직자들과 평신도들 사이의 간격은 넓어져만 갔다. 교회는 예배 의식 뿐만 아니라 사회적 계층에 있어서도 제국을 닮아가기 시작하였다. 또한 이러한 기독교 상황은 하나님 왕국의 도래에 대한 종말론적 소망을 상실하게 되었으며, 콘스탄틴을 통한 하나님 왕국의 완성으로 이해하게 되었다. 결국 믿음과 신앙의 목적은 개인들의 영혼 구원으로 이해되고 있었다.[84] 이러한 어용신학(공적신학)의 반동은 수도원 운동으로 나타나게 된다. 수도원 운동은 기독교의 새로운 상황에 대해, 진정한 예수님의 삶과 모습을 잃어버리고 교권화되고 부패된 교회를 비판하면서 이러한 유혹들을 '수도생활' 속에서 그 해답을 찾으려고 하였다. 즉 자기가 소유한 모든 재산을 남겨둔 채 인간 사회에서 벗어나, 유혹에 넘어가기 쉬운 육체와 정욕을 절제하는 생활이었다. 이 외에도 그 당시의 진정한 자유를 정신에서 찾는 스토아학파의 영향과 함께 수도원 운동은 기독교 역사의 주요한 흐름으로 자리를 잡게 된다.

수도사의 아버지라 불리는 폴과 안토니(Antony, 251-356)를 시작으로 공동생활로 발전한 파코미우스, 수도원적 이상을 일반화 시킨 마틴(Martin)에 이르기까지, 많은 성자들과 이상적 수도생활을 시작한 이 운동은 처음에

---

84) 유스토 L. 곤잘레스,『초대교회사』, 214-215.

는 감독들의 세속성과 사치에 대한 저항으로 발생하였지만, 앞으로 전개될 역사는 점차 성직 제도가 추구하는 방향으로 정치화 되었으며, 또 다른 열광주의나 금욕주의로의 길로 나아가게 된다. 결국 기독교 역사 속에서의 수도원 운동은 신자 개인의 근본적인 믿음과 회심의 길을 열어주는 대안적 도구로 시작하였지만, 예수그리스도의 삶을 살아가고 이해해가는 회심의 근본적인 변화의 책임 속에서는 자유로울 수 없음을 발견하게 된다.

이제 한 시대의 종말과 변화의 중심에 있던 회심자, 어거스틴(354-430)을 통해서 기독교 회심 역사의 새로운 과정과 사상을 이해할 수 있다.

> 깊은 상념이 내 그윽한 속으로부터 나의 비참을 들추어서 마음의 얼굴 앞에 쌓아놓자, 줄기찬 눈물의 소낙비 실은 대폭풍이 일어났나이다. 소리라도 내어 실컷 울어보려고 나는 알 리삐우스를 두고 벌떡 일어섰습니다. … 그때 말은 같지 않으나 대강 이런 뜻으로 당신께 연거푸 아뢰었습니다. "주여, 언제까지나? 언제까지나, 주여, 끝내 진노하시려니이까? 행여 우리 옛 죄악을 기억치 마옵소서." 나는 그 죄들에 얽혀 있는 것만 같아 애처로운 목소리로 부르짖는 것이었습니다. … 때마침 이웃집에서 들려오는 소리가 있었습니다. 소년인지 소녀인지 분간이 가지 않으나 연달아 노래로 되풀이되는 소리는 "집어라, 읽어라. 집어라, 읽어라" 는 것이었습니다. … 나는 울음을 뚝 그치고 일어섰습니다. 이는 곧 하늘이 시키시는 일, 성서를 펴들자마자 첫눈에 띄는 대목을 읽으라 하시는 것으로 단정해 버린 것입니다. … 집어들자, 펴자, 읽자, 첫눈에 들어오는 장귀는 이러하였습니다. "폭식과 폭음과 음탕과 방종과 쟁론과 질투에(나아가지 말고)오직 주 예수 그리스도를 입을지어다. 또한 정욕을 위하여 육체를 섬기지 말지어다"(로마13:13-14)더 읽을 마음도 그럴 필요도 없었습니다. ··(중략)·· 드디어 당신은 나를 돌아가게 해주셨으니 나는 아내도, 세속의 어떠 한 욕망도 다시는 찾지 아니하고, 다만 당신께서 그 몇 해 전에 나를 들어 어미에게 보여 주신 그 믿음의 법강에 굳굳이 서 있었습니다. 그러하옵니다. 당신이 "그의 통곡을 즐거움으로 돌이키셨사옵니다" (시편 29:12). 어미가 바라던 것보다 더욱 푸지게, 그리고 내 육체에서 바라던 손자들보다고 훨씬 더 쓸뜰하고 깨끗한 즐거움으로.[85]

어거스틴의 유명한 회심사건에 대한 연구만 해도 너무도 방대하고 다양하다. 그의 심리적, 사회적 요인 뿐만 아니라, 시대에 끼친 그의 공헌은 단순히 로마의 멸망 속에서 외친 하나님 구원의 의미만이 아니라, 회심자의 눈으로 본 역사전체의 통찰이라고 해도 부족함이 없다. 그의 삶은 다양한 종교(가톨릭, 마니교)적 배경 속에서 철학적 소양과 교육(신플라톤)을 통해서 그 당시의 주요한 모든 사상적 고민과 열정 속에서 살았다. 결국 그가 찾은 자유는 의지적 자유가 된다. 인간의 자유는 그 자체로 이유가 될 정도이다. 우리가 자유롭게 행동할 때에는 필요성에 의한 것처럼 우리의 내부 혹은 외부에 있는 그 무엇에 의해 움직이는 것이 아니라, 우리 자신의 의지에 의해 행동하게 된다. 우리의 결정은 본성의 산물이 아니라 의지 자체의 산물이므로 자유롭다. 물론 이는 상황이 우리의 결정에 영향을 미치지 않는다는 의미는 아니다. 그 진정한 의미는 곧 상황이나 혹은 내적 필요에 의해서가 아니라 우리 자신의 의지로 인해 결정할 때에만 자유롭다고 불릴 수 있다는 것이다. 이 자유는 하나님의 근본적인 사랑에 대한 악의 실재성을 이해하게 해준다. 또한 그 당시 힙포의 감독으로서 도나투스파의 논쟁은 교회와 성례의 유효성, 정당한 전쟁 등의 이론으로 펼쳐진다. 브리튼 출신의 수도사인 펠라기우스는 기독교인의 생활은 끊임없는 노력을 통해 죄를 극복하고 구원을 획득하는 것이라고 파악했다. 펠라기우스는 하나님이 우리를 자유롭게 창조하셨으며, 악의 기원은 의지 안에 있다는 데에 어거스틴과 동의했다. 그런데 그에게 있어서 이는 곧 인간이 항상 그들의 죄악을 극복할 수 있는 능력을 소유하고 있음을 의미했다. 만약 그렇지 않다면 죄에 대한 책임을 물을 수 없게 될 것이라는 논리였다. 하지만 어거스틴은 자신의 내적 체험을 바탕으로 죄의 세력에 대한 우리의 의지의 한계를 인식하고 있었다. 죄인은 죄를 지을 수밖에 없다. 그러나 이는 자유가 사라졌음을 의미하지는 않는다. 죄인은 자기에게 주어진 여러 가지 길 가운데 하나를 선택할 수 있다. 그러나 이 모든 길들은 모두 죄이며, 그에게

---

85) 성아구스띤 / 최민순 역, 『고백록』 [S. Aurelii Augustini, Confessionum Libri XIII] (서울 : 성바오로출판사, 1993), 217-220.

개방되어 있지 않는 한 길은 곧 더 이상 죄를 짓지 않는 것이다.
    이 속에서 회심의 의미는, 우리가 어떻게 하나님의 은혜를 받아들일 결정을 내리는가?의 물음으로 이해된다. 이는 오직 은혜 자체의 능력에 의해서만 가능하다. 왜냐하면 그 순간 이전에는 우리에게 죄를 짓지 않을 자유가 없음으로 우리는 은혜를 받아들이기로 결정할 자유가 없기 때문이다. 따라서 우리의 회심의 능동적 요소는 인간이 아니라 하나님이시다. 그 뿐 아니라 은혜는 불가항력적이며 하나님께서는 이미 예정된 자들에게만 이를 주신다.(반면, 펠라기우스는 완전한 자유를 주장한다. 이 논쟁은 교회사 전체에서 지속적으로 예정론과 자유의지론으로 지속된다.) 이 사상은 지금까지 회심에 대한 중심 경험과 이론적 배경의 뿌리라고 할 수 있다. 이제 그는 고트족에게 서방 로마제국이 멸망하는 과정을 보면서, 한 세기의 마지막 모습을 "하나님의 도성"으로 투쟁하는 새로운 교회의 역사로 이해하고 마지막 그의 사명을 다하게 된다.
    처음교회의 모습과 제국교회의 출현을 통한 종말론적 회심기는, 다시 오실 예수님을 기대하며 참아온 신앙의 인내와 갑작스러운 해방 속에서 새로운 종말론적 신앙으로의 변형과 반동을 겪은 시기였다. 거의 500년 가까이 지내온 교회의 역사는 지금까지 이어오는 우리의 신앙 형성과 교회 이해의 뿌리역할을 한 원역사라고 할 수 있다. 이제 새로운 시대는 또 다른 교회의 역사적 회심을 기대하고 맞이하게 된다.

2. 제도적 · 정치적 회심기

    중세기의 교회사적 기준은 서로마(Romulus Augustus)의 몰락(476)부터 콘스탄티노플의 함락(1453년)까지 이르는 5세기부터 15세기에 이르는 1000여년의 시기로 구분한다. 이 사이에 동. 서 교회의 분열(1054)을 중세 초기로 이해하고 그 이후의 중세의 절정기(1303년 교황권 몰락의 초기까지), 그 이후를 중세 후기로 구분하고 있다. 특히 서로마의 멸망은 게르만족, 프랑크족 등 북방 민족의 침투로 복잡한 유럽역사의 전조가 되고 있다. 이러한 시대에 교회 또한 복잡한 역사의 길을 걷게 된다. 그 속에서도 이 시기의 중심은 수도원과 교황제도로 이해할 수 있다. 특히 침략자들은 자신들의 종교(이교와 아리우스주의)를 정복지의 교회를 통해 피정복민들의 신앙으로 흡수되고 말았다. 이 신앙이 곧 니케아 신앙, 혹은 '정통' 신앙, 혹은 '가톨릭' 신앙이라는 것이다. 이러한 회심의 과정과 고대로부터의 지혜와 지식을 보존하고자 하는 노력이 수도원과 교황제였던 것이다.[86]

1) 수도원과 교황

서구의 초기 수도원에서 훌륭한 인물은 성 베네딕트(St. Benedict)였다. 그는 몬테카지노 공동체를 건립하였으며, 앞으로 수세기 동안 서구 수도원이 나아갈 길을 제시한 규칙을 529년에 만들었다. 베네딕트 규칙의 기본 원칙들 중에는 육체적 노동과 순종, 순결, 청빈, 안정에 관한 서약이 있다. 여기서 안정(stability)은 수도사들이 한 수도원에서 다른 수도원으로 마음대로 옮길 수 없도록 하기 위해서였다. 이외에도 베네딕트는 하루에 여덟 번 함께 모여서 기도하고 성서와 다른 영감을 북돋우는 책들을 읽는 규정을 두었는데, 이것이 현재의 전통적인 기도자의 일과(hours)이다.[87]

전쟁과 혼돈의 시대 속에서 수도원은 나름대로 영적, 육체적 규칙들을 통해서 하나님의 신앙을 전수하며 지키는 역할을 하였다고 할 수 있다. 이러한 사이 정치적 혼란은 교황들의 역할에 많은 변화를 가져오게 된다. 이미 동방과 서방과의 신학적 논쟁들은 기독교의 내부적 분열을 야기시키고 있었다. 특히 외세의 침략가운데 있던 서방의 경우는 교황을 통한 협상들과 역할에 따라서 전체 나라의 운명이 좌우되는 시기를 겪게 된다.

---

86) 유스토 L. 곤잘레스 / 서영일 역, 『중세교회사』 [Justo L. Gonzalez, The Story of Christianity] (서울 : 은성, 2007), 24.

87) 유스토 L. 곤잘레스 / 주재용 역, 『간추린 교회사』 [Justo L. Gonzalez, Church History an Essential Guide] (서울 : 은성, 2006), 69.

이러한 상황은 교황을 통한 제도적 신앙의 출발점이라고 할 수 있다. 특히 서방의 교황 세력을 확립한 그레고리(540년 로마출생, 590년 교황)는 중세초기의 신앙모습을 확립한 인물이라고 할 수 있다. 그는 도시 행정을 담당할 인물이나 기관이 없었으므로, 빈민들에게 양식을 배급하고 시실리 섬으로 부터 식량이 계속 공급 되도록 했다. 또한 도시의 방어를 위해 상수도를 새로 고치고, 수비대를 훈련시켜 사기를 올렸다. 콘스탄티노플로부터 더 이상 원조를 기대할 수 없었으므로 롬바르드족과 직접 협상을 벌여 평화를 보장받았다. 이리하여 교황은 로마시 및 그 일대의 정치적 통치자 역할을 하게 되었다.

교황의 정치적 노력들과 상황 속에서 신앙적으로는 새로운 회심의 체계가 이해된 시기라고 할 수 있다. 구원에 대한 교리에 있어서 그는 어거스틴의 예정과 저항할 수 없는 은혜의 교리를 도외시하고, 오히려 어떻게 하면 우리가 지은 죄에 관하여 하나님이 만족하실 만한 대가를 지불할 수 있는가에 보다 큰 관심을 두었다. 이는 고행을 통해 수행되었는데, 고행은 진정한 회개(contrition), 고해(confession), 그리고 실제의 처벌 혹은 보속으로 구성되어 있었다. 이에 부과하여 사제로부터의 사죄가 첨가되어야 하는데, 이는 하나님에 의해 허락된 용서를 추인(追認)하는 행위이다. 교회와 계속 교제하는 가운데 사망한 신앙인이 만약 자기의 지은 모든 죄에 관한 보속을 제공하지 못했을 경우에는, 최종적 구원을 얻기 전에 연옥으로 가게 된다. 아직 살아 있는 이들은 연옥에 있는 사자들을 위해 미사를 올림으로써 그들을 도울 수 있다. 그레고리는 미사 혹은 성찬식에서 그리스도가 새로이 희생된다고 믿었다. 이와 같은 희생으로서의 미사라는 개념은 그 후 서방 교회의 표준적 교리로 정립되었다가 16세기에 비로소 프로테스탄트들에 의해 부인되었다.[88]

---

88) 유스토 L. 곤잘레스, 『중세교회사』, 40.

기독론 논쟁

기독론 논쟁은 하나의 개체인 예수그리스도가 어떻게 신이면서 동시에 인간일 수 있는가에 대한 문제를 다루었다. 이미 콘스탄티노플 공의회(제2차 에큐메니칼 공의회, 381년)에서는 신의 말씀이 인간의 이성을 대리한 결과 예수의 인간성은 육체적으로는 완전하나 그의 정신은 실질적으로 신적이라고 주장한 아폴리나리스의 해설을 배격하였다. 이어서 다른 네 곳의 공의회에서 기독론의 쟁점을 한층 더 다루었다. (1) 제3차 에큐메니칼공의회가 431년에 에베소에서 개최되었다. 여기서 그리스도안에 두 개의 본질과 두 개의 위격(persons) 그리고 하나의 신성과 하나의 인성이 있다고 주장하는 네스토리우스를 정죄하였다. 마리아를 하나님의어머니(theotokos) 또는 "생산자"(bearer)라고 부르는 것이 적절하다고 인정한 것도 이 공의회였다. (2) 제4차 에큐메니칼 공의회는 451년 칼케돈에서 개최하여, 단성론(Monophysism) - 이 교리는 인간적인 것은 신성 속으로 흡수되기 때문에 그리스도 안에 오직 하나의 신적 본질만이 있다고 주장했다 - 을 정죄했다. 이 공의회는 그리스도안에 오직 하나의 위격에 두 개의 본질(nature)이 결합되어 있다는 것에 동의했다. 이 교리는 오늘날까지 대부분의 교회에서 받아들여지고 있다. (3) 제5차 에큐메니칼 공의회(553년, 제2차 콘스탄티노플 회의)는 세 명의 네스토리안파의 저작들-소위 "3개의 장" (Three chapters)-을 정죄하였다. (4) 제6차 에큐메니칼공의회(제3차 콘스탄티노플 회의, 680-681)는 하나의 위격 안에 두 개의 본질이 결합되어 있지만 그리스도 안에는 오직 하나의 의지가 있다는 "단의론주의"(Monothelism)을 정죄했다. 이러한 논쟁들을 벌이거나 모든 사람들이 인정할 수 있는 하나의 신조를 찾으려는 노력은 제국 당국자들의 반복적인 개입 때문이었다. 이들은 모든 기독교인들이 교리 문제에 동의하기를 원했고 그 결과 그들은 종교적 문제에서 뿐만 아니라 다른 문제에 있어서도 제국의 정책을 유지하려고 했다. 이러한 상황은 기독교 신앙에 대한 제국주의적 상황을 나타내는 주된 요인이라고 할 수 있다. 많은 신앙공동체들은 개인적인 신앙고백을 이러한 교리적 신앙 체계 속에 맞추어야 했으며, 당연히 교회 지도자들은 자신들의 정치적 입장에 따라서 신앙을 해석하고 선포한 시기라고 할 수 있다. 이러한 제도적 신학에 도전한 반제도적 운동들은 제도적 원칙에 정죄를 받아야 했으며, 이러한 제도적 권위는 처음교회의 모습을 잃어가는 회심의 암흑기라고 할 수 있다.

- 유스토 L. 곤잘레스, 『간추린 교회사』, 71-73.

이러한 교리와 신앙행위의 변화는 지금까지 큰 영향으로 신앙모습의 한 양태를 형성하는 줄기가 되고 있다. 교황들의 권위는 교황 레오3세가 A.D. 800년 성탄절에 프랑크족의 샤를마뉴를 서방제국의 황제에 임명하면서 동맹관계로 발전하게 된다. 이 시기의 주요한 역사적 사건으로는 모하메드로 인한 이슬람의 팽창과 함께 동방기독교의 기독 논쟁을 들 수 있다. 이 기간의 회심 역사는 수도원과 교황제도라는 제도적 형태들을 통해서, 신앙공동체는 교리화되고 제도적인 신앙 고백을 통해 자신들의 믿음을 지켜야 하는 영적 혼란의 시대를 맞이하였다.

2) 정치적 회심기

제도적 믿음의 체계가 성립되면서 자연스럽게 따라오는 것이 바로 정치적 체계라고 할 수 있다. 여기에서 말하는 정치적이라는 것은, 제도화된 신앙을 정치적으로 활용하는 단계를 의미한다. 하지만 정치적이라는 의미는 반대편에서의 반 정치적이고 개혁적인 의미를 동시에 내포하고 있다. 끊임없이 추진되고 있는 수도원의 개혁과 신앙에 대한 개혁적 열망들은 이 시기에 본격적으로 시작된다. 클뤼니(Cluny)를 시작으로 클레르보의 버나드(Bernard of Clairvaux)를 중심으로한 시토수도회(Cistercian), 탁발수도회라 불리는 프란시스코와 도미니크를 중심으로 중세수도원의 중흥기를 이루고 있다. 교황 권위의 절정기는 1095년부터 수세기 동안 진행된 십자군 전쟁으로 나타나게 되며, 중세기독교의 황금시대 라고 하는 인노센트 3세를 통해서 중세의 정치적 신앙은 최고조에 이른다고 할 수 있다.

십자군 전쟁

십자군 전쟁은 여러 가지 이유와 상황들 속에서 종교적인 이유가 가장 분명하다. 그 종교적인 이유란 "이교적인" 이슬람교도들로부터 성지를, 그리고 특히 성묘(그리스도의 묘)를 회복하는 것 ; 팔레스틴의 성지들을 순례하는 것 ; 그리고 십자군 전사들이 자기들에게 약속된 연옥의 고통으로부터 사면을 얻는 것 등이 있었다. 경제적이며 정치적인 측면에서 볼 때, 십자군 원정은 토지를 소유하지 못한 농민들과 귀족들이 이슬람교도들로부터 땅을 빼앗고 거기에서 보다 나은 미래를 펼쳐 보겠다는 열망이 걷잡을 수 없게 분출된 결과였다. 또한 십자군 전사들은 전쟁을 좋아하는 봉건 귀족으로 하여금 그가 먼 곳에서 전쟁할 수 있도록 출구를 만들어 주었다. 제1차 십자군 원정은 1095년 우르반 2세에 의해 선포되었다. 십자군 원정의 위대한 설교자로는 은둔자 피터가 있었다. 그는 처음으로 십자군의 물결을 일으키고, 그것을 일반대중에게 알려서 "대중적인 십자군 원정"으로 만든 사람이었다. 그 "대중적인 십자군 원정"에 참여한 사람들은 대개 농민들과 기타의 가난한 사람들이었다. 그들은 많은 어려움을 겪고 콘스탄티노플에 있는 황제와의 충돌이 있은 후 마침내 1099년에 예루살렘을 점령했다. 제2차 십자군 원정이 선포된 것은 1144년 투르크가 에데사 성을 함락시켰을 때였다. 이때 주로 설교한 사람은 클레르보의 버나드였다. 제3차 십자군 원정은 예루살렘이 함락되었다(1187년)는 소식을 듣고 황제 프리드릭1세, 프랑스의 왕 필립2세, 그리고 영국의 사장 왕 리처드 등에 의해서 이루어졌다. 제4차 십자군 원정은 기독교의 도성인 콘스탄티노플을 점령하고 약탈했으며, 거기에다 콘스탄티노플 라틴 제국을 세웠다(1204-1261). 제5차 십자군 원정은 에집트를 공격했지만, 겨우 다미에타 항구를 정복하는 데 그쳤다. 제6차 십자군 원정과 제7차 십자군 원정은 프랑스의 왕 루이 9세가 이끌었는데, 실제로는 아무런 결과도 얻지 못했다. 십자군 원정들이 가져온 결과들 가운데 하나는 군사적인 수도회들이 발달한 것이었다. 그 십자군 원정들은 무역과 지적인 생활에 영향을 주었을 뿐 아니라 그 당시의 신앙에도 영향을 주었다.

- 유스토 L. 곤잘레스, 『간추린 교회사』, 84-86

> ## 인노센트 3세
>
> 복잡한 유럽의 정치적 상황 속에서 인노센트 3세(1198-1216)는 유리한 조건을 이용하여 로마의 지배권을 잡았다. 그는 이의없이 가장 위대했던 교황들 중의 한사람이었다. 정치적인 관계들이 유리함은 물론 교황의 지배자적인 재능과 서방민족들의 엄격한 교회적 정신은 로마교권이 그의 지휘하에 유럽 정치의 중심지로 만들었다(물론 세계지배권까지는 도달치 못했지만). 인노센트는
> (1) 로마와 중남부 이탈리아, 시실리아에서 교황세력을 인정하는데 이르게 했을 뿐만 아니라
> (2) 독일왕위계승 싸움에서 황제세력을 교황의 봉사자로 격하시키는 일 외에 중요한 교회적 고백을 하게 하는데 성공했다. 마찬가지로
> (3) 프랑스, 영국, 일련의 작은 나라들에 대한 정책을 성공시켰다.
> (4) 또한 그는 극히 희망적인 동방에서의 승리와
> (5) 남프랑스에서 세력을 굳힌 카타르인들인 교회내부의 적들에 대한 결정적인 모험도 성공시켰다.
> - 칼 호이시, 『교회사 편람』, 215.

샤를마뉴가 세운 카롤링 왕조의 몰락과 함께 발생한 폭력과 부패는 많은 이들로 하여금 새로운 질서를 갈망하게 하였다. 수많은 경건한 신앙인들은, 무자비한 정적들이 교황좌를 두고 유혈극을 연출하며 성직이 매매될 뿐 아니라 유력한 자들이 자기들의 사리 사욕을 채우기 위해 교회를 이용하는 것을 보고 슬픔과 분노를 금치 못하였다.[89] 이러한 물결은 수도원을 중심으로 한 개혁으로 이어지게 된다. 윌리엄 3세의 사냥터였던 클루니(Cluny)에서 시작된 작은 수도원은 거대한 개

---
89) 유스토 L. 곤잘레스, 『중세교회사』, 91.

혁의 중심지가 된다. 수도원들은 과거 베네딕트의 '규율집'을 통한 영성회복을 위해 하나님께 기도하고 찬양을 드리는 것을 중심으로 하였다. 이러한 회복은 자연스럽게 육체노동을 등한시하게 되면서, 노동으로 손발에 흙이 묻지 않으면 이를 좀 더(성무일과) 순수하게 진행할 수 있다는 이론으로 정당화 되었다. 이들의 개혁은 수도원과 교회로까지 퍼지게 되면서 11세기에 있었던 교회 개혁은 이미 수많은 수도원 공동체에서 벌어지던 움직임의 연장으로 파악되었다. 클루니가 일체의 세속 권력으로부터의 독립을 통해 그 위대한 과업을 수행할 수 있었으므로, 교회 개혁가들은 교회 지도자들이 국왕들이나 귀족들을 비롯한 일체의 세속 권력으로부터 독립하기를 원하였다. 따라서 성직 매매야말로 당장 제거해야 할 가장 시급한 문제였다. 또한 수도원적 관점에서 생각해 볼 때, 개혁의 또 다른 큰 적수는 성직자들의 결혼이었다. 결국 성직자들의 독신 제도를 개혁을 위한 가장 중요한 제도의 하나로 주장하게 되었다. 하지만 재산을 소유할 수 있었던 수도원은 많은 헌금들로 인해서 표면적으로 주장되었던 소박한 생활의 한계를 가져오게 되었으며, 결국 축적된 거대한 재산으로 인한 정치적 부패를 경험하는 실패를 겪게 된다. 이러한 부패 속에서 수도원의 다음주자는 시토수도원이었다. 이 수도원의 대표적 인물이었던 신비주의자였던 클레르보의 버나드는 교회와 정치에 큰 영향력을 끼치게 된다.[90] 이 후 수도원 운동은 중세기의 절정기에 '탁발수도회'로 이어진다. 극도로 청빈한 삶을 살았던 탁발 수도사들(mendicants)은 피터 왈도(Peter Waldo)를 시작으로 프란시스(Francis)로 이어진다. 빈곤한 삶을 실천하며 구제와 명상의 삶을 산 그들은 어떠한 소유나 욕심의 근원도 허락하지 않았다.

---

90) 유스토 L. 곤잘레스, 『중세교회사』, 92-100 참조.

> ## 프란시스(Francis)
>
> 프란체스코라고 이름하는 '지오바니 베르나르도레'는 1181-82년 아시시에서 부유한 옷감상인의 아들로 태어났으며 자존심과 즐거움으로 젊은시절의 세상을 보낸 후 환상적이며 특수한 참회의 생활에 접어들었는데 아시시의 성 마리아 포르티운클라 교회에서 예수의 제자들의 파견에 관한 복음서에 감명(마10장)을 받고 청빈과 유랑설교에 의한 그리스도의 제자로 마음을 돌렸다.(1208,2,24일에 성 프란츠는 청빈과 결혼했다) 그는 1208년에 몇 몇 동지들과 무일푼의 몸으로 유랑설교를 시작했다. 1209년 그는 '아시시 시민들 중 회개한 사람들' (후에는 이것을 Fratres minores라고 불렀다)에게 처음(전해지지 않은)규율을 제공했다. 그것은 1210년에 교황의 확인을 받았다. 그러나 프란츠와 인노센트III세 사이의 만남에 관한 자세한 것은 곧 전설들에 의해 은폐되었다.
>
> - 칼 호이시, 『교회사 편람』, 224.

(시편을 지녀도 되냐는 제자의 말에 프란시스는) 시편을 가지게 되면 곧 일과기도서 (Breviary)를 갖고 싶어지게 된다. 일과기도서를 갖게 되면 마치 고위 성직자처럼 강단에 올라서고 싶어지는 것이다.[91]

이어서 성 도미니크(St. Dominic)는 가난과 탁발의 규칙을 채용하면서도 학문의 탐구에 중점을 두었다. 도미니크 수도회에서는 처음부터 가난을 단지 이단(알비파)[92]에 대항하기 위한 하나의 수단으로 간주했을 뿐

---

91) 유스토 L. 곤잘레스, 『중세교회사』, 135 재인용.
92) 유스토 L. 곤잘레스, 『중세교회사』, 128. 남부 프랑스 및 이탈리아 일부 지역에는 고대 교회에 존재하였던 마니교와 비슷한 교리들이 번성하게 되었다. 이들은 아마 오래 전부터 마니교적 이원론을 신봉하였던 "보고밀파"가 존재하였던 불가리아

이었다. 이들의 주된 목표와 목적은 설교, 교훈, 교육 그리고 신학의 탐구였다. 가난은 이러한 목적들에 도달하기 위한 여러 수단들 가운데 하나에 불과하였다. 따라서 상황의 변화와 함께 수도회가 재산을 소유하는 것이 필요하게 되었을 때에, 이들은 별다른 저항 없이 그렇게 하였으며 탁발에 의한 생활의 모습은 자취를 감추게 되었다. 또한 이들은 당시에 그 모습을 드러내고 있었던 여러 대학교에 교수진들로서 자리를 잡기 시작하였다.[93]

3) 정치와 학문, 사상

이 당시의 정치적 형국은 교황 그레고리와 황제와 헨리 4세의 대결로 인한 혼란한 정국과 십자군 전쟁으로 인한 유럽의 변화였다. 특히 십자군 원정의 종식과 함께 중세 기독교의 황금시대를 맞게 된다. 신학적으로는 스콜라 신학의 절정기를 맞이하게 된다. 십자군 전쟁으로 인한 학문적인 교류가 활발해졌는데, 특히 아리스토텔레스의 서유럽으로의 재도입은 이성과 철학의 새로운 이해를 열어 주었는데, 바로 토마스 아퀴나스에 의해서 신학적 집대성을 이루게 된다. 이러한 스콜라철학의 이성적 관계는 대학과 교육과정을 통해 근대학문과 사상의 뿌리가 되고 있다. 또한 신앙적 개념을 이성적으로 설명하고자 하는 시도라고 평가할 수 있다. 예를 들어 최초의 동인(動因)으로서 하나님을 설명한다던지, 감각을 통한 자료들을 활용하면서 하나님의 존재를 인식하는 것을 들 수 있다.(반면 안셀름[94]은 플라톤주의적 관점에서 감각이 아닌 순수한 관념을 주장한다) 이러한 중세기의 절정기는 새로운 정치적 도전에 직면하게 된다. 국가주의(화폐경제, 부르주아의 성장), 전쟁(1337-1475, 백년전쟁), 대 역병(1437, 페스트),

---

나 비잔틴 제국으로부터 유입된 것으로 보인다. 이들은 또한 "카타리파"(cathars: 이는 "순수"를 의미하는 헬라어에서 파생되었다), 혹은 특히 남부 프랑스의 알비(Albi)에서 번성하였으므로"알비파"(Albigensians) 등으로도 불렸다.
93) 유스토 L. 곤잘레스『중세교회사』, 138.
94) 유스토 L. 곤잘레스,『중세교회사』, 150.

교황권의 쇠락(교회의 바벨론 포로, 1309-1377 프랑스 아비뇽으로의 교황청 이동)과 분열(1378-1423), 부정부패, 그리고 외부로부터의 침략 등이 13세기가 이룩하였던 꿈을 파괴하면서 근대에 이르는 새로운 길을 열었다.[95]

시대 사상적으로는 르네상스(문예부흥, 인문주의)라는 운동이 떠오르게 된다. 르네상스는 이탈리아에서 시작된 운동으로 고전적인 고대의 문화, 예술, 그리고 철학으로의 복귀를 그 특징으로 한다. 이 사상은 고대 이교도적 영향과 함께 금욕적인 것을 싫어하고 인생의 기쁨과 쾌락, 인체의 아름다움, 그리고 인간 정신이 지닌 능력 등을 강조한다. 동시에 점점 난해해져 가는 스콜라 신학의 쇠락과 함께 새로운 개혁의 전조들이 일어나게 된다.

> ### 안셀름(Anselm)
>
> 스콜라 신학의 가장 중요한 선구자인 켄터베리의 안셀름(Anselm)은 이탈리아 출생으로 1060년에 노르망디의 베크(Bec)수도원에 들어갔다. 1093년에는 캔터베리 대주교로서 랑프랑(Lanfranc)을 계승하기 위해 영국으로 불러갔다. 그는 교회와 국가 사이의 상대적 권위 문제로 국왕과의 대결이 불가피함을 알고 있었으나 마지못해 그 부름에 응했다. 그 후 윌리엄과 그의 아들 헨리 아래 대부분의 여생을 켄터베리로부터 유배당한 채 보냈다. 이 기간 그는 학문적 명상을 통해서, 신앙 문제에 관한 해답을 얻기 위해 이성(reason)을 적용하려 하였다. 그는 이성을 통해 적용할 수 없는 신앙 문제들을 믿을 수 없었기 때문이 아니라, 오히려 이미 신앙을 통해 믿고 있던 문제들을 보다 깊이 이해하고 싶었기 때문이었다. 하나님은 "그는 그보다 더 위대한 존재를 상상할 수 없는 존재(that - than - which - no - greater - can - be - thought)"로 증명한 논재를 대표적으로 생각할 수 있다.
>
> - 유스토 L. 곤잘레스, 『중세교회사』, 15

---

[95] 유스토 L. 곤잘레스, 『중세교회사』, 170.

이러한 상황 속에서 개혁을 예비하는 주요한 현상들로서, 인간 개인의 탐욕과 한계를 경험한 그 당시 기독교는 "종교회의 운동"을 통해 교회의 제도를 새롭게 세우려고 하였다. 하지만 근본적인 개혁의 요청은 단순히 교회 생활이나 제도의 변화만으로 이루어지는 것이 아니라, 근본 교리에 대한 변화와 성경에 대한 전이해를 통해 기독교의 교리적 신앙에 반대하는 개혁적 운동들이 시작되었다. 그 주요인물이 바로 존 위클리프와 존 후스[96] 였다. 이들은 본격적으로 성경과 교리적 차원의 근본적인 개혁을 요구한 개혁가들로서, 교황청에 대한 근본적인 변화와 도전을 시작하게 된다.

위클리프-후스

요한 위클리프는 1328년경 앵글로 색슨 후손으로 태어난다. 그는 옥스퍼드대학에서 철학을, 1363년 이후부터는 신학을 가르쳤으며 학자로써 명성과 교회개혁자로서의 삶을 살게 된다. 그의 가장 중요한 원리는 성서였으며 그것은 '신의 법'이었다. 교황 및 종교회의의 결의들이 문자적으로 해석될 수 있는 성서에 들지 않으면 인간의 가르침이며 무가치하다고 했다. 교회는 실제로 '선택된 이들의 모임'이며 그의 유일한 두목은 그리스도이다. 결국 교황세력은 버려야 하며, 성경적이지 않은 화체설(성체변형)은 이단적인 것이라고 주장하여 파면되었으며 그 후 그의 사상을 따르는 추종자들(Lollard)은 민중운동으로 까지 확대되어 개혁운동의 선구자의 역할을 하게 된다. 요하네스 후스는 1369년 남보헤미아 후시네츠의 가난한 집 아이로 출생하여 프라하에서 사제가 되었으며, 1405년에는 총감독 스빈코에 의해 순회 설교자로 임명되었다. 위클리프의 사상에 영향을 받은 그는 강한 종교적 감동으로 대중들에게 많은 영향을 끼치게 된다.

- 칼 호이시, 『교회사 편람』

---

96) 칼 호이시, 『교회사 편람』, 259.

마지막으로 이 시기에 중요한 신앙운동으로 신비주의97)를 주목하여야 한다. 정치적인 신앙은 대중적이라기 보다는 특권적인 성향을 가지기에 일반 대중들의 이해와 생각은 제외되는 경향이 많이 나타난다. 하지만 모든 역사의 주요변동에는 그 속에서 끊임없이 동조하거나 반대하는 대중들의 요구들과 경험되는 삶, 그들의 신앙이 있었음을 잊어서는 안 된다.

이 시대적 변화는 조금씩 제도적, 정치적 사건들의 한계를 느낀 대중들의 움직임으로 나타나게 된다. 인문주의적인 휴머니즘 사고의 고양과 대중교육의 확대, 학문의 교류, 과학과 인쇄술의 발달을 통해 이미 몇몇의 인간적 지도력만 의지하는 시대가 지나가고 있음을 예비하는 주요한 시점을 맞이하게 된다. 특히 종교적 신앙에 대한 대중들의 모습도 기독교 역사 속에서 개혁의 의지를 표출하는 중요한 사상으로 자리 잡게 된다. 지금까지 기독교의 제도적, 정치적 믿음은 일반 대중들에게는 왜곡된 경건성을 보이지 않게 전하고 있었다. 성물숭배, 성지순례, 마녀사냥 등 극단적인 종교적 신념이나 수도원적 영성을 열망하는 분파적 신앙의 모습 들이 교회적 관습과 함께 신앙의 중심으로 이루어지고 있었다. 이것은 교권화 되고 정치화된 교회 부패의 당연한 결과라고 할 수 있다.

신비주의는 이러한 상황 속에서 일반대중들에게 손쉽게 접근할 수 있었던 신앙 욕구의 표현이라고 할 수 있다. 기독교 신앙의 영성은 보이지 않게 수도원이나, 보이지 않는 경건자들에 의해서 끊임없이 기독교 역사의 중심에 흐르고 있었다. 특히 성경말씀이나 체계적 교육을 받지 못한 대중들에게는 체험된 신앙경험이나, 여러 혼합 문화의 전통적 신앙이 생활 신앙의 전승으로 자리 잡게 된다. 또한 수도원은 일반 대중들 사이에서 존재하면서 기독교 영성에 대한 사변적 지식을 삶의 자리로 전해주는 역할을 해왔다. 독일을 중심으로 성행된 신비주의는 하나님에 대한 진정한 지식은 어떠한 합리적 이론으로서가 아니라 인간의 신성 속에서 무아의 경지로 소멸되는 신비적 명상을 통해서 전해진다는 것이다. 에크하르트(1260년 호크하임 출생, 1303-1311년 도미니쿠스 종단 영지 작센, 파리, 독일에서 활

---

97) 칼 호이시,『교회사 편람』, 205-207.

동)는 종교적 내면화, 즉 경건한자를 위해 가장 중요한 것은 영혼에서의 신의 신비적인 탄생 과정이라고 주장했다. 즉 경건한 자에게서 신적인 것의 흘러내림이 그의 마지막 아래점까지 도달함으로 곧 다시 신적인 영역에로 역류하는 일이다. 신의 탄생도 탈속에서 모든 피조물적인 것, 모든 상들에서부터의 영혼의 비움에 뒤따른다. 신성과의 신비적 접촉은 영혼의 근거에서, 영혼의 불씨에서 일어난다. 이것은 교리적 신앙이 우선이 아니라 경험과 내적 체험을 우선한 것으로, 후일 종교개혁, 경건주의, 칸트의 이상주의에 까지 큰 영향을 끼친다.[98] 역사 속에서 증거된 회심경험 가운데, 신비주의의 의미는 단순한 체험을 강조해서라기 보다는, 그 당시 대중들이 겪었던 잘못된 신비주의(불건전한 경건성, 고행종단 등)속에서, 기독교 신앙의 본질을 회복하는 영적 회복운동으로 이어질 종교개혁의 주요한 동기가 된다는 것이다.

> ### 신비주의
>
> 신비주의는 교리적 학문적으로 정의된 개념은 아니다. 고대로부터 내려온 주술적 종교성을 기초로 한, 고대 철학 속에서 흐르는 금욕적, 탈 세속적 개념도 포함된다. 특히 11세기 내면화된 경건성(수도원의 영성은 12세기에 들어 내면화 되고 개인화 경향을 가진다)은 개인적인 신비적 종교체험과 교통하게 된다. 베르나르(1091-1153)는 이러한 신비주의적 경향을 직관을 통해서 종교적 정열을 나타낸다. 기본적으로 신비주의는 사유, 명상, 정관 등과 함께 수도원적 경건으로 흡수되었고, 이러한 신비적 종교 체험은 일반대중들에게도 산발적으로 증거되고 실천되면서, 여성종단(프란시스의 클라라, 베긴스)의 창설에도 자극을 주게 된다. 그러나 이러한 산발적인 종교 체험은 극단적 금욕주의나 열광주의로 사라져 갔다.
> - 칼 호이시, 『교회사 편람』

---

[98] 칼 호이시, 『교회사 편람』, 255.

3. 개혁적 회심기

종교 개혁은 기독교 역사의 중심축을 이루고 있다. 이 종교개혁의 영향은 시대적으로 지금까지 이어지고 있다고 볼 수 있다. 2000년에 이르는 기독교(신교) 역사 속에서 종교개혁 이후의 500 여년의 기간은, 전체 흐름 속에서 현대를 이어주는 가시(可視)적 역사가 된다. 이것은 역사에 대해 좀 더 많고 다양한 사건들을 보고 경험하게 된다는 뜻이다. 과거에 비해 이 시기의 다양성은 신앙의 의미뿐만 아니라 대륙의 발견과 함께 변화에 대한 시대적 요청이었다. 결국 개혁이라는 의미는 변화의 요청이요, 변화된 삶으로 이어질 종교적 신념의 회복과 개척을 의미한다. 이러한 차원에서 이 역사적 기간의 회심이해는 종교 개혁 뿐만 아니라 그 이후의 개혁적 사건들을 통해서 이해될 수 있을 것이다. 그럼으로써 현대에 이르는 회심의 역사적 흐름을 끊어지지 않고 이해할 수 있기 때문이다.

1) 발견과 도전

1492년 10월 12일, 크리스토퍼 콜롬부스(Christoper Columbus)의 신세계의 발견은 기독교 역사의 "보이지 않는 큰 변화"의 시작이다. 보이지 않는 것의 의미는 많은 교회사 자료에서 이 부분에 대한 상세한 언급이 없다는 것이고, "큰 변화"로서 신대륙 정복의 의미는 지금 기독교가 가지는 서양 중심이 아닌 다른 세계의 신앙 형성에 근본적 동기들을 제시하고 있다는 점이다.99)

당시 서양은 이미 기독교 제국주의적 모양으로 신대륙을 정복하게 된다. 그 곳에서 시행된 '엔코미엔다'는 토착민 인디언들의 노동력을 착취하기 위한 신탁통치로서, 정착자들에게 임의적으로 인디언들의 땅을 위탁하여 그들에게 기독교 신앙의 기초를 가르쳐 주는 대신 노동을 착취하게 하였다. '레쿠에리미엔토'는 원주민 추장들로 하여금 기독교 신앙을

---

99) 식민지 기독교의 역사는, 유스토 L. 곤잘레스, 『중세교회사』, 253-305.

받아들이고 왕과 교황의 권위를 인정할 것을 요구하는 문서이다. 그들이 그것을 거부하거나 그것에 대하여 긍정적인 태도를 보이지 않을 경우엔 전쟁, 토지몰수, 그리고 노예제도에 복종케 하는 것 등의 구실이 되었다. 이 모든 문제들과 관련해서 교회는 정당치 못한 판결들에 신학적 정당성을 제공함으로써 식민지 사업의 목적을 달성하는 데 이바지 했다. 이것이 노예제도의 시원이 되었으며 100) 예수그리스도의 피의 십자가는 자신들의 욕심과 탐욕을 채우기 위한 원주민들의 피의 십자가가 되었다. 이러한 시기에 또 한편의 교회는 반대와 저항의 목소리를 내기도 하였다. 그와 같은 시기에 서반구는 유럽의 규율에 복종하고 있었다. 아프리카에서는 주요한 유럽 국가 사람들의 팽창이 있었다. 포르투갈 사람들이 콩고, 앙골라, 모잠비크에 정착한 것이었다. 그들은 그곳으로부터 아시아를 향하여 계속 진출해 나갔다. 아시아에서 예수회 선교사인 성 프란시스 사비에르(Francis Xavier)는 포르투칼의 왕 조아오 3세(Joao III)세에 의해서 동방식민에 파송된 제수잇 수도사로서, 1542년 5월에 동방의 포르투칼 중심 기지인 고아(Goa)를 시작으로, 인도, 일본, 중국에서 1615년 사망할 때까지 복음을 위해 헌신하였다.101) 또한 남아메리카의 동쪽 끝에 정착한 사람들도 포르투갈인 이었는데, 그로 인해 오늘날의 브라질이 시작되었다. 이러한 대부분의 선교 팽창에서 선교와 식민주의사이에 깊은 관련이 있음은 분명했다. 선교는 식민주의 세력을 지원하고, 식민주의 세력 또한 선교를 지원했다. 더구나 이러한 선교를 위한 대부분의 노력들에는 황폐화 되고 있는 고대의 문화들을 소중히 여기는 노력이 거의 없었다. 이러한 정치상황 속에서 종교적으로는 피정복민들 - 그리고 서반구로 이송된 아프리카 노예들 - 의 조상 때부터 이어오던 종교 전통들이 지하에 숨었다가 결국에는 대중적인 가톨릭 신앙의 형태로 다시 나타나는 것이 흔했다. 그리하여 지금의 라틴 아메리카의 여러 지역들에서는 유럽의 가톨릭신앙이 아프리카와 아메리카 원주민들의 전통 신앙과 결합되었다.102) 이러한 역사에 대한 관심

---

100) 유스토 L. 곤잘레스, 『간추린 교회사』, 116.
101) 유스토 L. 곤잘레스, 『중세교회사』, 292-301.
102) 유스토 L. 곤잘레스, 『간추린 교회사』, 119.

은 우리에게 서양역사 중심의 사고를 벗어나, 지금 우리에게 전해진 신앙의 본질과 의미를 찾는 데에 필요한 "보이지 않는 변화" 속에서 이루어진 신앙 형성의 주요한 근거들을 제시한다.

2) 종교개혁

유럽에서는 종교개혁시대(1517-1555)가 열리고 있었다. 일반적으로 역사적 사건으로서 종교개혁은 여러 가지 정치적 문화적 상황의 결과로서, 교회사와 세계사 속에서도 다루어지는 역사의 중심이다. 하지만 이 종교개혁은 개인의 종교적 이해와 회심, 즉 회심사건의 결과였다는 것도 잊어서는 안된다. 그 당시의 정치적 종교적 상황 속에서 종교개혁가들은 각자의 종교적 탐구와 열정, 삶을 변화시키는 영적 체험을 동반한 회심의 실천가들이라고 할 수 있다. 결국 종교적 중심 이념은 개혁적 회심기의 주요한 동기들이 된다. 그 당시의 인문주의자들[103]은 성경 연구의 중요성을 강조하게 되었으며 이를 통한 근본적인 교회와 신앙의 개혁은 이들을 통해서 이미 시작되고 있었다.

> 나는 마치 내가 새로 태어난 것처럼 느꼈다. 그리고 천국의 문이 활짝 열린 것처럼 느꼈다. 성경 전체가 새로운 의미를 갖게 되었다. '하나님의 정의(the justice of God)'라는 구절이 내 가슴 속을 미움 대신 말로 형언할 수 없는 위대한 사랑의 달콤함으로 가득 채우는 것이었다.[104]

---

103) 유스토 L. 곤잘레스 / 서영일 역, 『종교개혁사』 [Justo L. Gonzalez, The Story of Christianity](서울 : 은성, 1992), 21-26.
104) 유스토 L. 곤잘레스, 『종교개혁사』, 37 재인용.

> ## 인문주의자
>
> '인문주의자(humanist)' 란 인간 자체를 다른 그 어떤 존재보다도 보다 더 높이 생각한다는 의미가 아니라 단지 고대의 학문적 영광을 복원하기를 원하여 소위 '인문(humanities)' 연구에 헌신하였던 인물들을 일컫는 것이다. 16세기의 인문주의자들도 여러 종류가 있었으나 이들은 모두 고전 학문에 심취하였다는 점에서는 동일하다. 프로테스탄트 종교 개혁이 발생하기 오래 전부터 인문주의자들은 자기들끼리 서신 왕래를 통한 일종의 조직을 갖추고 있었으며, 이들은 자기들의 사역을 통해 교회가 개혁되기를 원하였다. 이들의 지도자가 바로 로테르담의 에라스무스(Erasmus of Rotterdam)이다. 그는 수도원적 금욕주의가 아닌 삶에서의 절제와 순종의 훈련과 영성을 통해서 전통과 관습의 개혁을 외쳤다. 이와 아울러 온건하고 절제할 줄 아는 생활과, 학문과 명상을 통해 형성된 내면적 경건, 그리고 이러한 사항들을 고무하는 교회였다.
>
> - 유스토 L. 곤잘레스 / 서영일 역, 『종교개혁사』 (서울 : 은성, 1992)

　　1483년 독일의 아리슬레벤(Eisleben)에서 출생한 루터를 통해 종교개혁의 순례의 여정이 열리게 된다. 루터의 종교적 사고(思考)는 그 당시의 교권에 대항한 체험적 신앙의 결과였다. 종교는 어떤 내면적인 것, 즉 신앙에 의해 중개되는 죄, 사유의 체험이다. 신앙은 단순히 교회 교리에 복종하는 것이 아니라 오히려 그리스도 안에서 은혜로운 신에 대한 깊이 느낀 확실성이다. 그리고 신앙은 복음 또는 신의 말에 의해 일깨워진다.

　　원죄에 의해 부패된 세계 한 가운데서 믿는자에게 은총을 베푸는 죄 사유에 대한 체험은 철저히 신적인 이적이다. 신앙인에게는 신에 대한 신뢰와 신앙 고백의 어떤 영웅적인 용기가 있다.[105]

그는 여러 제도적 신앙뿐만 아니라 신비주의적 신앙의 탐구를 지나 '이신득의(以信得義)', 믿음에 의한 "의롭다 하심(justification by faith)"을 확신하고 면죄부 판매와 같은 교황청의 오류에 맞서서 1517년 10월 31일 95개 신조문을 비텐베르그의 본성 교회의 문에 못 박았다. 이제부터 시작된 개혁의 운동들은 다른 유럽 전역에 까지 큰 영향을 끼치게 된다. 그의 방대한 신학의 중심은 "하나님 자신"으로서, 하나님의 말씀을 중심으로 예수그리스도를 복음의 중심으로 성경의 권위를 제자리로 돌려놓았다(Sola Scriptura). 이를 통해서 신앙의 이해와 방식도 새로워져야 했다. 하나님을 알기 위한 제도적인 노력들은(영광의 신학) 결국 인간 중심의 욕구에 부합하여 하나님의 영광과 선하심에만 관심을 가진다. 그러나 문제는 계시를 통해 나타난 하나님은 "영광의 신학"이 제시하는 하나님과 매우 다르다는 사실이다. 하나님의 가장 고상하고 위대하신 자기 계시는 그리스도의 십자가 속에서 발생하였다(십자가의 신학). 이 십자가는 우리를 율법과 복음의 긴장관계, 즉 죄인인 동시에 의롭다 칭함을 받는 이신칭의의 은혜와 삶으로 살아가게 한다. 이런 의미에서 우리 모두는 하나님의 백성으로 '만인제사장'으로서의 공동체의 책임적 사역과 삶을 감당하게 된다. 이런 의미에서 그는 성례전(세례, 공제설)을 재해석하였으며, 그 당시 가톨릭의 권위에 전면적으로 도전하게 된다. 곧 이어 쯔빙글리(Ulrich Zwingli)의 시도하에 스위스 종교 개혁[106]이 일어났으며, 그 다음에는 칼빈(John Calvin)의 신학적 영향아래 네델란드, 스코틀랜드, 헝가리, 프랑스 등 유럽 각국에서 개혁파, 칼빈주의라 불리는 교회들이 일어났다.[107] 이러한 종교개혁의 중심에 있었던 종교개혁자들은 그 당시의 역사 속에서 자신들의 회심경험을 통해 하나님의 역사적 사명을 실천하였던 것이다.

나의 부친께서는 내가 어린 소년이었을 때부터 신학 공부를 시키시려고

---

105) 칼 호이시, 『교회사 편람』, 315.
106) 유스토 L. 곤잘레스, 『종교개혁사』, 80-91.
107) 유스토 L. 곤잘레스, 『종교개혁사』, 103-116 참조.

하셨다. 그러나 법률학이 가장 확실한 부의 수단이라는 사실을 알게 되자, 아버지는 물질적인 소득을 앞세워 그만 생각을 돌리시게 되었다. 그래서 나는 철학 공부를 그만두고 법률 공부를 해야 했다. 나는 내 부친의 바람을 따랐고, 이 분야에서 충실하게 일하려고 마음도 먹었었다. 그러나 하나님께서는 놀라운 섭리로 나의 길을 다른 곳으로 돌려 놓으셨다. 우선, 내가 카톨릭 교회의 미신에 너무 깊이 빠진 나머지 그 깊은 수렁에서 쉽게 헤어나지 못하고 있을 때, 그 분은 갑작스런 회심으로써 내 마음(내 나이에 걸맞지 않게 이미 많이 완고해져 있었다)을 굴복시키셨다. 나는 참된 신앙의 단맛에 매혹되어 있었고, 하던 공부를 더 계속하려는 강한 열망으로 불타고 있었다. … (중략) … 내가 얼마나 많은 근심을 했으며 얼마나 많은 눈물을 흘렸고 얼마나 많은 고통을 겪었는지 그것은 하나님밖에는 아무도 모른다. 내가 겪었던 그 숱한 갈등들, 그리고 내가 당했던 그 많은 시험들에 대해서 말을 하자면 한도 끝도 없을 것이다. 내적 투쟁과 외적 투쟁으로 인하여 한순간의 숨 돌릴 여유도 가질 수 없었다.…그 결과 평화를 좋아하고 소심한 사람인 나는 나 자신의 몸을 방패막이로 내세움으로써 그 치명적인 공격력을 분쇄하도록 강요받았다.[108]

일반적으로 칼빈의 개혁신학은 루터가 제안한 대부분의 전제들을 수용했으나, 의인의 필수 결과인 성화의 과정을 더욱 강조했다. 그 때문에 개혁신학자들은 율법은 유대 백성을 인도하는 지침으로 그리고 모든 죄를 깨닫게 하는 도구로서 사용될 뿐 아니라 제3의 용법을 가지고 있다고 선언했다. 그것은 개인적인 삶에서나 집단적인 삶에서 기독교인들과 기독교 국가들을 지도하는 것이다. 또한 개혁 신학은 루터파의 신학보다 훨씬 더 강하게 사회적인 생활과 정치적인 삶에 있어서의 개혁을 주장하여 결국 스코틀랜드, 영국, 네델란드와 같은 곳들에서 혁명을 이끌어 내었다.[109] 이보다 더 급진적인 입장은 '재세례파(anabaptists)'와 같은 신약 성경의

---

108) 휴커 · 존 멀더 / 김영봉 역, 『위대한 회심자들』 [Hugh T. Kerr & John M. Mulder, Conversions] (서울 : 생명의 말씀사, 1987), 57-64.
109) 유스토 L. 곤잘레스, 『간추린 교회사』, 121.

문자적 해석을 기본으로 하는 급진적 평화주의와 재림에 대한 열광주의 등으로 이어지기도 하였다. 이 시기 가톨릭 내에서는 이그나티우스 로욜라(Ignatius of Loyola)의 예수회와 트렌트 종교회의(1545-1563)를 통한 개혁운동이 함께 진행되었다. 전통에 대한 도그마의 회의(回議)는 영국의 종교개혁110) 과 30년 전쟁111) 의 소용돌이 속에서 다양한 개혁주의 전통의 확립과 개혁의 의지로 확산되었다.

칼빈의 회심

칼빈의 회심기록은 그의 "시편 주석" 서문에서 고백된 내용이다. 그의 회심을 통한 하나님의 소명은, 자신의 소심한 성격과 환경적 어려움 속에서도 하나님의 은혜와 인도로 제네바에서의 자신의 소명을 감당할 수 있었다는 짧은 고백을 통해서, 종교개혁의 역사가 결코 개인적인 선택의 문제가 아닌, 하나님의 역사적 사명이었음을 알 수 있다. 특히 교리적 차원에서의 칼빈의 회심에 대한 논의는 예정론적 전통으로 부인되는 주장도 있어왔는데, 그 이유는 하나님의 예정적 계획이 인간의 의지적 회심과는 일치하지 않는 것에 기인한다. 하지만, 칼빈은 그의 "기독교강요 제2권 3장 6절, 제3권 2장 3-7절", 예레미야 31장 주석을 통해서 회심에 대한 교리적 정의를 제시하고 있다.

- 이양호, "칼빈의 회심론", 「현대와 신학」 제19집(1994).

---

110) 영국은 가톨릭으로부터 변형된 영국국교회(성공회)를 통해서 개혁적 작업이 일어나게 된다. 또한 청교도(puritan)들을 통해서 칼빈주의 전통의 '웨스트민스터 신앙고백(1647)' 과 국교회의 상징인 '39개 신조'를 통해서 종교개혁을 진행하였다.

111) 칼 호이시, 『교회사 편람』, 354-355. 17세기의 시작과 함께 당면한 종교전쟁의 징조가 점점 더 짙게 나타났다. 30년 전쟁(1618-1648)은 종교적 대립들과 정치적 대립의 종합적인 폭발이었다. 가톨릭과 개신교의 갈등은 지역영주들과 황제와의 정치적 갈등을 야기시켰으며, 독일뿐만 아니라 프랑스 스웨덴, 스페인의 정치적인 전쟁으로 확대된다. 이 전쟁은 1648년 10월 24일 베스트팔렌 평화회담을 통해서 종파간의 위치와 지역 분배, 국가 헌장 등을 제정했다.

3) 사상의 도전과 개혁의 확산

이러한 격동기를 지나, 17 · 18세기는 계몽주의라는 커다란 변화의 물결 속으로 들어가게 된다. 데카르트의 연구와 수학의 원리들을 진리 탐구에 적용하려는 합리주의적 시도는 유럽의 스피노자(Spinoza)와 라이프니츠(Leibniz)를 통해서 합리주의 운동을 발전시켰다.

대영제국에서는 그것이 로크(Loke)의 경험주의 형태를 띠다가, 다음에는 이신론(Deism)의 형태를 띠었다. 프랑스에서는 합리주의로 말미암아 백과전서파(Encylopaedists)를 배출시켰고, 결국에는 프랑스 혁명(1789 - 1799) 을 야기시켰다. 이 시대의 말엽에, 흄(Hume)과 칸트(Kant)의 비평에 힘입어 '이성'은 앞의 생각만큼 객관적이지 않은 것처럼 보였다. 그렇지만 많은 사람들은 자신이 탁월하게 이성적임을 입증할 수 있는 기독교만이 신앙할 만한 가치가 있다고 믿었다. 또 다른 결과로 경험의 중요성과 정통 교리에 대한 복종을 강조하는 일련의 입장이 나타났다. 필립 야콥 스페너(Philip Jakob Spener)와 아우구스트 헤르만 프랭케(August Herman Franke)는 소그룹과 영적 훈련을 통해서 개인적 경건의 각성을 요구했다. 이 경건주의에 영향을 받은 진첸도르프는 모라비안 교도들과 "헤른후트 공동체"를 창설한다. 이 운동은 후일 존 웨슬리에게 큰 영향을 끼치게 된다.

존 웨슬리의 회심은 단순히 회심의 한 순간의 경험을 넘어서는 역사적 의미를 잘 보여주고 있다. 그의 체험은 자신의 평생에 걸친 영적인 삶에 대한 관심, 그리스도인의 경건한 삶과 실천에 대한 고민을 통한 "성서를 통한 하나님의 계시에 응답하는, 감정을 넘어서 하나님의 은총에 사람이 참여"[112] 하는 전존재적 사건으로 이해할 수 있다. 그에게 영향을 끼친 영국 성공회, 청교도, 신비주의는 한결같이 자기 부인과 자기 훈련이 필요하다는 점을 강조하였다. 이것을 통해 그의 회심은 끊임없는 성서와

---

112) 조종남, 『요한 웨슬레의 신학』 (서울 : 대한기독교출판사, 1995), 101.

영적 독서와 함께 진행되고 있었다. 제레미 테일러의 "거룩한 삶과 거룩한 죽음을 위한 계율과 훈련", 윌리엄 로의 "그리스도인의 완전" "거룩하고 신실한 삶을 향한 진지한 부르심" 등은 그에게 큰 영적 도전을 주었으며, 하나님과 이웃을 향한 그리스도인의 삶의 실천을 끊임없이 고민하며 추구하였다. 이러한 모임이

신성클럽(Holy Club)으로 시작되었고 그들의 규칙적인 신앙과 실천을 표현한 감리교도(Methodist)라는 이름으로 불리어지게 되었다. 이 후 그는 조지아 선교의 실패와 좌절 속에서 영국에 돌아온 후 모라비안 교도들과의 교류를 시작하게 된다. 독일 경건주의 전통에 선 모라비안교도들은 하나님의 즉각적인 임재를 비롯한 즉각적인 회심 체험의 정당성과 이신칭의라는 루터의 가르침을 감상적으로 인식할 것을 강조하였다. 이 속에서 "오직 믿음으로 얻는 구원"이라는 개념을 확신하게 된다. 이런 확신 후 몇 주 뒤인 1738년 5월 24일에 그는 런던 올더스게이트의 거리의 한 집회에서 강력한 회심체험을 하게 된다.[113]

저녁에 나는 별로 내키지 않는 걸음으로 올더스게이트 거리에 있는 한 집회에 참석하였는데 거기서 한 사람이 루터의 로마서 서문을 읽고 있었다. 9시15분 경에 그가 그리스도 안에 있는 믿음을 통하여 하나님께서 마음에 변화를 일으키시는 일을 설명하고 있을 때 나는 내 마음이 이상스럽게 뜨거워짐을 느꼈다. 나는 내가 그리스도를 신뢰하고 있다고 느꼈으며 구원을 위해 다만 그리스도만 믿고 있음과 그 위에 주께서 나의 죄를, 아니 나의 죄까지도, 다 거두어 가시고 나를 죄와 사망의 법에서 건져 주셨음을 믿는 확신이 나에게 주어졌다.[114]

웨슬리는 그의 체험을 중심으로 기독교의 신학이 바로 이 하나님의

---

113) 고든 스미스 / 임종원역, 『온전한 회심』 [Gordon T. Smith, Beginning Well] (서울:CUP, 2010),123-126.
114) 존 웨슬리 / 나원용 역, 『존 웨슬리의 일기』 (서울 : 기독교대한감리회교육국, 1994), 103.

은총에 인격적으로 참여하는 데서 나온다고 보았다. 그리고 이 하나님과의 관계속의 체험은 하나님의 선행적 은총으로 하나님께서 시작하시고 또 그 근거 위에서만 가능하다고 보았다.115) 이러한 신앙체험을 바탕으로 나온 것이 바로 성화와 그리스도인의 완전이다.

> 우리가 의롭다함을 얻은 순간부터 거기에는 은혜 안에서 성장하는 점진적인 성화(gradual sancification)가 있을 것이다. 이로 미루어 보면 거기에는 또한 순간적인 변화가 있어야 한다. 즉 무엇이 있는 마지막 순간과 무엇이 없는 처음 순간이 있어야만 한다.116)

웨슬리의 성화는 어떠한 순간이나, 점진적인 성장의 시간의 개념을 뛰어넘는 존재론적이고 종말론적인 개념이다. 우선, 회개와 믿음으로 신생함과 함께 성화가 시작되며, 신자로서의 회개와 믿음으로 온전한 성화 곧 성결하여지고, 마침내는 영화하는 순간적인 단계에 이른다고 보았다. 이리하여 하나님의 구속의 역사로서의 성화는 종말론적인 목표를 향하여 계속 상승하는 것이다.117) 이러한 성화의 삶은 어떠한 교리나 제도로서 만들어지는 것이 아니라, 끊임없는 순례의 과정과 작은 공동체들을 통해서 사회의 각 영역으로 확산되었고 그 당시 산업혁명으로 어두웠던 영국사회를 변화시키는 주요한 계기가 되었다. 이처럼 한 개인의 영적 회심의 순례의 삶은 역사 속에서 끊임없이 응답되고 지금까지 전해지는 하나님의 살아있는 구원계획의 핵심이라고 할 수 있다.

이 시기의 경건주의의 사상은 끊임 없이 신비주의적 경향과 함께 진행되었다. 이는 성령을 통한 개인적인 영적 경험이 우선되어 종파적 종교로 나타나게 된다. 대표적으로 야곱뵈메(Jacob Boehme), 조지 폭스(George Fox, 퀘이커교도), 스웨덴버그(Swedenborg)등을 들 수 있다. 이들의 영적 체험은 주로 개인주의적이고 내세지향적인 성격으로서, 각 시대마다 표출

---

115) 조종남, 『요한 웨슬레의 신학』, 81.
116) 조종남, 『요한 웨슬레의 신학』, 185.
117) 조종남, 『요한 웨슬레의 신학』, 183-184.

된 영적 열망임에도 불구하고 그 영향력들은 크지는 않았다. 반면 '경건주의(Pietism)'는 신비주의적 차원을 가지면서도 성경과 경건한 생활을 세속적 삶으로 적용하고, 선교적 삶을 통해서 기독교 역사에 많은 영향을 끼치고 있다고 할 수 있다. 또한 경건주의적 배경 속에서 회심의 신학적 이해가 시작되었음도 주요한 의미로 다가온다.[118]

이 시기에 북아메리카에서는 13개 식민지가 세워졌는데, 그 식민지들은 나중에 미국을 탄생시키는 모태가 되었다. 이러한 식민지들의 역사는 다양했다. 왜냐하면 이 각각의 식민지는 다양한 관심을 가진 사람들로 이루어진 집단들-이 각각의 집단은 관심을 같이 하는 사람들로 형성됨-이 건설하였기 때문이다. 비록 왕실이나 많은 기업가들이 경제적인 이유로 식민지를 건설했다 할지라도, 그 식민지들에 도착한 사람들 가운데는 종교적인 이유로 이주한 사람들이 많았다. 그리고 그들 중 일부는 식민주를 창설하기도 했다. 그리하여 이 식민주들에는 청교도, 로마 가톨릭교도, 침례교도 등이 대부분이었다. 18세기 대각성 운동을 통해서 이 신대륙은 종교적, 국가적 통일의 큰 영향을 미치게 된다.[119] 그 중심의 조나단 에드워드는 개인적인 회심경험의 필요성을 확신하고 있었던 인물이다.

1737년 어느 날, 나는 건강을 위해 숲속으로 말을 타고 나갔다가 어느 한적한 곳에 이르러 말에서 내렸다. 그곳은 하나님께 대한 명상과 기도를 하기 위해 자주 산책하던 곳이었다. 거기서 나는 하나님과 인간의 중재자이신 하나님의 아들의 영광을 보았으며, 그 분의 놀랍고 크고 충만하고 순수하고 달콤한 은혜와 사랑, 그리고 온유하고 부드러운 겸손을 보았다. 그것은 나에게 있어 보통의 일이 아니었다. … 그리고 그 체험 후 나는 몇 시간동안이나 눈물을 흘리며 목놓아 울었다. 나는 내 영혼이 비워지고 소멸되기를-다른 식으로는 표현을 하지 못하겠다-바라는, 먼지

---

118) 제임스 던 / 김득중 · 이광훈 역, 『신약성서의 통일성과 다양성』 [J. Dunn, Unity & Diversity in the New Testament] (서울 : 솔로몬, 2002), 279-319.
119) 유스토 L. 곤잘레스, 『간추린 교회사』, 142.

속에 앉아 그리스도만으로 채워지기를 바라는, 그 분을 거룩하고 순수한 사랑으로 사랑하기를 바라는, 그 분을 의지하며 그 분 안에서 살고 그 분을 섬기고 따르기를 바라는, 그리고 신적인 거룩함으로써 완전 하게 성화되고 깨끗하게 되기를 바라는 강한 열망을 느꼈다. 나는 다른 때에 도 여러 번 똑같은 체험을 했으며, 그것은 또한 똑같은 결과를 가져다 주었다. 나는 또한 삼위 일체 하나님의 제 3위의 영광을 체험하였다. 그 분은 거룩케 하시는 분이며 하나님의 빛과 생명을 사람에게 전하는 거룩 한 직책을 맡으신 분이시다. 하나님께서는 그 분의 성령을 보내심으로써 신적인 영광과 즐거움이 한없는 근원으로 보이셨다 ….[120]

에드워즈의 설교는 성령의 놀라운 반응으로 퍼져나갔다. 그는 성령의 능력과 회심의 중요성 속에서도 종교적 정서(affection)의 구별과 표지들을 통해서 성령 역사의 분별과 균형 잡힌 부흥의 삶을 보여주었다.[121] 영국의 존 웨슬리의 동역자였던 조지 휘필드(George Whitefield)는 뉴잉글랜드에서 수많은 회심과 회개의 역사들을 일으켰고, 당시 교회 부흥의 도화선이 되었다. 이러한 영적 부흥을 통해서 신앙 생활에서 개인의 신앙 경험과 체험이 중요한 위치를 차지하게 되었고, 유아세례와 같은 교리적 차이들은 다양한 교파들을 양산하는 결과로 나타나게된다. 이 운동은 18세기 말 제2차 대각성 운동으로 연결되어 대대적인 감정적 흥분 현상 대신에 기독교적 헌신과 생활을 중시하는 모습으로 나타나게 되었다. 노예제도폐지, 금주운동 등 사회문제를 취급하기 시작했으며, 열성적 신앙은 전 민중과 계층으로 확대 된다.

---

120) 휴커 · 존 멀더, 『위대한 회심자들』, 132-133.
121) 황영식, 『조나단 에드워즈의 참된 부흥』 (서울 : 누가, 2005). 57-151참조. .

조나단 에드워즈

Jonathan Edward(1703-1758) 대각성 운동의 중심의 있는 그의 설교는 성령과 영적 각성을 통한 회개와 구원, 부흥의 역사를 중심으로 하고 있다. 한 예로, 누가복음16:16, "하나님의 나라로 침입하라"의 설교중 일부를 인용해 보면, "하나님께서는 바로 지금 매우 주목할 만한 방식으로 우리 중에 당신의 성령을 부어 주시기를 기뻐하십니다. 회심하는 은혜를 얻고 싶어 하고 천국에 가고 싶어 하는 여러분이 자신의 구원에 대해 어떤 분별력을 가지고 지옥에 가고 싶지 않다면 바로 이 시기를 활용하십시오. 저는 이제 아직까지도 각성 받지 못한 분들에게 말씀드리겠습니다. 이와 같은 때에 우리 중에 아직도 안일한 상태에 빠져있는 사람이 있다는 것이 참으로 무서운 일입니다." 에드워즈는 정서(affection)를 영혼의 성향과 의지보다 왕성하고 감지될 수 있는 활동들로 정의하고 있다. 특히 소망, 사랑, 기쁨, 감사, 동정, 분노 등과 같은 종교적 정서들 중에서, 성경은 참된 신앙을 '사랑'으로 요약할 수 있기에 모든 정서의 원천이라는 것이다. 이러한 종교적 정서의 역동성을 통해서 성경과 신앙 감정, 즉 회심에 대한 분별과 표지를 가져야 하는 것이다. 에드워즈는 성령의 역사를 분별하는 바른 기준으로, 1) 참된 성령의 역사는 어떤 외적 현상과 체험이 아니라, 예수님의 사역과 성품을 높이며 예수님을 사랑하는 것으로 열매를 맺는다. 2) 성령은 성경을 높인다. 성경 이외에 어떤 방법이나 도구를 통해서 하나님을 알 수 없다. 성령 충만은 성경 충만을 의미한다. 3) 성령은 우리로 하여금 성경의 체계와 진리에 관심을 갖게 만든다. 4) 성령은 죄를 각성하고 회개하게 만든다. 5) 성령은 먼저 하나님을 사랑하고 이웃을 사랑하게 만든다. 에드워즈는 5가지 분별 방법들을 이야기하면서 이 다섯 가지가 모두 연합 되어질 때에 참된 성령의 역사라고 하였다이 때 지금의 부흥회와 같은 대중 집회 성격의 종교 활동이 시작되었다고 할 수 있다.122) 그 때 이후로 전도(evangelism) 혹은 부흥(revival) 등은 신앙생활의 주요한 이유로 여겨지게 되었으며, 감리교와 침례교는 양적으로 급성장하게 되었다. 남북 전쟁을 겪은 후 이 운동은 1906년 로스앤젤리스의 아주사스트리트미션(Azusa Street Mission)에서 오순절의 불길(오순절 교단: 하나님의 성회, Assemblies of God)로 이어졌으며, 많은 소종파적 교단(제칠일안식교)들도 생겨나게 된다.123) 이러한 성령을 중심으로 한 각성운동은 유럽의 진화론과 역사비평 연구 등의 자유주의적 사고와 부딪치게 된다. 그리하여 '근본'이라는 반자유적 개념이 태동하게 되는데, 이러한 움직임은 1864년 자유주의를 반대하는 이들의 연합인 복음주의 동맹(Evangelical Alliance)을 태동시켰고, 1895년 뉴욕주 나이아가라 폭포에서 열린 집회에서, 성경의 무오성, 예수님의 신성, 동정녀 탄생, 우리들의 죄를 대속하기 위한 십자가 상에서의 예수님의 죽음, 그리고 그의 육체적 부활과 임박한 재림 등의 근본이념들을 정의했다. 이러한 사상이 세대주의자(경륜: dispensation)들과 같은 근본주의 정통으로 내려오게 되었다. 한편 자유주의는 사회복음(Social Gospel)을 통해 개혁적 신앙의 전조를 준비하게 된다.124)

근대의 유럽은 프랑스 혁명과 나폴레옹의 전쟁, 세계1차 대전에 이르는 정치적 혼동기를 겪게 된다. 특히 과학은 산업혁명이라는 새로운 시대의 낙관주의와 진보의 사상을 바탕으로 학문적 신학적 중흥기가 시작된다. 이 시기는 소위 신학의 시대로 이해될 수 있다.

19세기 근대 학문은 슐라이어마허의 신학과 함께 마르크스와 프로이드 등 현대 사상에 영향을 준 다양한 학문적 시도들과 이론들, 새로운 삶의 가치들로 인한 다양한 신학의 이야기들이 지금까지 큰 역사의 줄기로

---

122) 유스토 L. 곤잘레스 / 서영일 역, 『현대교회사』 [Justo L. Gonzalez, The Story of Christianity](서울 : 은성, 2004), 187-191.
123) 유스토 L. 곤잘레스 / 서영일 역, 『현대교회사』, 201-208.
124) 유스토 L. 곤잘레스 / 서영일 역, 『현대교회사』, 206-208.

내려오고 있다.

이제 역사적 회심의 흐름 속에서 우리가 마지막으로 발견해야 할 것은 한국 기독교 역사 속의 회심과 함께 역사적 회심의 의미다.

신앙의 역사는 회심을 통한 온 세계를 향한 하나님의 통치 역사이며, 이것은 한국 기독교 역사 속에서도 흐르는 회심의 영적 유산이기 때문이다. 이것이 우리가 발견해야 할 기독교 역사속의 회심의 의미가 된다.

제 2차 대각성 운동

이 운동은 다양한 사회운동과 여권 운동의 뿌리와 함께 개척 지대의 상황은 보다 감정적인 경향으로 흐르기도 하였다. 1801년 켄터키에서 발생했던 케인릿지 "천막집회"의 성공으로 개척지대에서 부흥집회가 사회 생활의 중요한 부분이 되었으므로 이를 인정했던 감리회와 침례교(모임의 시작은 장로교였으나 후에 이러한 감정적 부흥회에 참여하는 목사들을 처벌하였다)는 양적으로 급성장하였다. 제2차 각성 운동의 또 다른 중요한 결과는 이를 통해 각 민족들이 특정한 교파와 가지던 상관 관계가 무너졌다는 것이었다. 새로이 침례교, 혹은 감리교 신자가 된 이들 중에는 이전 루터란 신도였던 독일인들, 이전에 장로교 신자였던 스코틀랜드인들, 그리고 가톨릭 신자였던 아일랜드인들이 섞여 있었다. 물론 각 출신 민족들에 따라 대체적인 교파의 구분이 가능했던 것은 사실이지만, 제2차 각성 운동 후, 특히 개척 지대에서는 이러한 분류가 엄격하게 통용될 수 없었다.

- 유스토 L. 곤잘레스 / 서영일 역, 『현대교회사』

4. 역사적 회심의 의미 - 한국 기독교 역사속의 회심

역사적 회심의 구체적 실천은 개종(改宗)으로 나타난다. 서구 기독교 역사 속에 나타나는 회심의 의미는, 기독교 역사라는 근원적 배경을 중심으로 이미 지니고 있던 신앙을 지키고 전하는 역사적 고백 이었다면, 이방(異邦)의 입장에서는 기독교의 신앙과 문화를 받아들임으로서 기존에 있던 역사와 문화적 상황과의 갈등과 변동이 요청되는 개종의 과정이었다. 이러한 상황은 사실 초대교회의 선교의 이야기에서 부터 진행되고 있었다. 그 후 로마제국의 국교화를 통한 선교의 의미가 제도적, 정치적으로 바뀌었지만, 그 속에서도 끊임없는 선교를 통한 개종의 역사들은 지속되고 있었다고 볼 수 있다. 단지 개종에 의한 문화 충격의 차이가 있을 뿐, 이미 기독교의 속성은 선교적이었음을 부인 할 수 없다. 특히 회심자의 입장에서는 자신의 신앙을 전하고 설득시키는 또 다른 회심의 초청이 삶의 목적이요, 소명으로 자리 잡는 경우가 대부분이다. 이러한 차원에서 한반도의 복음의 전파는 서양의 식민지 시대와 함께 진행되면서 한국의 근대화의 문제와 많은 연결점을 가지게 된다. 한국의 기독교 회심의 역사를 이해하는 주제적 접근이기에, 서술적인 교회사적 역사 이해가 아닌 개신교를 중심으로 한, 초기 기독교의 신앙공동체의 모습을 중심으로 역사적 가치와 의미를 이해하고자 한다.

1) 기독교의 시작

동양에 기독교는 중국의 '경교'라는 의미로 638년 태종의 칙령에 따라 당의 조정이 공인하는 종교로 시작되었다. 이후 한국으로의 전래설도 많은 이론들로 전해지고 있다.[125] 본격적인 기독교의 선교는 로마 가톨릭교의 전래[126]에서 시작된다. 하지만 우리나라는 중국과의 교류를 통

---

125) 김영재, 『한국교회사』 (서울 : 이레서원, 2008), 37-48. 여기에 대한 기독교 역사의 논의는 이 연구의 주제가 아님으로 상세히 다루지는 않지만, 통일신라 시대의 경교와 불교와의 영향 등은 한국 개신교 역사 연구에서 새롭게 논의되고 있다.

하여 기독교 신앙이 이미 전해진 상태였으며, 그 시기는 아직 서양문화에 대해 배타적인 시기였으므로 많은 박해를 받게 된다. 그 후 약 1세기가 지난 후 한반도에 개신교의 선교역사는 시작된다.

어쨌든 이는 하나님의 역사였다. 나는 이 땅에 뿌려진 하나님의 진리의 씨가 소멸되리라고 믿지 않는다. 하나님의 영원하신 섭리 가운데 그들에게 하나님의 자비가 미칠 날이 오고야 말 것이다. 우리는 그 날을 기다린다. 한편 그 날이 오게 하기 위하여 십자가의 도를 애써 전파하지 않으면 안 될 것이다. 하나님께서 이 미약한 첫 방문 사업도 축복할 수 있다고 성경은 가르친다. 우리는 한국 땅에 광명의 아침이 찾아오기를 기다린다.[127]

1832년 7월 영국의 상선 '로드앰허스트' 호를 타고 귀츨라프가 처음 한반도를 방문한다. 비록 구체적인 성과는 없었지만, 처음이라는 의미는 앞으로 전해질 역사의 보이지 않는 영적 경험의 위대한 순간이다. 그 후 1865년 9월에 토마스는 황해도 소래 근처에 와서 최초의 전도를 했으며, 미국 상선 제너럴셔먼호를 타고 1866년 8월 다시 왔지만 죽임을 당하게 된다. 하지만 결코 의미 없는 죽음이 아니었음을 한국기독교 역사는 증언하고 있다.[128] 이러한 노력과 순교의 피의 결과로 한국에 들어온 개신교는 그 후 한국 근대사에 큰 역할을 감당하게 된다. 한국 기독교는 본격적인 선교 이전에 성서 번역을 우선하게 된다. 1882년에 누가복음을 1883년에는 마태복음과 마가복음, 사도행전을 번역하여 인쇄하고, 1887년에는 신약 전체를 번역하여 '예수성교전서' 라는 이름으로 3,000부를 출판했다.

---

126) 김영재, 『한국교회사』, 51-55.
127) 김영재, 『한국교회사』, 67. 귀츨라프가 한국을 떠나면서 남긴 글.
128) 김영재, 『한국교회사』, 68-69 참조. 토마스 목사를 죽인 병사에게 전해진 성경을 통한 회개의 이야기와, 1927년 순교지에서 드린 예배와 기념 예배당은 한국 교회의 주요한 사료가 된다.

> ### 한국 천주교의 유래
>
> 한반도에 로마 가톨릭교가 전래된 것은 선교사를 통해서가 아니라 선조(宣祖)이후 북경을 드나들던 사절이 서양의 문물과 함께 들여온 천주교의 서적을 통해서 전해지게 되었다. 선교사로서는 종군목사로 온 세르페데스 신부였다. 그 후 일본에 이미 들어온 예수회를 통해서 한국에 전해지게 된다. 1777년 정조(正祖)원년에 이벽, 권일신, 권철신, 정약전, 정약용 등 남인의 시파 유학자들이 서학에 관심을 가지고 한강가의 산사인 주어사에 모여 토론을 하였는데 이 때를 본격적인 설립이라고 할 수 있다. 이벽은 서학에서 신앙을 얻고 매월7일, 14일, 21일, 28일을 쉬면서 묵상하고 기도하는 일에 힘썼으며, 다른 이들에게 천주교 신앙을 가르쳤다. 1784년 북경에서 예수회 신부 그라몽에게 세례를 받았으며, 1794년 중국인 주문모 신부를 중국 구베아 주교로부터 파송한다. 그 후 1831년 북경주교로부터 온전히 독립된 대리감목을 조선에 두어 독립된 교구로 승인한다는 교서를 내렸다. 하지만 천주교는 그 후 계속적인 핍박과 박해로 순교의 역사를 걷게 된다.
>
> - 김영재, 『한국교회사』, 51-55p

19세기 중반부터 20세기 초 서양은 식민주의 시대의 전성기였으며, 이 사이 미국과 유럽 사이에 퍼진 성령운동의 시대 속에서 많은 선교사들의 열정이 세계로 퍼지게 된다. 이러한 영향으로 1885년 4월 5일 북장로교의 언더우드와 감리교의 아펜젤러 부부가 일본을 거쳐 제물포에 도착하였다. 물론 1884년 의사의 신분으로 알렌 선교사는 광혜원을 통해 들어와 있었다. 이 후 미국을 중심으로 영국과 호주 등에서 다양한 교단이 유입된다.[129] 박해를 받았던 천주교와는 다른 정치적인 상황 속에서 의료, 교

---
129) 김영재, 『한국교회사』, 76-79

육 등 한국 근대화 물결과 함께 한국 개신교가 시작되었다고 할 수 있다. 이 초기 한국 기독교의 성격은 주체성과 저항성으로 표현될 수 있다. 한국 기독교 역사는 해외에서 복음을 받아들이고 개종한 후 성경을 우리말로 번역한 초기 모험적 한국인들로 시작되었으며, 이들의 복음 수용과 전도 활동을 기반으로 서구 기독교회의 한국 선교가 이루어졌던 것이다. 따라서 한국 기독교회는 처음부터 적극적인 복음 수용과 전파의 과정을 거치며 주체적인 교회로 자리 잡게 되었고, 한국의 전통 문화 속에서 복음을 해석하려는 토착적 교회 신학을 형성하였다.

그리고 한국 기독교의 역사가 일제의 한국 침략과 지배의 역사와 궤를 같이 하고 있었기에 기독교는 출발부터 강력한 민족주의 성향을 띠게 되었다. 이는 한국 교회가 민중계몽운동과 같은 민족의식 계발로부터 일제에 대한 무력 저항운동에 이르는 다양한 민족운동에 참여하는 형태로 발전하였다. 한국 교회가 갖고 있는 민족주의 특성이 여기에서 배태된 것이다.[130]

> 아직도 수천만 우리 민족은 하나님의 참된 도를 모른 채 이방인처럼 살고 있습니다. 아직도 그들은 주님의 구속하시는 은총을 받지 못하고 있습니다. 복음이 퍼져 나가는 오늘과 같은 시대에 우리나라는 불행하게도 지구 한쪽 구석에 박혀 있어 기독교가 주는 축복을 누리지 못하고 있습니다. 그래서 저는 성경을 한글로 옮기는 일을 하고 있는데 이것을 통해 복음이 확산되기를 바라기 때문입니다. 이 일이 잘 되도록 저는 밤낮으로 기도하고 있습니다.[131]

우리 민족의 성경 역사의 중심역할을 한 이수정은 일본으로 건너가 (1882, 수신사 일행) 일본 기독교인이었던 츠다 셴으로부터 복음을 받아들이고 개종하게 된다. 그가 개종을 결심하게 된 동기의 하나는, 꿈 속에서

---

130) 이덕주 · 조이제, 『한국 그리스도인들의 신앙고백』 (서울 : 한들 , 1997), 19.
131) 이덕주, 『한국교회 처음 이야기』 (서울 : 홍성사, 2007), 38-39. 이수정이 미국교회에 보낸 편지 내용 중.

"조선의 모든 책들보다 가장 중요한 성경책이다"라는 말과 함께 책을 받는다. 이후 1883년 세례를 받고, 미국에 선교사 파송을 요청하고 성경 번역과 한국에 온 언더우드와 아펜젤러에게 한글을 가르쳐 주는 등, 한국 기독교의 주체적 수용의 주요한 역할을 하게 된다.

일제의 한국 침략 야욕이 드러나기 시작한 청일전쟁(1894-95)어간에 교세가 급성장하여 민족 종교의 하나로 뿌리를 내린 기독교는 외세의 침략으로 인한 국가의 위기 상황에서 나라를 위한 민족 신앙을 체험하기 시작하는데 그 모습은 초기 부흥운동과 민족운동으로 대변될 수 있다.

2) 변화와 도전

1907년 평양 장대현교회의 부흥은 한국 교회에 큰 영향을 미친 운동으로 전국을 휩쓸어 새로 자라나는 한국 교회에 영적 생활의 기틀을 잡게 해 주었다. 일반적으로 부흥 운동의 연원은 1903년 원산에서 열린 산 집회에서 비롯된 것으로 말한다. 2,3명의 감리교 선교사들이 모여서 중국에서 선교하다가 때마침 한국을 방문한 미스 화이트(Miss M.C. White)를 강사로 모시고 한 주간 성경 공부를 하며 기도회를 하였다. 그리고 얼마 후 같은 선교사들이 장로교와 침례교 선교사들과 함께 이번에도 중국에서 선교하는 스칸디나비아 알리앙스(Alliance) 선교연맹의 프란손(F. Franson)을 강사로 저녁 집회를 열었다.132)

이 가운데 참석한 하디 선교사와 한국인 신자들은 회개와 성령충만을 경험하게 되었다. 그 후부터 사경회와 부흥회의 불길이 퍼지게 된다. 평양에 있던 선교사들이 1906년 8월에 하디를 사경회의 강사로 초청하여 서로 경험을 나누었다. 그 후 뉴욕에서 한국 시찰을 온 존슨목사(Howard Agnew Johnson)를 초빙하여 인도와 웨일스(Wales)에 일어난 부흥 운동에 관한 보고를 들었다. 이 보고를 듣고 난 후 온 교인들은 자기 교회에도 이러한 은혜를 주시도록 기도하였다. 그들은 길선주의 인도에 따라 새벽

---

132) 김영재, 『한국교회사』, 122.

기도회를 열고 성령의 충만하신 은혜를 간구하였다.133) 한국인으로서는 길선주134)와 전계은, 정춘수가 부흥집회를 인도하며 크게 기여하였다. 1907년 1월 6일부터 평양의 장대현 교회에서는 일주일 이상 계속되는 사경회가 열렸으며, 길선주 목사의 인도로 새벽마다 기도회로 모이면서 회개와 기도, 성령의 역사가 일어난다. 이와 같이 1907년 평양 장대현교회의 대부흥 이전에 이미 부흥의 불길은 여기저기서 타오르고 있었다. 1903년 원산 지역에서 시작된 부흥은 각 지역에서 열리는 사경회를 통하여 전국으로 확산되어 1906년과 1907년에 이르러서는 한국 교회가 사람들을 회개케 하는 성령의 큰 역사를 경험하게 되었다. 선교사들은 이미 1906년에 묘사한 바와 같이, "이 부흥 운동은 감정적인 요소에도 불구하고 무책임한 감정에 도취한 잔치는 아니었다." 그것은 하나의 순수한 회개 운동이었다. 미리 충분한 성경 공부를 했기 때문에 광신적인 요소는 없었다. 이 대부흥 운동은 "한국 교회의 영적 중생" 이라고 할 수 있다. 이길함 선교사는 이를 "한국 교회가 성령의 세례를 받은 것"이라고 표현하였다.135) 이러한 영적 운동은 한국 선교 초기부터 들어온 네비우스 방법의 성경공부제도를 통한 평신도 운동의 활성화와 1909년 백만인 구령운동 등으로 연결되어 한국 교회의 자립과 선교에 큰 영향을 끼치게 된다. 하지만 이 시기에 한국은 일제 침략의 고통 가운데 처하게 된다. 그 속에서 교회는 이 시대에 응답하는 또 다른 영적 도전에 큰 책임을 가지게 된다.

> 만왕(萬王)의 왕(王)이신 하나님이시여 우리 한국이 죄악(罪惡)으로 침륜(沈淪)에 드럿스미 오직 하나님밧게 빌대업사와 우리가 일시(一時)에 기도(祈禱)하오니 한국을 불쌍히 여기사 야리(耶 利)미야(未 亞)와 이양아(以 襄 亞)와 단이리(但 以 理)의 자기 나라를 위하야 간구(懇求)함을 드르심갓치 한국을 구원하사 전국(全國) 인민(人民)으로 자기 죄를 회개하고 다 천국 백성이 되어 나라이 하나임의 영원한 보증을 받아 지구상에 독립국이 존

---

133) 김영재, 『한국교회사』, 123.
134) 이덕주, 『한국 그리스도인들의 개종 이야기』 (서울 : 전망사, 1990), 336-347.
135) 김영재, 『한국교회사』, 127-128.

실케 하여 주심을 야소(耶蘇)의 일홈으로 비옵나이다.136)

> ### 길선주 목사
>
> 길선주 목사(1986-1935)는 초기 부흥 운동과 말세 신앙의 주역으로 한국 부흥 신학의 중심에 서있다. 특히 그는 학문적, 종교적 진리에 대한 탐구와 열의를 통해서 진정한 진리인 기독교의 영적 체험을 통해서 복음을 믿고 영적 지도자의 삶을 살게 된다. 장로교 최초로 신학교를 졸업하고 최초로 목사안수를 받았으며, 1907년 대부흥 운동의 주역으로 활동하였으며, 1919년 3.1 운동당시 독립선언서 서명, 1920-30년대 재림신앙을 주제로 전국적 부흥운동을 통해 한국 교회의 역사와 함께 하였다.
> - 이덕주, 『한국 그리스도인들의 개종 이야기』 (서울 : 전망사, 1990)

　　1905년 11월 상동교회에서 개최된 구국 기도회에는 민족 저항 운동의 시발점이 되었다. 이러한 한국 기독교의 민족 운동의 중심은 신앙인으로서 민족 지도자였던 전덕기 목사(상동교회(달성회당), 1875-1914)와 같은 민중 신앙을 체험한 신앙인들을 통해서 활성화 되었다. 상인출신의 가난한 삶을 몸으로 체험한 그는 그 당시 민중들의 삶의 자리였던 남대문 시장에 자리한 상동교회의 활동을 통해서 엡윗청년회, 상동청년학원 등을 중심으로 한말 민족운동의 중심역할을 하게 된다. 하지만 민족운동이라는 거대한 정치적 개념으로서가 아니라 그의 신앙 체험은 가난하고, 소외된 자, 고난받는 민중들의 현실 속에 뿌리내린 영성이 기초였다고 할 수 있다. 결국 마지막 39세의 일기로 생을 마감한 그의 고백은 그 당시 민초들과 함께 한 민족의 영성을 대변하고 있었다.

　　이제 나의 종은 할 일을 다 하였으니 높이 높이 솟아 오르리라. 무리가 그를 보고 기막혀 했었지. 그의 몰골은 망가져 사람이라고 할 수가 없었고 인간의 모습은 찾아볼 수가 없었다. 이제 만방에 그를 보고 놀라지 않을 수 없고 제왕들조차 그 앞에서 입을 가리우리라 (사 52:13~15)137)

---

136) 이덕주 · 조이제, 『한국 그리스도인들의 신앙고백』, 122. 구국기도 기도문.

우리 민족에게 있어 기독교는 단순한 하나의 종교가 아니었다. 근대화 과정에서 유입된 기독교 복음은 민민평등, 인권회복, 남녀평등 등의 새로운 개념을 소개하는 통로였으며, 기독교의 사상과 신앙은 이러한 평등 인권 개념에 근거한 근대적 시민사회 형성의 이념적 근거로 작용하였다.138) 그리고 교회 공동체는 이러한 사상이 실천되고 고백되는 체험의 장이었다. 하지만 혼란과 식민지, 아픔의 역사적 상황은 일치적 신앙의 한계를 보이게 되면서, 분파적 성향의 모습도 보이게 된다.

초기 기독교인들의 복음에 대한 강한 열망과 체험들은 서구 교파형 교회의 영향으로 초기부터 교파 난립 양상을 보이게 된다.139) 결국 이것이 보이지 않는 갈등의 양상으로 전개된다. 이는 교회의 정치, 경제, 신학에 있어 한국 교회 지도자들과 선교사 간의 갈등, 교회 안의 지역적 배경의 차이에서 오는 갈등, 교회 정치를 둘러 싼 교권적 갈등 등 여러 가지 형태로 나타났다. 특히 1920년 이후 한국 교회 안에서 일어난 반 선교사 운동과 연결된 자유. 자치 운동 및 조선적 교회 수립운동은 다양한 종파 분열로 연결되었다. 여기에 장로교와 감리교 사이의 교리. 신학적 갈등, 장로교회 내부의 보수수의. 진보주의 신학의 갈등은 1930년대 한국 교회를 연합과 일치보다는 분열과 갈등의 역사로 엮어 나갔다. 이러한 시대적 상황에서 한국인의 문화적. 정신적 전통에서 기독교를 해석하려는 적극적인 시도들도 있었고, 일본 기독교 세력의 한국 교회 침투도 한층 강화되었다.

이처럼 한국 기독교는 갈등과 분쟁의 1920-30년대를 지나면서 다양한 주장과 신앙고백을 듣게 되었는데 역설적으로 한국 기독교 역사상 가장 활발했던 신학의 르네상스기였다고 할 만하다.140) 이후 1950년대 복음주의 협회(NAE)와 한국기독교연합회(NCC)의 성명서는 한국교회의 사상적 갈등의 상황과 지금까지 이어오는 신학적 갈등의 원인을 보여준다.141) NCC

---

137) 이덕주, 『한국 그리스도인들의 개종 이야기』, 213.
138) 이덕주 · 조이제, 『한국 그리스도인들의 신앙고백』, 119.
139) 이덕주 · 조이제, 『한국 그리스도인들의 신앙고백』, 44-45.
140) 이덕주 · 조이제, 『한국 그리스도인들의 신앙고백』, 81.
141) 이덕주 · 조이제, 『한국 그리스도인들의 신앙고백』, 206-209.

나 WCC의 신학 및 에큐메니칼 운동 노선에 대한 NAE 중심의 보수주의 진영의 반발로 교회 분열이 이루어졌는데, 그 이면에는 신앙. 신학 노선상의 갈등 이외에 해방 후 친일했던 교권 세력들의 갈등이 그 뿌리에 있었다. 신사참배를 거부하고 수난당한 보수적 신앙인들의 배경이 된 NAE 측이 갖고 있던 친일적 인사들에 대한 뿌리깊은 불신이 신앙적 노선과 함께 한국교회의 분열의 원인이 되었던 것이다.

이 후 한국 현대사 속에서의 기독교는 교회 내적으로는 신앙적 갈등과 이단문제 등으로 내적 홍역은 계속되었으며, 사회적으로는 6.25 전란 후 반독재 산업화시대, 이후 민주화 속에서 나름대로의 선교방식과 기독교의 입장을 통해 부흥 성장하는 시기를 맞이하게 된다. 이 이면 속에는 아직까지 합의되지 않은 많은 신학적 노선과 갈등들이 존재하며 현재까지 이르는 교회의 자리를 가지게 되었다.

3) 역사적 의미의 과제

기독교역사는 하나님 통치의 역사다. 이것은 역사를 이해하는 기독교적 방식으로만이 아니라 세계역사의 흐름 속에서도 기독교 역사와의 깊은 관계성을 간과할 수 없기 때문이다. 결국 모든 역사는 기독교의 역사고백과 함께 변화된 세계사적 역사들을 상호적으로 이해하여야 한다는 것이다. 여기에는 서양과 동양이라는 공간적, 시간적 구분선을 주장할 수도 있지만, 힘이나 지식의 논리가 아닌, 하나님 통치로서의 기독교 역사는 이것을 넘어선 가치를 지니고 있다. 이것은 우리의 현재가 증명해 주고 있는데, 우리의 역사는 과거의 사건에만 한정되는 것이 아니라, 그 경험과 사건이 만나는 현재적 경험과 의미로 연결되기 때문이다. 여기에서 기독교 역사는 소망으로서의 종말론적 사건과 함께 전세계를 이해하는 방식이다. 이러할 때 우리의 역사는 구분된 공간적 시간적 의미를 넘어선, 하나님의 세계적 구원통치의 방식을 이해할 수 있게 된다. 이것이 진정한 믿음의 역사이고 삶의 열매로 나타나게 되는 것이다. 이러한 기독교적 역사이해를 가질 때, 믿음의 역사는 과거 공간과 시간적 제한을 넘어선 새로운 이해를 바라보게 된다. 또한 이 새로운 바라봄은 다시 우리의 자리로 돌아와 구체적인 역사 속에서 하나님의 역사적 의미를 깨닫게 된다. 이 작업이 역사적 탐구의 궁극적 목적이 되어야 하는 것이다. 이 속에서 과거 역사의 판단이나 가치작업은 인간적인 작업이 된다. 반대로 하나님의 역사이해는 새롭게 변화될 우리의 책임과 소명이 되는 것이다. 이러한 이해 속에서 '회심'은 하나님의 역사 속에서 발견된 그리스도인 됨의 책임과 소명이다. 이 '회심'은 과거에 대한 이해를 판단하는 것이 아니라, 새롭게 준비된 하나님의 회심 사건을 기대하게 하는 것이다. 그 기대는 새로운 창조가 아니라 원래 계시된 하나님의 뜻이라고 할 수 있다. 그 뜻을 발견하는 것은 하나님의 은혜의 선물이지만, 인간의 책임과 노력의 산물이다.

    기독교의 회심은 기독교 역사 속에서 끊임없이 변형되어 왔다. 예수님의 부활경험과 성령의 사건을 통한 종말론적 회심의 뿌리는, 제도와 정치적 변화 속에서 교리화된 회심으로 나타났으며, 이에 대한 반동은 수도원을 중심으로 한 회심의 개인적이고 영적인 순례의 과정을 겪게 된다. 또한 종교개혁을 통한 말씀과 역사, 이성의 재평가는 기독교 신앙의 회심 사건을 보편화시키는 과정과 함께 현대 사상의 새로운 조류와 만나게 된다. 이 과정 속에서 끊임없는 변증법적 과정은 인간이 경험한 회심에 대한 다양한 모습들을 지속적으로 보여주는 것이었다. 결국 하나님의 통치의 역사 속에서의 회심은 하나님을 만나기 위한 시대적이고 종교적인 전승언어로서 우리의 신앙고백의 역사경험이 된다. 이 회심의 역사경험이 우리 한국의 신앙공동체에서도 경험되었으며, 이 속에서 발견된 의미를 통해서 새로운 회심의 역사적 소명을 만나게 된다.

    한창 성장하던 한국교회는 1990년대에 들어서 많은 위기의 징후들을 보이기 시작한다. 교회는 양적으로 정체기를 겪고 있으며, 2000년대에 들어서 교회에 대한 사회의 인식의 변화들은 한국 교회의 새로운 과제와 고민을 던져주고 있다.

    우리 민족의 아픔의 역사를 이스라엘 민족의 역사와 비교하기도 한다. 광야의 역사(전쟁과 핍박), 남. 북 분단의 역사 등 성경이 증거하는 이스라엘의 모습이 한국 역사와 흡사한 모습을 가지고 있다는 것이다. 그러나 한편으로는, 한국 역사가 가지는 영적 의미는 이스라엘의 모형적 모습의 유사성 보다는 오히려 기독교 역사 속에서 보이는 역사적 유사성을 가지고 있는 듯 하다. 하나님의 구원역사에 대한 선택적 모형은 한국 기독교 역사의 역사적 현실과 함께 하고 있다. 또한 고난과 박해의 역사 속에서도 신앙에 대한 순수한 열정들은 기독교 신앙의 정절을 대표하고 있다. 중세기의 박해 이후의 정치적, 신앙적 갈등의 모습은 일제 시대의 신사참배의 문제나 정치적인 문제 이 후 종교적 갈등과 분파의 모습과 유사하다. 이 후 기독교의 급격한 부흥 속에서 드러난 제도적, 정치적 문제는 중세 기독교의 역사와 개혁 신앙의 전형과 흡사하게 진행된다. 이제 남은 이 후의 역사적 책임은 세계 기독교 역사 뿐만 아니라 한국 기독교도 함께 고민하게 될 공통의 문제가 되었다.

"성경말씀이 한반도에 응하여 한민족의 삶 속에 임하였더라."
과연 한국 교회는 자랑스러운 과거를 간직하고 있다. 그런데 문제는 한국교회의 그런 '자랑거리' 가 '과거지사(過去之事)' 라는 점이다.… 오늘날 한국 교회는 과연 하늘과 세상을 향하여, 또한 과거 신앙 선배들에 대하여 얼마나 떳떳할 수 있는가? 교회 안 깊숙이 파고 들어온 물질주의와 세속주의, 물량적 업적주의가 빚어낸 각종 부조리, 특히 목회자와 평신도 지도층의 윤리적 문제들로 한국교회는 사회에서 영적 권위와 지도력을 인정받지 못하고 있는 실정이다. 교회 안팎에 "한국 교회 이대로는 안 된다", "한국 교회 근본부터 바뀌어야 한다" 는 경고와 비판의 목소리가 높다. 이렇게 된 이유가 무엇일까? … 한국교회 '위기상황' 이다. 길은 없는가? 있다! [142]

이제 우리가 역사 속에서 물어야 할 물음은 이것이다. 이렇게 된 이유가 무엇일까? 길은 없는가?

---

142) 이덕주, 『한국교회 처음 이야기』, 9-11.

III. 회심에 대한 신학적 이해

　　신학은 회심 사건의 변증법적 고백이다.[143] 성서와 역사 속에서 이루어진 기독교의 변증과 고백을 신학이라고 할 수 있을 것이다. 이것은 단순히 학문적 전개를 위한 사변적 작업이라기 보다는 상황과 역사의 산물이라고 할 수 있다. 즉 하나님과 인간, 하나님과 사회의 변화 속에서 개인적이고 공동체적인 사건들에 대한 믿음의 증명과 세상을 향한 응답이 '신학' 이라는 철학적이고 학문적인 형태를 만들어 내었다고 볼 수 있다.
　　여기에서 논하고자 하는 신학의 과제는 학문적 담론이나 논쟁적 증명의 차원이 아닌, 회심과 관련된 현대 중심 신학을 중심으로 진행하고자 한다. 지금까지 회심의 성서적, 역사적 배경의 이해 속에서 신학적으로 중요한 회심의 개념은 회개와 성령, 구원과 성화, 교회와 공동체, 종말론 사상 등과 밀접한 관계 속에서 이해될 수 있는 신학적 과제들을 가지게 된다. 이 신학적 과제 속에서 신학(神學)은 신(神)에 대한 학문(學問)이다. 학문은 우리 인간에게 진리에 대한 배움과 가르침, 즉 진리를 알고 전하기 위한 인식과 앎의 과정이다. 이로 인한 학문은 경험적이요, 인간적이다. 기독교 신학은 기독교의 신적 존재인 하나님과 예수그리스도를 알아가기 위한 인간의 학문, 즉 신적 경험과 앎의 과정이 된다. 이러한 과정 속에서 신학을 이해하는 방법은 이원론적으로 진행되었다. 그것은 "신(神)적 입

---

143) 밴 A.하비, 『신학 용어해설』, 117-118.

장"에서 접근하는 방식과 "학(學)문적 입장"에서 접근하는 방식을 생각해 볼 수 있다.

> **변증법의 의미와 적용**
>
> 변증법(dialectic)은 이성에 의한 논리적 사고방식을 의미하며 역사적으로 여러 가지 의미를 가지고 있다. 초기에는 대화로 이해되었으나 플라톤은 대화극에서 극적인 대화로 사용하였으며, 발전하여 논리적 형태로 이해되었다. 중세신학에서는 어떤 권위적인 의견에 대한 반대의견을 화해시키는 역할을 의미했다. 현대철학은 헤겔에 의해서 "정-반-합"의 변증법적 이성적 원리를 제시한다. 이러한 변증법의 역할은 대화, 이해, 역설(paradox), 창조, 모순 등의 다양한 개념으로 사용되어 질 수 있다. 본 연구에서는 이 변증법의 이해를 '대화'와 '역설'의 관점으로 보고 신학적 응답과 관련된 "창조적 대화의 사건"으로 이해하여 제시한다.
>
> — 밴 A. 하비, 『신학 용어해설』

"신적 입장"의 예로서, 바울은 자신의 학문의 자리를 신적 체험(다메섹 경험)을 통해서 재해석하고 접근하고 있다. 이 사건은 자기가 의도하고 계획했던 인생이 한 순간에 바뀌는 순간이었다. 어찌보면, 자기가 원했던 방향과는 완전히 다른 길을 걸어가게 된다. 그 후 그는 복음의 확신과 전도자의 삶을 통해 '신학화' 하는 작업 속으로 자연스럽게 들어간다. 그가 접했던 많은 이방 사상들과 문화들 속에서 자신이 확신한 복음을 사람들에게 이해시키고 재해석하는 작업은, 하나님의 말씀과 진리를 그 시대와 문화 속에서 인간이 이해할 수 있도록 '신학화' 하는 사건이었다. 이 신적 접근의 특징은 '경험적' 이고 '공동체적' 이다. 하지만 역사 속에서 이 신적접근의 오용(誤用)의 함정도 존재하였다. 이단종파나 극단적 열광주의 등은 개인적인 신적 경험에 대한 과도한 확신을 통해 근거 없는 신학과 분파적 공동체성을 지향하여 결국 역사 속에서 반(反) 제도, 반(反) 질서의 모습 속에 머무르게 된다. 반대로 가톨릭 교회의 경우는 처음교회의 경험적이고 공동체적인 신학의 역할이 제도와 교리, 정치화 되면서 교리적 신학으로 바뀌게 되는 역사적 아픈 경험을 가지게 된다.

반면 "학(學)적 입장"은 인간의 지적 욕구에서 시작하여 진리를 탐구하고 발견하는 과정을 우선한다. 또한 이론화하고 체계화하는 과정을 통해서 객관적 진리를 설정하고 그에 따른 교육과 실천의 틀을 만든다. 이것을 통해 개인이나 사회 속에서 검증된 이론을 활용하여 인간의 삶의 원리들을 제시하고 방법과 책임을 요청한다. 이 접근의 특징은 이론적이고 개별적이다. 이것은 신앙 전승 속에서도 나타나는데, 유대 역사에서 바리새인들은 그 당시 성서의 율법을 목숨처럼 지키는 그룹이었다. 하지만 그 율법의 전승들이 재해석되고 이론화 되면서 인간의 지적 방법을 동원한 율법적인 지킴의 신앙으로 바뀌게 된다. 결국 신앙이 아닌 지킬 법으로 이스라엘의 종교적 삶을 규정하게 되고 바리새인 지도자들은 신학적, 신앙적으로 개별적 그룹을 형성하게 된다. 이것이 예수그리스도의 율법의 완성으로 회복되어야 될 주제가 되었다. 결국 이러한 신학함의 이원론적 방법론은 극단적인 선택의 오용을 통해서 왜곡되고 실패되어 왔다. 이것을 극복하기 위해서는 신적 접근과 학적 접근의 균형을 유지하고 이를 위한 끊임없는 자기 반성과 대화의 과제를 가져야 하는 실천이며 변증법적 작업을 요청한다. 이런 차원에서 신학함은 신적 경험의 학문적(성서적) 역사적 탐구를 통한 신앙공동체의 균형적 접근을 위한 다양성과(때론 상반성) 객관성을 제시하는 것이다. 여기서 신앙공동체는 단순히 교회만을 의미하는 것이 아닌, 그들의 전 삶의 시간적 공간적 개념이며, 균형적이란 이론과 실천의 조화적 만남을 의미한다. 결국 신학적 이해라는 범주는 단순히 학문적 서설로서가 아니라, 성서와 역사 속에서 현재의 실천의 문제를 신앙공동체 안에서 영적 경험과 신학적 주제로서 고민하는 작업이 되어야 한다는 것이다.

이러한 의미에서 회심에 대한 신학적 과제는 지금까지 이해한 성서와 역사이해 속에서 이미 진행되었다고 할 수 있다. 다만 이것을 현대적 실천과 믿음의 삶으로 구체화 하는 것이며, 그 속에서 회심의 사건이 가지는 신학적 의미를 우리의 교회, 즉 신앙공동체에 적용하고자 하는 학문적 틀을 제시하는 것이다. 이 때 물음은 "어떻게 그 믿음을 체험할 것인가?" "어떻게 기독교 신앙을 우리의 삶에서 믿도록 이해 시킬 것인가?" 로서 개인과 신앙공동체에게 묻는 스스로의 질문이 된다. 이 질문을 신학적으로 구조화하기 위해서 "교회론의 신학적 개념"을 활용하는 것이 유용할 것이다.

지금까지 목회적 차원의 이해 속에서 하나님 나라의 구속사적 개념과 신앙공동체라는 해석의 틀을 지속적으로 제시하였다. 이것이 신학에 이르러서는 '교회' 라는 현실의 자리로 구체화 된다. 신학적 교회론은 성서와 역사 그리고 신학적 과정을 통전적으로 접근하는 실천 분야의 중심 주제라고 할 수 있으며, 현대의 신학적 과제의 중심에 서 있다고 할 수 있다.[144] 또한 교회론의 바른 이해를 통해서 지금의 신앙공동체인 교회의 책임을 궁극적으로 논할 수 있기 때문이다.

여기에 또 한가지의 과제는 교회론의 구조화된 신학적 틀을 활용함으로써, 회심의 신학적 이해를 시도하는 것이다. 여기에서 발견된 회심의 구조들은 신앙공동체의 신학적 주제와 함께 역사적으로 내려온 신앙공동체의 회심고백이다. 즉 회심은 개인과 공동체의 통전적 고백으로 이해되며, 이 고백들은 많은 신학자들의 신학함(영적경험과 지적탐구)을 통해서 이 시대에 필요한 신학적 회심을 요청하고 있는 것이다.

1. 유기체(organic)로서의 회심신학

처음교회의 그리스도인들은 그리스도의 부활경험과 성령 체험을 통

---

144) 은준관, 『신학적 교회론』. 앞으로 제시될 회심신학의 주제들은 이 책의 "제 4 부 현대 신학적 교회론" 의 정의와 내용들에 기초하고 있다.

해서 자신들도 그리스도의 몸에 참여하는 공동체적 신앙공동체로 여기게 되었다. 그 공동체 속에서 각자들은 자신의 유기적 관계성을 통해서 한 몸 된 그리스도인들이 되는 것이었다. 여기서 생긴 유기적 관계는 단순히 공동체적 생활 속에서만 표현된 것이 아니라, 그들의 공통된 신앙경험이 전제 되었음을 알 수 있다. 즉 유기체적 신앙체험을 통한 유기체적 공동체로의 모습을 가지게 된 것이다. 하지만 이러한 유기체적 관계는 제도권 속에서 큰 변화를 가지게 된다. 즉 유기체적 직분과 사역은 권위적 개념으로 바뀌게 되었고, 감독 등의 직분은 통치적 개념으로 오해 되었다. 이것이 중세시대 교황의 교권적 개념 속에서, 교회는 본질상 그리스도의 신비적인 몸이 되는 것이고 그 직은 교황의 전권으로 이해하게 된다.

    이 교회론의 신학적 사상은 아퀴나스의 신학적 개념이 잘 설명해 주고 있다. 교회론을 독립적 영역으로 다루지 아니한 아퀴나스의 핵심 사상은 "그리스도의 신비적 몸(mystical body)"이라는 상징 속에 드러난다. 그리스도를 머리로 하는 신비적 몸으로서의 교회는 그 유비가 인간의 몸에서 유추되었으며, 이는 인간의 몸이 가지는 연합의 의미보다는 만세 전부터 구원받은 이들이 엮어 가는 몸이라는 의미를 가진다. 그런 의미에서 신비적 몸의 상징은 유사성(resemblance)의 성격을 지니고 있다. 아퀴나스는 여기서 보이는 교회보다는 보이지 않는 교회에 더 깊은 관심을 가진 것으로 보인다. 이것은 어거스틴으로 부터 온 영향이었다. 이로써 교회는 그리스도 안에서 주어진 은총과 깊이 관계된 신적인 삶을 지니는 ecclesia 로서 이해되었다. 또한 아퀴나스는 그리스도의 고난으로부터 온 지상의 교회는 성령의 창조 능력 안에서 그 혼과 영을 부여받는다고 믿었다. 성령은 교회에 있어서 기름 붓는 연합의 원리이고 또 힘이기 때문이다. 바로 이 성령의 기름 부음 안에서 그리스도의 은총과 하나님의 사랑에 연합된 자들의 공동체를 교회라고 보았다.[145]

    교회는 신비적 연합체로서 세례와 성례전으로서 회중들에게 신앙의 삶을 제시하는 도구가 되며, 이는 자연스럽게 이를 집례하는 신적권위를

---

145) 은준관, 『신학적 교회론』, 286.

위임받은 성직을 필요로 하게 된다. 결국 이것이 가톨릭의 교리와 교회법을 강화하게 되었다고 할 수 있다. 이런 상황 속에서 신앙공동체의 믿음은 "의도된 거룩성의 체험"과 "신적 권위의 대리자"를 통해 신앙의 지도와 회개를 통한 신앙생활을 하게 된다. 결국 처음교회의 유기체적인 신학으로 출발한 종말론적 체험은 제도화되고 정치화된 교권 속에서 신비적 신앙을 경험하는 속(贖) 유기체적 신학으로 바뀌게 된 것이다. 이러한 가톨릭의 신학사상도 많은 신학적 과정을 지니고 있다.

현대 로마 교회의 유기론적 교회론은 1963년 제2회 바티칸 공의회가 열리기 이전인 1943년, 교황 피우스 12세(Pius XII)에 의하여 발표된 교황교서(Mystici Corporis Christi)에서, 교회를 그리스도를 머리로 하는 신비적 몸으로 규정함으로 그 절정에 이르렀다. 그러나 문제는 몸이 사회학적 개념이었다는 데 있다. 그것은 완전한 사회(societas perfecta), 즉 법과 질서 안에 규정된 사람과 사회를 의미했다. 여기서 신비적 몸이란 성령에 의하여 그리스도의 삶이 각 사람 속에 주입(transfuse)되었다는 뜻으로서, 이는 그리스도와 교회의 존재론적 유비(analogia entis)의 관계를 뜻하는 것이었다. 여기서 교황의 사도 계승과 무오, 그리고 교회의 구속성이 재강조 되었다.146) 그 후 1963년 제2바티칸 공의회는 혁명적 전환을 가져왔다. 교회를 하나님의 백성과 종말론적 순례 공동체로 규정하였던 것이다. 이는 평신도 사도직이라는 개신교적 주장을 과감히 수용한 것으로 해석되었다. 그러나 비판자들은 바티칸 신학은 로마 교회의 유기적 교회론의 근간인 성직의 절대성과 계급성을 포기한 것이 아니라, 그 기준의 틀 안에 몇 가지를 보완한 것에 불과하다고 해석하기도 하였다. 결국 유기체적 교회론은 성서보다도 교회의 전통을 더 우위적 권위에 놓고 있으며, 신앙보다는 신비적 성례전을 더 중요시한다. 공동체 보다는 완전한 사회(치리)를 더 중요시한다. 결국 유기체적 교회론은 교회의 제도와 전통의 중요성을 너무 강조한 나머지, 신앙의 역동적 관계를 약화시킨 약점을 지닌다. 종말론적 역사관이 약화됨으로써 교회를 하나님 나라로 대치하려는 위험을 안

---

146) 은준관, 『신학적 교회론』, 294-295.

고 있다.[147)]

　이러한 신학적 교회론의 틀 속에서 회심의 의미는 현상이나 개념에 있어서 신비적 요소와 함께 교리적이고 성례전적인 특징을 가진다고 할 수 있다. 개인적이고 신비적인 체험의 주관적 요소는 대부분 특정 지도자나 왜곡된 교리적 지원 속에서 이루어지기 때문이다. 그러나 그 이면에 흐르고 있던 영적 체험의 중요성은 수도원과 광야 속에서, 때론 민중들의 삶의 자리 속에서도 끊이지 않고 흐르고 있었음을 잊지 않는 것이 더욱 중요하다. 이것이 신학적 주제가 가지는 현대적 의미의 변증법적 차원이다.

　유기체적 신학 담론 또한 과거 역사의 사실이며 실존으로서 지금까지 이어지고 있는 것이지만, 이것을 이해하는 우리의 시각은 그 이면(裡面)도 함께 보고 있어야 한다. 그리고 그 의미를 어떻게 해석해야 하는지의 물음을 시도해야 한다. 그 당시 대부분의 많은 신앙인들은 자신의 신앙경험과 확신을 부끄러워 하거나 의심했다기 보다는 그러한 신앙과 삶의 상황이 진리인 줄 알고 지키고 헌신했을 것이다. 물론 심각한 부정과 타락은 개혁의 열정을 불러일으켰지만, 그 개혁의 소리는 언제나 소수로 시작했다. 이러한 상황의 이해를 통해서, 그 당시의 신앙의 모습을 속단하여 부정하거나 폄하할 수 없는 이유뿐만 아니라, 지금 시대 속에서 그 모습을 일반화하거나 단순 비교를 통한 비판을 정의(正意)화 할 수 없다는 것이다.

　일방적 비교를 통한 몰이해적 비판은, 비판을 하는 자나 비판을 듣는 이들에게 통쾌함과 대리적 만족을 줄 수는 있지만, 이는 역사를 주관화 시키고 신학적 경솔함을 지니게 하는 유혹이다. 문제는 좀 더 근원적인 경험적 해석으로 다가가야 하는 것이다. 예를 들어 이러한 유기체적 믿음의 모습을 단순히 지금 현대 교회와 비교해서 우리의 신앙이 왜곡되었음을 강하게 비판할 수 있다. 하지만 그 의미를 단순하게 비교할 수 있는 것은 아니라는 것이다. 여기에서 '신학'의 변증법적 이해와 기능적 차원이 필요한데, 그 작업은 하나님의 전체 구속사적 맥락에서 현대의 삶에 대한 응답적 차원으로 이해하는 것이며, 개인과 신앙공동체의 체험을 본래(本

---

147) 은준관, 『신학적 교회론』, 295.

來)화 시켜서 우리가 실천할 수 있는 한, 그것을 책임적 사명으로 만들어야 하는 것이다.

1) 교회란 무엇인가

이 유기체적 교회론의 신학에 대한 책임적 응답은 카톨릭 신학자 한스 큉(Hans Küng)에 의해서 새롭게 도전되고 있다. 큉은 「교회(Die Kirche)」를 통해서 교회의 의미를 교회의 본질과 역사, 하나님의 교회의 종말론적 관점에서 정리하고 있다.148)

첫째, 교회는 주요 구조에 있어서 예수의 가르침에 의존되어 있지만, 부활절 이전의 예수에 의해 직접 설립된 것은 아니다. 그렇다고 르와지(Alfred Loisy)처럼 예수는 하나님 나라를 선포했는데, 도래한 것은 교회라고 말하는 것도 아니다. 교회는 부활 이전의 예수는 아니지만 부활하신 주님의 부르심에 의해 탄생했다. 교회는 하나님 나라와 밀접한 관계를 가지고 있다. 교회는 하나님 나라의 열매요, 동시에 통로다. 교회의 근거는 하나님 나라다. 그리고 하나님 나라를 선포한 예수에게 자신의 존재 근거를 두고 있다.

둘째, 교회의 본질은 그리스도의 몸이지만, 동시에 그리스도는 교회의 머리다. 교회는 그리스도의 몸이다. 큉은 자유주의 신학과는 달리 교회가 그리스도 현존의 신비, 구원의 신비를 내포하고 있음을 강조한다. 그러나 그리스도는 교회의 머리다. 즉 그리스도와 교회는 분리될 수 없지만, 결코 교회 안에서 그리스도의 초월성이 해소되어서는 안 된다는 것이다. 교회는 그리스도 현존의 신비를 내포하고 있지만, 이는 그리스도를 소유하는 것이 아니라는 것이다. 그리스도는 계시된 분이면서도 동시에 숨어 계신 분이라는 말이 여기서도 통용될 수 있다.

셋째, 하나됨과 거룩성, 그리고 가톨릭성과 사도성은 교회의 표지다. 이 네 가지 표지 가운데 특히 그가 강조하는 것은 가톨릭성과 사도성이다.

---

148) 한스 큉, 『교회』, '교회론 해제', xxxxiv-xxxxvi.

가톨릭성이란 특정한 역사적 교파를 지칭하는 말이 아니라, 그리스도 안에 서라면 끊임없이 자신을 타자에게 개방하는 자세를 의미한다. 가톨릭성이란 대화적 자세를 말하며, 이로써 에큐메니컬 대화야말로 가톨릭적임을 시사한다. 사도성 문제에 있어서도 사도의 특정한 역사적 계승자가 아니라 사도의 정신, 즉 그리스도의 뜻과 일이 사도성을 결정한다고 주장한다.

넷째, 큉은 교회제도를 언급하면서, 감독, 장로, 집사 등 신약성서의 교회제도가 역사적 발전과정을 거치면서 처음의 봉사적 성격을 상실하고 지배적인 계급 체계로 발전해 왔음을 밝힌다. 따라서 본래의 교회제도는 현재의 교황제도가 아니라 만인사제직에 더 가까우며, 교회 직무의 다양성은 계급질서를 의미하는 것이 아니라, 상이한 은사에 기인한 것임을 밝힌다. 이로써 그는 교회직무는 다른 성도 및 세계를 지배하는 것이 아니라 섬기는 봉사 직분임을 강조한다.

이러한 교회론 사상은 가톨릭적 차원에서는 대단한 개혁적 입장이지만, 그 이면에 흐르는 그의 신앙의 근원이 교회나 교권의 제도가 아니라, 부활하신 예수그리스도를 통한 하나님 백성으로의 삶으로서, 개인과 교회는 사회의 책임적 삶으로 살아가야 한다는 것을 역설하고 있는 것이다. 이러한 그의 신학을 '신뢰'라고 정의할 수 있겠다. 예비적 개념(Vorbegriff)을 통해 합리적 대화를 시도한 그에게 믿음사건은, 하나님의 존재와 실재에 대한 근본적인 신뢰로서 하나님 신앙과 연결된다. 인간의 불확실성과 불안정성에도 불구하고 모든 실재인 하나님에게 자신을 개방하고 신뢰를 하게 될 때, 삶은 가장 깊은 바탕, 근거 중의 근거에 닻을 내리고 있기 때문에, 인간에게 삶의 궁극적인 확실성, 안정성이 주어진다는 것이다. 이런 점에서 하나님 신앙은 근본적인 합리성이라고 할 수 있다.[149] 이 신뢰를 통해서 개인은 하나님의 백성으로서 인격적인 하나님을 만나게 되고, 교회는 사회적 책임을 통한 신뢰를 회복하는 과제를 가진다. 큉은 이러한 신뢰를 하나님에 대한 지성과 감정과 의지가 함께 관여하게 되는 이성적 신뢰라고 한다. 절대적인 존재에 대한 이러한 신뢰에서 인간

---

[149] 편집부 역, 『현대 신학을 이해하기 위해 꼭 알아야 할 신학자 28인』(서울 : 대한기독교서회, 2008), "오영석, '한스 큉'", 262.

은 자신을 지탱할 수 있고, 절대적인 존재와 결합에 의하여 인간은 이 세계의 모든 상대적인 것에 대하여 자유로울 수 있다는 것이다.150)

교회는 자신의 삶을 통해 자신의 구원을 입증해야 한다! 교회는 자신의 전 삶을 통해 메시아적 성취의 증인이 되어야 한다! 교회는 전권과 사랑 속에서 하나님에게서 멀어진 이 세계에 충만한 말씀, 계시된 의, 감동적인 은혜, 이미 진입해 들어온 하나님의 지배를 증언하는 일에 있어서 이스라엘과 선의의 경쟁을 나누어야 한다. 교회의 진정한 삶은 복음을 믿고 변화되자는 부름, 자신과 하나 되자고 이로써 자신의 메시아와 하나 되자는 부름이어야 한다.151) 이러한 신앙과 이성의 변증법적 차원은 그의 교회의 근본 구조 중 "성령으로서의 피조물로서의 교회"를 통해 잘 제시된다. 역사적 성령체험에 대한 신학적 이해를 통하여 회심에 대한 유기체적 회심신학의 교회적 사명을 구체화 할 수 있을 것이다.

신앙의 핵심은 구원에 대한 체험과 확신이다. 처음교회는 그리스도의 복음을 구원과 해방으로 체험했다.152) 여기에서 등장하는 개념이 '자유(갈5:1)'이다. 이 자유는 개인이 마음대로 하는 풀어진 자유가 아니라 하나님으로부터 주어진 구속의 자유이다. 이 구속의 자유는 죄로부터 해방시키고 율법으로부터 자유하게 한다. 이 자유의 핵심이 사랑이다. 사랑 안에서는 믿음이 역사하며(갈5, 6장) 자유의 역전(逆戰)이 이루어 진다. 즉 네 이웃을 사랑하기를 네 몸같이 하는 역사가 현실화된다(갈 5:13-14). 이 역전의 자유함이 고난의 인내요, 십자가의 동행이며, 죽음의 승리이다. 이러한 자유에 대한 교회의 질문이 큉에게 있어서 중요한 질문이었다. 교회도 자유의 증인인가? 바울은 따르는 자가 거의 없었던 이상주의자이며 열광주의자인 개인에 불과하지 않은가? 교회는 실제로 자유인의 공동체인가? 교회는 죄와 율법, 그리고 죽음에서 해방된 인간들의 공동체인가? 교회는 진정 자신을 자유의 공간으로 입증할 수 있는가? 당시의 교회는 어떠했으며, 오늘날의 교회는 어떠한가? 사실상 하나님의 자녀들에게 주어지는 거

---

150) 오영석, '한스 큉', 267.
151) 한스 큉, 『교회』, 205.
152) 한스 큉, 『교회』, 207.

대한 자유는 교회 내에서 증언되고 경험되어 왔다. 그러나 대부분의 경우 이러한 자유 체험은 오직 간접적으로만 확인될 수 있으며, 지도자들보다는 보잘 것 없는 자들에게서 더 많이 나타났다. 우리는 이러한 사실을 세계와 유대인들 앞에서 말할 수 있어야 한다. 사도시대로부터 오늘날에 이르기까지 수많은 신자들이 어려운 상황 속에서도 이 자유를 쟁취해왔다. 그들은 신앙과 복종 속에서 이 자유를 얻었으며, 사랑과 기쁨 속에서 이 자유를 체험했고, 희망과 인내 속에서 이 자유를 쟁취하며 기다려 왔다. 알려지지 않은 수많은 신자들이 이러한 자유 속에서 고난과 불안, 박해와 기아, 위험과 죽음을 극복하고, 위로와 강함, 힘과 희망, 기쁨과 평안을 얻어 왔다. 이러한 놀라운 자유는 거듭 다음과 같은 물음을 던지게 한다. 그들은 어디서 이러한 초인적인 힘을 얻었는가?153) 이 힘의 근원이 바로 영이다. "주의 영이 계신 곳에는 자유함이 있느니라(고후3:17)". 영은 믿는 자에게 죄와 율법, 죽음으로부터 자유를 선사한다.

"이는 그리스도 예수 안에 있는 생명의 성령의 법이 죄와 사망의 법에서 너를 해방하였음이라 … 육신을 좇는 자는 육신의 일을, 영을 좇는 자는 영의 일을 생각하나니 … 너희가 육신에 있지 아니하고 영에 있나니 누구든지 그리스도의 영이 없으면 그리스도의 사람이 아니라 또 그리스도께서 너희 안에 계시면 몸은 죄로 인하여 죽은 것이나 영은 의를 인하여 산 것이니라 예수를 죽은 자 가운데서 살리신 이의 영이 너희 안에 거하시면 그리스도 예수를 죽은 자 가운데서 살리신 이가 너희 안에 거하시는 그의 영으로 말미암아 너희 죽을 몸도 살리시리라(롬 8:2-11)"

우리는 성령에 의존할 때 자유를 선사받는다. 우리를 인도하시는 성령은 하나님의 영, 그리스도의 영이다.154) 이 영은 개인에게 주어지지만 공동체, 교회에게 주어진 것이다. 교회에게 주어진 성령의 역사는 "종말의 은사로서의 영", "성령의 건축물로서의 교회(고전 3 : 16 ; 엡 2:17-22)"

---

153) 한스 큉, 『교회』, 223-224.
154) 한스 큉, 『교회』, 225-226.

"성령 아래에 있는 교회"를 통해서 운영된다. 이 역할의 모형을 바울은 모든 기독교인에게 선사되는 은혜로서의 '카리스마'를 활용한다. 이것은 교회의 직무나 은사를 받는 것, 성령의 주도권, 신령한 현상(분별) 등을 포함하는 개념이다.

큉은 이 개념을 교회론적으로 정리하면서, 카리스마는 비범한 것이라기보다는 일상적인 것이며, 단일한 형태가 아니라 다양한 형태를 취하고 있고, 특정한 인간들에게 한정되는 것이 아니라 교회 내에 존재하는 전적으로 일반적인 현상으로 카리스마에 대한 오해들을 풀어내고 있다.[155] 이러한 현상은 역사를 포함하여 지금에도 일어나는 현존의 사건으로 받아들인다. 결국 성령의 역사와 은사들은 전권적인 하나님의 행하심이며, 그 목적 또한 하나님이 행하실 일과 신앙공동체의 중심된 일이라는 것이다. 하지만 역사 속에서 중요하고도 재고될 문제는 열광주의이다. 큉은 역사 속에서 지속되어온 열광주의를 인정하면서도 현상적인 문제를 지적하고 있다. 첫째는 당사자뿐 아니라 교회 전체에도 구속력을 요구할 때, 둘째, 그리스도 안에서 일어난 근원적 계시를 간과하거나 넘어설 때에는 문제가 된다는 것이다.[156] 영적 체험, 신비적 체험의 현상을 부정할 수는 없지만, 말씀과 성례, 은사와 경험의 균형적 실천이 더 중요하다는 것을 강조하고 있다. 그러면서도 보이는 교회의 권위와 사도성을 중심으로 한 제도적 신학의 한계를 가진다고 할 수 있다.

2) 변증법적 신학의 함의-세속화 신학

이 유기체적 교회론 속에서 발견될 수 있는 변증법적 신학의 함의로서, 교회와 세상의 유기적 변화라는 의미에서 세속화라는 신학적 주제를 발견할 수 있다. 세속화신학(theology of secularization)은 변화하는 현대 시대의 역사적 반동에 대한 신학적, 사회적 해석의 주요한 흐름을 제시하고 있다.

---

155) 한스 큉, 『교회』, 263.
156) 한스 큉, 『교회』, 277.

세속화 신학은 고가르텐(Friedrich Gogarten)에 의하여 제창되고, 류벤(Arend Th. van Leeuwen)에 의하여 심화되었으며, 콕스(Harvey Cox)에 의하여 대중화되었다.157) 이 세속화론의 또 다른 가치는 인간이 가지는 "종교적 체험(거룩)"을 철학과 신학의 대화의 장으로 마련하였다는 것이다. 기독교의 세속화를 이해하는 기초로서 인류의 종교 역사의 기원을 통해서 해석하는 시도는(Cox) 결국 인간에게 종교의 의미를 종교적 경험의 근원으로 설명하는 많은 학문적 시도와 연결하고 있다. 이것은 종교에 대한 근원적인 물음의 고민에서 시작된 것이다. 이러한 종교적 본질을 추구하려는 인간의 탐구 속에서 세속화의 의미는 변화하는 시대 속에서 도시화와 인간 공동생활의 변화에 따른 탈 종교적 노력의 산물이다. 하비콕스는 이것을 세계에 대한 종교적 또는 유사종교적 이해로부터 세계를 자유롭게 하는 것이며, 모든 폐쇄적 세계관과 모든 초자연적 신화와 거룩한 상징들을 깨뜨려 버림으로 보고 있다. 세속화는 또한 역사의 비운명화이기도 하다. 역사의 비운명화란 인간이, 온 세상은 그의 양손에 맡겨졌다는 것과, 인간 행위의 결과인 행운이나 진노에 대하여서 핑계할 수 없이 되었다는 것을 발견하는 것으로 정의한다.158) 이렇게 상대화되고 사사화된 종교는 인류학의 도움으로 밝힌 가족과 부족의 연원에서 시작하여 종교적인 행위로서 도시를 세우는 세속적 변화를 가지게 되는 것이다. 이 세속화는 기독교적 서방문화에서 기원하고 있다. 하지만 이 세속(saeculum/mundus)의 라틴어의 용어가 헬라어[세상(cosmos/aeon)]로 번역되면서 헬라적 사고와 히브리적 사고의 차이로 지금까지 다양하게 전승되어 왔다.159)

---

157) 은준관, 『신학적 교회론』, 59.
158) 하비콕스 / 구덕관 외 역, 『세속도시』 *[Harvey Cox, **The Secular City**]* (서울 : 대한기독교서회, 2007), 8.
159) 하비콕스, 『세속도시』, 26-28.

세속 - 세속화

'세속'에 대한 기독교와의 오해는, 존재를 공간적으로 파악하는 헬라적 사고(cosmos)와 존재를 시간적으로 파악하는 히브리적 사고(창조의 시간, aeon)에서 오는 충돌의 결과였다. 즉 하나님의 창조의 사건(cosmos)로서의 세계는 aeon이 되고, 공간적 존재의 세상인 mundus는 saeculum 로 즉, 세속적인 이분법적 하위개념으로 이해되었다. 중세적 종합은 공간적 세계를 높고 종교적인 것으로, 그리고 역사적으로 변화하는 세계를 낮고 세속적인 것으로 만듦으로써 헬라와 히브리 사이의 긴장을 해소하였다. 하나님 안에서 모든 생명은 역사 속에 있으며, cosmos를 세속화했다는 성서적 주장을 얼마 동안 무시하고 말았다. 이와같은 경향이 지배적이었을 때, 세속화란 말은 대단히 좁고 한정된 뜻을 가지고 있었다. 세속화란 종교적 교역자가 교구를 책임지게 되는 과정을 설명하는 개념이었지만, 점차 세속화란 말의 뜻이 넓어져서 교황과 황제의 분리가 기독교 세계에서 현실화되었을 때, 정신적인 것과 세속간의 분열은 제도적으로 구체화되었다. 이리하여 교권으로부터 어떤 책임을 정치적 주권자에게 넘겨 주는 것을 세속화라고 했다. 이 같은 사용법은 계몽시대와 프랑스 혁명시대까지 계속되었으며, 한편 가톨릭 문화적 유산을 가진 나라에서는 오늘날도 이를 찾아볼 수 있다. 좀 더 근래에는 세속화의 범위가 정치적, 문화적 범위로 확장되고 있다. 미국의 공립교육이 교회의 지배로부터 자유롭다는 차원에서 세속화의 의미가 정치영역에서 점진적으로 적용되고 사용되었다면, 유럽의 경우는 급진적으로 세속화의 진행이 가능하게 된 문화적 세속화의 배경으로 사용되기도 한다.

콕스는 이 세속화 성서의 근거를 첫째, 창조로 시작된 자연의 해방. 둘째, 출애굽과 시작된 정치의 비신성화. 셋째, 시내산 언약(특히 우상을 금하는 것)으로 시작된 가치의 비성별로 제시하고 있다. 이것은 바로 기독교 역사를 통한 세속화의 시작을 알리는 역사적 사건이었다는 것이다. 자연의 해방으로서 "고대의 토템적 신앙과 마술화"는 자연으로부터 인간을 구분하지만, 하나님의 창조는 인간도 신도 자연과 관련해서 규정되지 아니한다. 신과 인간을 모두 자연으로부터 자유롭게 할 뿐만 아니라 자연

그 자체를 인간이 사용할 수 있도록 만들었다. "정치의 비신성화"는 출애굽으로부터 시작된 새로운 통치제도를 기반으로 처음교회는 세속화의 발전에 공헌을 하였다. 하나님과 구주를 고백하는 절대 신앙은 인간의 정치적 신성화를 불인정함으로써, 계속해서 정치와 긴장관계를 이루게 되고 결국 정치에 대한 세속화적 자유를 얻게 하였다는 것이다. "가치의 비성별화"는 인간의 맹목적 우상화에서 상대적 차원으로 확장시키는 가치의 세속화이다. 정치적인 면에선 어느 정도의 건전한 상대주의가 다원주의의 철학적 근거를 제공한다. 모든 인간 가치의 상대화는 세속화의 하나의 통일된 차원이며, 부분적으로는 우상에 대한 성서적 반대의 근거가 된다. 시내산 언약의 하나인 "형상을 만드는 것"을 금하는 것으로부터 시작하여, 구약성서는 신에 대한 어떤 모형도 허락하지 아니하는 뚜렷한 특성을 가지고 있다. 이것은 단순히 고대종교와 구별되기 위함이나 유대인들에게 예배의 의미를 곡해하는 것을 우려한 것이 아니라, 어떤 형태로 표현될 수 있는 신은 야웨가 아니라 ipso facto(어떤 행위의 필연적 결과)이다. 그러므로 모든 신들은 거부되었다. 성서는 이방신들의 실재와 그의 가치를 부인하지 않는다. 다만 이들을 상대화시킨다. 성서는 이 신들을 인간의 고안, "사람의 손으로 만든"이라는 수준에서 용납한다. 이러한 뜻에서 현대 과학과 무척 가깝다. 유대인들은, 그들이 야웨를 믿음으로써 모든 인간의 가치와 주장을 상대화시킬 수 있었다. 이것은 기독교 역사의 성상 문제로 표현되면서, 신앙의 미신화와 우상화에 대한 균형적 가치체계를 만듦으로 초월성과 상대성을 인식하게 하는 것이다. 기독교는 이러한 세속화의 성서적 근거를 통해서 "역사적 상대주의"라는 세속화의 마지막 산물로서 세상에 존재하였던 것이다. 이제 기독교의 신앙은 하나님의 역사적 사건인 동시에 신앙공동체의 책임으로 이해되어야 할 주제가 되는 것이다.160) 이들을 성숙하게 되도록 해방시키는 것은 창조와 출애굽과 시내산의 하나님의 역사이지만, 이들을 성숙하게 되도록 부르는 일은 신앙 공동체의 책임이다.161)

---

160) 하비콕스, 『세속도시』, 29-46.

세속화 신학은 기독교 신앙에 대한 역사적 이해의 틀을 제시하고 있다. 이것은 개인적으로 인식된 신앙의 의미를 역사화하고 상대화함으로써 성숙한 종교적 차원으로 나아가게 할 가능성을 주는 것이라고 판단된다. 그럼에도 이 속에는 인간의 책임과 소명, 교회의 사회적 변동과의 관계성 등을 하나님의 역사적 개입이 아닌 인간의 유토피아적 환상에 기인하는 단점을 가지고 있다. 그러나 "유기체적 회심의 차원"에서 본 세속신학은 회심에 대한 역사적 차원을 열어주고 있다. 유기체적 회심 신학이 왜 기독교의 본질과 멀어지고 있는지를 역사적 사건으로 보여준다. 왜곡된 성물들과 성상들의 신앙적 고백은 결국 중세 교회라는 제도적인 신앙공동체를 통해서 처음교회의 신앙공동체의 순수성을 정치적으로 세속화함으로써 결국 개인의 신앙체험을 신비적이고 마술적으로 돌려 놓았으며, 신학적 작업은 교회의 신비적 요소를 강화시키는 오류를 범하게 된 것이다. 이러한 시대적 신학사상이 가지는 함의를 통해서 "종교적 체험"을 이해하는 차원이 단순한 개인의 영적 체험이나 환상적 차원을 넘어 역사 신학적으로 확장되어야 한다는 과제도 함께 제시하고 있다.

2. 코이노니아로서의 회심신학

처음 교회 이후 영적 코이노니아로서의 교회관은 성 어거스틴에 이르러서야 새로운 빛을 발하기 시작한다. 어거스틴의 경우 교회의 사도 계승과 감독의 정통성 그리고 교회의 연합과 통일성 그리고 감독을 중심으로 하는 중세교회를 부정하지는 않았지만, "성령의 교제로서의 교회"라는 신약 사상이 더 높이 강조되었다. 사랑의 교제로서의 교회는 성령의 역사에 의한 것이며, 그 성령은 사랑으로 하나님과 그의 아들을 사랑하는 이들의 연합하는 교제에로 이끈다고 보았다.[162] 그의 보이지 않는 교회론은

---

161) 하비콕스, 『세속도시』, 45.
162) 은준관, 『신학적 교회론』, 298.

종교개혁시기에 루터에 의해서 수용되었다(Communio Sanctorum). 루터에 게서 성도의 교제란 신앙으로 의롭게 여김을 받은 사람들의 회중이었으며, 이 사상은 로마 가톨릭 교회의 이론인 교황 중심의 신비적 몸으로서의 교회론을 비판하고 수정하는 신학적 규범이 되었다. 또한 루터가 생각하는 보편적 교회는 하나님이 창조하고 영감을 준 백성이었다. 그 결과 교회는 교제와 회중적 성격이 크게 부각되었다.[163] 처음 교회의 "함께함의 프락시스(로핑크)"[164], 성 어거스틴의 "성령의 교제로서의 교회", 그리고 루터의 "성도의 교제로서의 교회론"은 재세례파와 경건주의의 모라비안 등의 극단적 회중형태로 흐르기도 하였다. 이것은 코이노니아로서의 교회론의 개인주의적, 감정주의적, 반 사회적인 한계를 보이는 것이다.[165]

이 코이노니아 교회론 속에 흐르는 회심의 신학적 차원은 개인주의적 경건성과 공동체의 영적 경향을 들 수 있다. 개인적 경건의 영적 체험을 중심으로 한 공동체성은 역사성을 지닌 회중성이라기 보다는 집단적 영적 체험을 통한 분파적 공동체성으로 변질되기도 한다. 그럼에도 이 코이노니아적 회심은 예수그리스도의 삶을 경건한 삶으로 추구하려는 영성 회복 운동이었다고 할 수 있다. 이 운동의 현대 신학의 적용은 부르너를 통해서 강조되었으며, 이 운동의 신학의 변증법적 이해는 '평신도 신학'으로 이해될 수 있을 것이다.

1) 교제(koinonia)

브루너에게 교회란, 그리스도 안에서, 성령 안에서, 함께 함과 나눔을 통한 교제이며, 이는 조직(organization)이나, 제도(institution)의 성격과는 전혀 무관한 것이라고 보았다. 여기서 브루너는 에클레시아는 철저한 교제성을 의미하며, 이 교제는 전적으로 반조직적이고, 반제도적 성격을 지닌다는

---

163) 은준관, 『신학적 교회론』, 301.
164) G.로핑크 / 정한교역, 『예수는 어떤 공동체를 원했나』 [Gerhard Lohfink, Wie hat Jesus Gemeinde gewollt ?] (경북 : 분도출판사, 1993), 163-174.
165) 은준관, 『신학적 교회론』, 302-304.

전제에서 출발하고 있다. "그리스도의 교제(Koinonia Christou)" 사상은 개신교의 개인주의와 가톨릭의 집단주의 사상을 초월한다.166) 이러한 교제의 강조는 공동체의 제도적 역사성을 부인하는 인상을 주기도 하지만, 공동체성과 역사성을 통한 "성도의 교제(본회퍼)"로서의 신학적 반성의 기초가 되었다. 본회퍼에게 성도의 삶은 역사의 현장 속에서 이루어지는, "첫째는 그리스도인 형제의 사귐은 이상(理想)이 아니고 하나님에게 속한 현실이라는 것입니다. 둘째로 그리스도인 형제의 사귐은 심적(psychic) 현실이 아니고 영적인(pneumatic)현실이라는 것입니다" 예수그리스도의 삶을 통한 진정한 사귐 즉, 공동체적 코이노니아의 삶이라고 할 수 있다.167) 이 공동체적인 코이노니아는 부르너에 의해서 "정의의 신학"으로 실천화 하였다고 할 수 있다.

　정의(正義)는 단순히 사회 정의의 사상적 운동이 아니다. 그의 정의는 기독교의 사랑, 즉 코이노니아적 공동체를 바탕으로 한 공동체적 회심의 사건이다. 그에게 오늘의 시대가 당면한 중심문제는 개인주의와 집단주의이다. 근대의 개인주의는, 신적 이성이 인간 존엄성의 궁극적 기초로서 모든 사람이 소유하고 있다고 보는 스토아철학의 합리주의에서 나온 것이다. 이러한 사상 중에서, 성경의 원리와 공통된 요소(합리주의)의 낙관주의는 결국 성서의 중심 가치를 오해하여 현대 개인주의의 기독교적 신앙으로 이해하게 했다.

　그 중심에 있는 "자유의 이상주의(Dilthey)"는, 인간은 합리적 존재이며, 만인의 본질로서의 합리적 이성은 신적 요소로 이해된다. 이것이 곧 인격적 존엄성이며 자유다. 이 합리성은 만인에게 동일한 요소이기 때문에 개인의 평등, 비의존성과 자기 충족성의 기초다. 합리적 존재로서의 인간은 자신 속에 본질적인 것을 보유하고, 인간 그 자체는 타인을 필요로 하지 않는다. 타인이 필요한 것은 '본질적'인 것이 아니고 '부수적'

---

166) 은준관,『신학적 교회론』, 306.
167) 디트리히 본회퍼 / 문익환 역,『신도의 공동생활』*[Dietrich Bonhoeffer, Gemeinsames Leben Das Gebetbuch der Bible]* (서울 : 대한기독교서회, 2006), 19-31.

인 것이다. 공동체는 타인이 필요하기 때문에 비본질적인 것이다. 공동체는 다만 개인이 자기의 일정한 목적을 달성하기 위하여, 개인 간의 자유로운 합의에 의하여 만들어진 공리적 조직에 불과하다. 이리하여 모든 공동체의 근본적 존재 형식은 계약이다. 그러므로 공동체는 상호 합의로 합치게도 할 수 있고, 흩어지게도 할 수 있는 존재다. 공동체는 단순한 방편물이요, 필수품에 불과하다. 개인은 너무 약하기 때문에 협력하지 않을 수 없다. 공동체는 자체의 구성원인 개인의 합리적인 인격적 목적을 달성함으로써만 자기의 목적을 발견할 수 있다.168)

이것은 자본주의 사회의 경제분야에서 발전한다. 개인의 사유재산의 개념은 노동의 합리화를 넘어 개인적 수익 한계를 넘는 욕망으로 나타나고, 서로를 위한 공동체적 나눔은 자신을 위한 나머지의 선택적 기부로 바뀌게 된다. 즉 개인주의를 통한 수익의 불평등과 그로인한 인권의 상실과 부정의와 불평등은 기독교 자본주의가 빠져있는 현실이기도 하다. 이에 반한 극단적인 역사적 제도가 집단주의이다. 집단주의는 권력적인 관료주의적 사회질서를 목적으로 한다. 개인은 항상 남에게 붙어사는 아무런 독립성도, 권리도 없는 힘없는 존재이며, 개인이 해야 할 일은 다만 복종뿐이다. 개인의 중요성은 전체에 대한 그의 봉사에 따라서 그 무게가 결정된다. 이것이 유기적, 기계적, 보편주의적 집단주의로 나타난다.169)

이에 대한 기독교의 개념은 개인주의와 집단주의가 아니다. 또한 어떠한 절충을 말하고자 하는 것도 아니다. 왜냐하면 기독교는 개인과 공동체를 인간의 지혜로서 이해하지 않고 창조해서 표시된 하느님의 지혜로서 이해하기 때문이다. 하나님의 지혜는 정의다. 이 정의는 개인으로의 인간에게 적합되며, 동시에 공동체의 일원으로서의 개인에게 적합된다. 왜냐하

---

168) 에밀 브루너 / 전택부 역, 『정의와 사회질서』 [Emil Brunner, Gerechtigkeit] (서울 : 대한기독교서회, 2003),   111-113.
169) 에밀 브루너, 『정의와 사회질서』, 115-118. 유기적 집단주의는 자연적인 사실로서 인간과 사회는 유기적으로 연결되었기에 국가라는 집단적 개념으로 이해된다. 기계적 집단주의는 급진적 개인주의의 반동의 결과로써, 공산주의와 같이 인위적인 집단체제를 만들게 된다. 보편주의적 집단주의는 보편적인 정신의 개념으로 개인의 정신은 희생되고 국가 절대주의를 형성한다.

면 정의는 개인과 공동체를 창조한 하느님의 창조계획과 일치하기 때문이다.170) 결국 개인과 공동체는 상호 인격적이며 본래적으로 서로 존엄하다. 이것은 하나님으로부터 평등하게 주어진 것이며, 서로를 견제하며 홀로 잘못될 수 있는 유혹들을 보완해주고 균형을 잡아준다. 회심의 신학적 차원에서도 이 개인주의와 집단주의의 오류는 서로에 대한 긴장을 불러일으킨다. 급진적 개인주의가 그 고유의 종교적 요소의 자극으로 말미암아 인권과 자유의 관념을 유지하고 있는 동안에는, 이는 모든 집단주의에 대하여 날카롭게 반의(反意)를 표명한다. 그러나 이것이 초월적인 종교성에서 이탈되어 순전히 세속적인 것으로 전락될 때는 사회를 분자로 분해시키며, 그럼으로써 기계적 집단주의가 출현할 소지를 만들어 낸다. 결국 필요한 것은 "진정한 회심(개심)"이다.

이 변화는 오직 낡은 것을 혁신하고 새것을 창조하는 힘이 인간의 노력이나 교육성과의 한계를 넘어서 인간 의지의 외부에서부터 나올 때에만 생길 수 있다는 것이다. 새로워지고 아주 다른 것이 되는 재생의 경로는 하나님의 영이 사람의 마음에 접촉할 때, 창조적인 신께서 한 전환점을 창조하고 하느님의 구원의 말씀이 사람의 영혼 깊이에서 개심(改心)을 일으킬 때만 생길 수 있다. 교리도, 교육도, 협력도, 조직도 정당한 의지를 무에서 새로 창조할 수는 없다. 이 창조는 오직 복음의 영을 통해 깨침을 받을 때만 가능하다. 정의의 학설이 아무리 필요하고 중요하다 해도 외부에서 주어지는 말씀만큼 필요하고 중요하지는 못하다. - 결국 사랑은 정의보다 더 크다.171)

이 코이노니아에 대한 부르너의 신학적 정의는 회심을 향한 신앙공동체에겐 책임과 자유를 동시에 주는 모든 성도의 소명적 사역의 필요성을 강조한 것이다. 이러한 차원에서 코이노니아의 개념이 가지는 변증법적 신학적 함의는 '평신도 신학'이라는 관점으로 이해할 수 있다.

---

170) 에밀 브루너, 『정의와 사회질서』, 118-119.
171) 에밀 브루너, 『정의와 사회질서』, 338-339.

2) 변증법적 신학의 함의-평신도신학

평신도 신학의 가치는 사역에 대한 역사적 이해를 통해서 분화되었다고 볼 수 있다. 기독교 역사는 어느 때 부터인가, 사역의 구분을 교역자(안수 받은 목회자)와 평신도의 이원론적 분리와 역할로 이해되어왔다. 목회자는 무엇을 주는 역할로, 평신도는 주로 받는 역할로서 만족하면서 신앙공동체의 직제를 이루어 간다. 물론 최근에는 "평신도 중심목회" "평신도 사역"이란 표현을 쓰고는 있지만 이 또한 대부분 교역자에 협력하는 평신도 훈련이거나, 교역자화 된 평신도주의인 경우라고 볼 수 있다. 이로인한 교회의 갈등과 혼란은 현재 한국 교회의 모습 속에서 심각하게 나타나고 있다. 그러나 이 문제에 대한 심각한 문제의식을 가지고 있으면서도 그 해결점에서는 아직 해답을 찾지 못하고 있다. 교회는 이미 제도화된 신앙과 교권화된 제도 속에서 자신의 모습을 변화시키는 것 자체의 자생력을 잃어버렸기 때문이다. 이러한 현상적 인식 속에서 평신도 신학은 기독교 역사 속에서 그 뿌리와 과정을 겪어왔으며, 특히 최근에 이르러서 새로운 신학적 패러다임으로 주장되고 있다.[172] 교회(목회자) 주도적 사고는 회심의 이해에 있어서 보편적인 은혜의 사건이 아닌 특정 은사자나 영적 지도자에 의해서 주어져야 하는 축복으로 변질된다. 결국 회심에 대한 하나님의 주도권은 보이지 않게 회심을 이용한 교권의 확장과 확립을 위해서 쓰이게 되는 역사적 오용들을 보여 왔다. 이 문제의 근본 속에는 신앙과 앎(지식), 신학과 실천의 분리라는 역사적 아픔이 존재한다.

복음과 신앙은 특권층만을 위한 교육을 제공한 적이 없다. 또한 어떤 사변적 이해나 원리들을 주장한 적도 없다. 단지 일상에서 경험되고 삶 속에서 체화된 신앙 그 자체로 충분하였다. 하지만 이미 역사는 '학문적' 탐구의 축복을 받았다. 하지만 그 축복을 인간 욕심의 전유물로 전락시켰다. 이 속에서 가진 자와 없는 자, 지닌 자와 지닐 수 없는 자라는 극단

---

172) 폴 스티븐슨 / 홍병룡 역, 『21세기를 위한 평신도 신학』 [R. Paul Stevens, The Abolition of the Laity] (서울 : IVP, 2009), 35-65.

적 종교적 이원론이 생긴다. 이 태생적 한계의 결과는 의외로 참담했다. 모두에게 내려진 하나님의 약속과 은혜는 가진 자의 전유물이 되었고, 가진 자에서 나오는 값싼 은혜의 부스러기만을 없는 자에게 나누어 주었다. 없는 자들은 결국 태생적으로 할 수 없는 신세를 한탄하며 자족하거나, 때론 반항하며 일어서 보기도 하지만 그 또한 여러 가지 이유로 아픔만 경험할 뿐이었다. 이러한 아픔을 치유할 책임을 조금이나마 느끼는 "가진 자" 라면 결코 이 현실을 부정해서는 안되며, 더욱이 신학함의 이유를 더 이상 기득권화 시켜서는 안 된다. 이 문제가 사실 실천 신학의 태생 이유이며173), 목회와 사회를 통전적으로 이해하고자 하는 학문의 책임이다. 이 또한 "지적 학문화" 시키는 오류를 경계하면서 조심스럽게 제시된 신학적 담론이 목회사회학의 신학적 동의(同議)로서, "평신도 신학"이나 "일상 신학"이라는 언어적 표현일 뿐이다.

이러한 사역의 고민에 대한 이해를 은준관 박사는 「실천적 교회론」을 통해서 제시하고 있다. 특히 한국적 목회 상황의 깊은 통찰과 고민은 결국 사역의 위기라는 현실을 보면서, 안수목회와 평신도 사역의 새로운 패러다임을 제시하고 있다.174) 모든 사역의 궁극적 시작은 하나님이지만, 중세기의 사제직과 감독직의 탄생은 사역의 사제화를 가져오게 된다. 여기에 종교개혁은 이러한 제도권 속에서 회중들, 즉 만인사제직을 통한 평신도의 해방의 기초를 마련했다고 평가할 수 있다. 하지만 이러한 직제적 개념의 존재이유가 단속적으로 생겼다 없어지는 형식이 아니라, 역사적 흐름 속에서 지속적으로 존재하였고 그 속에서 일어난 반동 운동은 수도원 운동이라든지, 종교개혁, 회중 운동 등으로 지금까지 안수목회와 평신도와의 갈등의 뿌리가 되어 온 것이라고 보아야 한다.

이러한 흐름을 신학화한 신학자들로 가톨릭을 중심으로 한 콩가르(Congar), 개신교를 중심한 헨드릭 크레머(Hendrik Kraemer), 존 캅(John Cobb), 폴 스티븐스(Paul Stevens) 등을 들 수 있다.

---

173) 폴 스티븐슨, 『21세기를 위한 평신도 신학』, 15-20.
174) 은준관, 『실천적 교회론』 (서울 : 한들, 2006), 103-160.

크레머의 평신도 신학은, 세계를 향한 하나님의 관심 안에서 부름 받은 교회가 선교적이고 잠정적이기에, 교회와 세계가 만나는 선교적 상황에서의 대화를 하나의 사건으로 창출하는, 선교적인 것이라고 요약할 수 있다. 크레머에게 평신도신학은 루터의 만인 제사직에서도 아니며 그렇다고 시녀도 아니다. "평신도와 성직자가 모두 교회의 본질과 소명을 끊임없이 새롭게 하는 새로운 비전 안에 서 있으며, 그 교회 안에서의 각기 특수한 자리들"을 끊임없이 재확인하는 데서 비로소 그 의미를 찾을 수 있게 된다는 것이다.175) 여기에서 안수목회의 직(職)에 대한 새로운 이해가 다가온다. 안수라는 성례적 행위가 아니라 세례로 인한 하나님의 백성이 된 모든 회중의 사역(평신도 사역 포함)과의 관계에서 이해되어야 하며 더 나아가 하나님과 하나님 백성 공동체를 섬기는 자리로서 이해되어야 한다. 이러한 공통된 신학적 배경 속에서 이 둘 사이의 관계정립에 대한 신학적 논의들이 다양하게 진행되고 있지만, 공통적으로 사역에는 평신도 사역과 안수목회라는 두 차원이 상호 의존적이고 상호 협력적인 관계를 이룰 수 있는 내적 가능성을 안고 있다. 평신도 사역은 처음부터 하나님께로부터 받은 소명의 자리이며 동시에 성령의 은사였다. 그러나 평신도 사역은 안수목회가 서 있는 자리와는 다른 교회와 세계사이(church-world correlate)에서 그 소명을 수행한다. 안수목회는 사도계승적인 권위의 계승이 아니라 하나님의 백성 공동체를 섬기는 목회적 소명으로 이해되었으며, 이는 평신도 사역을 돕는 것을 사역의 본연으로 삼는다.176)

여기에 존 캅은 "신학의 해방(갱신)"의 차원에서의 평신도 신학을 제시한다.177) 신학은 평신도와 상관없거나, 목회자와는 분리된 신학자만을 위한 학문이 아니다. 신학은 실천적 기독교 사고로서 모든 성도들의 일상의 사고와 삶의 대변이 되어야 한다는 것이다. 여기에서 신학의 갱신은 개인적 종교와 분파적 종교의 이상을 뛰어넘는 영성을 제공하고 있다. 특

---

175) 은준관, 『실천적 교회론』, 136.
176) 은준관, 『실천적 교회론』, 144-145.
177) 존 캅 / 김종순 역, 『평신도 신학』 [John B. Cobb,Jr. Lay Theology] (서울 : 성서연구사, 1996).

히 과정 신학적 관점178)에서 존 캅은 종교와 전통적 신앙공동체와의 진지한 대화를 통해서 역사 속에 개입하시는 하나님의 주권을 평신도 신학의 개념으로 준비하여야 한다는 것이다.

우리는 우리들의 가치와 삶을 형성한 공동체의 전통 속에 푹 빠져 있다. 우리가 만일 종교적 에너지에서 상호 적대감을 몰아내려 한다면, 우리는 세속 학문으로부터 배우는 교훈을 기존의 종교 전통들과 결합시켜야 한다. 이렇게 새로운 지식과 이해를 계속하여 변화하고 있는 신앙 공동체들과 통합시키는 작업이 바로 신학적 과제이다. 지금까지 나는 종교 공동체들이 평화에 끼칠 수 있는 위험에 대해서 이야기했다. 종교가 그런 역할을 했다는 데에는 의심의 여지가 없다. 종교는 다른 신앙 공동체들을 반대하는 데에 한 목소리를 내게 한다. 종교는 그 종교의 신봉자들이 다른 종교 공동체들을 상대로 하여 투쟁할 명분을 재가해주며, 심지어는 신성화시킨다. 이 때문에 종교 공동체들 간의 타협과 화해는 더욱 어려워진다. 다행스러운 것은 이것이 종교 전통들의 유일한 역할은 아니라는 것이다. 각각의 종교 공동체 속에는 이해를 추구하고, 또한 인간과 평화를 존중하는 가르침도 존재한다. 열광주의를 반대하는 자기-비판(self-criticism)과 경고의 원리도 있다. 이러한 긍정적인 가르침은 한 공동체로 하여금 다른 공동체를 적시 하는 전투적인 소리를 외치게 만드는 전통보다 훨씬 중요한 요소들이다. 더욱이 오늘날 이러한 가르침은 다른 종교 공동체들과 함께 중요한 역할을 감당한다.179)

이러한 역할이 기독교 신학 내에서는 교실(학문적)신학과 교회신학이라는 분화를 통해 서로의 필요에 따라 진행되었다. 특히 19세기 이후 논의된 신학적 통합(칼바르트, 불트만)의 업적은 이 후 급진신학(흑인신학, 해방신학, 여성신학 등)으로 분화되면서, 현대의 위기는 세분화와 전문화라는 시대적 요청에 따라 좀 더 협소한 이론신학으로 흐르는 경향을 가지

---

178) Donald W. Musser & Joseph L. Price, ed. *A New Handbook of Christian Theology*, 386.
179) 존 캅, 『평신도 신학』, 22-23.

게 된다. 하지만 이러한 경향 속에 흐르는 신학의 본질인, 억압받는 해방의 욕구가 새로운 갱신으로 다가온다. 이러한 비판적 분석 속에서 실천신학적 사고를 통한 현실의 문제와 대화해야 하는 새로운 신학자들, 바로 평신도의 삶의 신학이 요청된다.

> 평신도들은 자기들이 종사하고 있는 사회 제도들 속에서 보다 좋은 대안을 제안하고, 새로운 가정에서 볼 때 가능한 변화를 표출시키면서 그 제도들이 갖고 있는 여러 가지 가정을 분석하는 작업 형태의 신학 작업에 참여할 수 있다.180)

즉 평신도를 통한 신학함의 변화, 소명의 재인식, 신학의 해방이 바로 창조적 변혁으로서의 "회심의 신학함의 자리"로서, 회심의 신학적 기초가 될 수 있다. 지금까지 평신도 신학에 대한 역사적, 신학적 갱신에 대한 통전적 종합은 "하나님의 온 백성에 의한 신학"(The glory of God as all of life is lifted up to God as a living sacrifice(Rom 12:1-2)181) 의 폴 스티븐슨에 의해서 21세기의 교회의 사명으로 외쳐지고 있다. 특히 현대인의 삶에 대한 중심이해(소명)를 통해서 구체적인 교육과 실천의 방법은 그의 평신도 신학의 주요 과제가 되고 있다.

> 소명이란, 하나님이 우리를 그분께로 부르셨기에, 우리의 존재 전체, 우리의 행위 전체, 우리의 소유 전체가 특별한 헌신과 역동성으로 그분의 소환에 응답하여 그분을 섬기는 데 투자된다는 진리이다.182)

현대에 있어서의 신학의 위기는 성경적 소명 개념이 왜곡되면서 성직자와 평신도의 구분이 되었다는 것이다. 이러한 소명의 위기는 하나님을 믿는 삶에 있어서 부르심의 오해로 찾아오게 된다. "하나님이 부르심"

---

180) 존 캅, 『평신도 신학』, 135.
181) 폴 스티븐슨, 『21세기를 위한 평신도 신학』, 10-27.
182) 오스기니스 / 홍병룡 역, 『소명』 [Os Guinness, The Call] (서울 : IVP, 2004), 13.

이 전 삶의 인격적인 고백이 아니라, 수동적인 위치에서만 기대하게 된다. 하지만 역사 속에서 교회는 이러한 역할에 대한 혼돈을 가지고 있었다. 교회는 하나님 나라의 일차적인 대행자가 되기 위해 하나님의 파송을 받아 존재하는 곳이다. 하나님의 '라오스(laos, 하나님 백성)' 는 목적지(하나님 나라의 완전한 도래)를 향해 가는 순례자 백성이며, 지상의 하나님의 신민(臣民, 하나님의 관심사와 주권을 나타내는)이며, 그리스도의 신부(온전한 완성의 날을 기다리는 약혼녀)이며, 그리스도의 몸(세상을 위해 자기 생명을 바치는)이다.183) 이들의 삶은 교회를 포함한 세상속이다. 이들의 세상 속에서의 삶과 신앙의 삶은 종교적으로 분리되는 것이 아니라 신앙과 삶의 통합의 개념이다. 하지만 그 역할모형은 성경이 된다. 문제는 그 성경의 모형에 대한 사역의 오해에서 초래된 역할변이의 문제이다. 결국 하나님의 백성으로서 세상에서의 삶은 어떠한 성경적 사역으로 이해되고 실천되어야 하는가의 문제이다. 구약성서에서 부터 신약에 이르기 까지 사역의 모형은 선지자, 제사장, 왕으로의 3중직으로 표현된다. 이 개념은 전통적으로 성직자(교권)전통과 하나님의 온 백성 전통 속에서 표출되고 상호 반응하였다. 성직자 전통 속에서 선지자, 제사장, 왕의 개념은 선민(先民)적 전통 속에서 선택되고, 구별되고, 유전되는 영적 권위의 전승으로 내려왔다면, 하나님의 온 백성 전통 속에서는 만민 선지자직, 만민제사장직, 하나님 나라의 시민으로서 나타난다. 평신도는 하나님 온 백성 전통 속에서 자신의 삶을 사역의 장으로 살아가는 것이다. 폴 스티븐슨은 이들의 역할을 공동체적 발현으로 이해하고 있다.

 제사장들은 돌보고, 선지자들은 선포하며, 왕들은 지도한다. 하지만 교회에서뿐 아니라 세상에서도 이 삼중직은 하나님의 '라오스' 의 사역의 여러 차원을 잘 대변해 준다. 선지자들 은 무엇을 하는가? 그들의 일은 분별하고, 의사 소통하고, 알리고, 정의가 이루어지도록감찰하고, 결과는 밝히는 것인데, 이는 하나님의 백성이 회사와 가정에서 할 수 있는 그

---

183) 폴 스티븐슨, 『21세기를 위한 평신도 신학』, 201.

런 일들이다. 제사장들은 무엇을 하는가? 그들의 일은 다리를 만들고, 중재하고, 의미를 표현하고, 믿음을 촉구하고, 축복하고, 은혜를 가져오는 것인데, 이것 역시 하나님의 백성이 소위 세속적인 직업 분야에서, 교회에서, 가정에서 섬기는 여러 방법이다. 예를 들면, 금융 분야에 종사하는 한 간부는 이 삼중직을 기업 경영과 관련하여 발전시켰다. 선지자는 그 조직들을 향한 하나님의 뜻을 발견하도록 도움으로써, 제사장은 사람들을 돌보고 하나의 모델로 섬김으로써, 왕은 인적, 물적 자원을 잘 관리하는 신실한 청지기 역할을 함으로써 말이다.[184]

이러한 평신도 사역의 모델 속에서 우리가 발견할 수 있는 주제들을 정리한다면, 첫째, 유대교의 선민의식(왕조신학을 포함한)을 넘어선 구속사적 보편성. 둘째, 시간적인 메시야 대망을 넘어선 하나님 나라의 종말론적 사역성. 셋째, 제도화된 교회를 넘어선 하나님의 백성으로서의 공동체성을 들 수 있다. 이 주제들은 단순히 평신도 신학이라는 이론적 개념이 아니라, 성서 전체의 구속사적 흐름 속에서 만나게 되는 신앙공동체의 고백과 경험, 즉 코이노니아적 회심의 정의와 역할을 안내하고 있는 것이다.

3) 회심 - 코이노니아

이제 이 신학적 함의 속에서 회심에 대한 신학적 응답을 어떻게 구체화 할 수 있을까? 코이노니아(교제) 교회론 이라는 틀을 활용하여, 부르너의 교제와 정의의 신학, 이에 대한 변증법적 신학으로서 평신도 신학이 가지는 자리는 회심의 영성적 차원의 재구조화와 연결된다. 여기에서 의미하는 재구조화는 구조화된 회심의 전통적인 성직자 중심의 신학을 성도들의 삶 가운데에서 적용하고 현실화 시키는 과제를 말한다. 이를 위한 개인적 차원이 평신도 신학의 "일상의 영성"이라는 차원이고, 교회적 차원으로는 "선교에 대한 재구조화" 이다. 교회적 차원은 선교신학에서 다룰 수 있기에, 여기에서는 개인적 차원을 논의하도록 한다.

---

184) 폴 스티븐슨, 『21세기를 위한 평신도 신학』, 222-223.

하나님 사역은 하나님의 영성에 대한 반응이라고 할 수 있다. 하나님을 영적으로 체험한 자를 통한 영의 일들, 즉 신앙과 종교의 일들이 진행되고 표현된다는 것이다. 물론 꼭 회심이 우선이 되지 않고 의무적으로 접근할 수도 있다. 하지만 일반 사회의 시각에서는 진정으로 회심한 종교인의 역할을 전제하고 우리의 신앙생활의 기준을 판단하게 된다. 이것이 참으로 어려운 문제이다. 세상에서 보면 교회는 언제나 믿는 자의 집단이다. 믿는자가 전부 신앙이 완벽하지 않다는 것을 알면서도 세상의 판단기준에서는 그 이해를 벗어나지 못한다. 개인 신앙의 모습이 전체를 대변할 수도 있다는 것이 현실이다. 이와는 반대로, 이것 또한 회심의 의미에서, 믿는자의 입장에서는 회심은 과정이라는 면제부가 언제나 있어 왔다. 즉 세상의 눈이 우리를 비판하고 주시할 때는 "우리도 당신들과 같다. 우리는 아직 완전하지 못하다" 는 것이다. 이 얼마나 서로에게 두려운 약속인가! 결국 이에 대한 유화적 표현이 '인격적'이라는 것이다. 다른 표현으로 '사람 됨이 먼저'라는 것이다. 하나님을 만나고 교회에 다녀도 사람은 바뀌지 않는다는 것, 타고난 인격이라는 것, 결국 인격으로 하나님을 믿고 따르는 사회의 기준이 종교적 회심을 형식화 시켰다. 이러한 차원에서 폴 헬름의 현대 교회의 회심에 대한 지적은 적절하다.

> 그래서 자신의 임무에 충실한 교회라면 사람들에게 그저 '더 나은 사람이 되십시오', '마음을 고쳐먹고 새롭게 시작하십시오', '마음의 고통을 줄이기 위해서 애쓰십시오', '보다 나은 삶을 위해서 힘쓰십시오' 라고 말하지 않는다. 비록 이런 조언들의 의도는 괜찮았다 해도 현재 상황에 대해서 잘못 되었거나 피상적으로 진단한 것이기 때문에 옳지 않다. … 사람들에게 필요한 것은 부가적인 정보나 윤리적인 동기를 뒷받침해야 하는 것이 아니라 전능하신 하나님과 더불어서 사랑과 신뢰와 복종의 관계를 회복하는 것이다. 이런 것들이 깨어졌기 때문에 사람들이 보다 더 낫게 행할 수 없는 것이다. 이 관계는 오직 하나님의 능력으로만 회복할 수 있고, 하나님의 부르심에 따라 그분에게로 나아오는 모든 사람들에게 베풀어진다.[185]

---

185) 폴 헬름/손성은 역, 『회심』 *[Paul Helm, The Beginning : Word & Spirit in Conversion]* (서울 : SFC, 2005), 10-11.

그렇다면 우리가 추구해야할 회심의 영성을 어디에서 찾을 수 있는가? 바로 "일상에 관한 영성"(a spiritual of the ordinary)이다. 이 일상은 단순히 현실을 인정하고 살아가는 세상적(Worldly) 삶이 아니라, 하나님의 가치관을 가진 세계적(World) 삶을 말한다. 우리는 하나님을 극적인 초자연적 권능에서만 일하시는 분으로 생각할 때가 많이 있다. 물론 우리의 인간사가 인간 이성으로만 운행될 수 없는 태생적 한계를 가지기에, 종교를 통해서 이러한 한계를 초월하여 신적 권위를 의지하게 하는 것은 어쩔 수 없다. 하지만 어쩔 수 없다는 것과 진리를 이해하는 것과는 너무나 큰 차이가 있다. 하나님께서 하실 위대한 일들은 과거, 현재, 미래에도 존재한다. 문제는 이 하나님의 역사에 대한 우리의 받아들임이다. 우리가 이것을 받아들일 때 개인적인 유익과 축복을 우선한다. 또한 이것을 합리화하고 쉽게 허용하는 대리자가 필요한데, 그것을 자칭 "영적 지도자"에게서 찾게 된다. 이것의 상호협력은 너무나 절묘해서 자칫 보면 하나님의 나라가 실현된 듯한 착각을 그 속에서 보이기도 한다. 이것이 회심의 유혹이다. 하나님을 향한 "변화 됨(transformed)"이 아니라 나를 위한 "변화 됨(transforming)"의 순간이다. 이 순간의 매력이 반복되는 순간 이미 쏟아진 은혜를 주워 담는 것처럼 크고 작은 거래들이 나의 신앙과 생활 속에서 이루어진다. 그 중 하나가, "자기 교회 만을 위한, 자기를 위한 전도"로 나타난다. 너무나 극단적이라 말할 수 있겠지만 우리의 현실을 인정할 수 밖에 없다. 이에 대한 반대의 비판도 언제나 열어 놓는 책임도 잊지 않겠다. 결국 이러한 회심은 습관화된 전율이다. 우리가 느끼는 전율에 대해서는 경외감, 존경심, 흥분, 감동 등 너무나 많은 감정과 오감의 유희들이 존재한다. 이것은 하나님이 인간을 위해 주신 축복이다. 하지만 이 전율의 습관화, 인위적 전율의 흥분은 결국 스스로를 파괴하며 중독의 위험성을 내포한다. 이러한 상태를 회복하는 것은 인간의 치료기술로는 어려운 문제이다. 그만큼 회심의 유혹은 치명적이 될 수 있다.

하지만 놀라운 것은 그 습관적 전율을 완전히 회복할 수 있는 것이 "또 다른 전율"이라는 것이다. 이 전율은 원래의 전율이며, 창조자의 전율이다. 이 전율을 통해서 회복될 수 있는 것은 단순히 병적 현상을 뛰어넘는다. 이것은 인간의 본질적인 문제를 건드린다. 이 전율이 바로 하나님을 향한 회심의 반향이요, 하나님이 조건 없이 주신 은혜의 선물이다.

이것이 불가능한 것일까? 그 전율은 도대체 어디에 있단 말인가? 바로 "나의 일상(ordinary life)" 이다. 어찌 그럴 수 있는가? 죄가 있는 곳에 하나님이 계신다(마9:13). 아픔이 있는 곳에 하나님은 항상 계신다. 그렇기 때문에 내가 있는 자리가 바로 화해의 자리요, 하나님의 자리이다(롬 5:1-11). 마이클 프로스트는 일상의 영성을 하나님의 신비로 정의하면서, 믿음의 새로운 시각과 실천으로서의 "성육신적 삶"을 요청하고 있다. 이것은 종교적-비종교적인 것의 이원론을 극복하는 것이고, 이 속에서 나타나는 분리되고 주관적인 영성을 삶과 이야기의 영성으로 회복하는 훈련이 필요하다는 것이다. 이를 위해 진정한 회심은 삶과 이웃과 세계와의 진정한 만남으로 이어진다.

이런 식으로 거듭나게 될 때(진정한 회심), 우리는 자신의 필요를 채우고 의문을 해결하고 고통을 완화시키려고 타인에게 의존하는 것이 부질없는 짓임을 알게 된다. 우리는 불확실성과 실망에도 흔들리지 않는 튼튼한 믿음을 개발하게 된다. 그러한 신앙은 다른 사람을 이용하는 것이 아니라 그들을 인격적으로 만나기로 선택하는 신앙이다.(마르틴 부버는 '인생은 만남이다' 라고 말한 적이 있다.) 이처럼 거듭난 믿음은 회색 지대에서 적합하게 대처하며 혼란스런 상황에도 잘 대처할 수 있다. 이런 믿음은 모든 것에 대해 의문을 제기하고 쉬운 대답을 거절한다. 누구나 이와 같은 믿음을 소유할 수 있다. 그것은 예수님의 인격과 가르침과 사역에 기초한 것으로서 무언가를 얻으려는 성향에서 우리를 자유 케 한다. 우리의 존엄성과 가치가 그리스도 안에서 보장되어 있음을 알기 때문이다. 사도 바울은 이것을 그 자체로 충분히 족하다는 말로 표현했다.[186]

---

186) 마이클 프로스트/홍병룡 역, 『일상, 하나님의 신비』 [Michael Frost, Eyes Wide Open : Seeing God in the Ordinary] (서울 : IVP, 2006), 159-160.

이 일상에 대한 영성의 철학적 기반이 바로 코이노니아, 바로 만남의 사건이다. 이 만남은 어떠한 신적 초월로서 추구의 영성이 아니라, 진정한 만남의 상호관계와 공동체성을 이루게 된다.

「너」가 나를 만남은 은총으로 이루어진다-결코 찾음으로써 이루어지는 것이 아니다. 그러나 내가 「너」를 향해 저 근원어를 말하는 것은 나의 온 존재를 기울인 행위요, 나의 본질적 행위이다. 「너」는 나를 만난다. 그러나 나는 「너」와의 직접적인 관계에 들어선다. 그러므로 관계란 택함을 받는 것인 동시에 택하는 것이며, 수동과 능동의 어우러짐 이다. 온 존재를 기울인 행위는 언제나 부분적인 힘의 사용에 의존하는 부분적인 행위들과 내가 무엇을 행한다는 감각이 지양되기 때문에 수동과 아주 근접하게 된다. 근원어「나-너」는 오직 온 존재를 기울여서만 말할 수 있다. 온 존재에로의 응집과 융합은 나에 의해 이루어질 수 있는 것이 아니며 나 없이 이루어질 수 있는 것도 아니다. 내가 「나」가 되기 위해서는 「너」를 필요로 한다; 「나」가 되기 위하여 나는 「너」라고 말한다. 모든 참된 삶은 만남(Begegnug)이다.[187]

나와 너

마틴 부버(Martin Buber)의 만남의 철학『나와 너(Ich-Du)』는 상관관계적 방법론 속에서 인생(종교적 삶을 포함한)의 과제를 진정한 만남의 공동체적 가치에서 추구하고 있는 고전적 사상이다. 이 사상은 철학뿐 아니라, 교육, 신학, 현대 인문학 등에 널리 사용되는 개념으로, 실존적 개념으로서의 회심의 만남의 사건으로 이해될 수 있다.

---

187) 마르틴부버 / 박문재 역,『나와 너』[Martin Buber, Ich und Du] (서울 : 인간사, 1992), 35.

결국 개인의 영성을 추구하는 궁극적인 이유가 철저히 자기 자신 만을 위한 것이 아님을 인식하고 준비하는 것이 중요하며, 이것이 기독교의 개인이해가 문화이해로 확장 되어야 하는 이유이다. 이 문제에 대한 니버의 "영속적인 문제" 제기는, "예수를 믿는다"라는 공통적인 고백은 기독교의 공동체에 속한 개인의 궁극적인 고백이 된다. 예수는 나를 구원하실 자요, 우리 공동체의 최고의 기준임을 고백하는 것이다. 하지만 문제는 이러한 공통적인 고백 속에서도 그 본질을 설명하고 실천하는 모습이 다양하다는 것이다.[188]

이러한 문제에 대한 본질적인 대답으로 한 편으로는 근원적인 영적 대답을 요청하는 것이고, 또 한 편으로는 우리의 삶, 즉 문화에 대한 대응을 통해서 우리의 정체성을 찾아야 하는 삶의 신학이 필요한 것이다. "문화에 대립하는 그리스도, 문화의 그리스도, 문화 위에 있는 그리스도, 역설적인 관계를 가진 그리스도와 문화, 문화의 변혁자 그리스도"이 각각의 대응 주제들은 시대적 의미 속에서 언제나 질서와 비질서의 문제를 나타내는 주제들이었다. 그럼에도 이러한 물음들은 끝나지 않을 영속적인 문제들이며, 하나님의 구원역사를 경험하는 인간이해의 한계의 산물일 뿐이다. 하지만 나름대로 주장되는 결론들 속에도 그 나름대로의 믿음과 상황이 갖는 연합된 가치와 결론의 가능성이 있다. 그럼에도 언제나 결론은 결단으로 표현되어야 한다.

가능적 결론, 그것은 고찰에서 행동으로, 통찰에서 결단으로 이동함으로써 꾀해지고 획득 되는 것이다. …(중략)… 신앙 안에서 우리는 믿기 때문에, 우리의 상대성과 상관성을 깨닫는다. 우리의 실존적인 자유는 우리의 의존성이라는 맥락 안에서 현실적으로 실시될 뿐만 아니라, 신앙 안에서 정평 있게 행사된다. 신앙으로 결단한다는 것은 이 맥락의 인식 안에서 결단하는 것을 의미한다. 신자가 최선을 다하여 이 맥락을 이해하는 것은 그 맥락안에서의 그의 의무를 수행하는 신자의 의무이다. 여

---

188) 리처드 니버 / 김재준 역, 『그리스도와 문화』 *[H. Richard Niebuhr, Christ and Culture]* (서울 : 대한기독교서회, 1996), 19.

기서 의미하는 바는 신앙의 자유 안에서 이루어지는 결단의 성격을 구명함으로써 더 명확하게 알려질 것이다. 외형적으로 말한다면 우리의 결단은 상대적인 통찰과 신앙에 근거하고 있다. 그러나 그것이 상대주의적인 것은 아니다. 그것은 개인적 결단이다. 그러나 그것이 개인주의적인 것은 아니다. 그것은 자유 안에서 되어진다. 그러나 그것이 독립적인 것은 아니다. 그것은 순간적으로 되어진다. 그러나 그것이 비역사적인 것은 아니다.[189]

이 결단의 의미는 상대적 가치를 선택하는 것이며 실존적인 것 즉 사색적인 탐구에 의해서 나타나는 결단이 아니라 자기에게 '참' 이라고 인정되는 것을 근거로 하여, 현재의 순간에서 행동하는 책임적 주체로서 자유롭게 내려야 할 결단인 것이다.[190] 이 자유의 사건으로서의 결단의 자리가 바로 "회심의 자리" 이고 은혜의 세계 속에서 경험되는 "회심의 책임성" 이라고 할 수 있다.

3. 말씀사건으로서의 회심신학

현대 교회론의 획기적 전환은 교회를 하나의 사건(event)으로 보는 신학적 관점에서 이루어졌다고 볼 수 있다.[191] 이것은 "계시와 복음은 곧 사건" 이라는 개념 속에서 교회가 제도적-교리적 한계 속에서 실제로 경험된 예수그리스도의 전 사건(Totus Christus)을 중심 동기(motif)로 삼는 것이다. 사건이라는 것은 우발적 사고를 나타내는 현상의 의미가 아니라, 당하는 우리에게는 우발적인 경험이지만 그 사건 속에 준비되고 계획된 구조화된 사건인 것이다. 이 속에서 그 사건에 대한 깨달음과 느껴짐이 자신의 사건으로 구체화될 때 그 사건은 개인과 공동체의 삶의 경험이 된다는

---

189) 리처드 니버, 『그리스도와 문화』, 233.
190) 리처드 니버, 『그리스도와 문화』, 240.
191) 은준관, 『신학적 교회론』, 311.

것이다. 이러한 차원에서 이 사건으로의 발견은 경험적이고 고백적이다. 그럼에도 구조적인 상관관계성을 가지고 있다. 특히 말씀으로의 사건은 종교개혁 당시 성례로서의 중세 교회의 선포에 대한 반발로 루터에 의해서 제시된 말씀 사건(설교)을 뿌리로 하여, 20세기에 칼 바르트에 의해서 종합되었다.

1) 새로운 전통

종교 개혁의 말씀사건은 20세기에 들어오면서 실존적 말씀사건으로서의 교회론을 제창한 칼 바르트(Karl Barth)로 인해 강조되었다고 할 수 있다. 현대 신정통주의 신학의 뿌리인 바르트의 신학사상은 「로마서 강해」(1판:1919. 2판:1922)로 부터 시작하여, "바르멘 신학선언"(1934), 으로 알려졌고, 「교회교의학」(1932년 부터)을 통해서 완성되었다. 그의 영향으로 그 당시 인간의 낙관론적인 자유주의 신학에 대한 상황적, 신학적 반성이 일어났으며, 전 세계적으로 '신 전통주의' 라는 새로운 신학사조로 발전하게 된다. 이것은 계몽주의 이후 자유주의 사상에 의해서 무너진 종교개혁의 사상과 정통주의 신학을 회복한다는 차원에서 명명된 것이다. 하나님의 전권적 사건을 우리 인간의 입장에서 해석하고 적용한다는 것이 결국 죄된 인간 실존을 허구로 만들어 버렸다. 이를 회복하는 것은 하나님의 말씀 사건으로서, 앞으로 다시 오실 예수그리스도의 부활사건을 통해 교회는 종말론적 공동체로서의 순례의 길을 걸어가야 하는 것이다.

이때 중요한 것은 인간의 말이나 인간의 제도, 권력, 질서가 아니라 "하나님의 말씀"이기에 하나님의 입장에서 나타나는 은총의 사건을 통해서만 우리의 믿음을 고백할 수 있게 된다. 이 말씀은 하나님의 계시의 사건으로 자기 자신을 계시하신 예수그리스도와의 관계를 통해 우리에게 표현되는데, 그 양태로서 첫째는, 역사의 예수그리스도가 하나님의 말씀이다. 둘째는 성서인데, 이 속에는 하나님의 말씀으로서의 차원과 이 말씀에 대한 인간적 증언으로서의 차원을 포함한다. 셋째는 교회의 설교이다.[192]

하나님은 예수그리스도의 삶과 죽음, 부활을 통하여 자신의 모습을 계시하신 말씀사건 자체이다. 성서는 예수그리스도에 대한 증언의 책이다. 그리고 하나님은 이 증언들을 통해서 직접 말씀하신다. 설교자는 이러한 예수그리스도를 통한 하나님의 전권인 말씀사건에 순종하며 나아가야 한다. 이것이 성령의 역사이고 우리 모두가 새롭게 만나야 할 회심의 말씀사건으로 새롭게 결단되어야 하는 것이다. 새로운 전통은 새롭게 규정되거나 만들어진다는 것이 아니라 우리의 현실과 상황 속에서 새롭게 회복되고 재창조되어야 한다는 것이다. 이를 통한 신학적 함의는 "말씀의 신학"으로 현재까지 큰 영향을 끼치고 있다.

2) 변증법적 신학의 함의 - 말씀의 신학

칼 바르트의 교의학에서 신앙의 중심은 말씀의 신학으로 대변된다. 이 말씀은 신뢰로서의 신앙, 지식으로서의 신앙, 고백으로서의 신앙의 신학적 과제로 제시된다.

> 교의학은 여러 다른 시대의 교회의 지식의 상태에 따라서 교회가 그것의 선포의 내용을 비판적으로, 즉 성경의 표준에 의하여 또한 그것의 신앙고백의 인도하에 고려하는 학문입니다.[193]

이 교의학의 학문적 목적과 기능 속에서 그의 신학적 특징을 김명용 교수는 "하나님의 말씀의 신학, 하나님의 주권의 신학, 하나님의 은총의 신학, 하나님의 나라를 위한 신학, 살아계신 하나님에 대한 신학"으로 정리하고 있다.[194]

---

192) 『현대 신학을 이해하기 위해 꼭 알아야 할 신학자 28인』, 김명용, "칼 바르트", 118-119.
193) 칼 바르트 / 신경수 역, 『교의학 개요』 [Karl Barth, Dogmatics In Outline] (경기 : 크리스챤 다이제스트, 2009), 3.
194) 김명용, 『칼 바르트의 신학』 (서울 : 이레서원, 2007), 39.

하나님의 말씀은 모든 피조물적인 존재의 능력입니다. 하나님은 이것을 그의 영광의 극장으로서 창조하고 다스리고 유지하십니다. 나는 이 말로써 궁극적으로 하나이며 동일한 것인, 창조의 근거와 목표를 지시하고 싶습니다. 창조의 근거는 하나님의 은혜이며, 하나님의 은혜가 존재한다는 사실은 참되며, 우리를 향하여, 하나님의 말씀 속에서 살아있는 강력한 선물입니다. 이스라엘 역사에서, 예수 그리스도 안에서, 예수 그리스도의 교회의 토대 안에서 오늘날에 이르기까지 그의 말씀을 발하시고 발하셨던 하나님에 의하여, 그리고 모든 미래에 대한 그의 말씀하심에 의하여, 창조는 존재하였고 존재하며 존재하게 될 것입니다. 존재하는 것은 이것이 저절로가 아니라, 하나님의 말씀에 의하여, 그의 말씀을 위하여, 그의 말씀의 의미와 목표 안에서 존재하기 때문에 존재합니다. 하나님은 만물(ta panta)을 그의 말씀(히1:2;cf. 요1:1f. ;골1)으로 붙드십니다.195)

이 하나님 말씀 중심의 신학은 우리 인간에게는 예수그리스도를 통한 실재하는 은혜의 사건이며, 화해의 사건으로 이해된다.

은혜는 전적으로 계시의 이러한 현실, 즉 하나님께서 사람인 나의 유익을 위하여 사람이 되셨다는 사실에 놓여 있습니다. 그런 방식으로 우리는 도움을 받았습니다. 하늘 나라는 이미 존재합니다 ; 하나님의 편에서 우리의 유익을 위한 행동이 이미 취하여졌습니다. 예수그리스도의 이름을 부르는 것은 우리가 보호받고 있으며, 우리가 상실되지 않았다는 사실을 인정하는 것을 의미합니다. 예수그리스도는 모든 상황 속에서, 그리고 인간 자신에게서 나오는 악을 포함하여 그의 삶을 어둡게 만드는 모든 것에도 아랑곳하지 않는 인간의 구원이십니다. 이 사건, 즉 하나님께서 우리의 유익을 위하여 사람이 되셨다는 사실 속에서 이미 선하게 되지 않은 것은 없습니다. 남아있는 것은 단순히 이러한 사실에 대한 발견일 수만 있습니다. 우리는 어떤 일종의 우울한 불확실성 속에 있지 않습니다 ; 우리는 우리가 전혀 존재하기도 전에 우리에게 은혜로우셨던 하나님을 통하여 존

---

195) 칼 바르트, 『교의학 개요』, 78.

재합니다. 우리가 이 하나님과 정반대로 존재하고, 그와 떨어져서, 실제로 그를 반대하면서 사는 것이 사실일 수도 있습니다. 우리가 그와의 싸움을 시작하기 전에, 하나님께서 우리와 화해할 준비를 하셨다는 것은 더욱 더 사실입니다. 하나님께로 부터의 우리의 소외와 관련하여, 인간이 단순히 잃어버려진 존재로서 생각될 수만 있는 것이 사실이라 하더라도, 하나님께서 우리의 유익을 위하여 행동하셨고, 그렇게 행동하시며 또 그렇게 행동 하실 것이라는 것, 즉 모든 상실된 상태를 위한 구원이 존재한다는 것은 더 더욱 훨씬 더 사실입니다. 우리가 기독교 교회를 통하여 성령 안에서 믿도록 부르심을 받는 것이 바로 이 믿음입니다.[196]

예수그리스도를 통한 화해의 사건 속에서 바르트의 주요한 신학사상인 '화해론'이 이해되어진다. 바르트의 화해론의 가장 큰 특징과 독특성은 그가 객관적 화해론을 주장했다는 점에 있다. 객관적 화해론은 주관적 화해론과 대립되는 개념인데, 만인은 예수그리스도에 대한 주관적 믿음과 관계없이 객관적으로 하나님과 화해되어 있다는 주장이다.[197] 이것은 전통적으로 인간이 하나님과 화해되는 순간은 예수그리스도를 구주로 받아들이는 순간으로 이해했다면(주관적 화해론), 바르트는 이 천 여년 전에 십자가에서의 죽으심, 온 인류의 죄를 짊어지시고 돌아가신 그 순간 인류는 하나님과 화해되었다는 것이다. 이것은 개인의 주관적 체험으로가 아니라, 하나님의 객관적 계시하심의 사건이었던 것이다. 십자가는 극단적인 하나님의 사랑과 자비의 계시이다.[198] 이 화해는 그 당시의 순간 속에서 머무는 것이 아니라 영원한 사건으로서 하나님의 종말론적 계시로 현존한다. 이러한 그의 신학은 '만인구원론'과의 논쟁을 낳았지만, 그에게서 화해의 복음은 구원의 복음을 믿고 받아들일 때 구현된다. 바르트는 바로 이 화해와 구원 사이의 시간이 교회의 시간이요 성령의 시간이요 선교의 시간이라고 밝히고 있다.[199] 여기서 성령은 이 모든 것과 함께함의 관계 속

---

196) 칼 바르트, 『교의학 개요』, 97-98.
197) 김명용, 『칼 바르트의 신학』, 230.
198) 김명용, 『칼 바르트의 신학』, 231.

에 있다. 특히 하나님의 주권 속에 속해있는 성령을 통해서 인간의 결정권은 신적 선택과 은혜의 자리로서 진정한 자유함을 가지게 되는 것이다.

우리가 신앙에 대하여 언급하였을 때, 우리는 자유의 개념을 강조하였습니다. 주님의 영이 계신 곳에는 자유함이 있습니다. 만약 우리가 성령의 신비를 쉽게 풀어서 말하자면, 이 개념을 선택하는 것이 최선입니다. 성령을 받고, 성령을 소유하며, 성령 안에서 산다는 것은 해방되었으며 자유 안에서 살도록 허용 받았음을 의미합니다. 모든 사람들이 다 자유하지는 않습니다. 자유는 과정의 문제가 아니며 단순한 인간 존재의 속성이 아닙니다. 모든 사람들이 자유하도록 운명지어졌지만, 모든 사람들이 다 이 자유 속에 있는 것은 아닙니다. 그 분리선은 우리 사람들에게는 감추어져 있습니다. 성령은 그가 원하시는 대로 부으십니다. 인간이 성령을 갖는 것은 실제로 인간의 자연적인 조건이 아닙니다 ; 이것은 언제나 특이성이며 하나님의 선물인 것입니다. 여기에서 중요한 것은 아주 단순하게 예수 그리스도에게 속해 있는 것입니다. 우리는 성령 안에서 그와 다른 새로운 어떤 것과 관계하지 않습니다. 이것은 언제나 그를 그렇게 이해하였던, 성령에 대한 잘못된 개념이었습니다. 성령은 예수 그리스도의 영이십니다. "그가 내 것을 가지고 너희에게 주시리라." 성령은 말씀과 인간의 일정한 관계 이외의 어떤 것도 아닙니다. 성령 강림절의 성령의 부으심에는, 그리스도에게서 사람에게로 하는 운동 - 프뉴마는 바람을 의미합니다 - 이 존재합니다. 그는 그들에게 숨을 내쉬며 "성령을 받으라!" 라고 말씀하셨습니다. 기독교인들은 그리스도가 숨을 내쉬셨던 자들입니다. 따라서 우리는 한 가지 관점에서 성령에 대하여 결코 충분히 냉정하게 말할 수 없습니다. 관련된 것은 그리스도의 말씀과 사역에 있어서의 인간의 참여입니다.[200]

바르트에게 있어서 성령의 역사하심 또한 인간의 정신적 이해를 넘어

---

199) 『현대 신학을 이해하기 위해 꼭 알아야 할 신학자 28인』, 김명용, "칼 바르트", 122.
200) 칼 바르트, 『교의학 개요』, 191.

선, 하나님의 전존재적인 사건으로서의 인격적 만남이 되어야 한다는 것이다. 이제 이러한 "예수그리스도의 전존재적 삶을 살아가야 하는 성도들의 모습은 어떠해야 하며, 무엇을 기대하는가?" 바르트에게 이 물음은 "종말론적 부활의 삶"이라고 할 수 있다.

이제 기독교인은 기대합니다. 이생에서의 기독교인의 시대의 의미는 무엇입니까? 죽음 이후의 삶입니까? 죽음과 별개의 사건입니까? 나비와 같이 무덤 위에서 펄럭이며, 영원히 살기 위하여 어딘가에서 여전히 보존되고 있는 작은 영혼입니까? 이것이 바로 이방인들이 죽음 이후의 삶을 바라보았던 방법이었습니다. 그러나 이것은 기독교인의 희망은 아닙니다. "나는 몸의 부활을 믿습니다." 성경에서 몸은 아주 단순하게 인간이며, 그것도 죄의 징표 아래에 있는 인간, 비천한 처지에 있는 인간입니다. 이 인간에 대하여, 네가 다시 살리라고 말씀하였습니다. 부활은 이 생명의 계속이 아니라, 생명의 완성을 의미합니다. 이 사람에 대하여 죽음의 그림자가 접근할 수 없는 '예'가 언급이 됩니다. 부활에서 우리의 생명, 즉 우리가 존재하고 처해 있는 그대로의 우리 인간들이 포함됩니다. 우리가 다시 살아나며, 아무도 우리를 대신하지 않습니다. "우리가 변화되리라" (고전15장);이것은 전혀 다른 삶이 시작된다는 것이 아니라, '이 썩을 것이 썩지 않음을 입으며, 이 죽을 것이 죽지 않음을 입게 된다' 는 사실을 의미합니다. 그 때에 '죽음이 승리에 삼켜지게 되는' 일이 드러나게 될 것입니다. 따라서 기독교적인 희망은 우리의 전체 삶에 영향을 미칩니다 ; 이 우리의 생명이 완성될 것입니다. 수치와 약함 속에서 뿌려지는 것이 영광과 능력 가운데 다시 살아날 것입니다. 기독교적인 희망은 우리를 이 생명에서 끌어내는 것이 아닙니다 ; 이것은 오히려 하나님께서 그 안에서 우리의 생명을 보시는 진리를 드러내는 것입니다. 이것은 죽음의 정복이지만, 피안으로의 비약(飛躍)은 아닙니다. 이생의 현실이 연관됩니다. 옳게 이해했을 때, 종말론은 생각될 수 있는 가장 실제적인 일입니다. 종말에서는 빛이 위로부터 우리의 삶 속으로 내려옵니다. 우리는 이 빛을 기다립니다. 괴테는 "우리가 당신에게 희망을 명합니다"라고 하였습니다. 아마 그도 이 빛을 알았을 것입니다.

여하튼, 기독교의 메시지는 확신과 위로 가운데에서 이 빛 속에 있는 희망을 선포합니다.[201]

말씀의 사건으로서의 바르트의 신학은 이제"종말론적 전존재로의 회심의 삶" 의 목적이 된다. 우선은 전 인류적 사건으로서의 회심의 사건은 십자가를 통한 그리스도의 화해와 부활을 통한 성화, 다시 오실 종말론적 희망의 사건이 되는 것이다. 이 속에서 회심은 전인격적인 경험과 현존의 사건이 된다. 하지만 이것은 하나님의 주권된 말씀으로 구별되고 주어져야 한다. 이러한 사상은 하나님의 초월적인 경험으로만 흐를 수 있는 개연성을 내포하고 있지만, 그의 신앙의 깊은 경험을 바탕으로 한 신학 진술은 신앙적 균형의 가능성을 충분히 가지고 있다. 이제 우리는 신학적인 회심의 구체화된 실천적 물음을 물어야 할 것이다.

4. 섬김으로서의 회심신학

신학적 교회론의 의미에서 선교에 대한 새로운 이해는 1960년대 나타난 선교와 봉사(diakonia)를 강조하는 '종'으로서의 교회였다.[202]   이는 하나님 나라 사상이 주제를 이루고, 변화하는 현대의 시대적 상황 속에서 교회의 본질과 역할에 대한 종교적 반성이었다고 할 수 있다. 피선교지로 알려진 19세기의 아시아와 아프리카로부터 거세게 다가온 교회 일치와 교회 연합의 호소와 열풍은 마침내 한 하나님, 한 그리스도, 한 교회를 고백하는 에큐메니칼 운동을 태동시켰다. 선교신학은 여기서 그 선과 윤곽을 형성하게 되었다. 이러한 역사적 맥락에서 섬김으로의 교회론은 선교신학으로부터 깊은 영향을 받아 형성되었다.

---

201) 칼 바르트, 『교의학 개요』, 211-212.
202) 은준관, 『신학적 교회론』, 333.

1) 하나님의 선교

1964년 「신에게 솔직히(Honest to God)」를 써서 신학혁명을 불러 일으킨 로빈슨(John A.T.Robinson), 1965년 「세속도시(The Secular City)」로써 전 세계교회와 선교의 재구조화를 촉구한 콕스의 세속신학의 등장, 알타이저(Thomas J.J.Altizer)와 헤밀튼(William Hamilton)에 의하여 제창된 "하나님 죽음의 신학(Death of God Theology)", 그리고 진화론적 종말론으로 유명한 샤르뎅(Teilhard de Chardin)과 역사 종말론을 들고 나온 몰트만(Jürgen Moltmann)등의 학자들에 의하여 세속신학이 수정되는 일련의 과정을 거치면서, 과거 어느 신학도 감히 대결하지 못했던 "세속의 거룩성"(세속신학)과 "역사의 종말론적 지평"(종말론의 신학)이라는 문제가 신학적 문제의 최첨단에 서게 되었다. 다시 말해서, 교회 문제는 교회론에서 해결되는 것이 아니라, 세속과 역사라는 폭넓은 지평에서 재해석되고 또 재구조화(섬김)되어야 한다는 흐름이 나타났던 것이다. 이러한 시대 사상적 배경에서, 섬김으로서 교회론의 공식적 발상은 로마 가톨릭 교회의 제 2바티칸 공의회에서 이루어졌다. 교회는 "종말론적 순례 공동체"로서, 또한 그 공동체는 "하나님의 백성"으로서 선언된 신학적 혁명이었던 것이다. 그리고 순례 공동체의 존재 양식은 '종(servant)'의 모습으로 정의되었다.203)

섬김으로서의 교회론은 개신교에서도 활발한 신학적 논의와 교회 연합운동을 통해서 주로 1960년대 후반에 각광을 받기 시작하였다. 교회 일치 운동(ecumenical movement)의 발전 과정과 연계되어 발달한 교회론에 관해 윌리엄즈(Colin W. Williams)는 크게 세 단계로 나누어 설명하고 있다. 그 첫 단계는, 1948년 암스테르담에서 1954년 에반스톤 사이의 교회론은 교회 간의 연속성과 공통성을 모색함으로써 제도적 통일을 추구했다는 것이다. 제 2단계는, 1954년 에반스톤에서 1961년 뉴델리 사이인데, 이 때의 교회론은 선교의 빛에서 조망되었고, 교회는 그리스도의 부르심 앞에

---

203) 은준관, 『신학적 교회론』, 334-335.

순종하는 신앙적 사건으로 이해되었다. 여기에는 바르트의 영향이 크게 작용되었다. 1961년 뉴델리와 1968년 웁살라 사이의 제 3기에서는 개신교회 역사상 가장 급진적이면서도 혁명적인 교회론이 창출되었다. 그것은 "하나님 선교(Missio Dei)신학" 의 등장으로서, 하나님 선교신학의 구조는 교회를 섬김과 종의 모습으로 규정하는 것이다.204) 결국 교회와 하나님 나라의 개념적 분리는 선교의 목적에 있어서 교회중심이 아닌 하나님의 나라(하나님의 통치: Basilea Tou Theou)의 통치로서 전인류를 향한 섬김과 봉사의 직이 강화된 것이다. 이것은 단순히 선교의 정의를 뜻하는 것이라기보다는, 기독교 역사가 진행해온 선교에 대한 각성과 새로운 대안을 신학적으로 반성한 결과라고 할 수 있다. 이제 하나님의 궁극적인 선교적 관심은 교회를 통한, 교회를 위한 사역이 아니라, 하나님 나라를 향한 선교 지향적 공동체가 되어야 하는 것이다. 이를 도식화 하면 다음과 같다.

[하나님-교회-세계   →   하나님-세계-교회]

이 하나님 나라의 확장으로서의 선교는 하나님의 역사 이해와 예수그리스도를 통한 종말론적 사건에 기초한 교회의 선교적 실천을 이루게 한다. 데이비드 보쉬는 이 선교신학의 과제를 종말론적 사건으로서의 선교로 제시하고 있다.205) 첫째, 선교가 종말을 오게 하는 선결조건이나 선행이라고 생각해서는 결코 안 된다는 것을 강조해야 하며, 또 교회가 교회의 선교에 열을 쏟는 것으로 인하여 종말이 다가옴을 서두르는 것도 결코 아니라는 것을 강조해야 한다. 둘째로, 이에 대한 반작용으로서 종말론적 사건으로서의 선교는 교회로 하여금 교회 울타리 속에서 나오지 않고 내적 성장만 시도하게 하는 것은 더욱 아니다. 종말론적으로 이해될 때 오히려 상상이 미치는 한 가장 폭넓게 교회는 그 사명과 책임을 실현하려고 한

---

204) 은준관, 『신학적 교회론』, 338.
205) 데이비드 보쉬 / 전재옥 역, 『세계를 향한 증거』 [David J. Bosch, Witness to the World] (서울 : 두란노 , 1997), 278-282.

다. 즉 땅 끝까지, 그리고 세상 끝날 때까지 선교는 펼쳐지는 것이다. 교회의 선교는 종말의 관점에서 묵시적 자기 보존을 대신한다. 셋째로, 교회로 하여금 교회의 과제가 결코 완성된 것이 아님을 상기시킨다. 세계의 구원을 위한 하나님의 계획은 세계 안에서의 교회의 선교적 참여 내에서만 깨달아진다. 넷째는, 하나님 나라가 오직 미래의 실재인 것만이 아니라 이미 우리 가운데 현존한다는 확신에서 기인한다. 다섯째, 우리가 선교하는데 있어서 완성을 향해 접근해 간다는 것이다. 마지막으로, 절망하지 않도록 무장시켜준다.

이 종말론적 사건으로서의 선교의 의미는 하나님의 삼위일체적 사건으로 하나님의 주권으로 이루어진다. 과거 우리의 선교는 단순히 타종교를 믿는 사람들에게 기독교의 믿음을 전수시켜 회심을 통한 구원의 확신을 인식시키는 것이었다. 하지만 하나님의 선교적 차원은 '남'이 아닌 '자신'으로 부터 시작되어야 한다. 선교의 전선은 오늘날 세계 어디나 될 수 있으며, 하나님의 세계 속에서 우리의 전 삶이 선교하는 삶이된다. "순례자적 교회는 그 본래적 성격 때문에 선교적이다"(제2바티칸 : 선교에 대한 명령[Decree Ad Gentes])[206]

2) 변증법적 신학의 함의-선교 신학

회심의 사건이 선교에서 중요한 이유는, 교회의 존재양식의 중심인 선교의 의미가 궁극적으로는 신앙을 통해 변화되게 하는 복음의 전달이라는, 소명의 구체적 행위이자 회심자의 삶의 응답이기 때문이다. 특히 이 부분에 대한 현대적 이해는 다원주의 사회 속에서 어떻게 기독교의 믿음을 전파해야 하는가에 대한 다양한 이견들과 관점들로 나타난다. 이유는 선교의 현장성과 실천성, 그리고 문화의 다양성일 것이다. 즉 다양한 문화의 현장에서 끊임없이 부딪쳐 경험된 많은 선교사들의 살아있는 소리들은 일관된 원리와 방법을 말하기에는 당연히 한계가 생기게 된다. 하지만 이러

---

206) 데이비드 보쉬, 『세계를 향한 증거』, 290.

한 다양성 속에서도 복음의 일치성에 대한 중심주제는 변함이 없다. 이 하나의 복음이 역사되는 현장은 다양하지만 그 복음이 다양한 것은 아니라는 것이다. 그렇다면 일치된 복음성과 다양한 현장성이 만나는 자리가 "선교적 회심"의 고찰점이 되는 것이고, 이것은 신학적인 작업의 한 부분이 되는 것이다.

이러한 차원에서 현장 선교사들에 대한 신학적 몰이해성을 지적하는 많은 소리들도 존재하지만, 그들은 복음을 삶으로 경험하고 해석하는 진정한 신학자 이기도 하다. 선교는 역사를 보는 눈이다. 이 역사를 보는 시야 속에는 시간적, 공간적, 초월적(종교적) 가치들을 포함해야 한다. 이러한 선 이해가 없으면 당연히 기독교 복음은 사랑과 평화의 복음이 아니라, 갈등과 파괴의 복음으로 변질 되었음을 역사는 말해주고 있다. 이것을 뉴비긴은 "세계관의 갈등"207) 이라는 표현을 쓰고 있다. 현대를 종교적 다원주의 시대라고 말하는 것은"상황적 진리" 로서 이미 당연시 되고 있다. "상황적 진리" 라는 표현 속에는 아직도 시대적 가치를 인정하지 않고 자신의 종교적 신념만을 주장하는 배타주의가 존재하기 때문이고, 또 하나는 진리를 이해하는 상황성, 즉 다변성을 인정하고 다원주의의 삶을 필연적으로 인정하고 있다는 뜻이다. 이러한 현상은 이미 우리 주위에서도 쉽게 목격되는 대화들이다. 종교가 더 이상 삶의 중심이 되지 않고, 과학과 이성적 사고들이 현대사회의 제도와 개인의 삶을 지배하고 있다. 어찌보면 이러한 시대상황 속에서 종교를 믿는 모습은 위와 같은 "상황적 진리" 의 인식으로만 가능하기에 지금도 우리 주위에는 망하지 않는 '신의 도성'과 같은 십자가들이 세워지고 있는 것은 아닌지를 고민하게 된다.

"다원주의 시대의 선교"는 "다원주의 시대의 회심"과도 직결되는 물음이 된다. 이러한 시대 속에서 믿는 것의 의미는 새롭게 인식되고 경험되는 것이다. "나는 이미 복음을 믿어서 구원받았으니 삶은 아무런 상관이 없다!"라는 식의 고백은 개인에게는 축복이지만, 하나님에겐 심판

---

207) 레슬리 뉴비긴 / 홍병룡 역, 『다원주의 사회에서의 복음』 [Lessle Newbigin, The Gospel in a Pluralist Society] (서울 : IVP, 2007), 20.

임을 잊어서는 안된다. 다시 말해 하나님의 복음은 어떠한 개인적인 안주와 축복이 목적이 아니라는 것이다. 새로운 인식이라는 것은 단지 개인적으로 복음을 이해하는 차원을 넘어서, 새로운 상황 속에서 이 진리의 믿음을 어떻게 지키고 전파해야 하는가를 끊임없이 찾고 시도하는 도전이다. 이것은 이미 하나님을 알고 살아온 민족들과 회심자들의 삶이 증거하고 있는 하나님의 구원 사건의 중심이다. 뉴비긴은 「다원주의 사회에서의 복음」을 통해, 세속(다원주의) 사회 속에서 진리를 접근하는 방법을 "상관관계적 변증법"을 통한 복음 중심의 절대 가치로 주장하고 있다. 여기서 의미하는 "상관 관계적 변증법"은 "정-반-합"을 통한 역사적 과정을 이용한 복음의 변증이나, 서로의 종교적 진리를 이해하고자 하는 상관 관계적 대화의 방법이 아니라, 하나님의 선교라는 관점에서 자신의 선교의 경험과 복음의 절대성을 기초로 세상적 가치의 오류에 대한 대응과 복음의 변호의 방식으로 전개되고 있다. 이것은 지식과 이론들을 표현하고 있지만, 모두에게는 기독교의 근원적 회심을 요청하는 것이다.

> 기독교 공동체는 그 이야기 안에서 살도록, 우리의 이해 방식에 영향을 주는 것으로 그것을 암묵적으로 의식하도록, 동시에 우리가 몸담고 있는 세계에 초점을 맞추도록 부름 받았는데, 그 목적은 담대한 자세로-그렇다고 오류가 없는 건 아니지만-세계에 대한 우리의 이해를 높이고 세상에 대처하는 능력을 키우기 위함이다. … 이런 논의는 이전에 생각했던 것보다 더 근본적인 회심을 요구한다고 주장할 것이다. 달리 말하면, 의지뿐 아니라 지성까지 포함한 회심, 마음(mind)을 새롭게 함으로써 이 세상을 본받지 않고 내면으로부터 변화되는 회심, 우리 문화가 보는 방식으로 사물을 보는 것이 아니라 새로운 렌즈를 끼고 전혀 다른 방식으로 보는 그런 회심을 요구한다는 뜻이다.[208]

진리이신 예수그리스도의 복음은 이미 역사적으로 실현된 보편적 기준이며, 성서는 그 증언으로서 역사를 포함하고 있다. 이것이 현대의 타종

---

208) 레슬리 뉴비긴, 『다원주의 사회에서의 복음』, 82-83.

교에서 보면 자신들의 것을 포기하고, 진리의 절대성을 주장하는 의미로서는 갈등과 싸움의 원인이 되는 것도 사실이다. 결국 현대 인류는 인간적 평화를 위해서 연합해야 하기에 절대적 진리를 주장한다는 것은 현대사회에서는 받아들여질 수 없는 것이며 무익한 것이다. 하지만 이 속에는 이원론적 낙관주의와 과학을 통한 유토피아적 환상이 깔려 있다. 인간적인 이상은 근본적으로 한계를 가지고 있음을 역사의 제국주의나, 과학의 재이론(상대성 이론, 양자 물리학 등)을 통한 한계들이 있음을 알아야 한다. 이를 극복하는 것은 진정한 진리의 문제인 인간으로 낮아져서 십자가에 죽으신 십자가의 사건과 이를 통한 헌신과 섬김의 삶을 요청하는 복음적 가치관이라고 할 수 있다. 이러한 그의 인식은 타종교에 대한 기독교의 입장으로 대변될 수 있다.

흔히들 기독교와 타종교의 관계에 대한 견해를 다원주의, 배타주의, 포용주의로 나누고, 그 대표적 인물로 존 힉, 핸드릭 크레이머, 칼 라너를 거명하곤 한다. 내가 이제까지 개관한 입장은, 예수 그리스도 안에 나타난 계시를 유일한 진리로 주장한다는 면에서는 배타주의지만, 비그리스도인의 구원을 배제하지 않는다는 점에서는 배타주의가 아니다. 이는 하나님의 구원의 은혜를 교회 구성원에 국한시키지 않는다는 면에서는 포용주의지만, 비기독교적 종교를 구원의 도구로 간주하는 그런 포용주의는 배격한다. 이는 하나님의 은혜로운 사역이 모든 인간의 삶에 작동한다고 믿는 의미에서 다원주의적 성격을 갖고 있지만, 예수 그리스도 안에서 하나님이 하신 일이 유일하고 결정적 계시임을 부인하는 그런 다원주의는 거부한다. 다원주의와 포용주의를 주장하는 이유는 보통 인류의 하나됨에 최우선의 순위를 두기 때문이다. 특히 핵전쟁과 환경 파괴의 위협으로 인해 그 필요성이 엄청나게 증대되었다. 물론 우리도 그런 필요성을 공감해야 마땅하다. 하지만 그렇게 공감한다고 해서 그런 통일을 이룰 수 있는 실마리가 발견되는 것이 아니며, 종교가 그것을 이룩할 수 있는 수단이라는 주장이 정당화되는 것도 아니다. 여기서 우리는 진리의 문제에 직면해야 한다. … 우리는 인류 공동체로서 함께 순례의 길을 걷고 있는 만큼 갈 길을 알아야 한다. 모든 길이 동일한 산꼭대기로 통한다는 말은 틀린 말이다. 절벽으로 향하는 길도 있다. 그리스도 안에서 우리는 그 길을 발견했다. 이 지식을 그저 우리만을 위한 사적인 문제로 취급할 수는 없다. 인류 가족 전체와 관련된 문제이기 때문이다. 우리가 모든 민족의 구원을 지향하는 하나님의 권능과 자비를 감히 제한해서는 안 되지만, 그것이 계시되느라 값비싼 대가가 치러졌고 또 그 화해의 사역이 우리에게 구원의 확신을 준 만큼, 우리도 그 길과 그 목표를 볼 수 있도록 하나님이 주신 안목을 동료 순례자들과 함께 나누어야 마땅하다.209)

그렇다면 선교의 교두보로서의 교회의 역할이 중요하다. 복음이 다원주의를 신봉하는 사회의 한 구성요소로만 여겨져서는 안되기에, 결국 개인의 신앙과 교회의 역할도 개인적 영성이나, 초월적 믿음만을 외치는 것이 아니라, 하나님 나라에 대한 주권과 공적인 진리에 대한 우위권을 주장해야 한다. 이것은 개인과 가정, 사회와 정치 등 많은 관계적인 것들에 대한 복음의 원리와 참여로 확대된다. 하지만 여기서 말하는 우위권은 과거 주도권이나 정치적 권력으로서의 참여가 아니라, 십자가로서의 교회, 순례자로서의 교회, 종으로서의 교회라는 의미이다. 이를 위해선 선교 중심적 리더십과 회중 중심의 공동체, 지역 중심의 교회공동체가 바람직한 공동체의 모습으로 요구된다. 결국 복음의 자신감은, 삶의 겸손함으로 고백되어질 때 하나님이 주시는 선교적 회심 공동체의 사명으로 이루어지는 것이다.

이러한 현대 기독교 선교의 변화하는 시대 속에서의 패러다임은 선교적 회심의 의미에서 새롭게 조명되어야 한다. 선교적 회심은 개인의 회심에 대한 소명으로서의 응답이라는 이유로, 자기적 회심을 마음대로 이식해서는 안된다. 그렇다고 회심의 은혜가 전권적인 하나님의 능력이기에 무관심한 상태로 있거나, 회심의 무용론을 주장하자는 것도 아니다. 강한 경험은 언제나 강한 반발을 뒤따르듯이, 회심에 대한 반발의식도 지속되고

---

209) 레슬리 뉴비긴, 『다원주의 사회에서의 복음』, 338-339.

있다. 존 스토트는 이러한 반발의 원인을 회심에 대한 역사적 열광주의, 신비주의에 대한 상대적 저급한 인식으로 인한 사회적 우월의식과 제국주의 선교를 통한 복음화의 오도된 형태를 통한 반발 그리고 혼합주의와 보편주의 교리를 들고 있다.210) 그럼에도 선교에 있어서 회심의 기능은 복음에 대한 반응으로써 중요하다. 그러기에 우선은, 회심에 대한 선교적 정의가 필수적이다. 특히 타민족에게 복음을 전하는데 있어서 그들을 변화시키는 회심(conversion)과 중생(regeneration)의 차이를 신학적으로 구별하여 접근하여야 한다.

첫째는 중생은 하나님의 행위이나 회심은 사람의 행위이다. 중생은 새로운 출생, 즉 위로부터의 성령으로 말미암는 성령의 특수사역이다. 반면 회심은 우리가 회개하고 믿을 때에 우리가 하는 것이다. 물론 회개와 믿음, 둘 다는 하나님의 주권적 은혜라고 하는 기본 전제 하에서이다.

둘째, 중생은 무의식적이나 회심은 보통 의식적이다.

셋째는 중생은 하나님의 순간적이고 완전한 사역임에 비해서 회개와 신앙의 돌이킴, 즉 소위 회심은 하나의 사건이라기 보다(대부분) 하나의 과정이다.211)

이러한 구분은 단순히 신앙적 회심이 목적이 아니라 선교는 전 삶에 대한 교회와 사회와의 유기적 관계성 속에서 이해되고 고백되어져야 한다는 것을 의미한다. 이러한 차원에서 선교적 회심은 균형잡힌 기독교를 위한 중심축으로 올바로 작용해야 하고 이해되어져야 할 것이다.

우리에게 금지된 것은 온갖 수사학적 가식, 온갖 고의적 효과, 고안 술, 온갖 인위적 조작, 위선과 연극, 거울 앞에 서서 우리들의 몸짓과 표정을 의식적으로 계획하는 모든 행위, 모든 자기 광고 및 자기의존 등이다. 더 적극적으로 우리는 자신다워야 하며, 자연스러워야 하며, 하나님께서 주신 재질을 개발하고 행사해야 한다. 그와 동시에 우리는 우리 자

---

210) 존 스토트 / 김명혁 역, 『현대기독교 선교』 [John R. W. Stott, Christian Mission in the Modern World] (서울 : 성광문화사, 1993), 147-150.
211) 존 스토트, 『현대기독교 선교』, 153-158.

신에 의존하지 말고 황송하게도 우리를 통해서 역사하시는 성령에 의존해야 한다. 기독교회는 역사 전반에 걸쳐 양극단을 오갔던 것 같다. 때로는 너무 세속적이어서 자만의 극단으로 가서 복음화가 사업효능과 인간 기술의 문제뿐인 것처럼 된다. 때로는 그것이 너무 타계적(otherwordly) 이어서 자기 비겁의 정반대의 극단으로 가서 복음화가 전적으로 성령의 일이며 우리의 기여할 바는 전혀 없는 것 처럼 된다. 그러나 성령께서는 어떤 사람들을 통하여 다른 사람들을 회심에로 인도하신다. 이런 목적을 성경적으로 이해할 때 우리는 자기 교만과 자기 절망의 양극단, 즉 교만과 나태의 양극단으로부터 구출 받을 수 있다. 성경이 우리에게 요구하는 것은 겸손과 인간성의 적절한 결합의 필요성이다. 하나님으로 하나님 되게 해드리는 겸손이 있어서 하나님만이 맹인에게 시력을, 사자(死者)에게 생명을 주실 수 있음을 인식하고, 하나님께서 만들어 주신대로 인간다와지는 인간성이 있어서 우리의 개성을 억누르지 않고 하나님이 주신 재질을 행사하여 우리 자신을 하나님의 손에 붙잡힌 의의 도구들로 바쳐야 한다. 현대 기독교 선교에 있어서 성령에 의존한 겸손과 인간성의 건전한 결합보다 더 요구되는 것이 따로 있는지 모르겠다.212)

지금의 한국교회의 선교 활동은 세계적인 지위와 역할을 감당하고 있다. 한국교회는 복음을 받아 들일 때부터 선교적이었다. 그러기에 한국 교회의 선교 열정은 뜨거우면서도 적극적이다. 이 선교 열정은 하나님이 주신 우리의 축복임은 틀림없다. 그럼에도 이 선교 열정을 선교의 열매로 맺는 과정에는 아직도 많은 시행착오와 문제점들을 드러내고 있는 것도 사실이다. 선교의 열정과 헌신은 먼저 믿는 자의 신앙의 모습과 직결되어 있다. 즉 자국(自國) 내에서의 복음에 대한 이해와 교회론이 선교지에서의 열정과 헌신의 내용을 좌우한다. 이것은 자신의 신앙 경험이 외부로 표출되는 증언의 자리가 선교이기 때문이다. 이것은 또한 개인의 회심에 대한 공적인 책임이 있음을 말해주고 있는 것이다. 그러기에 우리의 개인적 신앙의 회심은 자연스럽게 선교적 회심으로 이어지게 된다. 문제는 이것을

---

212) 존 스토트, 『현대기독교 선교』, 173.

어떻게 검증하고 촉진해야 하는가의 문제이다. 이것이 바로 신학함이 감당할 문제이고, 하나님이 주신 은혜와 함께 나의 인격적인 결단이 준비되어져야 하는 것이다. 이제 우리는 한국선교의 진정한 신학적 물음을 고찰하는 중요한 소명과 함께 스스로의 회심경험에 만족했던 신앙의 모습을 선교적 회심으로 어떻게 구조화 할지도 함께 고민하여야 할 것이다.

5. 회심의 신학적 의미

현대 신학의 흐름 속에서 고찰한 회심의 의미들과 변증법적 신학의 주제들은 서로에게 분리된 의미들이 아니라, 상호 관계적인 관계성 속에서 드러난 학문적 대화이다. 이 상호관계성은 "신학적 연속성과 함께 저항성"을 동시에 지니고 있다. 서로가 가지는 신학적 특성들 속에서, 스스로가 지속적이고 영속적인 가치를 수호할수록 이에 저항하는 신학적 사상들도 이에 대응하여 발현된다. 이와 함께 시대의 사상과 문화들에 대한 "시대적 대응성" 또한 신학적 함의들에 큰 영향을 끼치는 주요한 요소라고 할 수 있다. 결국 인간이 주체가 되는 한 "완전한 신학"은 존재할 수 없다. 변화하는 시대 속에서 영원히 살아남을 수 있는 인간, 신학자는 있을 수 없기 때문이다. 그럼에도 신학함의 가치는 소멸되지 않는다. 몰트만의 「희망의 신학」의 고백에서처럼 "이 책은 나의 손을 벗어났으며, 그 자신의 역사를 만들었기"[213] 때문이다. 이렇듯 벗어난다는 것을 두려워해서는 안 된다. 그 때에야 비로소 하나님의 것이 되며, 하나님이 쓰실 작은 기억으로나마 남을 수 있는 가능성이 생기기 때문이다. 이 가능성을 붙잡는 일이 우리의 삶 속에서 신학을 의미화 하는 일이다. 이를 위해서는 신학의 통전성을 염두해야 한다. 이것은 성서와 역사 속에서 신학함의 내용과 의미들을 충실히 고민하는 것이다. 또한 "신학의 자율성"을 지지해야

---

213) 위르겐 몰트만 / 이신건 역, 『희망의 신학』 [Jürgen Moltmann, *Theologie der Hoffnung*] (서울 : 대한기독교서회, 2009), 5.

한다. 신학함이 자신의 것으로만 머무를 때 자연히 이기적인 신학함, 즉 배타적인 태도를 가지게 된다. 자신의 것을 확신하고 주장하는 것과, 자신의 것만을 고수(高手)하려는 것은 엄연히 다른 것이다. 그러기에 진정한 신학함은 자신을 끊임없이 반성하고 대화한다. 이것이 신학의 자율성이고, 더욱 놀라운 것은 그때에 진정한 신학의 겸손함을 배울 수 있는 것이다. 그러기에 신학의 의미 속에서 '회심'을 이해하는 것이 두려운 이유이다. 나부터 "회심의 겸손함"을 찾기란 쉽지 않은 일이기 때문이다. 그렇지만 이미 희생했던 많은 선각자들의 용기와 지혜가 신학적 이해를 도전하게 했다고 할 수 있다. 이것을 통전성과 자율성의 차원에서 평가함으로써 회심의 신학적 이해를 정리할 수 있을 것이다.

1) 회심 신학의 재구조화

회심은 단순히 경험의 과정이나 영적 체험의 산물만이 아니다. 회심은 그 자체 안에 신학적 의미와 관계하고 있으며 신학적 상관관계 속에서 작용하고 있다. 성서는 하나의 역사적 증언 작품으로 생성되었기에, 이 역사는 우리의 의식과 함께 성서의 권위와 영감 및 해석으로의 "해석학적 과제"를 가지게 된다. 이러한 과정은 성서의 초기부터 회심을 통한 영감적 해석이 신학의 기초로서, 때론 논쟁으로 시작되고 있었다.[214] 이것이 구체화되는 18세기에 경건주의의 프랑케를 중심으로 한 신학적 해석의 논쟁은 회심에 대한 신학적 개념을 전통화시키고 있다.

---

214) P. 쉬툴마허 / 전경연 · 강한표 역, 『신약성서 해석학』 [Peter Stuhlmacher, Vom Verstehen des Neuen Testaments Eine Hermeneutik] (서울 : 대한기독교출판사, 1994), 46-59.

> 프랑케, 람바하, 벵겔 등 경건주의자들의 거룩의 해석학
>
> 우리 앞에 가지고 있는 이 정교하고도 노력이 많이 든 전체의 해석학적 장치는 경건의 실천을 석의적으로 기초 쌓고 촉진시키기 위하여 프랑케에 의해 동원되고 있다. 프랑케의 석의적 단계설에서 원래 새로운 것은 이 실천적 특징과 부수적으로 제시된 감동설과 그리고 성서의 영적인 문자적 의미와 이에 따라오는 석의적 추가조치에로 밀고 들어가기 위한 회심의 해석학적 중요성이 강조되고 있는 것 뿐이다. 프랑케 이후 오늘에 이르기까지 경건주의나 복음주의 편에서 세게 강조되어 온 이 최후의 해석학적 원칙, 즉 성서는 본래적인 의미에서 거듭난 자들에게 비로소 개봉된다는 원칙에 대해 사람이 계속하여 묻는다면, 우리가 말하고 있는 경건주의적 설계들에서 사람은 어떤 흥미로우면서도 또한 당혹적이기도 한 현상에 부딪친다.
>
> — P. 쉬툴마허, 『신약성서 해석학』, 153.

쉬툴마허는 이러한 성서해석의 영감론적 차원의 신학적 전통들은 성서이해, 즉 신학적 역사의 뿌리적 경험으로 해석하고, 18세기의 경건주의 신학의 관심은 대중적이고 성경의 통속적인 보급으로 18세기 말의 대각성 운동의 원동력이 되었다고 평가한다.[215] 이것이 19세기 현대신학의 새로운 신학적 과제로 종합되는데 슐라이어마허, 쉬트라우스, 바우르를 주목한다. 특히 교의학적 이성과 경험의 통합은 슐라이어마허를 통해서 확인된다.

슐라이어마허에게 있어서는 종교적 체험에서 자기 자신에 대한 인간의 지식과 인간의 신에의 의존감정과 그리고 우주를 두루 지배하는 연관성의 인식이 완벽하게 하나로 통합된다. 슐라이어마허는 「기독교 신앙」을 통해서, 현대 신학의 시작은 교의론을 넘어선 신앙론으로써, 신앙은 경건한 심정과 '절대 의존 감정'으로 이해했다. 이것은 종교와 신앙사이에 우연성과 개별성의 문제를 교의학으로서의 신앙론으로, 즉 보편적인 차원으로 끌

---

215) P. 쉬툴마허, 『신약성서 해석학』, 160-161.

어울린 것이다.216) 그의 경건주의적 신앙의 체험과 삶의 경험은 칸트의 이성적 연구와 융합되어 교의학적 종교 이해를 주관적인 신앙의 체험과 감정의 신앙론으로 발전시킨 것이다. 최신한 교수는 슐라이어마허의 기독교 신앙을 "교의학과 신앙론의 종합을 시도하는 기독교신앙은 현실 초월적이며 초시간적인 교리가 시대와 현실의 지배를 피할 수 없는 신앙인에게 구체화되는 모습을 드러내 보이려고 한다. 여기서 근대의 시대정신을 중시하며 전통신학을 근대적 의식의 지평위에 올려놓았다"고 평가하고 있다.217) 그에게 기독교신앙의 본질은 모든 인간과 종교적 속성에 존재하는 "직관적 감정을 통한 신적 경험"을 기독교의 예수그리스도의 삼위일체적 연합의 구원체험과 구별함(넘어섬)으로서 밝혀진다는 것이다. 이것은 교의학의 이론적 신학을 경건적 신앙론으로 다가서려는 신학적 시도라고 할 수 있다.

> 모든 경건한 자극이 갖는 공통적인 것, 즉 경건의 본질은 우리가 우리자신을 절대 의존적 으로 느끼는 것, 다시 말해서 우리가 신에게 의존하고 있음을 느끼는 것이다.218)

이러한 신적 감정, 즉 종교적 회심의 요소들을 신학화 함으로써, 교회를 위한 현장성, 실천을 위한 연합성, 자기인식을 통한 현실적 체험성 등이 현대신학의 뿌리 경험임을 알 수 있다. 기독교를 넘어선 자유로운 종교의 이해와 이성과 도덕의 후퇴 등, 자유주의적 관점은 그 당시에 많은 논란이 있었지만, 종교적 감정과 경험에 대한 신학적 의미로서 '회심'에 대한 신학적 지평의 가치를 폄하할 수는 없다. 또한 신학적 주제들 속에는 회심의 내재적 상관 관계성들이 흐르고 있으며, 개인적인 경험에서부터 공동체적인 실천에 이르는 이론과 실천적 함의들의 가능성을 열었다고

---

216) 프리드리히슐라이어마허 / 최신한 역, 『기독교신앙』 [Friedrich Schleiermacher, Der christliche Glaube] (경기 : 한길사, 2006), 21.
217) 프리드리히 슐라이어마허, 『기독교신앙』, 21-22.
218) 프리드리히 슐라이어마허, 『기독교신앙』, 65.

할 수 있다.
특히 19세기의 경건주의와 각성운동의 신학적 의미들이 성서의 구속사적 의미로 연결되고 있다. 호프만은 성서와 신앙과 교회는 함께 전체를 이루며, 구약과 신약의 통일성을 주장한 구속사적 이해의 선구자라고 할 수 있다.[219] 이것이 회심의 신학적 주제들이 교회론의 신학적 주제들과 연결되는 이유이다. 회심은 구원에 대한 구속사적 신앙공동체의 과제로 이해할 수 있기 때문이다. 즉 개인적 감정으로서의 신앙론적 회심은 교회를 위한 교의학적 차원으로 이해되며, 신학은 이러한 역사적 작업을 현재에 이르기까지 지속적으로 감당해 온 인간의 한계를 벗어난 하나님의 관심이 되기 때문이다.

여기에서 제시된 유기체적, 코이노니아, 말씀사건, 섬김의 선교로 이어지는 신학의 주제들은 회심의 신학적 전통 속에서 회심 신학의 재구조화를 위한 주제들과 지도(地道)로서의 역할을 제시하고 있다. 각각의 회심의 신학적 주제들은 서로에게 상호연관을 주는 관계적이고 공동체적인 신학적 유기성을 내포하고 있다. 예를 들어, 한 개인의 회심사건은, 참여적이고 신비적인 유기체적 회심을 통해 시작되고, 만남과 친교의 코이노니아적 회심으로 심화되고, 말씀 사건을 통해서 지속되며, 선교적 회심을 통해서 실천될 수 있다. 이 과정이 순서적 지속성을 가지는지, 개별적 단속성을 가지는지에 대한 연구는 좀 더 심화된 연구를 필요로 할 것이다. 그렇지만, 대부분의 회심 사건은 신학적 주제들 속에서 연관되고 파생된 의미와 결과들을 가지며, 회심이 가지는 신학적 의미들은 변증법적 관계 속에서 그 시대적 정황과 역사적 반응 속에서 나타난다.

유기체적 신학의 형태들은 종말론적 회심기의 반동과 변형 속에서 활발히 진행된다. 예수그리스도의 부활과 성령사건을 통한 처음교회는 핍박과 고통의 상황 속에서도 종말론적 신앙공동체로서의 역동적이고 유기체적인 신앙생활을 이루었다. 하지만 로마의 제국주의적 기독교의 통일은 종말론적 회심에 대한 다양한 반응으로 변동된다. 수도원 운동은 제도화된

---

[219] P. 쉬툴마허, 『신약성서 해석학』, 177-180.

신앙의 반동으로 개인의 영적, 신비적 운동으로 나타난다. 반면 제도권으로 흡수된 신앙은 교리화 된 신앙으로 적응 발전한다. 그 결과 회심사건은 개인의 신비적인 체험적 요소로 변형되거나, 교회의 교리적이고 형식적인 고백 형태로 변형된다. 이러한 전통은 회심에 대한 반응이 종교와 사회의 유기적 관계로 연결되면서 현대의 세속화 신학에 까지 이르게 된다. 즉 진정한 회심의 유기체적 관계가 깨지게 되면서 신비적이고 제도적인 회심은 세속적 가치관에 쉽게 함몰되게 되는 것이다. 이러한 과정은 세속화 신학과 함께 영적인 차원과, 종교적인 차원의 구별을 가져오는 관계로도 이해될 수 있다.

제도적·정치적 회심기의 중세 암흑기는 교권주의와 분파주의와 같은 코이노니아적 회심의 변형으로 나타난다. 코이노니아는 교회의 공동체적 관계이며, 성례와 전통을 통한 신앙공동체 질서의 중심이었다. 하지만 교황주의와 정치적인 갈등 들은 이러한 코이노니아적 전통을 성직주의와 같은 제도권 속으로 편입하거나 거부하면서 극단적 코이노이아적 형식주의나, 분파주의, 집단주의로 변형되었다.

이러한 변형은 회심에 대한 표상적 체험이나 감정적 체험으로 나타난다. 이러한 변형의 반동과 시대적 변화 속에서 회심은 지식을 통한 이성적 개념으로 표현되기도 한다. 이것은 이 후 개혁적 회심이라는 새로운 사건을 준비하는 계기로 연결되며, 평신도 신학과 같은 새로운 사역의 가능성으로 제시 된다.

개혁적 회심기의 전환은 말씀사건에 대한 새로운 이해로 시작된다. 하나님의 말씀을 직접 읽고, 듣고, 이해하는 차원은 회심에 대한 말씀의 실현이 되었다. 이것이 신학적 탐구의 열려진 가능성으로서, 회심에 대한 성서적 이해와 학문적 연구의 동기로 작용하게 된다. 하지만 열려진 가능성은 회심을 감정과 이성이라는 또 다른 이분법적 차원의 갈등과 함께 다양한 신학 전통으로 분화 된다. 이 속에서 하나님의 말씀으로서 "종말론적 하나님 나라의 변증법적 신학"의 논쟁도 시작되었다고 할 수 있다.

서구의 정복과 제국주의 시대 속에서 선교는 청교도 운동과, 대각성 운동 등을 통해서 세계로 흩어진다. 이것은 선교신학을 바탕으로 한 선교적 회심 사건들이며, 개종과 토착화를 통해 해방신학과 같은 새로운 신학 전통으로 확대되고, 섬김의 선교 신학의 전통으로 이어진다. 이렇듯, 회심 사건은 다양한 신학 전통과 역사적 상황 속에서 전승된 시대적 신앙 언어이다. 이러한 전승은 시대적으로 지속으로 연결되거나 통합과 변형의 과정 속에서 현재의 다양성의 근거들을 마련해주고 있다. 이것이 각 시대 속에서 어떻게 역할하고 제시되는지는 인간의 입장에서는 판단과 논쟁의 문제이지만, 하나님의 입장에서는 이해와 실천의 문제가 된다. 즉 모든 회심의 사건 속에는 우리가 판단할 수 없는 하나님의 역사성과 실존성이 존재한다는 신학적 결론을 내릴 수 밖에 없는 것이다.

2) 새로운 회심신학의 가능성

그렇다면 우리가 할 수 있는 일은 무엇인가? 하나님께서 하신다는 의미를 우리는 어떻게 이해하고 실천해야 하는가? 한계적이지만, 이러한 물음에 대한 대안으로 가능성의 물음과 역사성의 차원을 들 수 있다. 가능성은 인간이 기대할 수 있는 소망에 기초한다. 이것은 하나님이 인간에게 주신 기대와 소망을 절대가 아닌 이상(理想)으로 이해하는 것이다. 하지만 이 이상은 우리가 이해하고 해석할 수 있는 성서에 기초한다. 이 성서를 이해하는 것이 역사와 신학적 차원에서 보일 수 있는 대안의 소망이기 때문이다.

역사성은 하나님이 주신 이 세계에 대한 이해에서 온다. 이 세계를 이해한다는 것은 하나님이 주신 역사를 인정하고 이 세계를 향한 하나님의 계획을 발견하는 것이다. 이 역사성은 멀리 있는 것이 아니라, 나의 삶의 자리에 기초한다. 내가 사는 삶, 그 자체 속에 하나님의 역사를 인식하는 것이 우선되어야 한다. 이것 또한 중요한 회심의 의미이며, 이 부분은 사회적 차원으로 연결될 것이다.

목회적 차원에서 제시될 수 있는 새로운 회심 신학의 가능성은 역사-종말론적 회심이다. 이것을 이해하는 신학적 작업은 역사와 하나님 나라에 대한 이해와 종말론의 개념을 도강(渡江)해야 하는 방대한 신학적 작업이다. 지금까지 종말론의 이해를 중심하면서 진행하였지만 전문적인 연구에는 여전히 부족함이 있다. 그럼에도 역사-종말론의 주제는 회심에 대한 신학적 주제들과의 연관성과 목회사회학의 "신학적-사회적" 해석의 중심 개념으로서 계속해서 사용되고 다양한 차원에서 접근할 수 있을 것이다.220)

하나님 나라는 예수의 선포의 중심이며, 종말론은 예수그리스도의 재림에 대한 신앙공동체의 핵심이다. 하나님 나라(Basileia Tou Theou)의 사상은 하나님의 존재와 그의 행함을 가장 적절하게 표현해 주는 성서적 개념이다.221)

예수가 선포한 하나님 나라는 자신의 주권적·왕권적인 구원의 행위이며, 그것은 예수 그리스도에게서 그리고 이 역사의 흐름 그 어느 포인트에서도 드러나는 하나님 나라인 것이다. 여기서 하나님 나라는 역사-종말론적 성격을 가지게 된다. 그것은 기독론적이고도 인격적이며, 동시에 공동체적이면서 우주적 성격을 가지고 역사 진행에 개입하는 실재다.222)

이러한 성서적 전통 속에서 하나님 나라는 "과거와 현재, 미래, 즉 이미, 지금, 오고 있는" 시상적 개념 속에서 종말론적 신학의 개념으로 연결된다. 사실 이것은 과거 하나님 경험에 대한 발전된 신학적 개념이라고 할 수 있다. 여기에서 하나님 나라는 종말론적으로 해석하는 것은 교회론적 해석(어거스틴)이나, 정치적 해석(유세비우스), 영적-신비적 해석(오리겐)을 넘어서서,223) 역사 속에서 계시되시는 종말론적 하나님의 통치를 의

---

220) "역사-종말론"에 대한 신학적 교회론의 접근은, 은준관 교수의 『신학적 교회론』을 중심으로 이해되고 적용된 개념이며, Hans Schwarz, 'eschtology', Donald W. Musser & Joseph L. Price, *A New Handbook of Christian Theology*, 156-160, 조직신학적인 이해를 위해서는, 오웬 토마스, 『요점조직신학』 *[Owen C. Thomas, Introduction to Theology]*, 이재정 외 역 (서울 : 대한기독교서회, 1999), "15.16, 역사·종말론".
221) 은준관, 『신학적 교회론』, 355.
222) 은준관, 『신학적 교회론』, 363.

미한다. 이러한 개념은 현대신학의 중심논의로 대두되면서 새로운 교회 이해와 구조의 패러다임으로 확장되었다. 은준관 교수는 이 "역사-종말론적" 개념을 교회론의 중심으로 제시하고 있다.

몰트만의 '예시적종말론' (맥브라이엔이 붙인 이름)혹은 '역사 종말론' 이 가지는 신학적 의미는 무엇인가? 바이스와 슈바이처의 미래적 종말론, 다드의 실현된 종말론, 불트만의 실존적 종말론, 바르트의 초월적 종말론, 그리고 쿨만의 구속사적 종말론이 시도한 연대적 시상으로부터 몰트만은 그의 신학적 위치를 구별한다. 그는 부활 사건과 부활의 계시(과거)가 '아직은 아닌' 실재(미래)를 '이미' 약속했다는 미래적 시상을 통하여 하나님 나라를 해석함으로 과거-현재-미래라는 연대적 연계를 넘어서서 과거와 현재를 미래의 도전에서 해석하는 시간의 질적 연계를 제시한다. 이는 분명히 스테노(steno)적 종말론에 대한 텐시브(tensive)적 접근이라고 평가할 수 있을 것이다.[224]

결국 이 땅의 교회는 하나님 나라의 교회로서 세계의 중심을 넘어서 역사를 중심으로 하는 역사-종말론적 신앙공동체의 구조를 통해 하나님의 구원역사를 소망하는 역사적 사명을 감당해야 하는 것이다. 이러한 신학적 가능성 속에서 회심 또한 역사-종말론적 신앙공동체의 사건이 된다. 이러한 신앙공동체의 구성원들은 종교체험의 감정중심이나, 신비적 경험, 율법적이고 금욕적인 한계를 넘어서서, 자신의 삶을 하나님의 통치 가운데 온전히 헌신하며 결단하는 책임적인 하나님의 백성으로의 개인이며 시민이 된다. 이들은 하나님의 다시 오심을 전 존재적으로 기대하며 책임적 삶으로 나아간다. 나의 삶의 자리는 나만이 아닌 너와 우리를 통한 하나님의 통치된 약속의 장이 된다. 이들의 선교는 자랑하며 보여주는 것이 아니라 희생하며 섬기는 것이 된다. 이들에게 하나님 체험은 회개와 감사의 눈물만이 아니라 이미 십자가에서 흘리신 예수의 피와 눈물처럼, 이미 마른

---

223) 은준관, 『신학적 교회론』, 363-369.
224) 은준관, 『신학적 교회론』, 411.

눈물이 되는 것이다. 이것이 우리가 기댈 가능성과 소망이 될 때 성서와 역사, 신학의 의미들이 회심에 대한 변화의 전 존재적 사건으로 다가오게 될 것이다.

지금까지 목회적 차원(성서, 역사, 신학)의 긴 여정을 걸어왔다. 긴 여정 속에서 뜻하지 않은 만남들과 때론 넘을 수 없는 산들을 발견한 것도 불행이 아닌 은혜였음을 고백한다. 목회사회학이라는 학문의 특성상 학문 지향이라기 보다는 실천 지향이기에, 깊은 물 속에서 건진 보화도 중요하겠지만, 물 위에서 바라보는 관조(觀照)와 자연의 전체적인 풍경을 감상하고 수면 아래의 세계도 즐길 줄 아는 여유가 생겼으면 하는 마음이다. 그렇다고 진지함을 게으름이나 편안함으로 바꾼 것이 아니라, 언제든지 뛰어들 수 있는 준비를 하는 것이다.

이제 역사-종말론적 회심을 통해 하나님 백성공동체의 삶을 살아가는 우리의 과제는 하나님 나라의 또 다른 현장인 사회적 차원의 이해로 확대된다.

제3부
사회적 차원으로의 회심 이해

사회적 차원으로의 회심 이해

　　목회 사회학은 살아지는 신앙과 신학의 문제를 다룬다. 목회 사회학적 물음은 실천신학의 한 분야로서 이해되어 진다. 종교사회학이 사회학적 연구를 바탕으로 한 연구라면, 목회사회학은 실천 신학적 요청에 따른 연구와 적용이라고 할 수 있을 것이다. 이것은 결국 우리가 경험하는 신앙과 신학이 우리의 삶으로 살아지게 하는 목적을 가진다는 것이다. 이것은 개인일 수도 있고 사회일 수도 있다. 단지 신앙의 눈으로만 보아왔던 세계를 우리의 일상의 세계 속에서 인식하고 보는 것이다. 조성돈 교수는 그의 목회사회학 응용이론에서 이러한 일상경험에 대한 "신앙의 실천"과 "삶의 교육"의 중요성을 강조하고 있다.

> 목회사회학은 일반적으로 명확히 한계 지어진 실천상황을 지향하고 있다. 이는 교회의 실천, (목사의) 역할행위에 대한 특수한 형태들, Communication 과정, 교회와 사회적 공공영역의 중복되는 부분의 정황 등에 관한 것이다. … 실제에 더 관심을 가지게 되는 경험적 연구에 더 의존하게 된다.[225]

　　결국 목회사회학은 교회의 교리적, 전통적 차원을 넘어서려는 열린 지향성을 가지게 된다. 단순히 어떠한 현상을 교리나, 신학의 한 범주로 매

---

225) 조성돈, 『목회사회학』, 34-35.

몰시킬수록 그 응답은 철저히 주관적이 될 수밖에 없으며, 결국 진실이나 변화의 물음에서는 허용될 수 없는 한계를 가지게 될 것이다. 그러기에 목회사회학적 응답의 차원은 언제나 열려질 것을 기대하게 된다. 교회와 사회, 초월성과 현실성, 탄생과 죽음에 있어서도, 만약 우리의 삶의 문제라면 진실로 여기고 이해하게 된다. 이러한 목회사회학의 지향점이 바로 우리가 살고 있고 이해하고 있는 공동체, 즉 '사회'라고 할 수 있다. 교회의 현장, 목회의 현장은 곧 사회의 현장 가운데에 있으며, 교회의 아픔과 고통은, 사회와 우리의 아픔이 된다.

이제 목회사회학의 사회적 이해는 학문의 의미에서의 사회현상의 분석이라기 보다는 우리의 일상생활과 삶 속에서 느껴지는 사실들, 경험들을 중심으로 한 삶의 현장의 이야기라고 할 수 있다. 이 삶의 이야기들이 '회심'이라는 사건과 어떻게 연결되고 경험되고 있는지를 종교사회학, 심리학, 교육학을 중심으로 이해하고, 이 사회를 향한 하나님의 계획을 좀 더 깊이 있게 접근해 보고자 한다.

I. 회심의 종교사회학적 이해

　종교사회학이 가지는 회심의 의미는, 회심이라는 사건이 개인적인 경험의 문제만이 아니라 사회와 연관된 상보적 관계가 있다는 것이며, 본질적으로 회심의 사회적인 경험을 통해서 다양한 사회 관계의 가능성이 생긴다는 것이다.
　종교사회학의 기초로서 고전이론을 이룬, 베버와 뒤르켐의 경우 단순한 종교현상으로의 개념을 넘어서, 사회 속에서의 종교적 기능과 분화 등을 통해 현대에 이르는 사회적 이해의 새로운 과학적 개념들을 만들어내고 있다. 특히 베버의 「프로테스탄티즘의 윤리와 자본주의 정신」 226)에서 개신교인들의 소명개념과 현세적 금욕주의적 행위 즉 종교적(회심) 삶이, 현대 우리 사회에 어떠한 영향을 보여주고 있는지를 잘 보여주고 있다.

　이 뿐만 아니라, 세속화라는 종교사회학적 논의를 통해서, 현대 사회 속에서 보여지는 개인적이거나, 사회적인 종교의 변동 현상에 대한 객관적이고 경험적인 논의가 활발히 진행되고 있다. 이러한 종교사회학적 논의는 종교에 대한 진지한 성찰과, 종교적 회심에 대한 좀 더 다양한 접근과 이해를 가능하게 할 것이다. 이를 위해 종교의 이해라는 연구의 가능성을 우선 살펴보자.

---

226) 막스 베버 / 박성수 역, 『프로테스탄티즘의 윤리와 자본주의 정신』 [Max Weber, Die Protestantische Ethik und der Geist des Kapitalismus] (서울 : 문예출판사, 2006).

종교를 이해한다는 것에 대한 많은 논란이 있을 수 있다. 종교는 이미 역사 속에서 경험된 진리이기에 이해한다는 것은 진리에 대한 도전이고 비판이 된다는 것이다. 또한 거룩한 종교를 유한한 인간이 이해한다는 것 자체가 모순이라는 논리도 있어 왔다. 이러한 논란은 결국, 종교를 이해하는 그룹은 인간의 낙관적 이성을 중심으로 인본주의적 사고를 하는 집단으로 여겨지기까지 하였다. 반대로 이해가 아닌 순종과 경험을 우선으로 하는 집단은 순수한 종교적 신념을 가진 것으로 생각되었다. 이러한 갈등은 학문 연구나 제도적 상황에서 뿐만 아니라, 자연스럽게 종교를 믿는 개인에게도 이어진다.

종교를 믿는 목적이, 이 사회 속에서의 이해를 바탕으로 실천적이고 실제적인 역할을 감당해야 한다는 주장과, 반대로 종교를 믿는 영적 생활은 이해가 아닌 경험과 내적 고백을 통해서 내세의 삶이나 신앙적인 행위로서 한정해야 한다는 주장이 그것이다. 이러한 분리는 점점 미묘하게 현대인들의 종교 생활 속에 적용되면서, 다양한 종교 전통과 변화하는 시대 속에서 그 역할과 기능이 '분화' 되어 왔다. 특히 이러한 분화는, 교회와 사회의 역할에 대한 상이한 입장들과 역할들로 변화되면서, 서로에 대한 새로운 입장과 관계의 이해가 필요하게 되었다. 이러한 상황 속에서 각 종교의 입장은, 자신들의 종교적 신념과 믿음을 교리적으로 확립하고 그 교리를 현대인들에게 전파함으로써, 자신들의 존재 이유와 목적을 변형하면서까지 스스로의 종교를 생존의 개념으로 적용시키게 된다.

즉 종교의 본래적 기능에 대한 관심보다는 종교를 유지하고 발전시키는데 관심을 가지게 된다는 것이다. 자연스럽게 종교는 많은 소비자들을 필요로 하게 되고, 소비자들은 다양한 종교를 자유스럽게 선택하는 "마트(mart)형 종교생활" 현상이 나타난다.[227] 물론 이러한 모습이 전체적인 현상이라고 말하기는 어렵다. 국가와 제도, 전통 사이에서 다양한 모습들이

---

[227] 회심과 관련된 사회학적 연구들에 대하여 다음 페이지의 연구서들을 참조하라

나타날 수 있지만, 적어도 우리 한국 교회를 포함한 많은 종교 상황은 이러한 "사회적 해석"에서 자유롭지는 못하다. 이러한 상황 속에서 교회가 가지는 의미와, 가치들, 역할들에 대한 새로운 고민들이 생기게 되는 것이다. 이 고민에 대한 해결은 이미 교회 스스로의 노력으로는 한계가 있다. 스스로도 자신의 잘못과 위기를 인식하고 치유할 수도 있지만, 그 문제의 객관적인 분석과 근본적인 해결책은 자신만의 노력으로는 사실상 불가능하다. 단순히 자신의 능력이 부족하기 때문이 아니라, 이미 이 사회는 서로와의 이해와 관계들 속에서 발전해왔기 때문이다.

즉 나의 문제가 나만의 문제가 아니며, 서로에게 영향을 주는 공동체적 삶이 우리 사회의 근본 모습이기 때문이다. 이 속에서 교회는 사회와 함께 이러한 상황들을 새롭게 이해하고 자신들의 정체성을 세워나가는 용기를 내야한다. 단순히 독단이나 의지가 아니라, 진지한 대화와 반성, 총체적 회심이 필요한 것이다. 이러한 의미에서 종교를 이해하는 시도는, 종교의 한 분파인 기독교만의 종교적 이해를 넘어서 기독교의 가치관을 가지면서도 종교적 의미에 대한 포괄적 이해를 하여야 한다는 것이다. 이것이 궁극적으로 교회와 사회의 진지한 대화와 균형적 이해를 위한 "회심의 통전적 시도"이다.

1. 회심의 (종교)사회학적 이해

종교적 회심은 이론적인 것은 아니다. 하지만, 이론을 동반한(앞에 논의된 목회적 차원은 이것을 증명한 과정이기도 하다) 경험적 실재 라고 할 수 있다. 그렇기 때문에 이론이 먼저 라기보다는 경험이 우선된다. 결국 회심의 이론을 세우기 위해서는 우선 경험을 탐구해야 한다. 여기에서 탐구한다는 것은, 즉 조사자(사람)를 통해서 객관적이고 사실적인 현상들을 보고, 정리하고, 생각한다는 의미일 것이다. 이것을 이해의 과정이라고 할 수 있다. 이 이해의 과정은 상호적이고 개방적이다.

이해 한다는 것은 나만, 혼자서는 불가능하기 때문이고, 모든 학문의 태생이 그렇듯이 적절한 반응과 상호간의 결합이기 때문이다. 이러한 이해의 구조 속에서 회심의 이론을 세우기 위해서는 '회심'에 대한 경험적 차원을 잠시 접어둘 수 있어야 한다. 이것은 경험을 부정하는 것이 아니라, 이 경험을 다양하게 열어놓는다는 의미이다. 이 열려진 경험들은 다양한 이해관계들과 만나게 된다. 이 만남은 회심을 더 풍성하게 열려지게 한다. 결국 풍성하게 열려진 회심은 실천이라는 삶의 현장으로 이어지게 된다. 이것을 "지평적 융합"이라고 할 수 있다. 이것이 "사회학적 이해"의 작업이다. 지금까지는 이러한 "지평적 융합"을 위한 전제들과 다양한 이해관계들이었다면, 이제는 좀 더 본격적으로 회심의 이론을 실천으로 향하게 하기위한 열려진 과제를 말한다. 특히 종교사회학이 가지는 관계적 의미들은 종교적 회심이 한 사회속에서 살고 있는 우리와 어떻게 관계되고 연결되는지의 방법적 도움을 주고 있다. 사회학이 가지는 연구방법들은 현대 사회에서 유용하게 활용되는 방법들이다. 이러한 방법론은 목회사회학에서도 유용하게 활용되고 해석되어지고 있다. 이제 회심에 대한 사회학적 이해를 시도하는 것은 "과정적 시도"임을 밝혀두면서 이 지평적 융합의 작업을 시도해본다.

1) 회심과 종교사회학

사회학적 관점에서 회심의 이해는, 사회와 관련된 과정과 변화에 대한 현상에 초점이 맞추어진다. 특히 사회자본[228]으로서 종교가 가지는 변화와 기능에 대한 관련된 연구들이 그 주제라고 할 수 있다. 맥과이어는 그의 「종교사회학」[229]에서 개인의 종교를 다루면서 회심의 사회적 현상에 대해 설명하고 있다.

---

228) 류석춘 외 공저, 『한국의 사회자본』 (서울 : 백산, 2008).
229) M.B. 맥과이어 / 김기대 · 최종렬 역, 『종교사회학』 [Meredith B. Mcguire, Religion : The social context] (서울 : 민족사, 1994).

> ### 사회자본
>
> 사회란 개인들이 만나, 관계를 형성하고 관계를 통해 여러 가지 상징,정보,자원 등이 교류되는 장이다. 그리고 사회자본은 말 그대로 이러한 사회적 차원에서 획득되고 교환되는 자본이다. 사회자본은 화폐를 기본으로 하는 통상의 경제자본과는 달리 관계의 매개로서의 '연결망' 그리고 그 속에서 교환되는 '규범', '신뢰' 등을 주된 내용으로 한다. 이러한 비화폐적 요소들이 자본일 수 있는 이유는 이들이 그것을 공유하고 있는 사람들에게 유무형의 이익을 가져다주기 때문이다. 사람들은 사회자본을 통해 자신의 정체성을 확인하고, 필요한 자원을 얻으며, 규범적 고양감을 느끼게 된다.
> — 류석춘 외 공저, 『한국의 사회자본』 중

개인에게 의미와 소속감을 제공하는 종교의 능력은 특히 회심(conversion)의 과정에서 명백히 드러난다. 회심은 한 개인의 근본적인 의미체계의 변화와 함께 일어나는 자아의 변화를 의미한다. 그것은 자신이 누구이며, 자신이 사회적 상황에 어떻게 속해 있는가에 대한 개념을 바꾸어놓는다. 회심은 그의 세계관을 변화시킴으로써 사회에 대한 개인적 인식방법과 사회에서 가지는 개인의 인격적 지위를 바꾸어 놓는다.[230]

이러한 개인적 회심의 차원은 단순히 종교생활로서 개종 뿐만 아니라, 이전 등과는 다른 사회학적 근본변화기제(의미체계의 변화)의 가능성을 가진다는 것이다. 이러한 전제는 회심이 인간적 행동이므로 이 행동에 영향을 주는 다양한 사회적 조건 속에서 회심의 의미와 기능을 이해하고 있는 것이다. 이러한 관점은 사회적 주제들과 연결되어 사회적 회심연구의 다양성의 양태로 나타난다.

이 다양한 연구들을 3가지 차원으로 구분하여 정리해 본다면,

첫째, 회심에 초점을 둔 종교 사회학 연구를 들 수 있다.

---

230) M.B. 맥과이어, 『종교사회학』, 106.

이것은 회심이라는 종교적 근원어의 의미를 중심으로 사회의 반동과 변화에 관심한다. 여기에서는 종교적 원천을 회심의 요소들로 전제하고 회심의 이유와 동기들, 현상들을 중심으로 사회적 변화를 이해하는 시도들이다. 그 중심으로 베버의 종교 사회학적 관점을 들 수 있다.

한 종교적 윤리가 가진 특징의 원천은 일차적으로는 종교 그 자체라는 입장을 취하고 있다. 여기서 종교적 원천이란 우선 해당 종교의 계시와 약속의 내용이다. 그리고 흔히 원래의 계시와 약속은 벌써 그 다음 세대에 오면 이 새 세대 신앙공동체의 욕구에 맞게 근본적으로 재해석되곤 했는데 이것 역시 대부분의 경우 다시금 일단은 이 신앙공동체의 [다른 욕구가 아니라 바로] 종교적 욕구에 대한 적응과정인 것이다.231)

종교적 원천은 단순한 종교현상을 대변하는 초월적인 회심이나, 회심의 교리적 차원이 아니라, 사회적 이해 형태로서의 '금욕주의', '신비주의'와 같은 회심의 사회적 이해양식으로 자리잡는다. 현세거부 방식에는 두 가지 유형이 서로 대립하고 있다. 이 대립구도의 한편에는 적극적 금욕주의, 다시 말하여 신의 도구로서 신의 의지에 따른 행동이 있으며, 다른 한편에는 신비주의의 명상적 구원소유가 있다. 신비주의에서는 행동이 아니라 [구원의] 〈소유〉가 교리의 핵심을 이루며 여기서는 개개인이 신적인 것의 도구가 아니라 신적인 것을 담고 있는 〈그릇〉이고 따라서 신비주의자에게는 현세 내에서의 행동은, 철저히 비합리적인 현세외적 구원지위를 위협하는 것으로 보일 수밖에 없다. 금욕주의와 신비주의간의 이러한 차이는, 만약 금욕주의가 현세 내적 금욕주의로 발전하고 신비주의가 '현세 도피적 명상'의 방향을 취할 경우에는 더욱더 극단적으로 커진다 : 즉 만약 행동적 금욕주의가 현세 내에서 이 현세를 합리적으로 관장하면서 세속적 〈직업〉에서의 노동을 통해 피조물 특유의 타락성을 억제하도록 작용하고(현세 내적 금욕주의), 신비주의는 근본적 현세도피를 철저히 실행할 경우(현세 도피적 명상), 상기한 차이는 극단적 차이가 된다.232) 이

---

231) 막스베버 / 전성우역, 『'탈주술화' 과정과 근대학문,종교,정치 : 막스베버사상선집 I』 (서울 : 나남, 2002), 175.
232) 막스베버, 『'탈주술화'과정과 근대학문,종교,정치:막스베버사상선집 I』,228.

러한 종교의 회심적 요소들을 통해서 종교와 사회 변동, 사회 변화의 시발점이 된다는 것이다. 결국 사회학적 관점에서의 회심은 경험되고 역사화된 실제로서 우리의 삶의 영역 속에서 운영된다. 이 운영의 주체에 따른 연구는 개인과 사회로 확대된다. 벨라는 대다수의 사람들이 겪게 되는 개인적 변형(transformation)은 개인의 행동에 영향을 미치고 동시에 의식의 변형을 일으키기 위한 필수적인 부분이라고 본다. 미국의 경우 다원주의는 결국 국교가 폐지되면서 사유화 과정을 밟게 되자, 19C 초반 침례교와 감리교의 급성장과 함께 생산된 것으로 본다. 더욱이 17C 부흥한 종교적 개인주의와 연결되며, 기독교 전체 역사와도 관련을 갖고 있다고 본다. 즉 마음의 습속(Habits of the Heart)이라 부를 수 있는 실체들이 종교 생활과 함께 변화했음을 추적하고 있다.233)

회심을 중심으로 한 사회변화의 문제는, 개인의 회심 현상에 대한 사회학적 관심으로 나타난다. 스노우(Snow)와 메칼렉(Machalek)은 회심을 생겨나는 변형의 정도에 따라서 구분하고 있다. 개인의 사회화의 과정 가운데 청소년기는 "재확증(reaffirmation)의 회심"으로 자아와 의미체계에 변화가 생기게 된다고 보고 있다. 개인적 회심의 유형들은 때론 극단적이거나, 점진적일 수 있다. 교육이나, 삶의 문화에 따라 자연스럽게 결합되는 사회적 이해로 적용되기도 한다. 이것은 개인의 정체성이 어떻게 변화되고 성장하는지에 대한 회심의 정도와 다양성을 의미하는 것이다. 특히 극단적 회심은 변화(Change)라는 큰 흐름 속에서, 개조(alternation), 성향의 강화(consolidative), 갱신(regenerative. 어거스티틴의 예), 극적변형(dramatic, metamorphic. 바울의 예)의 성향들로 나타난다.234) 이것은 주로 개인적인 종교적 신념이나 정체성과 관련이 있다. 하지만 여기에는 변화의 내적 영역, 공동체와의 상호관계성 등. 관계적 차원의 이해에는 많은 어려움을 가지게 된다. 이유는 개인의 회심에 대한 지속성, 진실성 등을 판단하는 객관적 근거들을 마련하기 어렵기 때문이다. 하지만 이것 또한 정도의 차이

---

233) 양영미, "종교적 회심에 대한 해석", 42-43.
234) David A. Snow & Richard Machalek, "The Sociology of Conversion" (Annual Review of Sociology, Vol.10 ,1984), 170.

가 있을 뿐이지, 그 가치를 폄하할 수는 없는 것이다. 회심을 중심으로 한 연구의 종합은, 로프란드(Lofland)와 스노드(Skonovd)의 "회심의 동기들(Conversion Motifs)"을 통해서 종합할 수 있다. 회심의 다양성을 '회심'의 본질적인 속성의 차이로 이해하고 다섯가지 변화(Variation)의 동기들과, 6가지의 회심의 형태들을 구분하여 회심의 사회학적 설명을 시도하고 있다.

CONVERSION MOTIFS[235]

		회심의 동기들					
		1 지적	2 신비적	3 실험적	4 감정적	5 부흥주의자	6 강압적
주요변화들	사회압력 정도	낮다or 없다	없다or 조금	낮다	중간	높다	높다
	지속기간	중간	짧다	길다	길다	짧다	길다
	감정적각성 의 수준	중간	높다	낮다	중간	높다	높다
	감정의내용	깨달음	경악/사랑 /공포	호기심	감정	사랑 (공포)	공포 (사랑)
	신념-참여 상태	신념- 참여	참여- 신념	참여- 신념	참여- 신념	참여- 신념	참여- 신념

회심 동기들의 연구는 20세기 중반에 성행된 사회학적 회심연구의 동향들을 기반으로 회심에 대한 동기가 가지는 사회변화 요소들을 통합적으로 정리한 것이다. 이를 통해서 회심의 다양성은 회심이 가지는 본질적인 성격에 기인하며, 또한 사회와 시대상황, 하위문화에 따라 회심은 변화의 가능성이 있다는 것을 보여주고 있다.

둘째, '사회현상'을 중심으로 회심을 이해하는 관점이다.
이것은 사회 속에서 나타나는 다양한 현상들을 우선적을 파악하고 회심의 기능과 역할들을 파악하는 방식이라고 할 수 있다. 예를 들어 사회계층, 개종, 타종교나 신흥종교의 부흥 등 사회 현상들을 통해서 회심의 기능과 요소들을 분석한다. 이것은 주로 사회조사방법들과 과학적 측정기

---

[235] John Lofland & Norman Skonovd, "Conversion Motifs" (Journal for the Scientific Study of Religion, 20:4, 1981), 375.

준들을 활용하여 다양한 이론들을 비교하고 적용한다. 대표적으로 글락(Glock)과 스탁(Stark)의 "구도자의 과정(Becoming a World-Saver. A Theory of Conversion to a Deviant Perspective)" 236) 은 종교적 회심을 종파형성의 원인과 결부시켜서 종교조직이 주는 보상들로 물질적·정신적 결핍감이 해결 될 수 있다고 보고 있다. 이것을 박탈이론(Deprivation Theory)의 관점으로 경제적, 사회적, 유기체적, 윤리적, 정신적 박탈로 구분하고 각기 다른 종교적 보상이 출현한다는 가설을 제시하였다. 하지만 다양한 개인의 종교성과 사회성의 가치를 상대적 박탈감에서 찾기에는 한계를 가지게 된다. 개인의 새로운 개종이나 회심사건이 개인에게만 한정될 수 없으며, 새로운 종교로의 회심 현상은 상대적 박탈감 뿐만 아니라, 공동체 속의 역동적인 요인들이 함께 작용하기 때문이다.237) 그럼에도 회심에 대한 현상적 이해의 차원에서 본다면, 종교는 인간이 느끼는 무력감과 좌절감, 그 속에서 느끼는 박탈감을 보상하는 기능을 가진다. 특히 박탈에 대한 종교집단의 대표적 특징은 초가치화 이념에 근거한 종파적인, 탈사회적인 종파신앙을 가진다. 초가치화(transvaluation)란 보다 큰 수준에서 지상적 가치를 쓸모없는 것으로 재규정하는 것인데, 그것은 주로 하늘의 보상의 기초에서 정당화된다. 예를들어, 종교는 가난한 이들에게 앞으로 올 영원한 세계에서는 그들이 부를 쌓을 수 있다는 식으로 그들의 박탈감에 위로를 주는 경우이다. 이때 구분된 박탈에 대한 다양한 보상은 회심이라는 인간의 변화기제로 나타난다. 경제적 박탈은 종파적 내세주의나 금욕주의로, 사회적 박탈은 종교적 지위를 이루는 것으로, 유기체적 박탈은 치유운동으로, 윤리적 박탈은 개혁운동으로 정신적 박탈은 제의운동으로 나

---

236) J. Lofland & R. Stark "Becoming a World-Saver. A Theory of Conversion to a Deviant Perspective" (American Sociological Review 30, 1965), 862-875.
237) 이에 대한 정리는, Lewis R. Rambo, "Current Research on Religious Conversion" (Religious Studies Review Vol.8,No.2/April 1982), 148. David A. Snow & Cynthia S. Phillips, "The Lofland-Stark Conversion Model : A Critical Reassessment"(Social Problems 27), 430-47. Dennis J. Parrucci, "Religious Conversion : A Theory of Deviant Behavior" (Sociological Analysis 29:3, 1968), 144-154.

타날 수 있다는 것이다.238) 이러한 종교변동에 대한 현상은 '개종'을 통한 종교이해로 확대된다. 개종에 대한 관심은 1960년대 신흥종교의 부흥관련 연구와 다원화된 시대 속에서 종교의 선택의 문제에 대한 사회적 관심에서 시작되었다고 할 수 있다. 기독교적 차원에서의 부흥운동과 성쇠원인의 연구가, 비종교인, 또한 종교간 교류와 이동 등을 통해서 종교적 이해를 새롭게 하고 있다.239) 스탁(Stark)과 휭크(Finke)는 새로운 종교로 개종하는 사람들은 그 종교의 구성원에 대한 대인 밀착도가 비구성원에 대한 밀착도보다 큰 사람들이라는 연구 결과를 제시한다.240) 사회현상에 대한 관심은, 종교인과 비종교인의 비교를 통한 종교성과 종교참여와 종교적 신념의 '예형론적(Typology)' 탐구를 시작으로 공동체, 비교종교를 통한 타종교의 회심, 신흥종교의 부흥현상에 대한 연구로 확대된다. 최근에는 다원화 시대의 종교 다원화 현상 속에서 회심에 대한 전문적이고 통전적인 연구들이 제시되고 있다. 램브(Lamb)와 브라이언트(Bryant)는 "종교적 회심의 실제와 논쟁들(Religious Conversion : Comtemporary Practices and Controversies)"241)를 통해서 회심의 다차원적인 시대(Plural World)적 이해를 제공하고 있다. "다양한 세계에서의 회심"이라는 부제에서 볼 수 있듯이 회심의 신학적 견해들, 세계 종교의 회심, 기독교에서의 회심, 회심의 실제 사례를 중심으로 세계사적 회심에 대한 순례적 여행(Continuing conversion personal journey)을 보여준다.

셋째로, 이러한 회심의 형태적 접근보다는 근원적 차원으로 해석하는 이해가 있을 수 있다. "보편적 담론(universe of discourse)"으로서의 변화는, 인간 존재의 근원적 물음 속에서 근본적인 목적과 의미들이 바뀌게 되고 초월하는 경험을 하게 된다. 이는 자연스럽게 회심의 주체에 대해서

---

238) 이원규,『종교사회학의 이해』, 433-438.
239) 정재영, "개종의 사회 문화적 요인",「신학과 실천」(제14호, 2008 봄), 217-244.
240) R. Stark & R. Finke, *Acts of faith* (Berkeley, CA : University of California Press, 2000), 117.
241) Christoper Lamb & M. Darrol Bryant(eds), *Religious Conversion: Comtemporary Practices and Controversies* , (Cassell, 1999).

묻게 되는데, 그 근원자에 대한 탐구와 믿음은 회심자들을 새로운 삶으로 나아가게 한다. 이러한 회심의 주제를 이해하는 사회학적 방법으로, 구성원의 상태(membership status), 논증된 사건들(demonstration events), 수사학(修辭學)적 형식(rhetorical patterns)을 들 수 있다.242) 여기에서 수사학적 설명은 회심을 설명하는 언어적 표현이라고 할 수 있다. "선택적 수사학"은 개인적이고 때로는 고뇌 섞인 결정이 얼마나 많은 변화를 만들어냈는가를 강조한다. 현대사회는 개인의 결정에 많은 가치를 둔다. 그래서 이러한 수사학들은 회심을 설명할 때 두드러진다. "변화의 수사학"은 회심에 나타난 개인적 변화의 극적인 본질을 강조한다. 회심한 사람은 자신들이 살아온 삶의 방식들이 가졌던 악과 불행을 새로운 삶의 방식의 아름다운 것과 비교한다. "지속성의 수사학"은 개인의 새로운 의미체계와 자아가 어느 정도까지 이전의 신앙과 경험을 논리적으로 연장하고 있는가에 초점을 맞춘다. 회심한 사람은 중요한 과거의 경험을 새로이 발견된 진리에 대한 잠정적인 단계로 기억한다. 이러한 회심의 수사학은 종교 속에서 주로 적용된다. 종교 단체는 수사학의 한 유형을 다른 것에 적용하도록 권장한다.243) 예를 들어, 전통적 교단들은 내적 회심을 중요시하여 자신의 본래 모습을 찾는 회심을 권장한다면, 오순절 계통의 신흥교단은 회심의 외향성을 중시하며, 변화된 이 후의 삶을 긍정하도록 하는 경향이 있다. 이렇듯 종교사회학의 관점에서 개인의 회심의 문제는 개인의 성장단계, 사회화 과정, 종교 및 문화의 영향 등과 함께 개인적인 본성과 노력, 고민 등. 다양하고 복잡한 상호관계성 속에서 유기체적으로 일어나는 "근원적 변화의 사회 반응 현상"이라고 할 수 있다.

사회 관계 속에서의 개인적 회심의 문제는 사회적 영역으로 확대된다. 사회관계(social network), 친밀과 집중적 상호관계(affective and intensive interaction), 그리고 교육 역할(role learning)에 대한 연구들은 사회적 영향에 대한 회심의 역할과 현상들을 설명하는 분야이다.244) 또한 종교적 회

---

242) David A. Snow & Richard Machalek,"The Sociology of Conversion", 170-171.
243) M.B.맥과이어,『종교사회학』, 109-110.
244) David A. Snow & Richard Machalek,"The Sociology of Conversion", 182-184.

심이 사회 변동 속에서 나타나는 현상들을 연구하는 주제들로서, "변형(긴장)이론(Strain theory)"와 "사회적 영향 이론(social influence theory)"을 들 수 있다. 변형이론은 현대사회의 상대적 박탈(deprivation)에 대한 인간의 열망을 충족하기 위하여 종교에 참여한다는 것이다. 이것은 소외된 사회 계층에서 더욱 강한 종교성을 가진다는 가설로서 논의되고 있다.245) 사회적 영향 이론은 기존 사회에 편입하기 위해서 구성원으로서 종교에 참여한다는 것이다. 이 편입현상은 개인이 보편적인 사회 질서에 귀속하기 위해 사회제도나 사회질서에 보편적인 믿음을 소유하게 되는 "통제이론(Control theory)"과 이 사회 속에서 가까운 관계나 공통 관심사를 통해 사회적 교섭이 이루어지는 "하위문화 이론(Subculture theory)"으로 설명되기도 한다.246)

지금까지 회심과 종교사회학의 관련 연구들을 살펴보았다. 위의 연구 흐름을 통해서, 종교적 회심에 대한 사회적 이해는 사회의 구성원으로서 인간의 회심(변화)을 통한 종교와 사회의 변동 현상에 관심을 가지고 있음을 알 수 있다. 이러한 관심은 종교적 회심과 사회관계, 사회조직, 공동체 형성의 주제로 확대되었으며, 회심 현상은 다원화되는 시대 속에서 개인의 종교성과 다양한 종교적 개념으로 확대되었다.

이 속에서 회심은 경험된 주체로서 사회적 실재이다. 즉 종교적 초월성이나 교리적 이해의 도구가 아닌 사회와 역사 문화와 소통해 온 사회적 종교의 본체가 되는 것이다. 이제 남은 과제는 이러한 본질적, 기능적 이해를 어떻게 실천적 차원으로 확대할 수 있는가이다. 이것을 위해서는 회심에 대한 종교와 사회의 관계를 좀 더 구체화 할 수 있어야 한다. 즉 회심과 사회의 이분법적 이해를 넘어서, 서로에게 영향을 주는 종교 현상에 대한 상호관계성 속에서 회심의 이해를 탐구해야 한다.

---

245) William Sims Bainbridge, "12. The Sociology of Conversion" in (edited) H. Newton Malony & Samuel Southard, *Handbook of Religious Conversion* [Religious Education Press (REP),Birmingham, 1992], 179-181.
246) William Sims Bainbridge, "12. The Sociology of Conversion", 182-184.

이를 위한 주제로 세속화를 들 수 있다. 세속화는 종교에 대한 본질적 차원과 사회변화의 상호적인 관계와 실천의 과제를 동시적으로 제공하기 때문이다. 또한 현장과 삶의 이야기로 확대하여, 교회의 실천적 차원으로 연결시킬 수 있는 가능성을 열어주고 있다. 이것은 목회사회학적 지평적 융합의 관심이 된다. 현대의 다양한 종교다원주의 사회 속에서 기독교가 가지는 의미는 또 다른 차원의 이해와 실천적 과제를 가지기 때문이다. 그렇다고 기독교의 교리적 해석을 주장하는 것이 아니라, 좀 더 깊은 사회의 종교적 관심을 기독교의 가치관으로 이해하고자 하는 것이다. 이 속에서 우리는 회심이 가지는 교회의 사회적 현실을 객관적으로 바라볼 수 있게 된다.

2) 회심과 세속화

 다양한 사회이론들 중 기독교와 사회와의 변화에 대한 관심은 '세속화'로 이해될 수 있다. 사회적으로 종교의 '세속화(secularization)'란 사회변동의 결과로 종교에 변화가 생겨나는 현상을 말한다. 이원규 교수는 "종교와 사회의 관계는 변동이라는 측면에서도 탐구될 수 있다. 즉 종교와 사회는 각각이 변화될 수 있는 것이기 때문에 그러한 변동이 서로에게 다양한 형태의 영향을 미칠 수 있다. 그리하여 종교가 사회변동에 영향을 미칠 수 있는가 하면 사회변동이 종교에 영향을 미칠 수도 있는 것이다. 전자는 종교를 독립변수로 보는 입장이고, 후자는 종교를 종속변수로 보는 입장이다. 물론 종교 혹은 종교적 변동과 사회변동의 관계는 상호적인 것으로서 양자는 항상 영향을 서로 주고받는다고 보는 것이 정확할 것이다." 종교를 하나의 종속변수로 이해하고 있는 것이다.[247] 그러나 사회변동의 성격이 다양할 뿐만 아니라 종교의 변화도 다양하게 나타날 수 있기 때문에 종교의 세속화는 매우 복잡한 현상이라 할 수 있다. 이것은 종교적 믿음과 신념도 세속화의 사회현상과 밀접하게 연결되고 변화되어 왔다

---

247) 이원규, 『종교사회학-이론과 실제』, 515.

는 것이다. 이를 위해선 세속화에 대한 전반적인 이해가 필요하다. 세속화의 의미도 매우 다양하다. 일반적으로 과거보다 현대의 종교적 관심과 영향력, 교리 등이 쇠퇴하는 여러 형상들로서 "종교의 쇠퇴", 종교적인 것이 이 세계와 닮아가며 현대적으로 변형되고 있다는 개념으로 "이 세계와의 동조", 종교적 일탈을 통해 종교의 기능이 사회로 넘어가는 과정(제도적-사회적 세속화) 또는 지식의 자율성을 확보(지적-실존적 세속화)하여 사회 자체가 하나의 자율적인 실재가 되는 "종교로 부터의 사회의 이탈, 분화", 거룩한 구조에서 인간적 구조로 변형된 것으로 보는 "종교적 신앙과 제도의 변형", 점차 종교의 거룩성이 상실되어가는 "세계의 비성화"등으로 이해할 수 있다.248)

이것은 서로 다른 개념이라기 보다는 종교를 이해하는 강조점의 차이라고 볼 수 있다. 이러한 종교현상은 근대사회에 이르러서 급격하게 변화하는 시대와 깊은 연관이 있다. 종교의 지배에서 과학과 이성의 시대, 이로 인한 인간의 능력과 책임의 변화, 국가의 발전과 함께 시작된 도시화와 경제의 변화 등, 현대의 종합적인 변화에 따른 종교의 변화의 결과라고 할 수 있을 것이다. 중요한 것은 이러한 현대적 변화로 인한 종교의 인식과 이해의 변화 속에서도 인간이 가지는 종교, 즉 종교적 성향이나 감정들은 계속해서 존재한다는 것이다.

한 때(현재도) 많은 사상가나 과학자들은 이성과 과학의 발달로 종교는 급격히 쇠퇴하거나 존재하지 않게 된다는 이론들을 제시하였다. 이러한 이해는 현대 유럽교회의 쇠퇴 현상으로 현실화 되는 모습을 보이기도 하였다. 하지만 이러한 쇠퇴 현상의 이해는 다양한 문화와 종교 변동에 의해서 새롭게 이해되어지고 있다.

기본적으로 종교가 쇠퇴한다는 현상을, 윌슨(Bryan R. Wilson)은 사회 제도들의 구조적 분화는 결국 종교의 중요성의 감소로 종교에 대한 내적, 외적 현상 등이 일반적으로 쇠퇴하고 있다고 주장한다. 이것은 종교에 대한 초자연적인 현상이 더 이상 믿어지지 않고, 종교적 부수현상으로 전락

---

248) 이원규, 『종교사회학-이론과 실재』, 577-579.

한다는 것이다. 또한 현대사회의 공동체의 붕괴는 과거 공동사회에서의 종교가 가지는 사회적 안정과 개인적인 정체성의 문제를 현대 이익사회속에서 비인격적이고, 경쟁적, 개인주의적인 성향으로 바뀌며, 결국 종교적 공동체성이 약화되고 있다는 것이다.[249] 이러한 일반론은 종교 내에서의 인식에도 영향을 주고 있다. 즉 세속화되는 것은 현대사회의 분화와 시대적인 산물로서, 신앙의 세속화는 신앙중심이 아닌 세상중심으로 살아가는 시대의 산물이며, 믿음이 속화(俗化)된 결과라는 인식이다.

반면 종교의 세속화를 종교의 외적인 현상이 아니라 종교의 내적 변화로 이해한 대표적인 학자는 버거(Peter L. Berger)이다. 버거에게 변형으로서의 종교의 세속화를 초래한 근본적인 원인은 다원화(pluralization)현상이었다. 그는 세속화를 "사회와 문화의 어떠한 영역이 종교적인 제도와 상징체계의 지배로부터 벗어나는 과정"이라고 정의 내리고 있다. 과거 종교의 독점적 지위는 다원화 시대의 상대화와 분화를 통해서 종교간의 경쟁 등 시장상황 속에서 종교적 전통이 강요가 아닌 선택의 문제가 되었다는 것이다. 이것은 자연히 욕구적 선택으로서 종교들은 소비자에 맞추어 유사한 종교형태로 변형되거나(표준화), 외적 현상에 치중하게 된다. 이러한 상황은 종교의 사사화(私事化 : privatization)경향으로 나타난다. 사사화란 종교가 일상적인 사회생활의 사적인 영역에 위치하게 되는 것을 의미한다. 이것은 나아가 의미와 소속감을 마련해 주는 기능들이 사적 영역의 제도로 퇴행하고 있음을 뜻하기도 한다. 결국 종교의 사사화는 종교가 개인이나 핵가족의 선택 또는 선호의 문제이며, 결과적으로 공통적인, 구속력 있는 성격을 사실상 박탈당해 버렸다는 것이다. 더 이상 종교적 진리가 불변의 진리로 받아들여지기가 더 어렵게 된다.

이와 같이 다원주의 상황은 상호 경쟁하는 설득력 구조의 수를 증가시켜서 설득력 구조의 종교적 내용들을 상대화시켜 버리는데, 이것을 버거는 종교적 내용이 탈 객체화(de-objectivation) 혹은 주관화(subjectivation)되는 것이라고 표현하고 있다.[250] 즉 종교적 내용은 의식 안에서 당연시되던

---

[249] 이원규, 『종교사회학-이론과 실재』, 582-587.

객체적 실재의 지위를 박탈당하고 주관화되어 버린다는 것이다.251) 이러한 변화 속에서 종교적 회심은 영적 사사화(spritual privatization)의 경향을 가진다.

종교적 영성의 보편화된 인식은 기독교 외의 다른 종교의 영성에도 선택적인 관심과 참여를 하게 되고, 이 영성은 점점 주관화되거나 혼합화되는 경향을 가진다. 과거 기독교 역사 속에서 나타난 수도원 영성 운동은 교권화되고 교리화된 기성 종교에 대한 반동으로 나타났다면, 현대 종교의 영성은 과학과 이성의 반동 이라는 개인적 인간의 선택적 문제로 인식된다. 이 선택적 문제는 "영성의 상품화" 현상으로 나타나기도 하며, 주관적으로 체험된 영적 현상들을 표준화하고 규격화 하여 종교시장이라는 세속화된 종교현상들이 나타난다.

이러한 현대 세속화의 이해는 '종교'에 대한 보이지 않는 새로운 전쟁의 시대로 대변되고 있다. 과거에는 기독교 중심이었던 역사가 세계화 시대를 맞이하면서 과거 전통 종교들(불교, 힌두교, 이슬람 등)과 신흥종교들을 만나게 되었다. 이것이 종교에 대한 다차원적인 접근과 연구들로서 이어지고, 종교를 믿는 사회속의 구성원들에게 나타난 의미들과 체계들도 새롭게 재해석 되고 있다. 이러한 차원에서 미래의 종교는 단순히 쇠퇴되고 통합되는 차원이라기 보다는 새로운 개념으로 제시될 수 있다. 현대의 불안과 위기 속에서, 복음적이고 근본주의적인 영적 종교(spiritual religion)로의 회귀, 구속적(redemptive) 성향이 강한 종교의 발전, 신비적(mystical) 혹은 신화적(mythic)성격의 종교로의 모습들을 제시할 수 있다. 이에 대해 버거는 '탈세속화'를 통한 "새로운 영성의 시대"를 주장하고, 루크만의 "보이지 않는 종교", 벨라의 "시민 종교", 마틴의 "현대 세속화 이론" 등은 미래의 대체종교로 심도 있게 연구될 주제라고 할 수 있

---

250) Peter Berger & Thomas Luckmann, *The Social Construction of Reality:A Treatis in the Sociology of Knowledge* (Garden City : Doubleday,1966). 피터버거와 룩크만은 사회 구조가 형성되는 단계를, 외재화의 단계-'상징체계'로서 세대간의 전달기능단계-제도화의 단계-합법화(객관적인 구조형성)의 단계-내면화의 단계로 이해하고 있다.

251) 이원규, 『종교사회학-이론과 실재』, 587-590.

다.252)

특히 마틴(D. Matin)은 현대 세속화의 개념을 기독교의 역설적 차원으로 해석함으로써 종교적 회심의 새로운 이해와 동기를 제공하고 있다.253) 그가 제시한 세속화는 단순히 사회의 발전 속에서 이해되는 종교(기독교)로서 뿐만 아니라, 문화라는 큰 틀 속에 존재하는 하위문화로서의 종교적 경험들과 신앙과 세속과의 상관관계를 통해서 "사회적 성육신화", 즉 세속화란 신앙(신학)과 사회학의 공통의 작업이며, 이것은 기독교 역사 속에서 고백된 다양한 신앙고백들과 회심의 사건이 사회적 변화의 중심주제가 될 수 있다는 것이다. 이 기독교화의 네 구분으로, 가톨릭적 기독교화, 개신교적 기독교, 칼뱅주의적 및 루터교파적 기독교화, 복음주의적이고 경건주의적인 각성(Awakening)을 통한 기독교화의 관점을 제시한다. 이 중에서 복음주의적이고 경건주의적인 각성을 통한 기독교화는 북대서양 지역과 현대의 성령강림운동의 뿌리가 되었다고 주장한다. 이 기독교화는 개인의 열성적 행위와 내적 감정에 기초한다. 여기서의 댓가는 과거든 지금이든 헌신적인 신자와 그렇지 못한 신자를 경계 짓는 교파적 하위문화를 만드는 방식으로 치러졌을 뿐만 아니라, 어느 정도 자연과학이 손상을 입게 되는 쪽으로도 치러졌다. 이것은 한국 기독교적 전통과도 연결될 수 있다. 실제로 모든 사람을 개종할 수는 없다. 기독교인이 된다는 생각은 어떤 하나의 하위문화의 생활양식과 관계하는 것이지 사회 전체와 관계하는 것은 아니다. 그러나 이런 종류의 경건파적이고 복음주의적이고 성령강림적인 하위문화는 근대화와 상호협력적인 방식으로 병행하여 전개된다. 그 최초의 예가 산업혁명과의 관계이며 지금은 개발도상에 있는 국가들, 특히 아프리카, 라틴아메리카, 태평양 연안 국가들의 발전과의 관계가 그러하다. 교파적 하위문화는 근대화와 적극적으로 연관되어 있다. 이 속에는 언제나 복음주의와 낭만주의(현대적사고)와의 상호관계로 발전된다. 예를 들어 복음주의적 열정은 신에 대한 열망으로만 나타나는 것이

---

252) 이원규, 『종교사회학-이론과 실재』, 605-608.
253) 데이비드 마틴 / 김승호 외 공역, 『현대세속화이론』 [David Martin, On Secularization : Toward a Revised General Theory] (서울 : 한울아카데미, 2008), 26.

아니라, 낭만 주의적인 사고와 결합한다. 복음주의가 현대 사상들(진화론, 유전공학 등)에 의해 그 열정이 위협받는 반면, 이러한 현대 사상들 또한 복음주의의 영적 초월적 사상에 관심과 영향을 받게 된다. 이러한 세속화에 대한 변증법적 이해를 요청한다는 점에서 현실과 종교의 문제를 이해하는 새로운 차원이 열리게 된다. 기독교적 변증법의 관건은 세상에 대한 개념이고, 사회학은 그 세상이 어떻게 작동하는지를 말해주기 때문이다.254) 이러한 세속화의 관점은 현대 종교의 회심이해를 접근하는 하나의 예를 제공해 주고 있는데, 그것을 성령강림운동이라고 할 수 있다. 과거 세속화의 의미에서 성령강림운동은 현대화의 부속물이나, 단순한 반동현상으로 이해되었다면, 지금의 사회학적 차원은 성령강림운동에 대한 새로운 인식과 보편화된 현대화의 전조현상으로까지 간주되고 있다.

성령강림운동의 거대서사는 합리화와 관료주의가 아니라 오히려 이야기와 노래, 몸짓과 성령 받음, 이미지와 체현, 열정적 발산과 체현에 기초한 것이다. 우리는 이 강력한 결합을 합리화로서의 모더니티를 발전시킨다는 의미에서 활기찬 것으로 보아야 한다. 발전의 중간 단계에서는 분명하지 않으나 존재의 다른 방식을 통해 이루어지는 합리화의 논리와 근대적이 되는 다른 논리가 있다. 그것은 세속화를 이해하는 방식은 존재의 다양한 방식의 지위와 힘에 대한 이해와 관계되어 있다는 것을 의미한다.255)

20세기 중반부터 세계로 퍼져나간 성령강림/카리스마 운동의 확산은, 유럽사회 속에서 초민족적 성격을 추구한 가톨릭과, 개인주의와 민족주의 성향을 가진 개신교가 역사적 반동을 통해서 대안을 만들고, 기능적으로 새로운 적합성을 얻는 결과로 이어진다. 이것이 루터교와 경건주의의 시작이 되고, 이러한 변증법적 과정이 현재의 개인성과 내면적 신앙에 대하여 강조하는 거대서사의 필요한 배경이 된다. 물론 이것은 사회학적 관점

---

254) 데이비드 마틴, 『현대세속화이론』, 35.
255) 데이비드 마틴, 『현대세속화이론』, 268.

의 해석이지만 개인이 가지는 종교적 변화와 사건들에 대한 객관적인 시야를 제공해 주는 것이다. 이러한 해석은 단순히 개인적인 종교적 회심의 현상을 종교적 능력의 부분으로만 주장하여 세상과 구별하는 이원론적 해석을 경계하게 한다. 마틴의 종교적 거대서사의 연구가 가지는 의의는 종교적 언어, 그 중 가장 독특한 기독교 언어에 대한 사회학적 이해라고 할 수 있다. 기독교 언어는, 기독교 신앙에 대한 인간이 표현하고 경험되는 원초적인 상징체계들을 의미한다. 이것은 신학이라기 보다는 예전의 감탄이고, 대화이며, 인사말이자 반복행위(시퀀스)이다.[256] 이것은 종교언어가 비현실적인 이상의 세계를 말하는 것이 아니라, 환원불가능하고 독자적인 (sui generis) 언어 양식이자 담화방식으로 자리를 잡게되고 종교적 회심의 단계로 들어가게 된다. 결국 이것은 세속화라는 의미가 단순히 신앙의 형태적 모양으로만 판단할 수 있는 것이 아니라, 신앙의 표상으로서의 경험들, 그들이 받은 성령과 은혜들은 그 자체로서 정당한 가치를 지니는 것이고, 영적 조망으로 확대될 수 있어야 한다. "성령은 우리의 영혼을 통해 입증된다"[257]는 표현처럼 "종교적 언어" 그 자체에는 이미 그에 대한 의미와 속성들을 내포하고 있는 것이다. 그렇다고 이러한 언어가 환상적으로만 해석되어서는 안된다. 종교의 역사들과 전통들, 예전들, 신앙의 표현과 이미지들, 더욱 중요한 것은 정독(close reading, 신앙은 정독에 기초하고 있다)을 통해서 구체화된 부정과 부합의 변증법적 과정인 것이다. 이러한 기독교 언어가 작동하는 방식이 사회학적 상상력의 작업이 될 수 있으며, 이해의 카테고리 속에서 "언어를 통한 삶의 정향"이 결정되는 통전적 경험 사건으로서 나타나는 것이다. 이것이 구체화와 참여를 통해서 경험되는 종교의 세계이자 삶의 진지함으로 나타나는 것이다. 이러한 진지함은 우리의 몸과 영혼 모두를 포함하는 작업이다.

  종교적 회심의 사회학적 관점은, 개인의 필요와 변화의 열망을 삶의 영역으로 확장하기 위한 종교 기능으로, 사회의 입장에서 종교적 회심을

---

256) 데이비드 마틴, 『현대세속화이론』, 333.
257) 데이비드 마틴, 『현대세속화이론』, 331.

통한 사회 결속과 질서 유지 등 종교가 가지는 기능적 대행물로서의 역할과 기대로서의 사회 기능이라고 할 수 있다. 하지만 이것은 개인과 사회의 상호관계성 속에서 지속적으로 연결되고 포용되는 관계라고 보아야 한다.

이러한 관점에서 현대의 세속화와 회심은 우리 교회가 가지고 있는 회심의 영적 역할과 사회적 기능이 긴밀하게 연결되고 있음을 발견하게 해준다. 한국교회에서 유행하는 많은 성령운동들은 회심을 어떤 행위나 원리에 의해서 주어지는 초월적인 영적사건으로 취급한다. 이러한 현상을 바라보는 시각은 다양할 수 있다. 하지만 이러한 회심의 문제를 참과 거짓, 진실과 왜곡의 차원에서만 해석하는 이원론적 관점은 회심의 양 극단화를 초래한다. 결국 극단적인 성령추구현상이나, 극단적인 성령부인현상은 회심의 궁극적 의미를 쉽게 벗어나 단순한 기능적 대행물로 전락시킨다. 그러기에 우리는 회심에 대한 보다 진지한 사회적 통찰을 인정해야 한다. 나와 우리의 회심은 하나님의 역사의 현실화된 말씀사건이기 때문이다. 결국 회심이 가지는 사회적 이해는 개인과 사회의 통합적 관점에서 서로에게 요청되는 변화의 요소들을 인정하고 그 요소들을 통해서 현재를 이해하고 새로운 미래를 계획할 수 있다는 것이다. 최근의 이러한 사회학적 연구들은 다양하게 분화되고 전문화되어 다른 학문과의 상호이해를 통해서 회심의 사회화, 회심 현상, 인지 이론 등으로 발전하고 있으며, 종교사회학의 관점에서는 제3세계 교회부흥(성령강림운동 등)에 대한 종교적 변화와 관심들로 확장되고 있다. [258]

2. 우리의 자리

---

[258] 이에 대한 최근연구로, 도날드 밀러, 테쓰나오 야마모리/김성건·정종현역, 『왜 섬기는 교회에 세계가 열광하는가?』 [Donald E. Miller and Tetsunao Yamamori, Global Pentecostalism : The New Face of Christian Social Engagement] (서울 : 교회성장연구소,2008). 도날드 E.밀러/이원규 역, 『왜 그들의 교회는 성장하는가?』 [Donald E. Miller, Reinventing American Protestantism] (서울 : kmc, 2008) 등을 들 수 있다. 현대에 부흥하는 "신성령운동"을 통해, 미국과 세계의 변화하는 교회와 영성, 섬김과 교회론 등을 사회학적으로 분석하고 있다.

이제 종교사회학의 회심에서 한국의 상황을 살펴볼 필요가 있다. 2세기가 넘는 한국 기독교 역사는 이미 많은 세속화의 과정과 사회와의 반동 속에서 지금의 모습들이 표현된 것이다. 70-80년대 한국 교회의 부흥을 그 당시 산업화와 도시화의 영향으로 본 박탈이론이나 역사적 사회적 배경에서 해석하는 다양한 주장들이 제기되고 있다. 그러나 종교사회학적 접근을 시도하는 이들은 교회 성장의 이유를 당시 전통 문화의 해체 과정과 그 속에 서서히 파고든 기독교의 전투성에서 찾고 있다. 박영신교수는 개화 초기에 점차 "세계적 상황"으로 변모한 조선의 용해적 사회구조 속에서 기독교가 유교를 대치하는 새로운 에토스로 등장했다고 주장한다. 주재용 교수는 유교의 문화적 해체 이후 대안으로 등장한 기독교는 정치적으로 항일의식, 반봉건의식, 여권 신장, 국가 자주의식을 심어준 것에서 한국교회 부흥의 원인을 찾는다. 김병서 교수는 기독교는 갈등사회학적으로 신분제도, 계층성, 조상숭배, 제사문제에 있어서 전통 문화와의 깊은 갈등 과정을 거쳤다는 것이다. 더 나아가 박영신교수는 기독교가 초월적 존재인 하나님 신앙을 기준으로 하는 새로운 사회 건설, 특히 "변형 지향성"의 사회구조를 제시하고 나선 것은 교회 성장의 시작이었다[259]고 제시하고 있다.

　이러한 사회학적 관점과 함께 신학과 신앙의 근본적인 문제제기와 새로운 변화의 근본적인 개혁의 목소리들이 현재 한국 기독교의 상황이다. 문제는 이러한 문제의식은 주관적인 판단만이 아니라 객관적인 해석과 함께 교회와 사회, 개인과 공동체의 통전적인 이해를 요청하고 있다는 것이다. 이것이 목회사회학적 제언이 가질 수 있는 요청임을 염두해 두면서, 한국교회의 모습과 회심의 의미를 종교사회학적 관점에서 살펴보자.

　박영신 교수는 한국 기독교의 관점을 유교와 가족주의적 전통 속에서 내려온 거대서사적 맥락에서 한국 교회를 바라보고 있다. 특히 한국의 전통적인 가치 지향성과 서구에서 들어온 산업 사회적 가치와의 관계성을 한국역사의 변동 구조로 이해하고 있다. 특히 개신교는 이러한 사회변동

---

259) 은준관, 『신학적 교회론』, 43.

에 적절히 대응한 모습을 가진다.

개신교 기독교는 유교적 가치에 의하여 제도화되고 있던 조선 사회에 근원적으로 도전하는 사회적 역할을 맡게 되었다. 유교가 아닌 새로운 종교이었기에 때문에 개신교가 조선 사회의 구조적 재구성을 위한 사회발전 지향성에 궁극적인 정당성을 부여할 수 있었던 것이다. 바꾸어 말해서, 조선 사회의 질서가 유교적 정당성을 갖고 있었기 때문에, 그 기존 질서를 혁파하는 사회 재구성의 운동은 유교에 맞설 수 있는 '새로운' 종교적 정당성을 요구할 수밖에 없었으며, 개신교 기독교가 바로 이러한 돌파의 계기를 제공하였던 것이다. 개신교 기독교의 가르침은 하나님이라는 초월적 존재에 대한 헌신과 충성이 일차적이며 근본적이라는 상징 체계를 전제로 하는 것이었으며, 그러기에 초월적인 뜻에 따라 개인의 삶과 사회의 모든 영역이 다스려지고 짜여야 한다는 변형 가능성을 자아내게 되었다. 다시 말하면, 옛 종교에 의하여 삶의 모든 영역이 세목마다 엄격히 규정되어 변형적 융통성의 폭이 크게 축소되어 있을 때, 새 종교의 초월적 지향성은 사회의 밑바탕을 재구성할 수 있는 변형적 에너지를 불어넣을 수 있었던 것이다.260)

이 속에서 한국 개신교는 기독교의 가치지향성과 이에 동조한 사회 세력에 의해서 구체적으로 전개되어졌다. 이것이 사회 비판적 기능과 변호적 기능으로 나타나게 되었고, 교회라는 근대적 사회 자본은 한국 민중과 고통의 삶 속에서 함께 작용하고 있었다. 이러한 힘이 지속되지 못한 한계는 일차적으로는 교회에 있다고 할 수 있다. 사회 변화라는 주제보다는 교회 중심의 부흥 운동과 교육 계몽에 치우치면서 점차 교회는 사회와 분리된 상황에 처하게 된다. 이 모습은 교회의 구성원들의 신앙 속에서도 나타나게 되는데, 사회와 변화에 대한 열망이 아닌, 과거 우리를 안주하게 하였던 유사가족주의, 집단주의와 함께 현대 산업화에 따른 개인주의와 성과주의로 예속되게 된다. 여기에서 우리 민족이 가지는 강한 가족주의는

---

260) 박영신 · 정재영, 『현대 한국사회와 기독교』, 69-70.

이러한 사회발전의 근본적인 의미체계였다. 하지만 이것이 붕괴 되는 현실 속에서 우리는 새로운 가족개념의 새 지평을 열어야 한다. 이것은 가족의 삶의 지향성에 변화를 요청한다. 그리고 이 속에서 작용하는 의미 형태들에 근원적인 응답이 사회적 반응으로 연결되어야 한다. 이러한 기능을 교회를 통해서 회복될 교회와 우리의 과제가 된다고 할 수 있다. 그러나 지금까지 한국교회는 이러한 모순된 현실에 대해 미래를 제시하기 보다는 현실에 안주하는 축복, 기복적 초월신앙, 극단적 회심과 구원 등을 약속하며, 유사가족주의를 유사 공동체주의로 전락시키는 오류들을 범해왔다. 하지만 진정한 종교의 능력은 단순히 종교의 제도권에서만 이루어지는 것이 아니라, 개인의 삶과 가정의 삶 속에서도 나타나는 것이며 우리의 일상의 삶을 종교적 영성의 삶으로 인도하는 사회적인 공동선의 책임이 있다는 것이다.

한국교회의 이러한 책임의 부재와 교회성장의 관계를 세속화를 통해 해석한 정재영 교수는 한국교회의 보수/진보 진영의 다른 반응을 통해서 성장의 차이를 살펴보고 있다. 이것은 현대 다원주의 사회의 종교시장 상황과 연관된다. 이 속에서 각 종교들은 경쟁적으로 교인들을 유치하게 되었으며, 이 속에서 개신교의 보수 진영에 속한 교회들은 교인의 질과 사회 정의 이념을 내세워 주저했던 진보 진영의 교회와는 달리 훨씬 적극적이었다.[261] 결과적으로 보수진영은 폭발적인 양적 성장을 가져오게 되었다. 반면, 교인들의 무분별한 흡수를 위한 신앙과 믿음의 요청은 세상의 가치관인 경제성장과 성공, 번영이라는 기준으로 변형되어, 종교를 통한 성공과 번영을 약속하는 신앙의 변질을 통해 교회는 경제주의의 식민화가 되었다. 이러한 복음의 상품화는 궁극적으로 구원개념에 대한 강조점을 바뀌게 한다. 즉 보수진영의 교회들은 구원이란 개인적인 죄로부터의 구원을 중심으로 이해하는 내세적 구원을 강조하게 된다. 이로 인한 종교적 회심은 개인의 유익을 위한 기도의 서원이며, 집중적인 간구와 탄원으로 나타난다. 이러한 현상 속에서 교회들은 '성령'의 초월적인 영적 기제를

---

261) 박영신·정재영, 『현대 한국사회와 기독교』, 219.

활용하여, 은혜의 선물이라는 도구를 통해 지속적으로 "회심을 위한 복음적 상품"을 새롭게 제시해야 하는 부담감을 가지게 된 것이다.

반대로 사회 참여를 강조하는 진보주의 진영에 속한 교회들은 내세적인 구원이 있는 반면에 현세적인 구원이 있다는 것이다. 왜냐하면 현세적인 구원이란 현실 사회 속에서 하나님 나라 사상에 따라 사회 정의를 이룸으로써 실현되는 것이기 때문이다.[262] 이것은 구원의 실천적 차원으로 해석된다. 하지만 이러한 실천적 성향은 기독교 영성의 초월적 차원을 극단적으로 무시하여 개인의 체험을 사회화 시키고 조직화 시키는 위험성을 내포하게 된다. 이것이 사회 활동과 연합하여 많은 긍정적인 모습으로 사회에 인식되는 경향도 있지만, 그 속에는 보이지 않는 사회적, 종교적 갈등의 문제를 드러내고 있다.

결국 개인적인 사사화의 위험성과 공공성의 필요성 속에서 어떻게 균형을 맞추어 나가야 하는 가가 현대 한국 교회의 관심이 되어야 할 것이다. 이것을 위한 사회학적 응답은 해결적 응답이 아니라, 과정적 응답으로서 "새로운 지평 융합"의 과제 속에서 찾아야 한다. 현대 사회 속에서 교회는 더 이상 교회 혼자만의 도취적인 회심을 주장할 수 없기 때문이다. 이 회심은 이미 하나님의 역사 속에서 응답된 공동체적인 사건이었으며, 종교적 회심의 개인적이고 사회적인 책임이 요청되는 피할 수 없는 시대적 상황에 직면하고 있기 때문이다.

---

262) 박영신 · 정재영, 『현대 한국사회와 기독교』, 224.

II. 회심의 심리학적 이해

　　현대 회심이론에서 사회적 차원의 중요한 분야는 바로 심리학이라고 할 수 있다. 인간에 대한 근원적인 물음에서 시작된 이 연구는, 프로이트의 정신분석학, 융의 분석심리학 등을 거쳐 다양한 심리학적 연구와 대상관계 연구, 상담 등 치료의 기능으로까지 현대에 자리 잡고 있는 학문 분야이다. 특히 이 심리학적 이해 속에서의 회심 이해는 종교적인 차원의 이해를 넘어서서, 인간의 정신적이고 심리적인 측면을 부각함으로써 회심에 대한 또 다른 시각을 전해주고 있다. 최근 심리학의 영향으로 종교적 회심에 대한 새로운 반성과 반동의 문제들은 보이지 않게 현실 교회 내의 심각한 문제로 이해되기도 한다. 그럼에도 일반적으로 심리학적 회심이해는 현대 사회의 종교와 교회 이해의 주요한 기준과 사실들을 내포하고 있음을 무시할 수는 없을 것이다. 종교심리학자 윌리엄 제임스의 공헌으로 종교적 회심의 심리학적 의미들은 다양하게 발전되었으며, 최근에는 램보의 회심연구, 발달심리학자들의 발달단계이론, 초월심리학, 대상관계이론 등으로 다양하게 분화되고 연구되어지고 있다.

　　심리학적　연구는 "역사 속에서 인간의 의미는 무엇인가?" 라는 근원적인 질문에서 출발한 학문분야이다. 하나의 학문과 이론들이 생기는 것은 단순히 인간 지식의 우연한 단편들이 아니다. 하나의 학문적 가치가 생기기 위해서는 "역사의 전환기적 사건"을 통해서 제시된 이론과 주제들이 나타나고, 그것에 대한 많은 논쟁과 분화를 통해서 발전되는 과정을 거치게 된다. 하지만 그것이 하나의 학문전통으로 자리 잡기 위해서는 후대의

"가치부여 작용"이 필요하다. 주요한 전환점이 되는 이론들은 그 당시에는 주로 소수의 생각으로 시작하게 된다. 이미 존재하는 기득권의 힘은 새로운 가치들을 받아들이는 것에 소극적이 되거나 배격하기 때문이다. 하지만 이러한 과정 속에서도 그 가치를 인정받는 것은 후대에 이르러서 그 당시의 뛰어난 사상이나 이론들에 가치를 부여하고, 그들의 희생과 열정에 감사하게 된다. 결국 학문적 전통은 "시대적 요청 속에서 역사로 증명된 가치와 의미부여의 작용"으로 현대로 이어지는 이론들과 의미들이라고 할 수 있다.

또한 학문은 '발견'이라는 것이다. 이것은 학문이라는 것은 이미 있어진 사실과 삶에 대한 의미부여의 작업, 즉 발견이라는 형식을 통해서 이론화시키고 체계화시킨 것이다. 이것은 우리의 일상 속에서도 쉽게 느낄 수 있는 것이다. 예를 들어, 과거 "상대성 이론"이나, 현대의 "가이아 이론"을 지식적으로 모른다고 해서 우리의 삶에 큰 영향을 끼치거나 위기를 가져다 주는 것은 아니다. 단지 이론들의 발견을 통해서 삶을 이해하고 적용할 수 있는 사고의 확대의 가능성을 열어주는 것이다.

가이아 이론

가이아 이론은 영국의 과학자 제임스 러브록이 1978년 〈지구상의 생명을 보는 새로운 관점〉이라는 책을 통해 주장한 가설을 말한다. 가이아 이론은 지구를 단순히 기체에 둘러싸인 암석덩이로 생명체를 지탱해주기만 하는 것이 아니라 생물과 무생물이 상호작용하면서 스스로 진화하고 변화해 나가는 하나의 생명체이자 유기체임을 강조한다. 현재 이 이론은 지구상에서 저질러지고 있는 인간의 환경파괴 문제 및 지구 온난화 현상 등의 환경문제와 관련하여 많은 과학자들의 관심을 불러일으키고 있다.
이에 대한 신학적 논의는, 위르겐 몰트만 / 곽미숙 역, 『세계 속에 있는 하나님』 [Jürgen Moltmann, Gott im Projekt der modern Welt] (서울 : 동연, 2009), 156-169을 참조하라.

즉 발견으로서의 학문의 목적은 단순히 앎(knowing)만을 위함이 아니라, 그것을 이해(understanding)하고 실천(practicing)하는 일상적 삶의 작업으로 확대될 때 그 의미가 실행되는 것이다. 그러기에 학문은 일상적이고 보편적이 되어야 하는 책임과 실천지향성의 역할을 감당해야 한다. 이 것이 '목회 사회학'의 근본적인 고민이며, 이를 위해 다양한 이론과 학문적 소통의 작업이 필요한 것이다.

심리학은 인간에 대한 궁극적 고민에서 시작된 학문이다. 이는 인간의 삶 속에 나타나는 불안과 고통, 종교적이고 심리적인 현상에 대한 인간의 진지한 가치부여 작업이라고 할 수 있다. 또한 발견으로서의 심리학은 이미 우리의 삶과 일상에 존재하는 현상에 대한 학문적 이해이다. 이러한 차원에서 심리학은 인간과 사회를 이해하는 밀접한 학문적 기능을 가지고 있다. 이러한 역할 속에서 회심은 종교적 의미와 함께 인간 삶의 심리적 변화로서의 중심주제가 된다.

1. 회심의 심리학적 연구들

종교와 심리학의 관계는 "매우 미묘하다" 라는 표현이 적당할 듯 하다. 종교와 심리학은 서로에게 상반되면서도 공통적인 요소가 미묘하게 공존되어 있다. 우선 둘 다, 인간을 대상으로 정신적 영역과, 영적 영역에 대한 관심을 가진다. 이를 통해서 인간의 삶에 대한 현상들을 파악하고 치료와 회복의 기능을 가진다. 그러면서도, 종교는 신적 권위에서 이 능력이 나온다는 것이고, 심리학은 인간의 내적 차원에서 나온다고 해석하는 것이다. 이러한 차이는 결국 종교에 대한 인간의 이해로 연결된다. 종교는 존재자를 통하여 피조물인 인간을 이해 한다면, 심리학은 인간을 통하여 인간과 종교적 감정 들을 이해하는 것이다. 이것에 대한 다양한 이론(異論)들과 변화의 과정이 현대에 이르러 복잡한 종교적-심리학적 과제가 되고 있다. 그럼에도 이 둘은 "너무도 인간적이라는 것"때문에 서로에게 피할 수 없는 영향을 끼친다.

윌리엄 제임스는 종교란, 그들 자신이 신적이라고 생각되는 존재와 관계 앞에서 있다고 이해할 때 생기는, 스스로의 감정들, 행동들, 개인적인 경험들이다.263) 라고 말한다. 또한 그는「종교체험의 여러 모습들」을 통해서 종교의 개인적 차원이 가지는 심리학적 이해의 가능성을, 회심(종교적 체험)에 대한 종교심리학의 고전적 연구로 진행하였다. 그에게 종교는 존재론적인 신앙고백이나 신학의 주제로서가 아니라, 인간의 본성과 관련된 병리학적 근거를 가지고 있다는 것을 제시한다.

나는 종교적 현상의 많은 부분이 정신병리학적 근거를 가지고 있다고 생각한다. 적어도 이것은 놀라거나 당황할 일은 아니다. 오히려 어떠한 현상들은 인간 경험의 최고 높은 인식을 증명하기도 한다.264)

이러한 심리학적 이해는 개인적인 종교적 세계에 대한 인간 본성의 심리학적인 관계를 통해, 종교 현상에 대한 이해를 가능하게 하였다는 것이다. 종교와 심리학의 연구의 가능성 속에서 회심은 종교적 체험의 중심주제가 되고 있으며, 이것은 회심의 심리학적 연구의 기초가 되고 있다.

인간에 대한 관심이 심리학(정신분석학, 분석 심리학 등)으로 구체화되고 있을 때, 인간이 가지는 공통적인 관심사인 종교에 대한 반응, 즉 회심에 대한 논의가 활발히 진행되었다. 특히 '종교심리학'의 차원에서 회심의 연구는, 19세기 말 - 20세기 초기에 미국을 중심으로 한 대각성 운동과의 깊은 관련 속에서 인간과 종교현상과의 관계에 관심을 가지게 되었다. 이 시기의 연구들은 대체로 부흥집회시 일어나는 성령현상, 즉 극적인 형태의 회심 현상에 많은 관심을 가지게 된다. 이러한 현상들이 확대되면서, 종교적 회심에 대한 다양한 차원의 관심과 청소년기의 회심, 이 후에는 타 종교의 회심과 문화 인류학적 관심으로 까지 확대되었다. 이에 대한

---

263) William James, *The Varieties of Religious Experience* (New York : Prometheus Books, 2002), 31.
264) William James, *The Varieties of Religious Experience*, 24-25.

고전적 저서로는 William James의 "The Varieties of Religious Experience", G. Stanley Hall의 "Jesus Christ in the Light of Psychology", De Sanctis의 "Religious Conversion : A Bio- Psychological Study"를 통해서 본격적인 연구가 시작되었다.[265]

1) 종교심리학과 회심

종교적 회심의 초기 연구는 스텐리 홀(G. Stanley Hall)에 의해서 시작되었다. 1881년 그는 보스톤의 부흥집회에서 청중들을 보고, 청소년기가 회심을 일으키는 전형적인 연령층이었다는 설명을 듣고 큰 충격을 받았다. 홀의 회심에 관한 정의에 따르면 회심이란 삶의 근본적인 재설정이며, 초기의 삶의 발달 단계에서 벗어나 성숙과 성장으로 가기 위한 필수적 과정이었다는 것을 말하고 있다. 삶의 기본적 변화를 재설정한다는 것은 자기중심적인 삶으로부터 이타주의적 삶의 방식으로 바뀌는 것이고, 범신론적인 신앙형태에서 초월적인 신앙 형태로 변화하면서 각 개인들은 인류역사에서 물활론적인 신앙형태에서 윤리적인 삶의 형태로 재설정하는 것을 의미한다.[266] 전통적인 신학자들이 회심을 "하나님의 형상"이란 차원에서 해석하려고 시도했던 바와는 달리 회심의 현상을 인간이 만들어지고 있는 생명의 발생과정에서부터 출발하여 개인의 내면적 세계에서부터 영적인 성숙과정을 통해 진화하면서 형성되며, 출생 이후에도 성장하면서 의도적으로 형성되어 가는 것이라고 주장한다. 따라서 회심자들은 하나님과 타인들과의 관계 속에서 이웃 사랑의 관계를 유지해 가는 과정 속에서 일어나며, 회심은 개인이 '깊은 믿음'을 유지해 갈 때 인간의 내면에서 진화과정을 통해서 새로운 생명이 형성되어 간다고 주장한다.[267]

---

265) Newton Malony & Samuel Southard, *Handbook of Religious Conversion*, REP.
266) 장종철, "종교적 회심의 유형", 「신학과 세계」 제36호 (감리교신학대학교, 1998 봄), 172-173.
267) 장종철, "회심의 심리학", 「신학과 세계」 제42호 (감리교신학대학교, 2001 봄), 164.

이것은 심리학적으로 인간의 불안, 좌절, 공포, 이기심 등 자기실현의 실패 속에서 그것을 극복하는 과정에서 일어나는 발전의 과정으로 이해한 것이다. 이 속에서 믿음은 회심의 과정에 있어서 핵심적 요인이다. 홀에 따르면 이러한 믿음을 변화 시키는 힘은 예수에 관한 합리적 논증에 호소함으로서 일어나는 것이 아니라고 주장한다. 이성은 실용주의로 기울어지기가 쉽고, 실용주의는 사람들을 자기 중심적인 기능주의로 전향하도록 하기 때문이다. 또한 회심의 변화는 사람들에게 예수를 도덕적인 모범자로 보고 그분과 같이 되려는 노력의 결과로써는 일어나지 않는다고 주장한다. 순교는 사람들에게 영감을 주고, 감동으로 바라보게 하며, 또한 값비싼 대가로써 그들을 따르게 한다. 그러나 두려움은 믿음에 방해가 된다. 즉 인간의 대속죄를 위해서 하나님께서는 진노를 사용하셨다는 해석은 하나님의 뜻에 어긋나는 일이며 영감을 주지 못한다. 인간을 사랑하셨기 때문에 죽으셨다는 하나님의 이야기만이 인간을 변화시킬 수 있는 힘을 지니고 있다는 해석이며, 인간을 깨우칠 수 있고, 창조할 수 있는 것이다. 따라서 회심의 변화를 일으킬 수 있는 믿음은 타인을 사랑할 수 있는 힘이 되며, 하나님의 사랑에 대한 놀라운 응답에서 일어난다.268) 즉 그에게 "하나님의 형상(imago dei)"은 나의 선함과 노력의 산물로서가 아니라, 하나님의 사랑의 요소를 통해서 연약하고 부서진 내가 재창조 되어가는 과정이'회심'이라는 것이다. 이 때에 회심은 점진적인 과정이고, 종교적 변화는 개인적이고, 사회적, 문화적, 종교적 차원으로 복잡하게 서로 얽혀 있는 과정의 사건이 되는 것이다.269) 홀의 연구는 종교적 회심에 대한 그 당시 유행한 진화론적 관점과 기독교의 신앙적 내용을 동시에 이해하면서 종교적 심리학의 과제를 다양한 학문의 분화로 연결시킨 계기로 작용했다고 할 수 있다.

홀의 연구를 계승한 에드윈 스타벅(Edwin D. Starbuck)은 그의 종교심리학(Psychology of Religion, 1915)을 통해서 회심연구를 구체화 시켰

---

268) 장종철,"회심의 심리학", 165.
269) Newton Malony & Samuel Southard, *Handbook of Religious Conversion*, REP, 2.

다고 할 수 있다. 특히 그는 회심 현상에 대한 다양한 조사와 면담 등을 통해서 회심의 원인을 발견하게 된다. 그는 회심이 "의롭게 되려고 노력 하는데서 일어나는 것이 아니라 죄로부터 떠나려고 애쓰는 과정에서 일어 난다"는 것을 발견하게 된다. 회심자들에서 나타난 특징을 보면 비이기 적(un-selfing)이라는 사실이었다. 또한 회심은 돌변성(suddenness)이 있 으며, 회심하는 변화의 특징을 보게 되면 어떤 악으로부터 신성으로, 죄성 으로부터 의로움으로, 무관심으로부터 영적 통찰력을 갖게 되고, 또 활동 을 갖는 것이 특징으로 나타나고 있다는 주장을 하였다. 따라서 스타벅에 게 있어서 종교적 회심은 주로 청소년기의 현상이고, 회심은 급격한 성장 과정에서 있었던 심리적인 특징이었다고 주장한다. 그는 회심의 정의를 새롭게 두 가지 유형으로 설명한다. 첫째는 자발적인 깨달음과 신성함으로 표현되는 의지적유형(volition type)과, 둘째는 자기포기유형(self-surrender) 으로 표현되는 중재적 형태의 회심으로 구분한다. 의지적 유형은 회심의 변화가 점진적으로 일어나며, 도덕적이고 정신적인 관습에 따라 부분적으 로 서서히 형성된다. 그러나 결정적인 때에는 갑자기 일어난다. 이런 의지 적 유형은 그의 연구의 많은 사례 속에서 발견되었다. 그러나 자기포기형 의 회심은 "인간의 위기는 하나님의 기회이다"라는 속담에서처럼 인간 이 위기를 당할 때 하나님의 구속이 나타나는 종교적으로 전향하는 신학 적 방법으로 설명된다.270) 이는 현대에까지 회심의 유형을 분석하는 데에 큰 주목을 받고 있다. 이러한 구체화된 연구를 통해 실제적인 적용과 종 교심리학의 논의를 확대시킨 계기는 윌리엄 제임스였다.

2) 종교체험의 여러 모습들-윌리엄 제임스

그의 강연집인 「종교체험의 여러 모습들」은 지금까지 회심에 대한 종교심리학적 기초가 되고 있다. 그에게 회심은 "분열된 자아의 통합 (Conversion as the Unification of a Divided Self)"이다. 그는 종교적

---

270) 장종철, "종교적 회심의 유형", 173-174.

정의 자체를 개인의 신앙 경험과 형태에 초점을 맞추면서, 심리학과 종교, 철학에 이르기까지의 통전적인 대화를 시도했다고 볼 수 있다.

> 그러므로 나는 우리가 연구하고자 하는 "신적인" 이라는 단어의 정의를- 비록 나의 자의적인 의도에서이기는 하지만-다시 한번 더 좁혀서 생각해 보고자 한다. 즉 신적인(divine)이라는 말은 아무런 제한없이 광범위하게 쓰이는 의미에서의 원초적이며, 포괄적이고, 실제적인 것이 아니다. 신적인 존재는 우리가 어떤 적개심을 가지고, 또는 조롱하는 마음을 가지고서가 아니라 엄숙하면서도 무게 있게 반응해야 하는 그런 근본적인 실제만을 의미하는 것이다.271)

즉 우리가 말하는 종교적이라는 의미는 자신의 신념에 기초한 종교일 수도 있지만, 심리학적 입장에서 보면 종교적 심성, 이를 통한 마음의 상태를 의미한다. 이것은 인간이 가지는 종교적 감정 속에는 "병리학적 요인" 즉, 우울증, 신경증, 행복과 기쁨 등이 존재한다는 것이고, 이러한 감정들은 종교를 이해하고 설명하는 데 하나의 요소로서 인정될 수밖에 없다. 우리는 우리가 신적인 존재를 믿고 있다고 해서 신적인 속성만을 지녀야 하고, 표현해야 한다는 오류를 범할 때가 많이 있다. 하지만 신적인 소유주에게 창조를 받았다고 해서 모든 신적인 소유를 받은 것이 아니라, 본질적 약함이 피조물인 우리에겐 당연히 존재한다. 문제는 이것을 어떻게 받아들이고 이해하느냐에 따라서 약함이 구원으로, 고통이 기쁨으로 바뀌기도 하지만, 반대로 더 큰 좌절과 상처로 떨어지기도 한다는 것이다. 이것이 인간이 종교적 심성으로 변화되는 '회심' 의 상호적인 방향이라고 할 수 있다. 이러한 차원을 학문적으로 말하자면, 종교적 감정에 대한 신경증적 반응(우울증)에 대한 탐구이며272), 좀 더 솔직한 표현으로는 "우리의 내면 속에서 들려오는 솔직한 경험과 감정에 대한 종교적 태도"

---

271) 윌리엄 제임스 / 김성민 · 정지련 역 ,『종교체험의 여러 모습들』 *[William James, The Varieties of Religious Experiences]* (서울 : 대한기독교서회, 1997), 59.
272) 윌리엄 제임스,『종교체험의 여러 모습들』, 43.

라고 할 수 있다. 이것을 파악하는 수단으로 독특한 종교적 체험에 대한 연구로서 종교 현상을 더욱 잘 이해하고자 하는 것이다. 이것은 제임스가 말하는 종교의 주관적인 요소로서 어떠한 신학과 교리 이전에 존재했던 순전한 경험이다. 하지만 우리의 환경은 이러한 순수한 경험을 왜곡시킬 너무나 복잡한 상황을 만들어 버렸다. 결국 우리의 의식은 마비되어 진정한 체험과 구원의 경험에 대해서 분별할 능력을 상실해 버린다. 그러기에 우리는 이 모호한 경계를 분별하는 작업을 해야 하는 것이다. 즉 "종교 체험의 진수"가 그것이다.

> 종교 체험의 진수(The essence of religious experiences), 즉 우리가 반드시 평가해야만 하는 것은 우리가 그 어느 다른 곳에서도 찾아 볼 수 없는 것으로서, 종교체험 속에만 깃들어 있는 그 요소, 또는 특성이어야 한다. 그런데 그러한 특성들은 종교 체험 속에서 가장 과장된 모습으로 나타나기 쉬우며, 심화된 모습으로 나타나기 때문에, 종교 체험 속에서 가장 뚜렷하게 드러난다. 따라서 우리는 종교 체험 속에서 그 특성들을 가장 잘 식별할 수 있다.[273]

여기서 식별한다는 의미는 종교성을 어느 수준에서 판단한다는 것이 아니다(신앙이 좋다 또는 나쁘다). 이것은 다양한 종교에 대한 표상들은 가능하지만(신비적이거나, 공적이거나 등), 그들의 표상 속 이면에 있는 종교에 대한 도덕적, 영적 기준은 다를 수 있다는 것이고, 표상만으로는 그 진실의 모습을 판단하는 것에 모순이 생긴다는 것이다. 그래서 우리는 좀 더 근원적인 소리에 귀를 기울여야 한다. 이것은 하나님이 주신 인간의 본성의 소리이며 필연의 소리이다. 즉 종교적인 감정이라고 할 수 있다.

종교가 우리에게 구원을 가져다주는 것은 바로 이와 같은 시점에서이다. 종교는 우리 운명을 그의 손아귀에 거머쥐고 있다. 이 세상에는 우리가 종교적으로 되어야만 그곳에 도달 할 수 있는 어떤 정신 상태가 존재하

---

273) 윌리엄 제임스, 『종교체험의 여러 모습들』, 68.

고 있다. 종교적이 아닌 다른 사람들은 그와 같은 상태가 어떤 것인지 알지 못한다. 이와 같은 상태 속에서 우리는 우리 권리를 주장하고, 그에 따라서 행동하기보다 우리 입을 다물어야 한다. 그리고 하나님으로부터 나오는 거대한 물길 속에서 우리는 아무것도 아닌 존재인 듯이 머물러 있어야 한다. 이와 같은 정신 속에서 우리가 가장 두려워하는 것이 우리의 안전을 약속해 주는 피난처가 되고 있다. 우리는 도덕적인 삶에 관해서 죽음으로써 영적인 삶의 분야에서 태어나고 있다.[274]

이러한 그의 종교에 대한 관점은 "보이지 않는 존재의 실재성"에서 표현한 것처럼, 우리가 눈으로 보고 이성적인 것만을 옳다고 보는 "합리주의적 이성"에 대한 한계를 지적함으로써, 우리의 깊은 의식의 세계와 느낌과 지각 등(실재감)이 이미 우리의 삶 속에서는 우선적으로 작용하고 있다는 것이다.[275] 이 실재감을 이루는 종교적 경험들을 나누어 볼 때, 우리는 근원적으로 건강증적(Healthy-mindedness)[276] 현상으로 낙관주의적 경향의 종교성과 병든 영혼으로의 비관적인 차원으로서의 종교적 우울증으로 구분한다.

건강증적 성향은 본성적인 낙관주의적 성격도 포함하지만, 주로 의지적 낙관주의라고 볼 수 있다. 이 성향은 행복감이라는 중심 주제를 자신의 삶의 본능적 중심으로 여기게 되면서, 악에 대해서는 의도적으로 부인하게 된다. 이것이 종교적 차원으로 확대될 때는 기독교의 죄와 심판을 부인하면서 소위 영광의 신학을 추구하는 경향을 가진다. 이것이 기독교

---

274) 윌리엄 제임스, 『종교체험의 여러 모습들』, 71.
275) 윌리엄 제임스, 『종교체험의 여러 모습들』, 106.
276) William James, *The Varieties of Religious Experience*, 78. "Healthy-mindedness"에 대한 번역으로 "건강한 성품"(김성민·정지련 역본)이나 "낙관주의적 성품"(김재영 역본)으로 사용되고 있다. 하지만 이 뜻을 정확히 이해하는 표현으로는 한계가 있다. 여기에서는 "건강증적"이라는 표현으로 이해한다. 제임스가 말하는 건강의 의미는 정신의학적, 심리학적 용어로서 건강성과 낙관적인 긍정적인 요소만을 의미하는 것이 아니라, 병적 현상으로 진행될 수 있는 정신의학적 차원으로 해석하고 있기에 현대인들이 이해하는 "건강에 대한 병적인 증상"도 포함되어야 한다.

에서 사용되는 신뢰, 만족, 소망, 축복 등은 마음 치료 운동(mind cure movement)과 비슷한 모양으로 이해된다. 즉 긍정적인 생각은 인간의 많은 가능성을 열어두는 것이고, 하나님께서도 이와 같은 마음을 통해서 우리를 기쁨과 승리로 인도한다는 것이다. 이것은 개인적이고 치료적인 명상운동, 초월주의, 성령운동으로 우리 현대에까지 파생되는 종교 운동으로 확대되고 있다. 이러한 심리적 낙관주의는 기독교의 한 요소로서의 심리적 유사성을 나타내고 있다.

우리는 루터교의 신앙 운동과 감리교의 신앙 운동 그리고 마음의 치료운동 사이에 어떤 심리학적인 유사성이 있다는 사실을 발견하고 어떤 감회를 느끼지 않을 수 없다. 도덕적인 문제에서나 아니면 행위의 문제에서 "어떻게 해야 내가 구원받을 수 있겠는가?" 하면서 불안스레 묻고 있는 사람들에게 루터나 웨슬리는 이렇게 대답한다. "그대는 지금 구원받았습니다. 그대가 그 사실을 믿기만 하면 됩니다." 마음의 치료자들도 마찬가지로 그 문제에 똑같은 방식으로 대답한다. 즉 우리는 이미 해방되었다고 말이다. …즉 "하나님에게서 모든 것은 올바르다. 그러므로 우리에게서도 모든 것이 올바르다." 그대는 그러한 토대의 본체(本體)를 깨달아야만 한다.277)

이러한 사고는 현대인의 마음에 자연스럽게 정착하게 된다. 마음치료, 정신치료운동 들도 결국은 인간이 가지는 긍정적인 마음을 통해서 종교나, 삶의 모습을 보게 하고 자연스럽게 삶의 목적을 '행복'이라는 개인적인 추구로 이끌게 된다. 물론 종교적인 차원을 일반적으로 단순화시킬 수는 없지만, 적어도 우리가 행하는 종교적 회심에 대한 건강증적 현상을 부인할 수는 없을 것이다.

반면 병든 영혼의 성향은 이와 반대라고 할 수 있겠다. 부정적인 차원이 무감각, 무감동, 불안, 소외, 죄의 영향 속에서 이루어진다고 보는 것이다. 톨스토이와 존 번연의 경우처럼 병적인 우울증, 종교적 우울증 등은

---

277) 윌리엄 제임스, 『종교체험의 여러 모습들』, 149.

우리의 삶과 신앙 속에서 나타나는 주요 현상이다. 종교적으로는 죄의식과 세상에 대한 공포 등이 우리의 마음을 짓누르고 있다. 제임스는 이 병적현상이 종교적 구원의 핵심이라고 보고 있다. 즉 이것이 우리의 삶의 일부분이고 실제이기 때문에 교회에서는 구원의 복음이 선포되는 것이고, 이를 통해 우리는 진정한 삶의 의미를 볼 수 있다는 것이다.278) 이러한 마음의 성향(건강즉적, 병적인)이 상호 관계적으로 변화(transformation)되어 새로운 존재로 통합되는 상태가 바로 종교적 체험으로서의 '회심'이라고 할 수 있다.

"회심한다. 거듭난다. 은혜를 받는다. 종교를 경험한다. 확신을 갖는다." 등의 표현들은 자기 자신을 열등하고 불행한 존재로 의식하던 분열된 자아가 종교적 실재에 전적으로 의존한 결과-점진적이든 갑작이든 간에- 다시 통합되면서 자기 자신을 우월하고 행복한 존재로 의식하게 되는 과정이라고 할 수 있다.279)

제임스의 회심에 대한 심리학적 설명이 결코 경험에 대한 탐구를 가치의 절대기준으로 삼으려는 것은 아니다. 다만 인간이 경험되는 사실들과 고백들 속에서 다양한 심리적 차원이 존재하며, 이 차원을 종교적 감정과 함께 융해되고 표현되는 사실들에 대한 경험적 연구라고 할 수 있다. 여기에서 표현된 경험은 탐구된 것이지, 이것이 정답이고, 초월적인 사건은 다 심리학적으로 설명될 수 있음이 아니라는 것이다. 결국 탐구의 결론은, 회심이 자연적인 심리학의 한 부분일지라도 그 결실(삶을 위한 결실)이 좋다면, 존중하고 이상화 시켜야 한다는 것이고, 반대로 회심이 그렇지 못하다면, 그것이 초자연적인 것과 관련된다 할지라고 빨리 무시해 버려야 한다는 입장을 취한다. 이것을 코우 교수의 표현으로 종교적 가치에 대한 궁극적 검증은 심리학적 검증이 아닌 윤리적 검증이라고 할 수 있다.

---

278) 윌리엄 제임스, 『종교체험의 여러 모습들』, 214 참조.
279) William James, *The Varieties of Religious Experience*, 189.

거듭남에 대한 유일한 증거는 하나님의 자녀의 특성이라 할 수 있는 영구히 인내하는 마음과 자기 희생의 사랑 속에서만 발견될 수 있다. 이러한 것은-우리는 이 사실을 인정해야 한다 - 또한 위기를 겪지 않은 사람에게서도 나타나며, 기독교 밖에서도 발견될 수 있다.[280]

그렇다면 경험된 회심을 통해서 표현되는 공통적인 현상들을 정리할 수 있게 된다. 회심의 영적 차원이 배제된 심리학적 견지는, 회심은 궁극적인 행복의 엑스타시를 추구하기 위한 환각, 환청과 같은 포티즘(photism) 현상의 일부이며 또한 무의식, 환상, 방언 질식 등은 신경 불안을 내포한 거대한 잠재 의식의 영역에 기인한다. 이러한 것은 때때로 사건이 일어난 후 그 사건을 바라보는 주관의 관점과 깊은 관계가 있다고 보고 있다. 이러한 변화는 급격하게 일어날 수도 있고, 점진적으로 일어날 수도 있다. 또한 회심 체험 이후의 현상이 지속될 수도 있고, 일시적 감정으로 끝나는 경우도 있을 수 있다. 이러한 다양한 표현들이 종교적 회심의 가치를 판단하는 기준은 아니다. 그럼에도 이 속에는 종교적 회심을 경험하는 우리에게는 새로운 투영의 기회를 주고 있음도 무시할 수 없다. 제임스는 그 당시(미국의 19세기 후반은 제2차 대각성운동의 시기를 말할 수 있다. 이 당시에 천막부흥집회라든지, 다양한 영적 현상이 나타났고, 이에 대한 학문적 논의들이 활발히 진행되었다) 종교현상에 대한 주요한 연구결과들을 통해서 일반적인 회심에 대한 결과들을 제시하고 있다(성자성)[281].

---

280) 윌리엄 제임스, 『종교체험의 여러 모습들』, 291.
281) 윌리엄 제임스, 『종교체험의 여러 모습들』, 319-320. 우리는 변형의 '과정'을 심리학적, 또는 신학적 신비로 남겨두고, 종교의 상태의 결실에 관심을 집중시켜야 한다. 성격과 관련된 종교의 무르익은 상태의 결실을 지칭하는 공동의 이름이 곧 성자성(Saintliness)이다. 성자의 성격은 영적 정서가 인격적 에너지의 습관적 중심이 되는 성격이다. 모든 종교에는 똑같이 나타나는 보편적인 성자성 이해가 존재한다. 성자성의 특징은 쉽게 밝혀 질 수 있다.

첫째로, 세계를 이기적으로 보기보다는 폭넓은 삶 속에 존재한다는 느낌, 이상적인 힘의 존재에 대한 확신, 그러나 지적인 확신이라기보다는 이른바 지각적인 확신, 기독교의 성자성은 이 힘을 항상 하나님으로 인격화시켰다. 그러나 추상적인 도덕적 이상, 유토피아, 또는 거룩이나 정의에 대한 내적 직관 등도 삶의 진정한 주로 느껴질 수 있다.

둘째로, 이상적인 힘이 우리 자신의 삶과 친근하게 관계를 맺는다는 느낌, 그리고 기꺼이 그의 통제에 자신을 헌신하려는 마음.

셋째로, 한정적인 자아의 테두리가 용해되는 느낌, 즉 엄청난 용기와 자유.

넷째로, 정서의 중심이 사랑과 조화, 그리고 긍정의 감정으로 바뀌는 듯한 느낌.

이러한 근본적인 내면 상태는 다음과 같은 실천적인 귀결들을 갖는다.

1. 금욕주의 : 열정적인 자기 포기는 자기희생으로 변한다. 자기희생은 또한 육체의 일반적인 억제력을 폐기시킨다. 따라서 성자는 희생과 금욕 속에서 즐거움을 맛본다.

2. 영혼의 강건함 : 삶이 확장된다는 느낌이 고양되면, 개인적인 동기와 억제력이 사소한 것이 되어 버리며, 새로운 인내와 용기의 장이 열린다. 두려움과 불안은 사라지고, 마음의 평안이 그 자리를 차지한다. 천국이냐 지옥이냐는 중요하지 않게 된다!

3. 정화 : 정서의 중심이 이동하면, 무엇보다도 먼저 정화가 증대된다. 영적 알력에 대한 감수성이 고양되고, 잔인하고 성적인 요소를 정화시키라는 명령이 주어지며, 이러한 요소들과의 접촉을 피하게 된다. 성자의 삶은 영적 일관성을 심화시키며, 세상으로부터 오염되지 않는다. 어떤 사람들에게는 정화의 필요성이 금욕으로 변한다. 육체의 연약함은 엄격하게 다루어진다.

4. 사랑 : 정서의 중심이 이동하면, 피조물에 대한 사랑과 자비가 증대된다. 일반적으로 인간의 자비심을 억제하는 반감들이 금지된다. 성자는 원수를 사랑하며, 거지를 형제처럼 생각한다.[282]

---

282) 윌리엄 제임스, 『종교체험의 여러 모습들』, 320-322.

제임스가 가지는 이러한 종교심리학적 작업은 단순히 심리학적 차원으로 종교를 배태시키고자 함이 아니다. 이것은 그 당시의 사회 상황 속에서 잉태된 인간에 대한 가치의 물음을 "회심의 다양성"이라는 관점에서 해석하고 적용하려고 한 것이라고 볼 수 있다. 이러한 의미에서 그에게 종교는 "스스로의 가치로 입증할 수 있는 중요한 심리적 기재"가 될 수 있었던 것이며, 역사 속에서 종교가 가지는 인간과의 통합된 심리적 관계 속에서 지녀온 경험들, 즉 종교적 회심에 대한 심도있는 이해를 통해서 현재의 종교현상을 파악하고, 미래를 예측할 수 있다는 것이다. 그의 심리학적 종교이해는 경험적 과학적 탐구의 방법으로 제시된 이론으로, 회심의 사실적 현상에 대한 객관적인 제시의 기능을 우선한다는 전제가 깔려 있다. 그럼에도 그의 책 '철학(18강연)', '또 다른 특성들(19강연)'을 통해서 이것에 대한 실질적인 종교의 이상적 방향을 고민하고 있다. 특히 심리학이 할 수 없는 세계관과 가치관의 문제를 철학 즉, 종교학의 분야에서 다룰 수 있다는 것이다.

이에 종교적 주지주의(intellectualism, 이성, 지식중심 ; 이것이 교권화되고 의식(儀式)적 종교로 진행된다)를 넘어서서, 심리적 균형을 통한 진정한 만남, 그 속에서 진정으로 교류된 기도, 실천된 기도, 그들의 삶으로 나타나는 열매의 신앙에 대한 가능성을 암시하고 있다. 이것은 우리 교회가 오히려 심리학적으로 물들고 있음에 대한 강한 경고로 다가온다. 하나님의 전권적인 은혜의 사건을 심리학적으로 이용한, 건강중독 웰빙 신앙, 병적인 치유신앙, 대리적 만족 신앙 등, 하나님의 말씀이 심리학적 해석으로 전락하는 현실 속에서, 회심의 심리학적 탐구는 교회의 반면교사의 역할로서 이해될 수 있다. 비록 종교심리학자로서의 한계를 가지지만, 그의 철학적인 고민과 통찰력은 현대에까지 종교 이해의 심리학적 지평으로 평가되며, 오히려 진정한 회심을 추구하여야 할 교회에 대해 진정한 자기성찰을 요청하고 있는 것이다.

3) 기독교적 체험으로의 회심-로너간과 젤피

이러한 토양위에서 종교적 회심은 다양한 인간 경험과의 연관성 속에서 이해되는 과정을 겪게 된다. 특히 로너간(Bernard Lonergan)에 의하면 인간은 궁극적 진리와 의미, 그리고 가치를 지향하는 존재이다. 인간은 경험하고, 이해하고, 판단하고, 결정하여 행동하는 가운데 자신을 실현해 간다. 이러한 구조 곧 경험과 이해와 판단과 결정이 인간 의식 세계의 기본 구조를 형성하며, 이는 다시 세계에 참여하는 인간이 지성적으로 그리고 합리적, 궁극적으로 책임감 있는 온전한 인간으로 변화되는 과정과 연결되어 있다. 그리고 이 과정을 이어주는 작용으로서, 질문하고 반성하며 숙고하는 인간의 의식 작용이 설정되고 있다. 이와 같은 인간이해를 바탕으로 로너간은 의식의 전개과정과 병행적으로 회심의 발달 과정을 구성하고 있다. 다시 말해, 그는 의식의 층위를 경험, 이해, 판단, 결정의 층위로 구분하고, 그 각각의 지향성을 감성, 지성, 합리성, 그리고 책임성으로 정의하면서, 의식작용을 지성적, 도덕적, 종교적 회심과 연관시켜 전개한다.283) 즉 궁극적인 의미 속에는 초월성과 자기실현의 중첩적인 활동이 가능하게 된다는 것이다. 이는 그의 회심이론에서 적용된다. 그에게 회심은 주체가 겪는 급격한 방향전환의 경험이다. 이것은 존재와 행위를 포함한 진정성으로 움직여 가는 과정이며, 자기초월의 경험인 것이다.284) 회심경험은 발달심리학의 기초위에서, 지적, 도덕적, 종교적 회심의 차원을 가지게 된다. 지적회심은 개인의 지식을 의지적, 합리적으로 습득하는 것이 아니라, 초월적 방법으로 이루어 지는 것이다. "철저하게 자기 중심적인 고집을 제거하고 실재와 객관성, 그리고 인간적 지식에 관한 그릇된 신화를 벗어버리는 것이다."285) 하지만 초월성이라는 개념은 인간의 현실적인 참여를 통해 이루어지는 것이다. 결국 지식의 초월경험은 합리적 경험성의 인포

---

283) 심종혁,"Donald L.Gelpi의 회심이론과 그 성격",「신학과 철학」제13호 (서강대, 2008 겨울), 149-150.
284) Bernard Lonergan, *Method in Theology* (New York : Seabury Press, 1972), 237-238.
285) 장종철,"회심의 심리학", 189 재인용.

포함하는 회심경험이 된다. 이러한 합리적 자아의식을 찾는 과정 속에서 도덕적 회심이 이루어진다. 도덕적 회심은 경험하고, 이해하고, 판단하고, 결단하는 과정 속에서 형성된다.[286] 이 과정은 참된 선을 향하는 초월적 의지로 이룩된다. 마지막 차원인 종교적 회심은 어떤 이론이나 상식을 넘어서는 신성한 초월의 영역이다. 지적, 도덕적 영역과의 상호관계성 속에서 절대적인 자기포기의 과정은 전적인 변화의 과정이 되는 것이다. 이것은 신적인 초자연적인 사랑이며 운명적 사건이라고 할 수 있다.[287] 이러한 회심의 과정은, 회심이 인간의 자기실현의 차원을 통해서 초월적인 궁극성을 향한 종교적 회심을 강조하고, 이 종교적 회심이 다시 종교적 언어로 실천될 수 있는 경험성을 지향하는 회심의 새로운 차원을 제시해 주고 있는 것이다.

좀 더 적극적인 기독교적 관점으로의 회심은 젤피(Donald L. Gelpi)에 의해서 강조된다. 그에게 회심은 "인간의 모든 경험의 영역에서 무책임한 행위로부터 책임 있는 행위로 나아가는 결정"[288] 이다. 종교적 회심은 근원적으로 하나님의 주도권적이고 초자연적인 사건이다. 하지만 이 하나님의 전권 속에는 자연적인 회심이 포함되면서도, 자율적인 기능으로 인간에게 존재할 수 있다. 이 속에서 감성적, 지적, 도덕적 회심과 종교적 회심이 이해될 수 있다. 예를 들어 도덕적 회심은 종교적 차원에서 볼 때, 개인적이고 이기적인 무책임한 타락에서 벗어나 자신의 선택에 대해 반성하는 변화가 되는 것이다. 즉, "무책임한 이기주의로부터 사심 없는 선택에 대한 양심, 이기주의로의 타락을 판단하는 윤리적 규범, 이상을 거스르는 개인적인 선택의 동기와 결과들을 판단하려는 투신으로 전환하려는 결정"[289]으로 정의될 수 있다.

---

286) Bernard Lonergan, *Method in Theology*, 15.
287) Bernard Lonergan, *Method in Theology*, 241.
288) Gelpi, *"Committed Worship : A Sacramental Theology for Converting Christian"*, 17.
289) 심종혁, "Donald L. Gelpi의 회심이론과 그 성격", 160 재인용.

젤피(Donald L. Gelpi)

젤피는 예수회 사제로서 가톨릭성령쇄신운동이 활발하던 70년대 미국교회의 절박한 사목적 요구에 응답하면서 회심과 성사론에 대한 연구를 전개했다. 그는 특히 성령쇄신운동의 기도 양식과 가톨릭교회의 성사적 기도 사이의 중재 필요성을 인식하여 이 둘이 접목될 때 성사적 기도가 활성화될 수 있다는 확신을 표명했다. 이것을 바탕으로 회심 이론을 정리한 대표저서로서, *Committed Worship : A Sacramental Theology for Converting Christian* (Collegeville : The Liturgical Press, 1993) 는 심리학적 회심이론을 새롭게 적용하여 기독교 신앙에 대한 영적 종교체험이 성사, 죄의 고백, 지적이고 도덕적인 변화의 총체적인 상관관계를 가진다는 것이다. 그의 연구는 기독교의 영성이 인간적 차원의 심리학적 원인들로 이해되는 현실의 문제를 지적하면서, 결국 종교체험이 어떻게 진지하게 신앙인들의 경험과 실천으로 정의롭게 발전해야 하는 가를 제시하고 있는 것이다.

도덕적 회심자는 이기심과 실용성을 초월하는 행위를 열망하고, 개인의 상호작용과 협력에 신중한 규범을 적용하게 된다고 젤피는 말한다. 여기서 제시되는 진정성의 기준은 신중한 도덕적 규범에 의하여 맺어지는 인간 간의 상호작용이다. 젤피에 따르면 도덕적 회심자는 사랑과 선의 영역에 대해 관심을 갖게 된다.[290] 이러한 회심의 책임적인 차원은 개인과 공동체, 사회로 이어지는 새로운 판단과 책임적 실천의 문제라는 것이다. 이 속에는 인간의 발달, 가치, 판단 등의 기준이 되는 "자연적 회심"이 동반한다. 이 속에서 느끼는 경험들은 개인적이고 감정적인 현상으로만 이해될 수 있는 것이 아니라, "역동적인 상호관계성" 속에서 표현되는 이해의 도구들이다. 특히 이 역동성은 기독교적 신앙의 회심을 이해하는 "창조적 은총"이다. 즉 기독교적 회심의 역동성은 개인적이고 도덕적인 회심을 촉진하고 선으로 이어주게 된다는 것이다. 이러한 과정 중에 진정한 회개와 참회, 죄 용서와 구원의 확증을 통해서 진정한 자유함을 얻게

---

290) 심종혁, "Donald L. Gelpi의 회심이론과 그 성격", 161.

된다. 이러한 역동성은 지속적인 회심의 가치로 승화되어야 한다.

    이에 젤피는 기독교의 회심이 자연적 회심을 초월하는 4가지의 독특성을 강조하고 있다. 먼저는, 기독교적 희망은 미래의 감성적 이해에 대한 계속되는 회심으로 이해 직관적 인식의 지평의 변화를 가져온다. 그리고 그에게 있어서 기독교의 신앙은 현실의 이성적 이해와 직관에 대한 계속되는 회심으로 직관적 추론적인 믿음에 지평의 변화를 가져오며, 양심에 대한 계속되는 회심의 지평 변화는 기독교적 사랑을 불러 일으킨다. 또한 그는 제도적 개혁을 위해 계속되는 회심의 지평의 변화는 사회정의를 추구하는 그리스도인들에게 그 동기를 제공한다는 것이다. 이 독특성은 각각의 가치평가의 과정, 즉 지평의 변화 과정을 가진다. 기독교의 회심은 감성적 회심자에게 신학적 희망의 덕을 주입하여 직관적 인식의 지평 변화를 가져온다.

    이러한 독특성의 가치를 젤피는, 첫째, 기독교적 회심이 감성적 회심자의 자연적인 희망과 직관을 향상시키고 치유하며 완전하게 한다고 본다. 여기서 기독교의 희망은 구원사건으로의 은혜의 경험, 종말론적 비전, 그리고 부활하심을 통한 하나님의 소망적 사랑이며, 이것이 자연적 희망을 치유하며, 향상시키고, 완전하게 한다는 것이다.

    둘째, 기독교적 희망은 인간의 희망들을 삼위일체이신 하나님에게 초점을 맞춤으로써 고양시켜 인간의 역사와 제한된 가능성을 초월하며, 죄의 용서를 경험함으로써 인간 내면을 치유하고, 인간의 상상력으로 하여금 자연적 인간 자아의 편견을 초월하도록 가르침으로써 자연적 인간 희망을 완성한다. 그 결과 하나님 나라를 수용함에 있어서 믿음의 윤리적 삶을 실천하고 희망한다.

    셋째, 기독교적 회심은 지성적 회심자에게 신학적 믿음의 덕을 주입하여 직관적, 추론적인 믿음에 있어서 지평의 변화를 가져온다. 이것은 이성적 지식과 신앙적 지식의 갈등의 세계를 지나, 신앙체험에 의한 새로운 지평적 사고가 신앙적 성숙의 과정을 통해서 진행되며, 결국 하나님의 은총에 의한 신앙과 새로운 삶에 대한 회심의 단계로 나아갈 수 있다는 것이다. 넷째, 기독교적 회심은 도덕적 회심자에게 신학적 사랑의 덕을 주입하여 양심의 지평 변화를 가져온다. 이것은 사랑의 행위가 믿음과 삶으로 반영되어 복음과 일치되는 단계이다("원수를 사랑하는 데까지"). 마지막으로 기독교적 회심은 사회정치적 회심자에게 기독교적 정의를 추구하는 지평의 변화를 가져온다.

젤피는 사회개혁을 위한 기본을 예수의 삶에서 찾는다. 그는 예수가 세속적 메시아니즘 뿐만 아니라 폭력적 혁명을 거부하였으며, 하나님에 대한 순종에 기초하여 서로 사랑하고, 용서하며, 겸손에 의거하여 하나님 나라를 건설하려 했다고 제시한다. 이때 그가 선포한 왕국은 물론 당대의 제도에 대해 도전적인 측면을 지니고 있었음이 분명하지만, 예수는 희년 전통에 나타난 하나님의 정의에 입각하여, 사회 경제 질서를 재구축 할 것을 요구하였다는 것이다. 그에게 기독교의 정의는 계율을 준수하는 것 이상이며, 응답 받아야 할 것 이상을 주는 것이고, 자연법에 기초한 정의를 능가하는 정의를 의미한다. 그 정의는 하나님의 계시된 사랑 안에서 세계를 바라보고, 우리에게 보여주신 하나님의 사랑을 이제 그리스도인들이 직접 보여주는 것을 의미한다.291) 이 기독교적 회심의 역동성이 가지는 의미들은 하나님의 백성, 그리스도의 몸, 신비체로서의 교회 이해가 천명된, 제2차 바티칸공의회의 교회론적 사상에 근거하고 있음을 발견할 수 있다.

젤피는 이러한 이해를 기반으로 인격체로서의 교회 안에서 한 개인에게서 감성과 지성, 도덕성, 종교성이 모두 중요하며, 성령의 은사에 따라 서로 다른 역할이 모두 중요하며, 그들 간의 역동적인 상호보완과 균형을 이루는 가운데 교회의 진정한 임무, 곧 세계의 복음화가 실현될 수 있음을 역설한다.292)

이 젤피의 회심이론을 통해서 이미 우리의 삶 가운데 이해된 심리학

---

291) 심종혁, "Donald L. Gelpi의 회심이론과 그 성격", 168-174. 용어의 인용에 있어서는 본 연구의 전체 진행에 맞추어서 변경하였다. '그리스도교'는 '기독교'로 '하느님'은 '하나님'으로 바꾸어 사용하였다, 용어적인 표현이나 정의들은 Gelpi의 책을 참고하였으나, 전체적인 정리의 요약은 위의 논문을 주 교재로 인용하였다.
292) 심종혁, "Donald L. Gelpi의 회심이론과 그 성격", 175.

의 과제가 어떻게 종교와 소통해야 하며, 기독교적 차원에서의 책임적 삶의 가치를 밝혀준다는 것에 큰 의미가 되고 있다. 이제 이러한 심리학의 회심에 대한 다양한 이야기들을 뒤로하고, 심리학의 원론적인 차원으로서의 통합의 과제를 '회심학'이라는 주제로 정리해 보도록 한다.

2. 회심학

조금은 도발적인 표현이라 생각하면서도, 회심학(conversion studies) [293] 이라는 표현이 가지는 의미 속에서 주요한 가치들을 발견할 수 있다. 모든 연구의 주제가 학문이 될 수 있는 것은 아니지만, 그렇다고 해서 학문으로 여겨질 수 있는 가치마저 무시 된다는 것은 아니다.

> ### 루이스 램보(Lewis Rambo)
>
> 회심을 종합적으로 연구한 램보(San Francisco Thelogical Seminary) 교수는 "*Understanding Religious Conversion*"을 통해서 심리학적 연구를 기반으로 통합적인 회심이론을 제시하고 있다. 시대적으로 학문 상호간의 통합적 성향의 영향으로, 종교심리학에서의 회심연구가 독립적인 주제로 이해하기 보다는 인간의 이해와 사회, 문화와의 관련성 속에서 부분적으로만 연구되어지고 있다. 그러나 이것은 회심에 대한 전문화되고 세분화되는 학문적 과정으로 표현되고 있다. 이러한 상황은 현대의 '회심'에 대한 좀 더 집중적인 연구를 요청한다는 차원에서, 그의 연구를 '회심학'의 차원으로 제시하고 있다. 그의 연구는 다양한 학문적 대화로서의 회심과 교육, 문화이해 등으로 지속되고 있다.

---

293) 안신, "회심의 다양성과 회심학의 등장-램보의 통합적 종교심리학을 중심으로", 「종교연구」제54집.

지금까지 이론적인 연구들을 이어오면서, 학문이 가지는 주요한 차원으로 '이해와 실천'이라는 큰 주제들을 암시해 왔다고 할 수 있다. 결국 학문이 가지는 가치성은 "이해될 수 있는 실천"에 있다는 것이고, 이것이 목회사회학이라는 학문이 가지는 통섭적 성격이라고 할 수 있다. 이러한 차원에서 '회심'이라는 주제는 경험적으로 모호하며, 개인적이기에 객관성이 없다는 인식이 지배적이었다. 그렇지만, 지금까지 진행된 여러 과정 속에서 볼 수 있듯이, 이 개인적 경험으로서의 '회심'은 개인적인 감정의 문제만이 아니라 종교의 핵심이며, 이 핵심은 지속적인 상호관계성 속에서 구체적인 행동의 변화와 역사적 근거들을 지니고 있다.

그러기에 종교적 회심은 종교의 차원에서 특히, 기독교회 속에서 파악될 수 있는 이해와 실천의 학문적 의미를 충분히 보유하고 있다고 할 수 있다. 그렇지만 아직 해결해야 할 문제들도 있음을 무시할 수는 없는데, 대표적 이유로서, 이 회심을 이해해 왔던 수많은 역사 속에는 복잡성과 함께 다양성이 존재한다는 사실이고, 또 하나는 지금까지 회심을 활용한 기독교회의 무지의 역사가 너무도 깊다는 사실이다. 이러한 결과는 인간을 쉽게 변화시키고 복종시키기 위한 수많은 교리적 논쟁으로 다가왔다. 결국 진정한 회심은 언제나 개인의 고백적 차원이며, 부차적인 기준일 뿐이다. 하지만 그 속에서도 이미 회심에 대한 영적이고 정신적인 갈등과 고민들이 우리의 교회 속에 스며들었다. "내가 진정 회심했는가? 내가 어떻게 진정으로 회심할 수 있는가?"의 물음을 어떻게, 누구에게 물어야 할지를 스스로 고민하는 회심의 역사는 처음부터 존재해 왔다는 것이다. 이 스며든 의미를 파악하는 것이 앞으로의 남은 이론적 전개가 될 것이다.

1) 종교적 회심의 이해-램보

램보를 통해서 정리된 '회심학'은 심리학을 중심으로 하고 있지만, 회심에 대한 근원적인 통합을 제시하고 있으며, 이를 통해서 현대의 회심에 대한 통합적 연구로서 정리할 수 있다.

회심은 역동적인 여러 힘이 상호작용하는 사람, 사건, 관습, 기대되는 행동 그리고 조직(모임)에서 발생하는 종교적인 변화의 과정이다.294)

이러한 정의를 통해서, 회심은 일회적 사건이 아니라 오랜 시간을 걸쳐 일어나는 과정이고, 관계성, 기대행동, 상황들의 복잡한 상호관계 속에서 영향을 받은 것으로 이해된다. 결국 회심은 과정적이고, 다양성과 상호관계성을 가진다. 이러한 회심에 대한 성격은 그 과정과 결과에 있어서도 어떠한 결론적 해답을 요청하기 보다는 끊임없는 과정적 해답이 존재할 뿐이다. 이를 위한 연구의 배경은 문화, 사회, 인간, 종교, 역사의 관계 속에서 함께 고려되어야 한다.

문화(Culture)는 상호적이며, 도덕적이고 삶의 영적 분위기를 구성한다. 미신, 종교적 의식, 문화의 표상은 삶의 지침서를 제공하는데 이는 무의식적으로 사용되어지고 받아들여 진다. 개인의 중요한 의식은 언어에 기초하고 있으며, 이는 지각과 가치의 중요한 운송수단이다. 문화를 인간 창조의 표상이자 개인과 그룹과 사회를 조성하는 강한 힘이라고 여긴다. 문화 인류학자들은 문화의 의식, 미신과 상징과 같은 현상을 연구하고 이는 문화의 한 조직을 구성하는 중대한 요소가 된다. 문화 인류학자들은 문화의 상징들과 종교적 변화의 방법, 회심에 의한 문화적 영향, 종교적 회심을 방해하거나 돕는 요인들, 특정 문화에 대한 종교적 지도 발전의 단계들을 조사한다. 사회(Socity)의 관점에서, 사회학자들은 회심이 일어날 수 있는 사회-제도적인 전통적 요소들을 연구한다. 그들은 사회적 조건들을 회심의 시간, 중요한 관계, 잠정적 변화의 구성, 사람들이 변화하는 종교적 집단의 특징과 과정이라 생각한다. 사회학자들은 또한 개인과 그들의 환경적 조직, 개인과 그들이 속해있는 그룹의 기대와의 상호관계에 초점을 맞춘다.295)

사람(Person)의 차원은, 개인의 생각과 느낌 행동 등의 변화를 다루

---

294) Lewis R. Rambo, *Understanding Religious Conversion* (New Heaven,CT : Yale University Press, 1993), 5.
295) Lewis R. Rambo, *Understanding Religious Conversion* , 8-9.

는 심리학의 영역이다. 심리학에서 자기 변화는 객관적, 주관적 요소들을 포함하며 의식과 경험이라 간주한다. 전통적인 회심에 관한 심리학적 학문은 회심이 분노, 혼란, 절망, 갈등, 죄 그리고 불안과 같은 과정에 의해 진행된다고 말한다. 이 후 심리학의 관심은, 정신 병리학, 행동주의, 인간주의와 초월주의, 사회와 인지심리학으로 다양하게 접근되었다. 정신 병리학은 내면의 감정적 역동성에 관심을 갖는다. 특히 부모와 자녀 간의 관계의 영향에 관심을 두고 있다. 행동주의 심리학자들은 사람의 행동을 강조하며, 직접적인 사회 환경으로부터 오는 행동과 보상, 처벌간의 일치로서 판단한다. 인간적-초월적 심리학자들은 회심은 사람들에게 높은 자아정체성을 제공하며 회심에서 오는 유익한 행동 결과들을 강조한다. 사회-인지적 심리학자들은 개인 또는 그룹에서 나타나는 대인 관계와 인지적 영향들의 갈등에 관심한다. 이렇듯 심리학적 관심은 개인적인 연구를 중심하지만, 단순히 개인 이기주의의 관점이 아닌 이를 중심으로 한 포괄적인 관계의 지향점도 가지고 있다고 할 수 있다. 종교는 신성함이며, 거룩한 것과의 만남이다. 종교인들에게 회심의 목적이 신성한 것을 제공하며 새로운 의식과 목적을 제공한다고 말할 수 있다면, 신학자들은 이러한 특성이 사람이 변화하는 과정에서 반드시 필요한 반면, 다른 요소들은 부수적으로 여긴다. 종교의 연구들은 종교적 기대와 경험 변화에 대한 세계관을 묻는 동시에 초월성을 강조한다.[296] 최근의 연구들은 회심을 일회적인 사건으로만 보는 것이 아니라, 공동체적이고 상호적인 관계 속에서 일어남을 강조한다. 그러면서도 회심의 근원적 원인과 결과는 절대적인 영적사건으로 보고 있다. 회심에 대한 이러한 종교적 차원은 다른 연구들과의 차이를 가져오는 근본 이유라고 할 수 있다. 이 속에서 우리는 종교를 통해서만 '회심'이 진정으로 가능한가의 문제를 고민하게 되는 것이다.

이러한 문제는 회심에 대한 연구에 있어서도 지속적으로 논쟁이 되어 온 부분이다. 즉 연구자와 회심자의 상관 관계 속에서 회심을 통한 연구가 객관적이려면, 연구자의 자세는 회심의 경험을 보려(탐구) 하는 자세를 잃

---

296) Lewis R. Rambo, *Understanding Religious Conversion*, 9-10.

지 말아야 한다. 만약 연구자가 종교적 체험으로서 회심을 경험한 상태에서는 객관적 진술을 잃어버릴 수 있다는 것이다.

반대로, 연구자가 진정한 회심을 하지 않는다면, 그 객관적 연구의 진실성을 어떻게 답보할 수 있는가의 문제에 부딪친다. 이것은 종교에 대한 과학적 연구의 한계이기도 하지만, 또한 일반 학문이 가지는 환원주의적 한계에 대한 작은 해답이 될 수도 있다고 생각한다.

램보는 이러한 난제를 "참여적 단계"라는 관점으로 제시하고 있다.297) 종교에 참여하는 것과 믿는 것은 다르지만, 종교에 참여함으로서 그 종교 자체의 진지함과 그것을 판단하는 과학적 사고들과 이론들을 적용할 수 있다는 것이다. 이러한 차원은 회심의 연구에 있어서 종교의 관점을 무시하지 않으면서도, 환원론적으로 빠질 수 있는 학문적 연구의 난제를 해결할 수 있다. 그렇지만 이러한 연구의 한계는, 연구의 결론은 하나의 과정이라는 진행형으로 귀결되며, 그리고 현상의 문제 즉 다양성이라는 결론으로 정의되는 답답함이 존재한다.

이 답답함은 지금까지 연구된 목회적 차원과 사회적 차원의 주요한 구별점이 될 수 있다. 목회적 차원으로서 신학의 응답은 주관적인 판단과 개인적인 응답과 해석을 중심으로 한다면, 사회적 차원에서의 연구들, 특히 사회학의 학문은 객관적인 서술원칙을 가진다. 물론 개인적인 의견이나 주장이 가능하지만, 연구자의 태도는 언제나 객관적인 연구를 바탕으로 과학적, 경험론적 차원을 가지게 된다. 이것은 어떠한 문제를 판단할 때 연구자의 가치중립적인 태도를 요청하는 것이라고 할 수 있다. 목회 사회학은 이 둘의 입장을 다 대변해야 하는 어려움과 함께, 주관적 판단에 대한 객관적인 진술을 통한 균형적 해답을 제시하는 과제를 가진다.

---

297) Lewis R. Rambo, *Understanding Religious Conversion*, 11. "우리는 회심의 과정을 구성하는 종교적 관념에 대한 이해와 변화의 자각에 영향을 주는 종교적 형상, 그리고 회심이 종종 발생할 수 있는 종교적 기관에서부터 시작하면 된다. 종교를 갖는다는 건 심각하게 믿음을 요구하지 않는다. 그러나 이것은 회심이 힘, 이상, 제도, 의식, 상징 등의 정교한 정렬을 포함하는 종교적 과정이라는 사실을 지지한다는 것을 함축한다." 이러한 그의 주장을 본인은 '참여'라는 개념으로 이해한 것이다.

이것이 학문으로서의 객관적인 연구의 서술 원칙임은 분명하면서도, 우리의 현실 속에서 찾아야 할 진실한 해답에는 여전히 부족함을 느끼게 된다. 하지만 여기에 역사(History)라는 회심의 역동적인 상황성을 첨가 할 때, 회심에 대한 종합적인 이해가 가능하다고 볼 수 있다. 이러한 연구의 구조화를 통해서 보여지는 회심의 형태들과 동기들, 단계론적 모델 등을 통해서 구체화된 회심의 현상적 접근을 이해하게 된다.

회심 현상이 정신적이고 이념적인 추상적 요소를 가진다는 점에선 다분히 이념형적(ideal type) 구분이 도움이 될 수 있다. 여기에 유형론적 묘사(typology portrays)를 통해서 회심의 유형을 구분할 수 있는데, 종교적인 전통과 믿음을 거절하는 배교(apostasy, defection), 이전에 믿어왔던 믿음에 대한 확증으로서의 강화(intensification), 종교집단에 대한 개인의 보상적 가입으로서의 허입(affiliation), 같은 종파에서의 신앙이나, 신념이 변화되는 제도적 변화(Institutional transition), 중요한 종교전통에 대한 문화적 역사적 차원의 변화인 전통적 변화(tradition transition)으로 나눌 수 있다. 이러한 회심의 유형적 접근과 함께 회심자 들의 주관적인 경험을 과학적으로 조합하고자 하는 노력은 회심의 동기에 대한 연구로 이어진다. 램보는 John Lofland 와 Norman Skonvd를 인용하여, 지적, 신비적, 실험적, 감정적, 강제적인 동기로 제시한다.[298] 또한 회심을 7단계의 단계 모델로 제시하고 있다.

① 정황(context)- ②위기(crisis)- ③ 탐구(quest)- ④ 만남(encounter)-
⑤상호작용(interaction)- ⑥ 헌신(commitment) - ⑦ 결과(consequences)

이러한 각 단계별로 회심의 점진적인 발달과정을 설명하면서, 회심의 현상을 관찰하고 묘사하는 것에 그치지 않고, 감정이입 과 이해 와 해석의 과정을 통해서 우리의 삶의 범주로 설명하고자 하는 것이다. 이러한 작업은 서구의 기독교 뿐만 아니라, 타 문화권과 기타 종교로 까지 확대되어

---

298) Lewis R. Rambo, *Understanding Religious Conversion*, 13-14.

연구되어 질 때, 회심에 대한 통합적인 이해가 가능하게 되기 때문이다. 여기서 유의해야 할 점은, 회심의 주제가 통합적 이해를 요청한다는 것은, 통합을 위한 회심의 연구가 아니라, 회심을 통해서 보는 다양한 세계가 있다는 것에 가치가 있는 것이다. 즉 개인의 경험이 가지는 확실성에만 집중한다면 우리의 회심사건은 오히려 많은 갈등 양상을 가질 수 밖에 없다. 반대로 다양한 회심의 현상 속에서 발견된 사실들이 각자의 자리에서 그 의미를 찾으려고 노력할 때 진정한 통합이 자연스럽게 이루어지게 될 것이다. 이것은 경험이나 감정적으로 통합된다는 것이 아니다. 그 속에 있는 진실성이 통합되어 진정한 하나의 소리가 될 수 있다는 것이다. 이러한 이해는 회심연구에 있어서의 "진정한 상호 관계성"이 무엇인지를 깨닫게 한다.

2) 회심의 상호관계성

우리는 본능적으로 언제나 주관적이고 주체적인 회심의 입장에서만 연구의 주제들을 진행하여 왔다. 즉 회심한 '나'와 개인의 가치를 중심으로 "변한 나를 통해 변화된 너와 우리"의 시야를 벗어나지 못했다는 것이다. 결국 "회심한 너"를 탐구하지만, 그것은 "진정한 너"가 아닌, '그것(It)'이다. '그것(It)'은 진정한 너를 통해서 보여지지만, 너를 위한 것이 아니라, 나를 위한 선택일 뿐이다. 이제 중요한 것은 '너'가 아니라 이기적인 '나'만 남는 것이다. 이것이 무의식적 오류로 남는다. 그러나 참된 것은 진정한 "나와 너"가 만나는 것이다. '회심'이 개인의 변화 뿐만 아니라 상호 관계적이라는 의미는, 변한 '나'가 있으면, '나'를 변화시킨 '너'가 있다는 것이고, 또한 변한 상태의 '나'로 말미암아 변화된 '너(세상)'가 존재해야 한다는 것이다. 이 존재의 의미는 불안과 절망 속에서 진정한 용기를 불어넣어 준다. 궁극적으로 존재의 용기는 의심의 불안 속에서 하나님이 사라져 버린 때에 나타나신 하나님 안에 뿌리 내려야 한다.[299] 이것은 단순한 문제가 아니지만, 우리의 의식은 이러한 진정한 상호관계성을 분별하기가 쉽지 않다.

이것은 공동체의 문제에서도 나타난다. 집단적인 회심의 경우를 예로 들자면, 서구 기독교가 가지는 막강한 힘은, 서구 기독교의 선교적 사명으로 나타나게 된다. 그 열정은 그들이 경험한 종교적 회심사건에 기반을 둔 것이다. 그들은 자신이 경험한 회심의 사건이 선교지에도 동일하게 일어나길 원하며, 선교지의 시민들은 잠재적 회심자가 된다. 이 때 종교적 회심의 주체인 선교사들은 기독교라는 종교적 진리를 전한다. 하지만 이것은 자신들이 이미 경험한 문화적 기독교라고 할 수 있다.

그들의 문화적 기독교로서의 회심 사건은 잠재적 회심자들에게 "종교적 회심의 진리"가 되는 것이다. 하지만, 이러한 종교적 경험으로서의 회심은, 전해주는 자의 입장에서는 이미 경험된 사실을 제시하는 행위이지만(사실적 행위), 받는 이에게는 삶의 부분으로서가 아니라 전체의 문제가 될 수 있는 의미적 행동(의미적 행위)이 되는 것이다. 이 사실적 행위가 의미적 행위로 되는 과정 속에서 진정한 만남이 이루어져야 하는 것이며, 서로에 대한 진지한 대화가 완성될 때 진정한 상호관계성이라는 원칙이 수행될 수 있는 것이다. 즉 그 회심 경험을 통해서 그의 삶 전체가 바뀌게 된 사건을 선교적 성공으로 볼 수 있는 것이 아니라, 그들의 삶의 자리에서, 삶의 영향들과 상호관계성, 진정한 변화의 가치 등이 무엇인가를 볼 수 있어야 한다는 것이며, 기독교의 진리의 본질을 함께 고민하며 체화(諸化)시키는 진정한 회심의 경험에 눈을 뜨게 하는 것이다. 이 속에는 종교적 무례함이란 있어선 안 되며, 값싼 은총을 강요해서도 안 된다. 단지 은혜로 얻은 가치를 자기 비움(빌2:7)으로 표현하는 것, 그 이상 그 이하도 되어서는 안 된다.300)

이것이 궁극적으로 회심이 말하는 상호관계성인 것이다. "내가 회심했다"라는 것에 들뜨기 이전에, 나의 변화됨의 진실한 내적인 음성을 들

---

299) 폴 틸리히 / 차성구 역, 『존재의 용기』 [Paul Tillich, The Courage to Be] (서울: 예영, 2006), 226.
300) 이러한 상관적인 기독교와 그리스도인의 자세에 대한 논의는, 리처드 마우 / 홍병룡 역, 『무례한 기독교』 [Richard J. Mouw, Uncommon Decency-Christian Civility in an Uncivil World] (서울: IVP, 2005).

을 수 있어야 하는 것이고, 나로 인해 변화된 너와 세상 속에서 그 모습을 판단하게 되는 것이다. 적어도 이러한 인식은 개인적인 오류로 빠질 수 있는 위험 속에서 우리를 지켜줄 진정한 종교의 기능이 되어야 한다.

이러한 인식에서 램보는 회심을 "상대방의 관점에서 세계를 바라보는 것"[301]이며 이러한 관계 속에서 살아있는 회심 연구가 될 수 있다고 주장한다. 이러한 연구는 그의 만남(encounter) 속에서 구체화 시킨다.

단순히 선교사(missionary)의 개념 보다 대변자(advocate)[302]로서의 회심의 역할을 정의하고 있다. 이것은 회심이 기독교 뿐만 아니라, 불교, 이슬람, 기독교 외 소종파와도 연결된 주제이기도 하지만, 회심이 "종교의 가입"이라는 적극적인 활동 속에서도 다양한 회심의 전통들이 분화되고, 종교적 만남이 이루어지기 때문이다. 즉 단순히 개인적인 회심의 영역을 넘어서, 역사적으로 각 종교들이 가지는 문화적 차원 속에서 회심의 역사를 살펴봄으로써, 회심이 만남의 역사적 사건 속에서 연유되었음을 증명하고 있는 것이다.

종교적 대변자들은 신적인 믿음이 신념과 명령, 국가주의, 봉사의 동기로 시작되며, 그들은 자신들의 잠재적 회심자에게 새로운 신앙의 의미체계, 정서적 만족, 삶의 기술, 리더십, 권력 등을 전수하게 된다.[303] 이것은 회심사건이 인간사회에 대한 변화의 주요한 기제들임을 알 수 있게 한다. 또한 이슬람의 연구를 통해서, 종교적 회심이 과거 문화, 경제, 전쟁 등을 통해서 퍼져나가는 구조를 밝히고 있다.[304]

결국 회심은 개인적이고, 문화적이며, 사회적이고 종교적인 차원과의 유기적이고 광범위한 과정으로 이해될 수 있으며, 현상적으로 보이는 이면에 더욱 더 깊은 역사적 맥락이 있음도 인지하는 것이다. 이러한 사실은 회심의 진정성을 사람의 눈으로도 파악할 수 있다는 단서와 함께 회심의

---

301) Lewis R. Rambo, *Understanding Religious Conversion*, xiv.
302) Lewis R. Rambo, *Understanding Religious Conversion*, 66.
303) Lewis R. Rambo, *Understanding Religious Conversion*, 81.
304) Lewis R. Rambo, *Understanding Religious Conversion*, 93-94. Humphrey J. Fisher 의 아프리카에 이슬람 포교의 연구를 통해서, 회심이 퍼져가는 구조를 '고립(quarantine)' '융합(mixing)' '개혁(reform)'의 단계로 제시한다.

오류와 착각 또한 가능하다는 점을 시사하고 있다.

결국 회심의 과정은 살아있고 유기적인 생태학적 관계로서 정의되며, 각 과정 속에는 새로운 단계를 위한 변증법적 차원들이 존재하고 있다. 위기는 변화를 위한 촉매이고, 탐구는 능동적인 참여이며, 만남은 대변자와 회심자의 상호적인 만남이다. 이것이 변화의 기반으로 활성화되고 약속으로 의식적, 정신적으로 체계화 된다. 이 약속이 결단으로 나타날 때 진정한 변화의 가치로서 "회심의 순환적 구조"가 완성되는 것이다.

이 큰 틀 속에서 아직도 회심에 대한 연구의 과제는 방대한 각각의 주제들을 가지고 있으며, 끝나지 않은 여행이 되어야 하는 것이다. 이제 심리학적 이해를 정리하면서 이 주제의 의미들과 함의들을 제시해 보도록 한다.

3. 회심의 종교심리학적 이해의 함의들

종교와 심리학이 가지는 주제들은 무한할 것이다. 우리는 심리학이 가지는 종교적 이해가 단순히 종교를 부정하거나 긍정하고자 하는 판단의 차원이라기 보다는 인간에 대한 근원적 탐구의 과정과 결과로 이해할 수 있다. 그들은 자신들의 삶의 경험들과 탐구 속에서 새로운 인간의 가치와 이해의 가능성을 열었던 것이다. 프로이트는 유아기적 부터의 성적 의식을 발견함으로서 인간생명의 소중함 특히 유아기에서부터 필요한 사랑과 생명에 대한 소중한 가치를 발견한 것이고, 융은 인간의 양심과 불안, 고민에 대한 보편적이고 궁극적인 물음에 충실히 응답하면서, 우리의 무의식에 대한 풍성한 세계를 제시하고 있다. 이러한 차원에서 인간이 경험하는 '종교'에 대한 다양한 표상들을 제시하면서, 인간의 삶 속에서의 가치 있는 진정한 종교에 대한 심각한 고민들을 하나의 이론으로서 제시하고 있는 것이다. 이 이론들에 대한 가치를 섣불리 평가하거나, 하나의 이해 도구로만 사용하는 것 조차 무례함일 수 있다. 문제는 진실과 도구를 구별하는 시대적 분별력이다. 많은 교회들이 기독교의 진리와 심리학적 도구들을 오용하거나 왜곡하는 시대적 아픔과 모순을 겪고 있다. 그럼에도 이 심리학이 가지는 함의들을 통해서 회심에 대한 목회사회학의 관심은 좀 더 신중해 질 수 있다.

기독교와 심리학 논쟁

최근 『심리학에 물든 부족한 기독교』(옥성호)를 통해서 한국교회에 심리학적 논쟁이 진행되었다. 이 책은 프로이드와 융을 중심으로 심리학의 근원적 한계 "진화론과 심리학은 과학이 아니라 종교에 가깝다(62)"를 지적하고, 기독교 심리학의 오류 "기독교 심리학의 가장 심각한 문제점은 성경을 심리학 이론에 맞춰 왜곡하는 것이다(94)"와 기독교와 혼동되는 많은 심리적 이론과 사상들을 정리하면서 "우리가 가장 경계해야 할 적은 노골적으로 기독교를 부정하는 이단이 아니라 가면을 쓰고 교회 안에 들어온 심리학이다(150)", 현대 교회의 심리학이 쓴 세 개의 가면으로, '자기 사랑', '긍정적 사고', '성공의 법칙'의 위험을 지적하면서, 기독교의 본질인 성경적 회복을 주장하고 있다. 이 책에 대하여 본인은 교회에 대한 심리학적 오용의 위험성은 동의하면서도, 심리학의 본질과 문제성이 강조되기 보다는 종교적인 차원에 대한 근본적인 이해와 반성이 우선되어야 한다고 본다. 심리학이 스스로를 "다른 위대한 종교"라고 말했다 기보다는, 현대 사회의 시대적 상황과 그것을 활용하는 많은 왜곡된 종교인들의 책임이며, 종교적 반성이 본질적 회복과 회심의 자세일 것이다. 굳이 심리학의 뿌리들을 일방적으로 비판하는 것은 지식의 오용과 감정적 이해를 통해, 스스로 지적 오류의 위험에 빠질 수 있다고 본다. 하지만 한국교회를 향한 변화의 요청에는 동의하면서, 다만 글의 성격과 문제의 대응방식의 차이라고 생각한다.

1) 회심의 개인성과 공동체성

　심리학의 가치와 공헌은 인간에게 있으며, 특히 인간-개인의 정신적인 문제의 발견이라고 할 수 있다. 우리는 개인적이라는 것을 생각할 때 마다 부정적 입장을 취하게 된다. 이것은 언제나 공동체적이고, 집단적인 이익이 우선이라는 생각이 지배적이기에 개인의 감정, 불안, 자유 등을 표현하고 이상화시키는 것에 두려움을 가지고 있다는 것이다.
　이것은 집단주의에 대한 개인주의의 소외이다. 반대로 개인주의는 공동체주의의 반대로도 이해된다. 심리학적 개인은 존재로서의 의미로 이해되어야 한다. 그러나 현대에서의 개인의 의미는, 진정한 개인(ego)이라기 보다는 표상적(odjective) 개인이다. 사회와 공동체를 위한 개인의 의미는 이기주의를 이용한 집단주의의 표상이다. 이러한 차원에서 본다면 진정한 개인의 문제를 진지하게 고민하게 하는 과제가 심리학과 종교를 통해서 생각해야 할 주제이다. 이것은 개인의 권리만을 우선하는 개인주의를 의미하는 것이 아니다. 진정한 개인으로서의 '나'의 의미와 목적을 의미하는 것이다. 그러할 때 개인을 통한 '너'와 '우리'의 관계가 새롭게 정립되고 변화될 수 있다는 것이다. 이러한 존재적이고, 철학적인 통찰은 심리학의 도움을 받게 된다. 또한 우리는 언제나 '변화'에 대한 거대 담론의 입장에서, 중요한 사건과 사고, 우선적 가치들, 거대한 힘들에 의해서 나의 삶이 결정된다고 생각한다. 이것이 모두 틀린 것은 아니다. 하지만, 이 세상을 변화시키는 것은 한 사람의 변화, 한 개인의 소망과 열정이 우선적으로 작용하고 있음을 잊어서는 안 될 것이다. 어찌보면 이것이 하나님의 역사가 보여주는 최우선의 방법이요, 심리학자들을 통해서 전해졌던 미완성의 질문인지도 모르겠다.
　이러한 개인의 가치로서 심리학을 이해하게 되면 자연스럽게 공동체의 역할로 확대된다. 이 의미는 개인이 변함으로 공동체에서의 역할이나, 공동체가 변화되는 사회적 현상만을 의미하는 것이 아니다. 그보다 근원적인 대화의 기능이 존재한다는 것이다. 예를 들어, 심리학의 발견이 가져다 준 현대의 사고의 변화를 생각해 보자. 과거에 몰랐던 정신 심리학을 통해서 해석되고 발견되는 수많은 적용들이 우리의 가정, 병원, 사회, 교회에서 무의식적으로 사용되고 있다. 이전에는 악한 영으로만 생각되었던 불안과 우울, 정신 질병 등은 지금 시대에서 병적인 증상으로 이해하고 얼마든지 치료가 가능하게 되었다. 이것은 삶의 경험에서뿐만 아니라 학문적 관계로도 이해될 수 있다. 심리학의 분야가 교육이나, 경제, 때론 종교로까지 확대된다. 이것은 단순히 활용하고 발전한다는 의미를 뛰어넘는다.

결국 공동체적 관계 속에서 상호작용의 의식의 변화라는 것이다. 이것이 교육학적인 용어로 "생태환경의 변화"의 의미로 사용되어지기도 한다. 이러한 공동체적 관계성은 "개인적 회심"의 차원에 대한 상대적 이해로 확대되는 경험을 하게 된다. 회심은 또 다른 자신을 해석하는 작업이다. 이것은 회심의 심리적 다양성 속에서 자신의 과거와 현재, 미래를 재정의 하면서 일어난다. 이러할 때 개인의 삶과 책임이 공동체의 삶과 책임으로 어떻게 연결되며, 적용하고, 확대될 수 있는지를 알려고 한다. 이것이 건전한 정신적 변화이고, 병적 증상을 회복하는 심리적 방향이 되기도 하는 것이다. 이러한 작업이 심리학의 함의로 전해질 때, 교회의 차원에서는 하나님의 영적 회심에 대한 보다 진지한 고민을 하게 된다.

2) 정신적인 것과 영적인 것

심리학의 개인적이고 공동체적 가치가 기능적인 차원의 이해라면, 이것에 대한 의미적 차원으로 의식(意識) 이라는 개념을 생각해 보아야 한다. 즉 심리학적으로 인간은 "의식의 세계"와 "변화의 과정"을 겪게 되는데 이러한 일을 가능하게 하는 영역의 존재는 무엇인가 라는 질문을 하게 된다. 심리학은 이러한 원동력을 무의식의 세계로 표현하게 된다. 무(無)라는 개념은 '없다' 라는 것이 아니라, 단지 인식할 수 없는 영역이라는 뜻이다. 이것이 프로이트에게는 유아기적 상상에서 시작된 정신적 에너지라고 할 수 있으며, 융에게는 집단적 무의식으로 확대된 원형, 이것이 신의 세계일 수도 있다는 것이라고 할 수 있다.

사실 이것이 종교와 심리학을 이해하는 중심 분기점이 될 수 있을 것이다. 결국, 정신적인 것과 영적인 것을 어떻게 규정하고 이해하는 가에 따라서, 무신론적 심리학, 유신론적 심리학을 구분할 수도 있을 것이다. 물론 이것은 임의적인 분리이다. 과학적 학문을 표방하는 심리학은 보여지는 현상과 경험을 추구하는 것이기에 이러한 영역의 논란이 필요한 것은 아니다. 그러나 심리학의 도움을 받아 '회심'을 이해하는 차원에서 이것을 정리함으로써 불필요한 오해의 소지를 없도록 하는 것이 필요하기 때문이다.

이것을 해결하는 방법은 두 가지다. 아니, 두 입장을 통해서 접근해야 한다. 우선은 심리학의 입장에서 의식(conscious)의 이해를 확대함으로써 정신적인 세계를 통해 영적인 것의 가능성을 알아보아야 한다. 다음으로는 종교적인 입장에서는 영적인 것을 통해 정신적인 것의 가치를 해석해 보는 것이다. 종교적인 입장에서의 작업은 전(前) 장의 주제인 "목회적 차원"에서 지속적으로 다루어져 왔던 주제라고 할 수 있다. 하나님의 말씀, 역사, 신학은 이미 영적인 사고의 입장에서 세상을 향한 하나님의 구속역사를 인정하고 표현한 것이기 때문이다. 그러기에 여기에서는 심리학적 입장을 중심으로 이해할 것이다. 이것을 통해서 자연스럽게 기독교적 영성으로 연결되는 접촉점도 만나게 될 것이다.

심리학에서의 의식, 그 중에서도 종교적 의식은 개인적인 열망과 그에 대한 반응이라고 하는 것이다. 하지만 종교의 입장에서는 창조자의 계획과 역사라고 볼 수 있다. 이것이 외형적으로는 주체가 다른 상반된 주장으로 보일 수 있으나, 서로의 입장에서 자신을 본다면 그 의미는 달라진다. 즉 의식의 차이가 본질의 차이는 아니라는 것이다. 다른 말로 하면 주체와 객체의 관계는 언제나 우리를 이원론적 구분으로 나누고, 눈에 보이는 실제와 그렇지 않는 비실제를 구분하여 왔다. 이것이 우리가 가지는 의식의 한계이다.

우주가 인간의 마음이란 매체를 통하여 그 자체를 알리고 노력할 때 그 중 몇몇 양상은 알려지지 않은 상태로 남음에 틀림없다. 상징적 지식에 눈을 뜸에 따라 우주는 아는 자(the knower)와 알려지는 것(the known), 생각하는 자와 생각, 주체와 객체로 분리되는 것처럼 보인다. 아는 자이자 외부 세계의 조사자로서 우리의 가장 깊숙한 곳에 위치한 의식은 궁극적으로 그것 자체의 이해력에서 벗어나 알려지지 않은 것, 보여지지 않는 것, 이해되지 않는 것으로 남는다. 당신의 손이 수많은 물체를 잡을 수 있지만 결코 손 자체를 잡을 수 없는 것처럼, 또는 당신의 눈이 세상을 볼 수 있지만 눈 자체를 볼 수 없는 것처럼 말이다.(50) … (중략) … 칼이 칼 자체를 자를 수 없는 것처럼 우주는 스스로를 잘라내지 않고서는 객체로서 자신을 볼 수 없다. 따라서 지식의 객체로서 우주를 알려는 노력은 대단히 뿌리 깊고 철저하게 모순적이다.... 그런데 이상하게 이런 유형의 이원론적인 지식은 서양 철학, 신학, 과학의 토대 바로 그것이다. 우주를 주체 대 객체(진실 대 허위, 선 대 악 등등)로 분리하는 이원론 철학이다.305)

켄 윌버는 「의식의 스펙트럼」에서 이러한 이원론적인 의식과 앎의 역사적, 실제적 허상을 잘 제시하고 있다. 그는 에딩턴의 이론을 인용하여 "앎의 두 가지 방식"306) 을 통해서 심리학적 이해를 통한 새로운 정신적인 의식의 문제를 다루고 있다. 서양의 데카르트 철학의 이원론은 현대에 이르러서 과학과 합리성이라는 이원론적 경향으로 세계를 지배하였다. 이것은 과학이나, 숫자로 측정 가능한 것만이 진리이고 그렇지 않은 것은 비 진리이며 진실이 아니라는 사고로 까지 발전하였다고 볼 수 있다. 하지만 이러한 과학적 이원론은 스스로의 모순에 빠지고 있다는 것이다[과학

---

305) 켄 윌버 / 박정숙 역, 『의식의 스펙트럼』 [Ken Wilber, The Spectrum of Consciousness] (경기 : 범양사, 2006), 50-52. 켄 윌버에 대한 논의는 철학, 심리학, 물리학 등에서 활발히 진행되고 있다. 하지만 그의 범신론적 세계관과 초월심리학적 이원론을 통해서 기독교와의 대화에는 한계는 가진다. 그러나 본 연구에서는 그의 '정신'과 '의식'에 대한 통찰을 위해 이 책을 중심으로 적용하였으며, 앞으로 그의 사상과의 대화도 준비하여야 한다는 생각에서 인용하였다. 기독교의 관점에서의 연구는, 이정배, "켄 윌버의 홀아키적 우주론과 과학과 종교의 통합론", (감리교신학대학교, 신학 과 세계, 제 42호, 2001 봄), 242-265 .
306) 켄 윌버, 『의식의 스펙트럼』, 50-78.

은 자기 변제(辨濟)적 운명을 타고났다]. 이것은 아인슈타인, 에딩턴과 같은 물리학자에게서 나타나는 주장이다. 즉 측정하기 위해서는 특정한 종류의 도구나 기계가 필요하다. 하지만 전자는 매우 작아서 생각해낼 수 있는 어떠한 도구, 심지어 광자처럼 '가벼운' 도구조차 측정이라는 바로 그 행동 때문에 전자의 위치가 바뀌도록 만들 수 있다는 것이다. 말하자면 우주란 직물을 꿰매는 그런 문제이다. 어떤 신비로운 방식으로 주체와 객체는 처음부터 통일됐고, 과학은 결국 창조의 산물이 된다는 것이다. 물리학자 에딩턴은 이렇게 외쳤다.

"알 수 없는 어떤 것이 우리가 모르는 어떤 일을 하고 있다. 그것이 우리 과학자들이 도달한 결론이다. 그것은 매우 창조적인 이론처럼 들리지는 않는다. 어떤 곳에서 그것과 비슷한 어떤 주장을 본 것 같다" [307]

물리학의 양자혁명, 상대성 이론의 중심은 이것이다. 주체-객체 이원주의에 대한 과학적 한계를 발견한 것이다. 결국 진실이란 객관적으로 관찰하고 측정될 수 있는 것이어야 하지만 "궁극적인 진실"이란 어떤 환경 아래서도 관찰되거나 측정될 수 없다는 주장이다. 이 궁극적인 사실을 측정하려고 시도할 때마다 그 사실들은 이리 저리 움직인다. 측정된 객체는 측정하는 주체로부터 완벽하게 분리되지 못했기 때문이다-측정되는 것과 측정자, 입증되는 것과 입증자는 이 단계에서 하나이고 동일하다. 주체는 객체를 만질 수 없다. 주체와 객체는 궁극적으로 하나이고 같은 것이다. 바꾸어 말하자면 우주가 주체 대 객체, 보는 상태와 보여지는 상태로 분리됐을 때, 항상 어떤 것이 빠져 있다는 것이다.

인식론적 이원론의 "주체 대 객체"는 존재론적 이원론에서의 "영혼 대 물질", 혹은 "정신 대 물질"과 대응한다고 볼 수 있다. 이런 이원론적인 문제는 어떤 기본적인 '물질'로 우주가 구성됐는가를 알아내려 노력하면서 계속 우리 주변을 돌고 있다. 우주는 물질적인 원자로 구

---

307) 켄 윌버, 『의식의 스펙트럼』, 60.

성됐고 의식이란 단지 환영이며 실제로는 물리적 입자들의 상호작용이라 말할 수 있는가? 정신이란 실제로는 물질의 집합물인가? 그렇다면 모든 물질의 감각은 바로 우리 정신에 깃들어 있다는 주장은 어떻게 받아들여야 하는 걸까? 그러한 주장은 물질이란 단지 생각에 불과하다는 사실을 입증하는 것이 아닌가? 플라톤이 생각과 경험을 분리해 놓은 이래로 어떤 것이 정말로 진짜인가에 관한 논쟁은 지금까지 내내 지속됐고 아직 결론이 나지 않았다. 의식은 실제로는 물질인가 아니면 물질이 실제로는 의식인가? 관념론자들은 의식이란 겨우 상상의 흙덩어리이며 본질적으로 돌, 탁자, 먼지와 다르지 않다는 생각에 격분하지 않을 수 없다. 따라서 그들은 항상 다음과 같이 질문한다. "그렇다면 물질의 느낌은 어디에 존재합니까?" 물론 그 대답은 물질적 느낌은 오로지 의식 안에 존재한다는 것이다. 따라서 결론은 명백하다. 모든 물질은 정신적인 생각일 뿐이다. 하지만 이런 주장은 유물론자들에게 참기 힘든 것이다. 그들은 묻는다. "그렇다면 의식은 어디에서 나옵니까?" 대답은 이렇다. "인간의 두뇌라는 육체의 과정으로부터 나옵니다" 따라서 정반대의 결론 역시 분명하다. 모든 생각은 단지 물질적이다. 이러한 이원론적 한계는 과학 뿐 아니라, 인간의 정신세계의 불일치를 가지고 왔다는 것이다. 결국 세상을 주체와 객체, 내부세계와 외부세계, 육체와 영혼으로 나누는 것은 인간의 인식적 차원의 표상일 뿐이지, 진실 그 자체로 이해될 수는 없다고 할 수 있다. '정신적인 것'과 '영적인 것'의 의식도 이러한 의식적 한계의 구분이다. 이것을 의식적 앎의 차원으로 해석한다면,

"지식에는 두 종류가 있다. 표상적(Symbolic) 지식과 본질적(Intimate) 지식이 그것이다. 통상적인 형식의 추론은 주로 표상적 지식만을 위해 발전됐다. 본질적 지식은 成文化와 분석이 불가능하다. 오히려 분석하려 시도할 때, 본질은 사라지고 상징이 그 자리를 대신한다.(에딩턴)" [308]

---

308) 켄 윌버, 『의식의 스펙트럼』, 69.

에딩턴은 두 번째 앎의 방식을 '본질적'이라고 부른다. 주체와 객체는 본질적으로 하나이기 때문이다. 일반 의미론의 창시자 코지프스키는 '지도-영토' 관계라는 이론을 들어 통찰력을 명료하게 설명하고 있다. 분명한 점은 지도가 영토가 아니라는 것이다. "당신이 무엇을 말하든 그것은 그것이 아니다" 그렇다면 우리가 사용하는 단어, 생각, 개념, 이론, 심지어 일상의 언어조차 실제 세계, 즉 '영토'의 지도이다.[309] 표상적 (상징적) 지도들 그 자체에는 특별히 해롭거나 현혹시키는 것은 없다. 사실 그것들은 매우 실용적인 가치가 있고 문명사회에는 필수불가결하다. 슈레딩거가 지적했듯, 지도가 영토가 아니라는 점을 잊자마자 문제는 발생한다. 현실의 상징을 현실과 혼동하기 시작하면서 문제가 시작되는 것이다.

말하자면, 실재란 기껏해야 고물 복사기에 불과한 그림자 상징을 '추월'하거나 '넘어서서' 존재한다. 이 사실을 알지 못한 인간은 무미건조한 추상의 세계 안에서 길을 잃고 오로지 아무 것도 아닌 것의 상징에 대한, 상징에 대한 상징만을 생각한다. 그리고 결코 실재에 접근하지 못한다. "그 너머에 있는 더욱 심오한 실재"에 접근하는 일은 모든 지도의 대상이었던 영토의 현실을 발견하는 것과 마찬가지다. 하지만 여기에 문제가 있다. 더욱 자세하고, 더욱 '과학적이고' 더욱 믿을 만하고 더욱 정확한 표상적 지도를 작성하는 것이 아니라 적어도 당분간은 어떤 지도도 필요 없는, 영토로 가는 접근법을 발견하는 것이 문제이기 때문이다.

만일 '학문적'을 믿을 만한 유일한 지식이 상징적-지도의 지식이라면, 우리는 이내 지도에 대한 지도만을 갖게 될 것이고, 원래 연구 대상이었던 영토를 오랫동안 잊어버리게 될 것이다. 따라서 이원론적-상징적 지식은 도움이 되지 않는다. 왜냐면 비상징적, 비이원론적, 또는 에딩턴의 표현을 빌리자면 "과학의 상징을 넘어선 실재에 대한 본질적 지식"이 요구되기 때문이다. 하이젠버그, 슈레딩거, 아인슈타인의 업적에서 공통적으로 찾을 수 있는 근본적인 통찰력 속에서, 진실의 본질은 하나이고, 그

---

309) 켄 윌버, 『의식의 스펙트럼』, 71.

안에서 관찰자와 사건, 주체와 객체, 인식자와 피인식자는 분리할 수 없다. 그러므로 이를 깊게 이해하기 위해서는 비교할 수 있는 앎의 방식, 본질이 그것을 아는 것과 분리되지 않는 앎의 방식이 요구된다. 따라서 물리학자들이 발견했듯, 우리 역시 두 가지의 기본적인 앎의 방식을 이용할 수 있다. 하나는 상징적 혹은 지도, 혹은 추론적, 이원적 지식이라는 다양한 이름을 갖고 있는 것이다. 다른 하나는 본질적, 직접적, 또는 비이원론적 지식이라 불리는 것이다.[310]

지금 우리는 엄밀하게 따져서 물리적 영토 밖으로 나와야 한다. 이들 두 가지 앎의 방식은 보편적이기 때문이다. 다시 말해서, 그것들은 인류의 역사 동안 내내 다양한 시대와 장소에서 다양한 형태로 인식되어왔다. 이러한 의식의 문제는 이원론과 일원론의 분리적 차원을 넘어서 인간 이해의 관념으로 확장되었다. 신학의 "실존적 이야기"[311]의 차원들은 이러한 의식의 실재에 대한 이해의 방법이라고 할 수 있으며, '역사-종말론적' 관점은 이원론적 한계를 넘어선다. 심리학의 분야에서 의식의 이론은 초월심리학, 영원의 심리학, 초각 심리학 등의 표현으로 다양하게 논의되고, 타 학문에도 활용되는 이론임을 발견하게 된다. 궁극적으로 이 심리학적 의식은 "정신의 우선성과 단계성"을 전제로 하고 있으며, 다분히 동양의 정신, 선, 불교 등의 사상과 많은 연관성을 가지고 있다. 그러면서도 기독교에서의 일원론적 인식의 가능성도 열어놓고 있다는 점도 간과하지 않는다.

이 책은 주로 정신을 기초로 해서, 정신의 사다리에서 기초적인 가로장들을 목표로 다룰 것이다. 이 책에서 밝히고 있는 기초 가로장들은(상향적인 순서로) 다음과 같다. 외부 세계, 오감, 그림자 수준, 에고 수준, 생물 사회적 대역, 실존 수준, 초개인 대역, 그리고 정신(또는 우주적인 마음)이다. 이것들은 단순히 영원 철학에서 나오는 존재의 대사슬을 확대

---

310) 켄 윌버, 『의식의 스펙트럼』, 72-73.
311) 폴 틸리히, 『존재의 용기』, 151-189.

한 모습이다. 존재의 대사슬은 보통 물질, 신체, 마음, 영혼, 정신으로 제시된다. 내가 증명하려고 노력하듯, 의식의 스펙트럼은 영원의 철학과 세계의 위대한 지혜전통과 완벽하게 일치한다. 그렇지만 이 책은 또한 다양한 형태의 (서양)심리학과 심리치료를 통합하려는 시도이기도 하다.[312]

이러한 그의 정의에서도 알 수 있듯이 이것은 인간의 정신에 대한 새로운 의식의 차원을 심리학적, 철학적 개념으로 이론화시킨 작업이라고 할 수 있다. 회심은 본질적 지식을 추구한다. 이것은 심리학과 신앙의 바른 이해와 구별을 통해서 경험된다.

첫째로, 인간의 심리학적 연구가 얼마만큼 우리의 의식을 지배하고 있음을 인식해야 한다. 이것이 긍정의 기능인지 부정의 기능인지를 묻기 이전에, 이미 우리가 살아가는 삶이 심리학적 개념의 영향을 받고 있음을 부정할 수 없다는 것이다. 또한 심리학이 종교를 대신하고 있다는 표현의 일부이기도 하다. 이것은 심리학의 잘못이라기 보다는 본질적인 정신, 영혼의 진리를 가진 종교(대표적으로 기독교)의 책임이다. 얼마나 많은 진리가 심리학적 이용물로 전용되고 있는 현실들을 보면서, 하나님 앞에 진실로 나아가는 길이 얼마나 멀어졌는가를 새삼 느끼게 된다. 또한 우리의 회심사건이 심리학적으로 충분히 설명될 수 있는 많은 시험의 도구로 전락되었음을 인정하지 않을 수 없다. 문제는 진정한 회심을 어떻게 분별하고 회복해야 하는가를 물어야 하며, 오히려 심리학은 스스로의 고민을 통해서 우리에게 진지한 충고를 해주고 있는 것이다.

둘째는, 기독교적 의식을 새롭게 발견해야 하는 과제를 가질 수 있다. 이원론의 문제는 인간의 의식과 함께 시작된 본능이기도 하다. 인간은 태어나면서 나와 남을 구별하는 습관을 가지기 때문이다. 결국 나를 위해 남이 존재하는 형태로 사회는 구성된다. 이러한 의식은 기독교에서 말하는 '죄의 속성'이다. 기독교는 이러한 이원론을 극복한 시대적 대안이

---

[312] 켄 윌버, 『의식의 스펙트럼』, 20.

었다. 소위 헤브라이즘과 헬라이즘을 분류할 때, 기독교는 본질적으로 일원론적인 헤브라이즘 전통에 있었다. 이것이 일원론적인 가치이다. 절대자 하나님은 선과 악을 구별하시는 분이 아니라, 모두가 선의 행위 안에 있기를 원하시는 것이다. 문제는 이러한 하나님의 마음을 율법화 한 인간에게 있다. 앞서 성경적 전통 속에서 살펴본 대로, 구약의 하나님은 헤세드의 하나님이시다. 이것은 계약의 구속사적 사건이다. 예수그리스도의 십자가와 부활의 사건은 이러한 분리의 통합의 사건이다. 교회는 인간의 아픔과 기쁨의 통합 공동체이다. 성령은 이것을 유지하는 공통의 영이다. 이러한 때 기독교적 회심은 유일을 향하는 전 존재의 정신적, 존재적, 육체적 변화인 것이다. 이것이 심리학적 인식의 일원론을 통해서 우리가 찾을 수 있는 숨겨진 진실일 수도 있을 것이다.

셋째는, 믿음의 문제이다. 심리학적 의식은 '앎'과 '믿음'을 구별하는 작업에서 시작한다. 물질적인 것을 아는 것과, 그것을 믿는 것에는 큰 차이가 있다. 이것이 우리의 행동장애로까지 이어진다. 예를 들어, 돈을 아는 것과 돈을 믿는 것은 엄청난 차이를 가져온다. 이것을 좀 더 숙고해 보면, 인간이 만든 것(실은 발견된 것이다)은 본질적으로 한계성을 가진다. 이것을 극복하는 심리학적 과제가 정신적인 것의 가치라는 것이고, 동양의 명상, 도, 선 등의 이론으로 훈련될 때 인간적 욕구를 해결한다는 것이다. 하지만 이것도 하나의 과정일 뿐, 본질적 절대는 아님을 깨달아야 한다. 많은 혼합주의적 종교들은 영적인 것과 종교적인 것을 구분한다. 최근의 유행어인 "나는 영적이지만, 종교적이지 않다!(I am spiritual, but not religious)" 이 물음과 형태를 잘 분석하면, 초월적인 것은 믿지만 제도적인 종교는 부인하는 것이다. 이것을 단순히 시대변화로만 치부하기보다는, 제도적 종교의 실수가 있음을 인정해야 한다.

그럼에도 이러한 혼합주의적 운동의 많은 종파, 이단들, 운동들의 실태는 이미 정신적인 차원 또한 육체적인 오류처럼 부정의(不正義)로 인도하고 있음을 수없이 보여주고 있다. 결국 인간의 정신을 넘어서는 것, 인간적인 모든 것을 초월하는 근본, 그것을 우리는 "성육신하신 진리"로 고백하는 것이고, 이것이 우리의 회심의 영적 차원이다.

이제 마지막으로 이러한 의식의 문제를 넘어서 기독교적 가치에 입각한 심리학적 과제로 적용하는 문제를 결론적으로 살펴 본다. 이 과제는 '사회적 차원'의 관점에서 볼 때 우리가 지향하는 실천의 방향과 앞으로 도달할 목적의 현실을 보여주기 때문이다.

3) 심리학의 신앙적 이해

스캇 펙의 「아직도 가야할 길」[313]은 이러한 삶의 여정에 대한 심리학적 영적 탐구의 고백적 경험이다. 삶은 고해(苦海)다[314] 로 시작하는 그의 여정은 삶의 고통에 대한 정신 심리학적 과제들을 영적 순례의 길로 접근하고 있다. 삶이란 문제의 연속이며 그것을 인정할 때 비로소 그의 삶을 인정하게 된다는 것이다. 그러기에 삶의 문제는 훈련을 통한 고뇌의 과정이다. 이 훈련은 진정한 훈련이여야 하며, 육체적 정신적 발전을 동기로 해야 한다.

이러한 차원에서 인간의 정신적인 세계는 다양한 삶의 이야기들의 실제이고 경험이라는 출발점을 가지고 있다. 심리학적 무의식의 세계를 통해 인간의 감정적 성격들을 정의하는 대신, 오히려 우리의 의식에 뿌리를 두고 있는 삶의 현실로서의 이해라고 할 수 있다.

이러한 그의 정신 심리학적 접근은 작은 삶의 습관과 훈련들을 통해서 우리의 의식 저편에 있는 삶의 궁극적인 의미를 향해 갈 수 있다는 것이다. 이 속에는, 책임, 희생, 균형, 욕망 등 결국에는 사랑이라는 의지의 근본에 도달하게 된다. 하지만 이 사랑은 너무도 신기하기에 우리의 또 다른 세계관인 종교, 즉 영적인 세계를 지향하는 데에 이르는 것이다.

물론 여기에서의 종교나 영적인 것은 정신적인 궁극의 세계를 의미하고 있다. 결국 많은 인생들은 이 진리의 세계인 건강한 종교를 통해서 삶

---

313) M. 스캇 펙 / 신승철 · 이종만 역, 『아직도 가야할 길』 [M. Scott Peck, The Road Less Traveled] (서울 : 열음사, 2008).
314) M. 스캇 펙, 『아직도 가야할 길』, 19.

과 의식의 균형을 얻게 된다. 여기에서 우리가 이해할 수 있는 종교적 세계는 은총의 경험이다.315) 이 은총의 경험은 현대의 진화론과는 본질적으로 구별된다. 그의 신앙의 여정이 하나님의 창조하심의 은총임을 제시한다.

나는 영적 성장의 궁극적 목표가 인간이 하느님과 같이 되는 데 있다고 언급한 바 있다. 즉, 신이 아는 만큼 인간도 알게 되는 것이다. 그런데 무의식은 언제나 신과 하나이다. 그러므로 영적 성장의 목표는 의식적 자아가 신성을 획득하는 것이라고 다시 정의할 수 있다. 우리들 개개인이 모두 완전한 하느님 그 자체가 되는 것 말이다. 그런데 이 말의 의미는 영적 성장의 목적이란 의식이 무의식에 통합되어 모든 것이 무의식이 되는 것에 있다는 말일까? 천만의 말씀이다. 우리는 이제야 문제의 핵심에 도달했다. 그것은 의식을 지닌 채로 신의 상태에 이르는 것이다. 무의식의 신이라는 뿌리로부터 자라난 의식의 새싹이 신 그 자체로 성장할 수 있다면, 신은 전혀 새로운 삶의 형태로 나타날 것이다. 이것이 우리 인간 개체의 존재 이유다. 우리는 의식을 지닌 개인으로서 새로운 방식의 삶을 살아가는 신이 되고자 태어난 것이다.316)

이것은 인간이 신과 같이 되는 동형(同形)론적 제시가 아니라, 인간의 정신세계 속에서 의식되는 초월적인 신, 신비주의적 환상의 신이 아닌, 인격적이고 삶의 신(생활사적 접근)으로서의 하나님의 존재를 의미한다고 보아야 한다. 즉 건강한 종교는, 어떠한 무의식의 세계, 초월적 차원으로 내가 들어가는 현상이 문제가 아니라, 성숙한 의식적 세계로 성장하는 것을 의미하고 있는 것이다. 이것은 영성과 종교의 새로운 의미로 나아간다. 이것은 현대에 우리가 이해하는 종교에 있어서 영적인 세계에 대한 가치를 인정하면서도, 문제는 영적인 본질에 따라서 그들의 삶의 모양이 변화될 수 있음을 지적한다. 이러한 차원에서 그에게 영적인 성장은 단계적 차원

---

315) M. 스캇 펙, 『아직도 가야할 길』, 382-386.
316) M. 스캇 펙, 『아직도 가야할 길』, 415.

으로 해석된다.

영적 성장의 단계 317)

제1단계 이 단계는 혼돈스럽고 반사회적이다.
제2단계 공식적이고 제도적이다.(근본주의자)
제3단계 회의적이고 개인적이다.(세속주의자, 과학적 사고방식)
제4단계 신비적이고 공동체적이다.

그에게 이러한 영적 차원 속에서 은총으로 경험되는 것이 영광의 경험이요, 회심이라고 할 수 있다. 그에게 하나님은 이렇듯 존재의 근원으로서, 정신적 영적 순례의 의식적, 은총적 존재가 된다.

우리가 무엇보다도 그 영광을 갈망하는 것은 하느님은 우리가 그와 함께하길 원하고 있기 때문이다. 그러나 오해하지 말아야 할 것은 참된 영광은 오직 하느님에게만 있다는 점이다. 영광은 우리의 모든 욕망들 중 가장 강력한 대상이기 때문에, 그 욕망은 가장 타락하기 쉽다. 이런 타락을 칭하는 말로 우상 숭배가 있다. 이것은 하느님을 표방하는 거짓 우상이거나 그 유사물을 숭배하는 것이다. 악마를 칭하는 이름처럼, 우상 숭배를 뜻하는 단어들은 아주 많다. 돈, 섹스, 신제품, 정치적 권력, 안전, 소유, 등등. 이 모든 것은 거짓의 신들이다. 참된 영광은 우리 자신을 참된 하느님께 바칠 때 우리의 것이 될 수 있다. 그러면 참된 하느님은 누구이며, 무엇이고 또 어디에 있는가? 318)

이 물음이 진지한 회심의 내면적 과제로 물어지는 영적 순례의 반성과 과제가 될 수 있다.

---

317) M. 스캇 펙 / 신승철 · 이종만 역, 『아직도 가야할 길』 [M. Scott Peck, The Road Less Traveled] (서울 : 열음사, 2008). 349-350.
318) M. 스캇 펙, 『아직도 가야할 길 그리고 저 너머에』, 407.

지금까지 회심의 심리학적 이해를 통해서, 의미들과 과제들 그리고 관련주제들을 살펴보았다. 특히 심리학적 차원은 종교적 회심에 대한 인간중심의 발달론적 차원으로 우리의 경험된 삶에 많은 영향을 끼치고 있다는 것이며, 또한 이 인간적인 차원 속에 있는 종교적 회심은 새로운 의식의 작업을 통해서 인간의 경험을 초월하는 근원적 차원인 신적 영역으로 까지 확대되는 것이다. 이제 회심은 건강중적 정신개념속의 감정의 작업을 넘어서, 인간의 창조적인 변화된 세계로의 초청이 될 수 있다. 결국 회심은 하나님의 창조적인 이해 속에서 인간의 깊은 삶의 의미에 대한 영적 순례의 작업으로 우리에게 다가온다. 이것은 스캇 펙의 주제처럼, 아직도 가야할 길이며, 끝나지 않는 여행으로 우리를 초청한다. 이 여행은 우리 인간이 가지는 회심의 본능이다. 즉 여행은 우리를 설레게 하지만, 진정한 여행은 외로움과 고통을 동반한다. 이 여행을 포기하거나 인간의 감정으로 안주할 때 이미 그 여행은 단순한 즐김일 뿐이다. 반면 진정한 여행은 고통을 이해하고 삶을 나누며 진리를 증거한다. 또한 외로움의 순례의 과정 속에서 누군가 함께 한다는 동반의식이 회심의 책임을 강화시켜준다. 이제 남은 것은 실천적 행위로서의 교육의 과제이다.

III. 회심의 교육학적 이해

    교육의 기능은 실천 지향적이다. 교육은 가르침이라고 하는 교육의 행위와 이를 통한 배움의 과정을 각 사회와 문화 속에서 실현하는 실천행위라고 할 수 있다. 이 실천행위는 통전적 변화로서 '회심'의 실천적 과제가 된다. 그러기에 교육의 가르침을 위한 도구들은 인간을 중심으로 한 다양한 변화의 기제들과 학문들과의 상호관계성 속에서 이루어지며, 교육은 다방면에서 모든 이론과 대화하게 된다. 여기에는 종교도 포함된다고 할 수 있다. 기독교교육, 종교교육, 기타 종교의 교육, 입교 교육 등은 자신의 교리를 통해서 종교적 신념이나 사상을 전파하는 종교적 인간으로 교육하는 목적을 가진다. 사회교육, 학교교육, 가정교육, 전문교육, 성인교육 등은 사람이 살아가는 삶의 적응과 기술의 습득, 사회와 공동체의 질서의 유지를 위한 공교육적 목적을 실현하기 위한 사회 행위이다. 이 외에도 교육은 정신적, 사상적 내용을 포함한 의식교육, 문화 및 전통유지를 위한 역사적 사명을 감당하기도 한다. 이렇듯 교육이라는 개념은 포괄적 다양성과 함께, 전문적 구체성을 지니는 종합적인 만남의 행위이다. 그러면서도 교육에는 공통적인 원리들이 있음을 발견하게 된다.

    우선, **발전(progress) 이라는 지향성이다.** 어떤 교육이든 그것은 이전보다 나은 배움과 깨우침, 기술의 진보 및 발전이라는 내적이고 외적인 지향성을 가진다. 인간에게 발전은 자연스러운 자연적 성장과 함께 배움을 통한 발전의 과정을 필수적으로 가지게 된다. 육체적 성장은 인격적 성숙을 위한 동반된 가르침의 기술이 필요하다. 이것은 인류의 역사상, 부모, 가족, 전통으로부터 현대에 이르는 학교교육에 이르기까지 이루어진 역사적 발전 과정이다.

　　둘째로, 변화(transformation)의 요청이다. 발전을 통한 주관적이고 객관적인 반응은 '변화'를 통해서 역동적 현실과 삶에 적용된다. 이 변화는 환경적 변화에 대한 인간의 적응이며, 창조적 욕망을 통한 인간 욕구의 실현으로 나타나기도 한다. 결국 자연적이고 인위적인 요소를 통해서 변화에 대한 필요를 채우게 된다고 할 수 있다.

　　셋째로, 관계(relation)의 실현이다. 교육은 상호관계적인 성격을 가진다. 교육은 혼자서는 불가능하며, 누군가의 인도함을 통한 선험적 지식을 기초로 이루어진다. 이것은 교육을 통한 삶 또한 관계적임을 요구한다는 뜻이다. 즉 배움과 가르침은 동시적이며 책임적 사건이라는 것이다. 배움의 실천은 자연스럽게 가르침의 역할로 이어진다고 할 수 있다.

　　이러한 공통적인 요소들이 교육에 대한 일반적인 이해의 틀이라면, 모든 교육 속에는 각자가 추구하는 다양한 목적들과 교육과정(커리큘럼) 및 교육방법 등의 세부적 과정을 통해 교육의 실천을 실행해나가고 있는 것이다. 그러기에 교육은 실천과 적용을 위한 준비과정이며 필수과정이라고 할 수 있다. '목회-사회학'의 탐구를 위한 '사회적 차원'에서 '교육'의 의미는 바로 여기에 있다. 회심을 위한 교육적 차원은 하나의 이론이 실천과 적용의 차원으로 나아가기 위한 현장의 이야기이기 때문이다. 이 이야기를 위해서 회심의 교육적 동기(motif)를 하나님과의 만남의 사건으로 이해하고 이를 위한 신앙의 발달단계, 그리고 우리의 교육현장에 대한 회심교육의 가능성을 알아보도록 한다.

1. 회심과 교육 - 만남의 기독교 교육

　　신앙과 삶의 방향전환으로의 회심은 교육적 차원에서 만남이라는 주제와 연결된다. 하나님과 만나는 존재는 하나님을 향해 돌아섬의 경험을 하게 된다. 이 속에서 만남은 하나님의 계획인 동시에 인간의 궁극적 관계 행위라고 할 수 있다. 특히 기독교 교육은 만남이라는 주제를 통해서 하나님께서 인간에게 요구하시는 신앙과 삶, 경험과 앎의 문제 등에 접근하고 있다. "새로운 신학으로 돌아가야 한다"는 스미스의 교육신학 선언(1941)이후 등장한 만남의 기독교교육이론가들의 새로운 신학적 강조는 당대의 주류신학으로 자리한 신정통주의(Neo- orthodoxism) 신학사상에 기초했다. 칼 바르트, 에밀 부르너, 폴 틸리히, 라인홀드 니버 등 신정통주의 신학자들의 사상의 틀은 마틴 부버의 관계 이론에 영향을 받은 것이다. 특히 에밀 부르너는 마틴 부버의 "나-너"라는 인격적 만남의 주제를 신학방법론으로 도입했다. 그래서 부르너의 역동적 계시이해는 밀러, 쉐릴, 하우 등 기독교교육학자들의 이론적 사고형성에 깊은 영향을 주었다.[319]

만남은 나와 너의 실존적이고 역사적인 각 문화의 자리에서 정신과학적 교육학에서의 깨우침을 향한 양심의 도야와 이것을 지향하는 교육의 참여의 자리가 되는 것이다. 이 만남의 사이의 내용은 멘토(교사,mentor)와 멘티(학생,mentee)의 관계 속에서 정신의 관계를 중심으로 하는 자율적이고 요체화적인 각성의 가능성으로, 전통과 문화에 상응하는 진실한 교육과 도야를 창조하는 것이다. 이 만남의 관계는 기독교의 진리와의 만남을 통해서 우리의 변화하는 시대 속에서의 하나님의 진리를 향한 하나님-인간, 인간-인간의 만남을 통해서 이 세상의 참여자이신 하나님과 예수그리스도를 통한 고백과 교육 그리고 신앙의 전승을 요구하는[중심적 행위]인 것이다.

신학을 "신과 인간 사이의 관계에 대한 진리(the truth about God in relation to man)"[320]로 정의하는 밀러는 마틴 부버의 '나와 너'의 인격적인 관계를 신학과 교육에서의 관계의 의미로 이해한다. 이 관계의 의

---

319) 고용수, 『만남의 기독교사상』 (서울 : 장로회신학대학교 출판부, 1994), 96.
320) R. C. Miller, *Education for Christian Living* (Englewood Cliffs : Prentice - Hall, Inc, 1956), 5.

미는 단순히 묶여있는 관계가 아닌 우리의 역사 속에 임하시는 하나님의 역동적이고, 죽음으로 구속된 예수의 진리가 행해지는 현재에서의 "그리스도인의 완전"으로 향하는 만남으로의 인격적인 관계(relationship)인 것이다. 이러한 관계의 의미를 기초로 그는 관계 속에서, 관계를 향한 기독교 교육을 추구하는 것이다.

> 기독교 교육의 목적은 각 개인들을 하나님의 올바른 관계와 교회 안에서의 사귐과 인생의 모든 근본적인 기독교인의 진리의 체계 안에서 그의 길로 인도하는 것이다.[321]

관계성 속에서의 밀러의 기독교교육은 복음과 밀접한 관계를 유지하면서 참된 교회는 지역사회를 포함하는 구속적 공동체이며, 그리스도 안에 있는 하나님의 구속적 행위 안에서 세계를 인도하는 만남의 장이다. 이것이 모든 인류를 복음의 선물로부터 유익을 얻게 하는 궁극적인 목적인 것이다. 이것을 위한 기독교 교육은 성장하는 개인에게 하나님과의 인격적인 관계를 기초로, 예수와 교회 그리고 사회와 일상 생활에 대한 이해와 진정한 관계를 유지하게 하는 것이다. 이러한 인격적인 관계는 그의 전반적인 교육방법에서도 찾을 수 있다. 밀러에게 있어서 교육과정의 중심은 신학만이 아니라 하나님과 학습자간의 이중적 관계이다. 교과과정은 하나님 중심과 경험중심이 되어야 하고 신학은 전제이어야만 한다. 왜냐하면 커리큘럼은 기독교 공동체의 은혜-믿음관계에서 일어나기 때문이다. 그러나 비록 신학이 커리큘럼에서 선행하는 것이기는 하지만 기독교 교육은 신학 그 자체를 가르쳐서는 안 된다고 보며 오히려 신학은 교회를 장으로 하는 하나님과의 올바른 관계에로 학습자들을 인도하는 기본적인 도구로 사용되어져야 한다. 신앙의 대상은 개념이나 신조 혹은 교리가 아니라 하나님의 신실하심에 대한 인간의 응답이며 그것은 하나님께 그 자신을 맡기는 인간과 맺어지는 인격적 관계인 것이다. 이러한 하나님의 행위와 인

---

321) R. C. Miller, *Education for Christian Living*, 7.

간 신앙의 응답은 교육 과정에서 생기는 유기적 상호 인격 관계 가운데 나타난다.322)

　이러한 관계의 의미는 상호 인격적인 관계언어(language of relationship)를 통해서 하나님과 인간 사이의 구속과 신뢰의 관계를 매개로 하는 참다운 기독교 교육이 되는 것이고, 이러한 하나님과 인간의 중심관계를 통해서 기독교의 교육은 그리스도 안에서의 완전을 향해 가는 인간과 인간, 인간과 신과의 만남을 이루는 것이다. 마틴 부버의 관계로서의 "영원자의 진리(신과의 만남)"는 밀러에게 와서 하나님과 구속자 되신 그리스도와의 인격적인 관계로의 만남을 이룬 것이다.

　마틴 부버의 나와 너의 관계는 만남의 행위를 의미한다. 만남의 의미를 기독교 교육에서 이해한 쉐릴은 계시를 기독교 교육의 핵심적인 요소로서 강조하고, 만남의 사건을 통해서 진정한 인간의 존재가치가 생기며, 하나님과의 인격적인 만남이 이루어지는 것이라고 말하고 있다.

　가능한 가장 단순한 방식들 중의 하나인 대면(confrontation)으로서의 계시의 개념을 표현하는 것은 자아로서의 하나님이 자아로서의 인간을 대면하시고, 자신을 인간에게 노출시키는 것을 말하는 것이다. 한편 대면에 대해 말하는 것은 무한한 인격적 존재로서의 하나님이 유한한 인격적 존재로서의 인간과 만나는 것을 뜻한다. … 하나님의 자기노출로서의 계시에 대해 말한다는 것, 인간과 하나님 사이의 만남에서 계시된 것은, 하나님에 관한(about God)정보가 아니라 인격적 존재자로서의 하나님 자신(God himself)이라는 것을 의미하고 있다.323)

　하나님이 예수그리스도 안에서 인간과 대면하시는, 자기계시의 행위인 계시를 인간은 대면된 존재의 경험을 만나(encounter)게 되는 것이다.

---

322) 김태원, "마틴 부버의 인격주의와 기독교 교육", 「현대와 신학」 19호 (연세 연합신학대학원, 1994), 306-307.
323) L. J. Sherrill / 김재은・장기옥 역, 『만남의 기독교교육』 [The Gift of Power] (서울 : 대한기독교 출판사, 1981) , 97-98.

이러한 만남의 인간은 자신의 내부의 분열과 하나님과의 새로운 화해를 하게 된다.
　기독교 교육은 실존적 인간들이 하나님과의 관계에서, 다른 사람들과의 관계에서, 세계와의 관계에서, 자기 자신과의 관계에서 심각한 변화가 일어나도록 지도하고, 또 직접 참여하게 하는 기독교 공동체의 만남의 시도로 이해된다.324) 쉐릴이 제시하는 기독교 종교교육의 핵심은 "자아 속에서의 변화"이다. 즉 인간의 불순종(관계의 이탈)으로 인해 불행하게 된 인간의 모습을 본래적인 하나님과 인간과의 관계로 회복시키는 것이다. 따라서 기독교 교육의 기초는 예수그리스도 안에서 자기를 드러내신 하나님의 찾으시는 대면과 인간의 내면 속에 자리한 자아의 특성(생명력, 자아결단, 자아의식, 자아초월)에 기초한 응답행위(encounter)로 일어나는 하나님과 인간사이의 "대면-만남(confrontation- encounter)", 곧 "계시-신앙"의 사건에 둔다.325) 그는 이러한 교육의 자리를 코이노니아(koinonia)라는 공동체로 이해하고 상호간의 교통(communication)을 통한 교육의 방법을 제시한다.
　하우(Reuel L. Howe)는 부버의 나와 너의 근원어에서 온 인격적 대화의 사상을 내용으로 받아들여 그의 교육 신학을 수립하고 있다. 하우에 있어서 대화란 하나의 존재론적 사건이며 상대방을 경험하는 쌍방적인 민감성에서 이루어진다. 인간의 삶은 하나의 관계 구조이기 때문에 대화는 그 관계 구조의 상호 인격을 가능케 하는 기본적 조건이며, 삶은 대화와 더불어 있고 대화를 통해서 있게 된다. 그러므로 인간의 삶을 전제로 하는 기독교 교육은 대화를 통하여만 가능하게 된다.326)

　대화란 두 사람 이상이 서로 진지한 말을 주고받음으로 인하여 각자의 존재와 진리가 상대방의 존재와 진리에 서로 맞부딪치는 것이다.327)

---

324) L. J. Sherrill, 『만남의 기독교교육』, 114.
325) 고용수, 『만남의 기독교사상』, 210.
326) 김태원, "마틴 부버의 인격주의와 기독교 교육", 311.
327) Reul Howe / 김관선 역, 『대화의 기적』 [The Miracle of Dialogue] (서울 : 대한기

하우에게 있어서 대화는 상호관계적인 것이고 동시에 진행됨으로서 서로의 커뮤니케이션을 통해서 이루어지는 인간의 교육이 되는 것이다. 그것은 문화의 전승과 결단 그리고 생명력 있는 관계를 통해서 자신의 인생에 대한 확신을 얻고 진정한 인간으로 회복하는 것이다. 하나님의 진리의 의미는, 이 진정한 만남의 대화 안에서 이뤄지고 하나님의 피조물인 인간을 진정한 인격으로서의 인간으로 깨우치게 할 수 있다. 이러한 하우의 대화는 마틴 부버의 인격적인 나와 너의 만남의 대화에서 그 근거와 영향을 받았다고 할 수 있다. 마틴 부버는 그의 대화를 "우리가 꼭 같이 하여야만 할 사람들과 함께 참으로 관계하는 것"328)으로서 여기서 대화는 우리의 현실의 사실 속의 사건이며, 단순한 의사전달의 의미를 지나서 영적 교재(communion)로의 참된 변화인 것이다. 이러한 대화의 언어를 그는 혈육화(血肉化)로의 진정한 연대관계와 이해와 사랑의 언어로서 표현한다.329) 하우는 이러한 대화의 의미를 인간의 삶과 교육, 신학과 신앙의 열쇠로서 만나고 있는 것이다.

교육에서의 변화의 실천적 과제는, 기독교 교육에서 회심으로 경험되는 만남의 계시적 사건이다. 결국 하나님을 향한 회심은 하나님과의 만남이 된다. 회심으로의 만남의 의미는 하나님과 인간의 만남 그리고 하나님의 공동체 속에서의, 인간 사이에 하나님의 진리를 따르는 삶을 영위하기 위한 만남이다. 이러한 만남은 관계를 통해서 형성되고, 만남을 통해서 구체화되며, 대화를 통해서 실행되는 것이다. 이것이 회심으로서의 기독교교육의 주제이고, 방법적 의미들이 될 수 있다. 이러한 근거들이 회심에 대한 또 다른 교육적 차원인 인간의 교육-발달론적 개념으로 확대되었다.

독교교육협회, 1965), 10.
328) M. Buder / 남정길 역, 『사람과 사람사이』 [Between Man and Man] (서울 : 전망사, 1991), 38.
329) M. Buder, 『사람과 사람사이』, 12.

2. 회심과 신앙발달 교육

최근에 심리학적 이해가 발전하면서 기독교 교육에 대한 인간의 교육-발달론적 관심이 크게 증가하고 있다.330) 이것은 인간이 가지는 종교성 속에서 그 의미를 확장하면서, 회심에 대한 종교교육의 심리학적 의미로 확대되었다. 제임스 파울러의 "신앙의 발달단계"331)는 서구 발달이론을 종교적으로 구체화시킨 대표적인 작업이라고 할 수 있다. 그 당시의 발달이론들(에릭슨, 삐아제, 콜버그)을 종합하면서 신앙에 대한 발달론적 이론을 확립하였다.

이러한 작업은 신앙형성과 회심의 의미를 교육의 발달론적 차원으로 적용하면서, 변화하는 시대 속에서 교육 역할의 확장을 시도하는 작업이라고 할 수 있다. 이와 함께 유럽을 중심으로는 미국식 교육과는 다르게 인간의 정신교육학적 차원으로의 회심 연구가 진행되었다. 이것은 회심을 깨우침, 즉 이해를 바탕으로 한 각성의 과정이라는 차원에서 해석하고 있는 것이다. 이러한 주제는 해석학, 경험론, 정신과학적 교육학의 이름으로 전해지고 있으며, 이러한 맥락에서 교육적 회심의 이론들이 발전하게 된다. 이러한 흐름 속에서 회심에 대한 교육은, 종교적일 뿐만 아니라, 일반 교육에서도 관심을 갖는 이론적 기초가 되고 있음을 볼 수 있으며, 앞으로 변화하는 시대의 기독교 교육적 책임에 대한 중심 개념이 될 수 있다.

1) 신앙의 발달단계-파울러

파울러는 그의 신앙, 종교, 신념을 통해서 우선, 신앙의 문제가 어떻게 심리학, 교육, 과학, 종교와 연관되어서 구별되고 통합되어 연구될 수

---

330) 이에 대한 대표적 연구로는, 강희천, 『종교 심리와 기독교 교육』 (서울 : 대한기독교서회, 2001). 사미자, 『종교 심리학』 (서울 : 장로회신학대학교출판부, 2002).
331) 제임스 파울러/사미자 역, 『신앙의 발달단계』 [James W. Fowler, Stages of Faith] (서울 : 한국장로교출판사, 1995). 발달론적 작업은 심리학에 기초한 이론이지만, 심리학적 회심을 실천의 차원으로 확장하는 의미에서 교육의 차원으로 다루도록 한다.

있는지를 정의하고 있다. 이것은 신앙(faith)과 신념(믿음:belief, believe) , 종교의 구별에서부터 시작된다. 즉 처음의 신앙은 믿음과 함께 고백된 인격적인 하나님의 고백이었다고 할 수 있다. 그런데 16세기 이후 세속적 변화 속에서 믿음(believing)은 보이지 않는(불확실성) 하나님을 인간의 관념으로 이해하는 수단으로의 믿음의 의미가 되었다는 것이다.332) 이로서 신념은 신앙의 궁극적 의미의 표현이며, 종교는 이러한 신앙의 신념들의 형성물이다. 그러므로 우리가 추구하는 진정한 신앙은 단순한 신념이나 종교적 차원과는 구별되어야 한다. 이 구별을 위해선 신앙의 정체성의 차원을 점검해야 한다. 즉 다신론과 단일신론, 그리고 유일신론이라고 할 수 있다. 다신론과 단일신론이 과거 인간의 본능에 속하는 신념적 종교적 차원의 신성이라면, 유일신론은 초월적 중심에 그 최상의 신뢰와 충성을 부여하는 신앙으로서, 진정한 신앙을 추구하려는 신앙의 가치로서 인간이 쉽게 빠지는 유사신앙(다신론적 유일신, 단일신론적 유일신) 에 상대적인 것으로 이해하고 있다. 이 속에서 교육을 위한 종교적 이해를 정리한다.

1. 신앙은 신념 또는 종교라기보다는 초월자와 관계를 맺으려는 인간의 탐구에 있어서 가장 근본적인 범주에 속한다. 신앙은 종교적 실천과 신념의 형태와 내용들의 엄청난 다양성에도 불구하고, 도처에서 유사한 형태로 확인될 수 있는 인간 삶의 보편적 특징으로서 인간 모두에게 가능한 포괄적인 것이다.
2. 모든 주된 종교적 전통들에 대한 연구는 신앙을 동일한 현상으로 보게 해주고 있다. 이들 다양한 종교적 전통에서 신앙은 인간의 궁극적 관심인 초월적 가치와 힘에 대한 비전에 부응하여 뜻을 정하고 마음을 정하는 것과 결부된다.
3. 신앙이 고전적으로 이해되었을 때, 그것은 분리된 삶의 차원, 즉 구획화 할 수 있는 어떤 것이 아니다. 신앙은 인간의 희망과 투쟁, 사고와 행동에 목적과 목표를 부여하는 전체적 인간의 지향성이다.
4. 신앙의 통일성과 인식 가능성은 종교와 신념의 엄청난 다양성에도 불

---

332) 제임스 파울러, 『신앙의 발달단계』, 36-42.

구하고, 종교적 상대성의 이론을 유지하고 발전시키려는데 노력을 지원한다. … 삶 속에서, 그리고 신앙에 대한 연구에서 진리에 대한 질문을 하도록 하는 일에 책임을 지도록 한다.333)

또 한 가지 우리가 염두 해야 할 것은 신앙의 관계성의 문제이다. 인간은 출생과 더불어 인습적인 신앙의 양태를 가진다. 이것은 부모, 가족 등 관계적(상호계약적인)인 동시에 초월적 가치를 지닌다. 신적 가치를 소유하는 가치와 힘들의 중심은 우리에게 의미와 가치를 부여하며, 위험한 권력의 세계에서 우리가 생존할 수 있음을 약속하는 것이다.334) 이것은 신앙에 대한 상상, 즉 상징, 이야기, 경험의 범주로서 구체화 될 수 있다.

신앙은 우리로 하여금 인생의 참된 힘, 참된 가치와 의미를 구성하는 것에 대한 보다 포괄적인 이미지의 배경에 비추어 일상생활에 있어서의 우리가 즐겨하는 것들과 반응들, 우리의 관계들과 열망들을 볼 수 있게 함으로써 그것들의 형성에 영향을 미친다. 이러한 전체적 이미지는 대부분 무의식적이고 비검토적이며 우리가 그 이미지에 관하여 지각한다거나 성찰하지 않아도 그것은 기능할 수 있다. 또 한편으로 그 이미지의 중요한 부분들은 의식, 신화, 상징 또는 이야기를 통하여, 그리고 신학이나 철학 보다 체계적인 개념 작업을 통하여 표현될 수 있거나 명료화 될 수 있다.335)

신앙의 발달론적 접근은 신학과는 다른, 인간적 측면이다. 그렇다고 우리가 부딪치는 초월성을 부인하거나 무시하는 것이 아니라, 오히려 인간의 모습에 집중하면서 하나님의 신비에 대한 겸손함을 배우게 하는 것이다. 이러한 이론적 근거를 통해서, 파울러는 발달심리학적인 가상의 대화를 시도하고 있다.

---

333) 제임스 파울러, 『신앙의 발달단계』, 42-43.
334) 제임스 파울러, 『신앙의 발달단계』, 48.
335) 제임스 파울러, 『신앙의 발달단계』, 64-65.

신앙의 발달 단계 336)

1. 원시적 신앙(유아기): 신뢰의 언어 이전의 성질이 유아 발달과정에서 나타나는 분리에 의해 야기된 불안을 극복하기 위해서 부모 및 다른 사람들과의 관계의 상호성 안에서 생겨난다.

2. 직관적 투사적 신앙(초기 아동기):이야기, 몸짓, 그리고 상징에 의해 자극된 그러나 아직 논리적 사고에 의해 조절되지 않는 상상(imagination)이 삶의 주변의 보호해 주는 힘과 위협해 오는 힘을 나타내 주는 지속적인 이미지를 만들기 위해 지각 및 감각과 연결된다.

3. 신비적 문자적 신앙(아동기 및 그 이후):논리적으로 사고할 수 있는 능력의 발달이 인과율, 공간, 그리고 시간의 범주를 따라 세계를 정돈하도록 도와준다. 다른 사람의 관점에로 들어갈 수 있는 능력, 그리고 이야기 속에서 삶의 의미를 발견할 수 있는 능력도 발달된다.

4. 종합적 관습적 신앙(청소년기 및 그 이후):새로운 인지능력이 상호 관점 취득을 가능하게 해주고, 일관된 정체성에로 다양한 자아 이미지를 통합하도록 요구한다. 정체성을 지지해 주기 위해서 그리고 다른 사람들과의 정서적 연대감 안에서 연합하도록 해주기 위해서 개인적이고 대부분 성찰되지 않은 신념 및 가치의 종합이 발전된다.

5. 개별적 성찰적 신앙(초기 성인기 및 그 이후): 제3자의 관점취득을 활용함으로써, 그리고 사회체계의 부분으로서 자아와 타자를 이해함으로써 자신의 신념과 가치를 비판적으로 성찰한다. 이념과 삶의 양식을 선택하기 위한 권위의 내재화와 책임이 가정의 관계들과 소명 안에서 비판적인 자의식적 헌신을 위한 길을 열어준다.

---

336) 제임스 W. 파울러 / 박봉수역, 『변화하는 시대를 위한 기독교교육』 [James W. Fowler, Weaving the New Creation] (서울 : 한국장로교출판사, 1996), 42-44.

6. 결합적 신앙(초기 중년과 그 이후): 삶 속의 극단들을 수용하고, 역설을 경계하고, 실재에 대한 다중적 해석을 필요로 하는 것 등이 이 단계의 특징이다. 상징과 이야기, 은유와 신비(자신 및 타인의 전통으로 부터 온)가 진리를 표현하는 도구로 새롭게 평가된다.

7. 보편적 신앙(중년과 그 이후): 역설과 극단을 넘어서 이 단계의 사람들은 존재의 힘과의 하나됨에 근거를 둔다. 이들의 비전 및 헌신은 이들을 사랑 안에서 자아를 열정적으로, 그러나 분리된 채로 몰입할 수 있도록 자유롭게 해주며, 분파와 억압과 폭력을 극복할 수 있게 해주고, 그리고 사랑과 정의의 복지에 참여하도록 실제 예견된 반응을 보이게 해준다.

신앙발달에 관한 연구조사와 신앙발달 이론은 1970년대 후반과 80년대 초에 등장했다. 이것은 콜버그와 그의 동료들에 의한 도덕적 사고 발달에 관한 연구를 뒤따른 것이다. 다음으로 이것은 칸트(Immanual Kant)에 의해 시작되었고, 그 중심에 삐아제의 인지발달 구조주의, 미드(George Herbert Mead)의 상징적 상호주의, 그리고 볼드윈(J.Mark Baldwin)의 유전적 인식론을 포함하고 있는 철학적 심리학 전통에 의존하고 있다. 또한 이 신앙발달 이론은 에릭슨(Erik H. Erikson)의 자아발달 사회심리 이론에 근거를 둔다. 그리고 그 신학적 배경에는 틸리히, 니이버, 그리고 종교역사가 스미스의 영향을 받은 것이다. 신앙발달 이론은 궁극적 환경의 명시적으로 또는 묵시적으로 일관된 이미지의 컨텍스트 안에서 자아-타자 관계에 대한 개인적인 이해의 기초가 되는 인식, 평가, 그리고 헌신의 작용을 설명하고 있다. 신앙은 의미를 발견하는 것과 의미에 의해 발견되는 것을 포함하는 것으로서, 즉 신념과 헌신의 구성 및 수용을 포함하는 것으로서 역동적으로 이해된다. 그리고 신앙은 비종교적인 궁극적 환경 안에서의 일관성을 찾고, 그리고 이것에로 방향 짓게 하는 방법뿐만 아니라 명시적인 종교적 표현과 신앙의 규정을 포함하는 것을 말한다.

파울러는 이러한 흐름 속에서 사람들의 삶의 방향을 7단계로 설정하고, 각 단계는 개인이 의미를 발견하고 만드는 가치 및 평가의 형태 안에서 변형의 절정을 나타내 준다고 본다. 이들의 발달은 인지, 사회적 관점 취득, 도덕적 사고, 개인적 권위화, 사회적 포괄성의 확장, 우주론적 일관성, 그리고 상징적/심미적 책임성을 포함하고 있는 것이다. 이것을 위해서 생물학적 성숙, 시간, 그리고 경험을 통해서 이루어지지만, 이것으로는 충분하지 않다. 한 개인은 한 단계 또는 단계의 전환에서 오랫동안 또는 지속적으로 머무를 수도 있다. 전통의 지원, 집단에 소속됨, 그리고 삶 속의 상호작용에서 일어나는 비판적 관계 및 경험, 이 모든 것이 단계를 통한 발전의 속도와 양에 영향을 미친다. 어떤 집단은 개인을 특별한 단계로 나가도록 지원하지만 또한 앞 단계로 나아가지 못하도록 숨기고, 붙잡을 수도 있다는 것이다.[337] 이러한 발달단계는 신앙의 세계에서 회심의 주제이다. 회심은 신앙 내용들의 변화와 관련된다. 이에 파울러는 회심을 정의하기를, "회심은 가치와 힘에 대하여 갖고 있던 이전의 의식적, 무의식적 이미지들에 대한 의미심장한 중심의 재형성이요, 새로운 해석과 행동의 공동체 내에서 자신의 삶을 재구성해야 하는 상황에서 새로운 주된 이야기들을 의식적으로 채택하는 것이다."[338] 회심은 각 발달단계에서 나타날 수 있는 변화이며 가능성이라고 할 수 있다.

신앙발달 단계를 통한 회심의 가능성 [339]

1. 회심적 변화없는 단계변화 - 정통 유대교 가정에서 출생한 사람이 풍부한 의식과 이야기의 전통 안에서 성장하며, 연속되는 단계들에서 자신의 헌신과 계율, 그리고 가치평가의 패턴들을 설명하고 재전용하는 경우와 같은 것.

2. 신앙단계의 변화없는 회심적 변화 - 급작스러운 회심경험

---

337) 제임스 W. 파울러, 『변화하는 시대를 위한 기독교교육』, 42-43.
338) 제임스 파울러, 『신앙의 발달단계』, 439.
339) 제임스 파울러, 『신앙의 발달단계』, 445-446.

3. 신앙단계 변화를 촉진하는 회심적 변화 - 온화한 인본주의적 배경을 지닌 종합적-인습적인 젊은이가 자신의 헌신과 삶의 양식에 대한 새로운 사고를 요구하는, 사르트르나 까뮈의 실존주의에-지적으로나 정서적으로-열정적으로 헌신하게 되는 경우와 같은 것.

4. 회심적 변화를 촉진하는 신앙단계 변화 - 우리가 면담했던 종합적-인습적 힌두교도 학생이 그의 가문의 종교적 전통에 불편해지면서 그 전통의 지적, 도덕적, 종교적 적절성에 관하여 비판적으로 질문하고서는 기독교 신학에서 그가 자신을 위하여 구축하였었던 사고의 구조들과 진리의 기준들에서 보다 충실하고 적절한 종류의 내용을 발견하게 되는 경우와 같은 것.

5. 구조적 단계변화와 상관되며 동시에 그것과 보조를 취하는 회심적 변화 - 40대 초반의 불가지론적이며 인본주의적인 정신과 의사가 4단계에서 5단계로의 결정적인 구조적 변천을 시작하면서 성공회에 자신을 위탁함으로써 옳게 표현된 이미지들, 의식들, 영성의 기술들, 지원공동체를 발견하게 되는 경우와 같은 것.

6. 신앙단계 변화의 고통을 피하도록 막아 주거나 혹은 피하도록 도와주는 회심적 변화 - 7세에서 10세까지의 아이가 근본주의적인 기독교 환경에서 강렬한 회심의 경험으로 인도 되는 경우와 같은 것으로서, 이러한 경험을 통하여 그 아이는 자신의 죄 됨을 확신하게 되고 지옥의 파멸적인 이미지들에 의한 용서와 구원의 확인을 가져다준다. 이런 경우 아동은 성인의 신앙형태를 너무 일찍 흉내내게 되며, 사춘기의 정체성 위기를 겪지 않게 되고, 청소년기의 분열을 결여하게 되어 평생 동안 그 단계에 머물 수 있다.

이러한 회심의 가능성은 발달단계에 대한 상승적 요인 뿐만 아니라, 퇴행적이고 순환적인 구조로 이해되어야 한다. 이것을 파울러는 재요약과 재방향으로서 안정적인 성장을 위한 역동적인 구조로 이해하고 있다. 이러한 순환적 구조 속에서 회심의 성숙에 대한 발전적 모형을 이해하게 된다.

회심 후의 재요약에서의 신앙이 내포한 덕목들의 재방향 수립 340)

- 존재의 근거에 대한 이전 이미지들의 재고성 ;
  기본적 신뢰의 재수립 혹은 심화
- 성스러운 존재와 궁극적 환경에 대한 변형된 원초적 이미지들
- 새로운 이야기들, 새로운 사람들, 새로운 신앙의 공동체
- 새로운 가치 중심, 힘의 이미지들, 주된 이야기와 관련된
  새로운 정체성
- 새로운 소명에 대한 지평 ; 새로운 신학
- 세상 안에서, 세상을 위하여, 궁극적 존재에 대한
  새로운 수준의 참여.

이러한 파울러의 신앙발달단계 연구를 통해 우선은, 그의 진지한 신앙의 이해가 우리의 교육적 환경에 적용된다는 점과 함께, 온전한 성장으로서의 회심은 변화하는 개인 뿐만 아니라 후원 즉 신앙공동체, 가족, 사회로 확대되는 상관관계성 속에서 이해해야 한다는 가치를 발견한 것이다. 또한 이러한 가치는 개인이나 교회의 문제만이 아닌, 새로운 하나님에 대한 인식과 공동체의 소명으로 확대된다는 것이다. 이에 대한 미래적 논의는 교육적 결론으로 남겨두고, 회심과 관련된 또 다른 교육적 발견을 제시하도록 한다.

2) 정신과학적 교육학의 회심이해

파울러의 신앙의 발달이 신앙적 경험을 중심으로 한다면, 이것을 좀

---

340) 제임스 파울러, 『신앙의 발달단계』, 451.

더 확대하여 생활사적 경험과 변화로 이해한 발달론적 관점은 유럽을 중심으로 한 정신과학적 교육학의 물음이라고 할 수 있다.

> 교육현실은… 삶에서부터 자라나면서, 삶의 필요들과 이상들에서부터 나와서 그것은 업적들의 연관으로서, 역사를 관통해가면서, 조직들, 기관들, 법령들 속에서 자기를 구성하면서 - 동시에 자신의 절차, 자신의 목표들과 수단들, 이상들과 방법들을 이론들 속에서 숙고해내려고 애쓰면서 - 현존한다.341)

정신과학적 교육학은 '이해' 라는 중요한 명제를 출발점으로 한다. 딜타이의 해석학적 기초에서 정신과학의 구성적인 방법으로의 이해는 현실의 일상적 혹은 역사적 삶의 표현에서 나타나는 의미의 현상들을 객관적으로 타당한 인식의 형식 안에서 해석하는 것을 말한다.342) 특히 이해는 주관과 객관 사이에서의 인격적인 만남을 통해 존재하는 의미현상으로서, 이러한 상호 교류와 만남의 공동적인 의미 영역을 정신적인 것이라고 말하고 있다. 이러한 구조적인 정신을 주관적인 것에서부터 또 다른 만남을 통해서 확대되고, 문화라는 상호 교호적 관계를 나타내게 된다.343) 정신과학적 교육학의 근거를 이루는 해석학에서의 참여적 반성의 의미는 회심에 대한 실존적인 의미를 확인시켜 주는 것이다.

불프는 정신과학적 교육학에서 딜타이의 "교육학의 학문은 … 오직 제자에 대한 관계에 있어서 교사를 기술하는 것과 더불어서만 시작될 수 있다."라는 정의를 기초로, ① "성숙한 사람이 성장하는 사람에 대해 갖는 정렬적인 관계"로서 관계를 통한 책임의 완수. ②교육적 행위는 "역사적-사회적 맥락"에 따른 다양한 역사적 변화에 처해 있다. ③ 교육

---

341) 크리스토프 불프/정은해 역, 『해석학. 경험론. 비판론 사이에서의 교육학』 [Christoph Wulf, Theorien und Konzepte der Erziehungswissenschaft] (서울 : 철학과현실사, 1999), 37.
342) 송순재 외 공저, 『에두아르트 슈프랑어-동서양 근대교육 사상가론』 (서울 : 원미사, 1994), 216.
343) 송순재 외 공저, 『에두아르트 슈프랑어-동서양 근대교육 사상가론』, 217-218.

적 관계는 "상호 작용 관계"로서 신뢰와 교육적 지향을 가진다. ④ "자발성의 한 계기"를 포함하며 ⑤ "연결로의 열망과 독자성으로의 열망 사이의 긴장관계"로서 올바르게 특징짓는 교육적인 분별력을 요구한다. ⑥ "교육의 이중적인 관계로서 현실의 열망과 이상과의 통일된 조화"로 설명하고 있다.344)

이것은 슈프랑어에 있어서 '깨우침' 이라는 양심의 소리로 좀 더 구체화 될 수 있을 것이다. 여기서 정신과학적 교육학의 새로운 범주를 찾을 수 있는데, 그것을 "만남의 의미에서의 교육"이라고 볼 수 있다. 실천의 의미를 접근하는 방식은 여러 가지가 있지만, 크게는 기능적인 "참여의 실천과 용기의 차원"과, 그리고 정신과학적 입장에서의 "깨우침의 근원의 물음으로서의 차원"을 들 수 있다. 이것은 어떻게 보면 하나의 만나는 자리이지만, 엄밀한 의미에서 근본적인 차이점을 가지고 있다. 그것은 '깨우침' 이라는 의미에서 볼 수 있다. 즉, 어떠한 실천에 있어서 일방적인 교육을 통한 참여와(일반적인 만남), 깨우침의 근원적인 물음의 실존적인 참여(실존적인 만남)와의 차이라고 할 수 있다. 즉 깨우침은 일방적인 체험적 회심이 아닌 존재론적인 변화요 과정사건인 것이다.

슈프랑어는 현실(20세기 초 독일)의 교육제도에 대한 심한 회의를 가지고 있었다. 교사에 대한 재 반향의 정신적인 도야는 제도적이고 기술적인 교육의 한계를 극복하고자 하는 그의 노력에서 볼 수 있다. 그렇지만 이것은 어느 특정 교육에만 국한되는 것은 아니다. 오히려 그의 종교적인 각성의 의미는 종교교육을 포함한 사회교육, 가정교육을 포함하고 있다. 그에게 있어서 교육이란 다음의 세 가지 단층, 즉 ① 자라나는 이들의 삶의 발달에 대한 도움. ② 의미 깊은 문화와 도야재의 체계적인 전승. ③ 정신적 깨우침 혹은 의미 활동의 깨우침으로 이루어지는 특정한 삶의 운동으로 파악될 수 있다.345)

---

344) 크리스토프 불프, 『해석학. 경험론. 비판론 사이에서의 교육학』, 49-51.
345) 송순재 외 공저, 『에두아르트 슈프랑어-동서양 근대교육 사상가론』, 226. 슈프랑어는 천부적인 교사라는 이상향(가능하기도한)을 정해놓고, 그 안에서 이루어지는 교육의 이해를 정신과학적 입장에서 교육자의 이상을 서술하고 있다. 천부적인 교사

이러한 정신과학적 교육학의 차원은 종교의 이해에 있어서도 새롭게 이해되고 적용되어질 주제들을 제시한다. 우선은 발달에 대한 확장이다. 이것은 종교를 '이해'하는 과정이요 환경이다. 종교적 발달은 일단 관념과 감정의 개인적 발달로 나타난다. 그러나 여기서 한 걸음 더 나아가면 인격적 매개(주위의 사람들)가 수반되는 과정으로 나타난다. 그렇다면 이것은 필수적으로 사회적 과정이다. 이 과정은 구체적인 역사적 상황 속에서 이루어진다. 이렇듯 개인적이고 사회적이며 역사적인 발달 과정은 특정한 역사적 상황과 당시의 의도에 의존하고 있는 자신의 기술, 특별히 자신의 해석과 다시 한번 구별된다.346) 이 기술과 해석은 자신의 삶에 대한 이야기(자서전적 이야기)라고 할 수 있다. 이러한 이야기는 종교의 원초적인 기능을 암시하고 있다. 즉 발달론적 차원은 종교의 유아기적 기능을 중시한다. 그렇다면 우리의 종교적인 관심도 그와 함께 가야 한다. 그러나 우리는 언제나 성인중심의, 성인에 의해 주도되는 교육이 습관화되어 있다는 것이다. 이러한 차원에서 발달론적 차원이 확대되어야 한다는 것이며 어린이에게도 종교적 회심은 중요한 문제가 될 수 있다.

또한 파울러를 대표하는 인지심리학적인 신앙발달의 연구를 통해서, 신학적인 사상에 대한 시대의 변증법적 차원의 대응으로 평가하고, 보다 넓은 생활사적 확대를 지향하고 있다.

우리는 주기개념이나 진보개념에 대치되는 않는 개념, 즉 생활사적 변화라는 열린 개념을 추구한다. 생활사적 변화(Lebensgeschichtliche Ver-anderung) 개념은 지속적 위기와 상승의 직선을 모두 포괄하는 것이라야 한다. 필자의 생각으로 이 종교적 발달을 종교적 판단이나 신앙 - 여기서는 파울러가 말하는 바 의미지향성으로서의 신앙 - 으로 제한하지

는 정신의 정열을 가지고, 문화를 포함한 도야재를 전승하고, 개인적인 사랑을 바탕으로 하는 진정한 정신적인 교육애를 가지는 양심의 성숙자이고, 개인의 내면적 깊이를 깨닫게 하는 조산자를 의미한다. E. 슈프랑거 / 김재만 역, 『천부적인 교사』 (서울 : 배영사, 1996), 34.

346) 프리드리히 슈바이처 / 송순재 역, 『삶의 이야기와 종교』 [Friedrich Schweitzer, Lebensgeschichte und Religion] (서울 : 한국신학연구소, 2009), 39.

않는 것도 의미 있다. 또한 개인적 관계나 사회 심리적 위기에만 집중하는 것도 단견이다. 종교적 발달에 대한 이해를 특정한 측면, 부분적으로는 연구방법론에 의해 조건 지어진 측면에 한정함으로써 이해의 폭이 협소해지는 개념 정의와는 반대로, 자서전적 자료를 통해 얻어내는 정의는 그 유효성이 입증된다.347)

결국 생활사적 변화를 통한 발달의 신학적 개념을 확대하면서, 신앙교육이 삶으로 이어져야 하는 기능을 역설하고 있는 것이다. 이러한 교육의 확대이해는, 교육에 대한 상대성의 원리를 필요로 한다. 이것은 정신과학적 교육의 교사의 중요성에서 암시하듯이, 누군가 준비된 교육자를 통해서 준비된 배움이 일어나는 것이다. 이것은 종교교육에서도 적용되어진다. 기독교와 같은 특정한 전통의 종교는 개인 내부에서 자체적으로 발달되지 않는다는 것이다. 즉 "종교적 발달"은 "조건화된 발달", 즉 교육을 통해 제공되는 특정한 조건에 의존하는 발달이 된다. 물론 인간의 기본적인 의미추구나 종교상은 있으나, 이것은 특정종교가 추구하는 것이 아니다.

종교적 발달에 대한 고려는 오늘의 교육이 어린이와 청소년의 특별한 고민과 관심과 욕구에 개방되어 있는 교육, 살아 있는 교육을 하는 데 도움이 되어야 하며 또 그럴 수 있다. 그러나 그 때문에 종교교육이 삶의 이야기 속에 나타나는 끝없이 개인적인 경험에 대해 폐쇄적인 자세를 취해서는 안 될 것이다.348)

그러기에 종교적 발달이 가지는 의미는 어떤 종교적 차원, 즉 부단히 사회와의 내재하는 종교적 차원을 지시한다는 사실이다. 그렇기 때문에, 전체적인 인간을 추구하는 교육은 언제나 종교적 교육의 범주이며, 이러한 발달의 원리는 정신 교육적 교육과제와 연결되면서, 회심 교육에 대한 인격적 경험, 삶의 확장으로의 발전 과정으로 이해된다.

---

347) 프리드리히 슈바이처, 『삶의 이야기와 종교』, 200.
348) 프리드리히 슈바이처, 『삶의 이야기와 종교』, 298.

3. 변화하는 시대의 회심교육

　변화를 위해서는 변화하는 시대에 따른 교육의 다양한 반응(변화)을 동반 한다. 교육의 목적이 변화라는 역동적인 행위로서 이해될 때, "변화를 위한 변화의 물음"이라고 할 수 있다. 이것은 계속해서 움직이는 톱니바퀴와 같다. 하나의 동력이 움직이면서 다른 동력에 힘을 주어 함께 움직이는 그림을 생각해 보면 쉽게 이해가 될 수 있다. 하나의 움직임, 즉 변화는 그 변화를 움직이게 하는 또 다른 동력의 작용이 필수적이다. 문제는 그 근원적 동력이 규칙적일 때, 변화에 대한 적절한 양과 힘의 측정이 가능하다는 것이다. 불규칙적인 동력은 전제 움직임을 측정불가하게 만들게 되며, 때로는 일탈의 현상을 나타내기도 할 것이다. 이것이 교육의 고민이다. 동력을 규칙적으로, 즉 원칙적인 원리에 입각해서 가르치려고 해도, 우리의 삶과 사회, 역사는 불규칙적으로 변하게 마련이다. 물론 인간의 능력으로 어느 정도 예상할 수 있는 예비적 태도는 존재하나, 그것은 아주 작은 일부분일 뿐임을 역사의 교훈들은 알려준다.

　그렇다면 우리의 태도는 어떠해야 하는가? 어느 교육 비관론자들은 결국 인간은 자연 앞에 너무도 작기에 스스로 무엇을 하려는 노력이 아니라, 의존하려는 능력만을 배우면 된다고 생각한다. 이것이 운명론자들의 선택이며, 인간은 자연의 일부로서 진화한 생명체에 불과한 우연의 산물이라는 것이다. 이러한 우연은 결국 인간 능력의 개발로 이어진다.

　이 능력은 개인의 잠재력을 참고하기도 하지만, 우선은 나에게 이익이 되는 능력이 되어야 하고 경쟁에서 이길 수 있는 개인적으로 준비된 힘이다. 이것이 교육으로 강화되고, 교육은 경쟁이 된다. 얼마 되지 않아 능력에 따른 차이들이 나타난다. 결국 "우연적 교육"의 시작에서 경쟁에서 이긴 자가 지배자의 위치요, 성취와 목적 실현을 이룬 "성공한 인생"이었음을 증명하게 되는 것이다. 이것은 계속 전이(轉移)된다. 왜냐하면 인간은 죽음 앞에 자유롭지 못하기 때문이다. 이 죽음을 이기려면 자신의 목적 성취를 누군가가 이어받아야 하는데 그것이 혈육이다. 그러기에 이 혈육은 우연한 내 인생의 운명적인 사랑이다. 여기서 운명적이라는 것은 내가 그 운명의 주인이라는 것이다. 내 아이, 내 자식이라는 소리는 이러한 의미를 내포한다. 이러한 숙고는 지금 시대의 우리 아이들을 교육의 현실을 보면서 더욱 자명해지는 현실이다. 이것을 인본주의 교육, 진화론적 교육, 성취 교육이라고 표현할 수 있을 것이다.

 이 교육의 중심은 "인간능력의 최대한의 활용과 개발"일 것이다. 이러한 교육의 결과는 과학의 시대에 맞추어 혁명적 발전에 공헌하였다는 것은 부인할 수 없는 사실이다. 어찌 보면, 이 사실이 너무 강하기에 이것이 진정한 진리이고 유일한 방법이라고 말할 수 밖에 없을 수도 있다. 아니 틀리다고 말하는 내가 진짜 틀린 것일 수도 있다. 하지만, 틀려도 그것을 기다려 주는 진정한 가르침이 한 이야기의 예를 통해서 새롭게 보여진다.

 원시림 깊숙이 한 사람의 남자가 앉아서 열심히 수렵용의 활을 만들고 있다. 사내 아이 하나가 살며시 가까이 와서 재미있는 듯이 이 예술적인 조각품이 되어 가는 모습을 바라본다. 남자는 일손을 멈추고 사내아이에게 만드는 방법을 설명한다. 아이에게 나무의 탄력성을 확인시켜주고, 조각칼을 손에 쥐어주고는 일의 순서를 가르친다. 이 남자는 중요한 일로부터 눈을 돌이켜서 하나의 영혼을 이 일에 효과적으로 접촉시키려고 한다. 아마도 이 남자는 활조각의 명수임이 틀림없다. 그러나 그는 조각에 과도히 몰입하지 않고 자기가 가진 명기의 후계자를 교육할 여유를 가졌다. 이 남자의 마음 한 가운데 보다 강한 것은 물건을 만드는 충동이었을까, 또는 영혼을 만드는 충동이었을까 … 349)

 잠시 교육적 상상에 빠져있었다. 상상! 이것이 변화하는 시대에 필요한 회심의 경험을 촉진한다. 지금까지의 교육에 대한 접근들은 '교육적 변화'로서의 '회심' 의 통전적 의미에서, 기독교의 만남을 통한 회심의

---

349) E. 슈프랑거, 『천부적인 교사』, 24.

이해와 발달론적 차원으로의 회심의 교육의 가능성을 고찰해 본 것이다. 이를 통해서 사회적 차원에서의 교육의 역할은 구체적인 회심에 대한 교육화의 가능성이 존재함을 의미한다. 이것이 목회사회학적 차원의 이론적 정리가 될 것이다. 이를 위해서 앞에서 상상한 미래적 차원의 교육적 함의와 과제를 통해서 교육의 준비될 과제를 제시하도록 한다.

1) 변화하는 시대를 위한 기독교 교육

새로운 기독교 이야기는 기독교에 대한 변화하는 시대에 필요한 새로운 이미지를 말한다. 신앙발달 단계의 파울러는 「변화하는 시대를 위한 기독교교육」에서 신앙발달 단계를 통한 기독교 교육의 필요성과, 교회의 시대적 요청으로서, 새로운 신앙의 이미지와 미래를 제시하고 있다. 특히 변화하는 시대의 기독교는 하나님의 프락시스와 이에 대한 인간의 응답과 책임적 참여의 소명으로 이해하고 교회 공동체는 공교회라는 메타포를 통해서 교회의 시대적 모델을 제시한다. 이 속에서 우리의 신앙은 변화하는 시대 속에서 하나님의 올바른 진리를 추구하는 진정한 변화의 삶을 살 수 있는 것이다. 이것은 교육에 대한 창조적 요소로서 이해될 수 있다. 기독교 교육은 하나님의 인식이라는 상징성에 대한 삶의 적용이기 때문이다. 변화하는 시대 속에서 기독교 신앙은 이 하나님의 이미지의 변화를 요청한다. 우선 세계는 하나님의 몸으로서, 나사렛 예수의 십자가의 포괄적이고 고통 받는 사랑을 재신화화 한다.

우리는 하나님의 몸을 돌보는 책임을 부여받은 것이며, 하나님은 우리의 내적인 세계 안에서 관계하시고 이것을 진정한 사랑의 관계로 모든 피조물들과 대화하는 것이다.350) 이것은 위에 계셔서 우리에게 통제와 벌을 주시는 이미지보다는 우리와 함께 고통 당하시고 지금의 이 자리에서 우리의 책임을 요청하시는 하나님의 섭리를 의미하는 것이다.

---

350) 제임스 W. 파울러, 『변화하는 시대를 위한 기독교교육』, 97-98.

하나님의 새로운 이미지 351)

메타포	사랑의 양식	행동(힘)	윤리의 형식	근본 메타포
어머니(부모)	아가페	창조하기	정의,심판	유기체
연인	에로스	구원하기	치유	대인적 관계
친구	필리아	지탱하기	교제	성실한 약속

맥패그의 이론을 통해서, 이 새로운 메타포(metaphor)는 하나님의 창조적이고, 구속하고, 평화를 만들고, 정의로 다스리는 남성의 이미지에서 여성다운 이미지로서, "아가페의 사랑"으로의 다정하고, 감성적이고 자비로움의 하나님이다. 이 하나님은 심판도 하시며, 강력한 부모의 애착을 가지신 어머니/부모로서의 사랑의 하나님이 되는 것이다. 여기에서 에로스의 사랑은 치료의 사랑, 소외되고 분리된 사람을 화해시키는 사랑으로서 작용하며, 세계를 회복하고 고치는 연인으로의 하나님 즉 그리스도를 의미한다. 연인으로서의 하나님의 에로스 사랑은 피조세계의 가치-그리고 피조물들의 가치-는 죄로 인해 파괴되지 않는다고 주장한다. 연인으로서의 하나님은-그리스도 안에서-세계를 저주하지 않고, 즉 회복하고, 고치고, 세계를 하나님과 재 연합시킨다. 이것은 그리스도를 통한, 인간과 함께 하는 구원의 성취가 되는 것이다. 마지막으로 친구로서의 사랑인 필리아는 우정처럼, 어떠한 의무나 구속이 아닌 자유의 범주가 될 수 있다. 이것을 3가지의 역설로서 하나님에 대한 새로운 가능성을 제공할 수 있다. 첫째, 자유로운 관계 안에서 결합이 일어난다는 역설이다."선택되어졌을 때 결합, 즉 가장 강력한 결합 중의 하나, 다시 말해 신뢰의 결합이 생겨난다."352) 둘째의 역설은 공동의 비전에의 참여에 기초를 둔 두 사람 사이의 관계 안에 포괄적인 요소가 내포되어 있다는 것이다. 이것은 만남의 가능성과 관계를 가지는 포괄적인 의미로서, 인간의 만남은 작은 피조물에서부터 하나님에 이르기까지 자신과 세계를 위해 지속적이고, 확실하고, 헌신된 일에 참여하는 친구의 우정으로 이해 할 수 있다. 셋째의 역설은 친구의 기

---

351) 제임스 W. 파울러, 『변화하는 시대를 위한 기독교교육』, 100.
352) 제임스 W. 파울러, 『변화하는 시대를 위한 기독교교육』, 116.

능으로 이해 할 수 있는데, 친구로서의 하나님의 특별한 행동은 "지탱하는 것"이다. 파울러는 맥패그의 이론을 정리하면서 하나님의 프락시스에 대한 재구성을 요청한다.

> 첫째, 정의를 나타내는 자연과 역사내의 구조를 만들어 주는 분으로 하나님을 설명하는 것; 둘째, 여러 가지 섬세하고 수렴적인 방법으로 세계의 유지와 변형에 영감을 주는 성령으로 하나님을 생각하는 것; 셋째, 나사렛 예수에 의해 그려지고 실행된, 그리고 이미 자연과 역사 안에 침투해 들어오고 있고, 자연과 역사를 변형시키고 있는, 또한 우리의 선택과 충성을 요구하는 사랑과 정의의 미래 나라의 힘으로서 하나님을 나타내는 것이다.[353]

이 새로운 하나님의 이미지가 변화하는 시대에 필요한 새로운 의식의 변화라면 개인적인 신앙의 의미 또한 새롭게 적용해야 한다. 이에 파울러는 두 가지 차원이 있다고 할 수 있다. 첫째는 성숙과 발달이고, 둘째는 그리스도 안에서의 중심의 재설정과 변형으로의 '회심'이다. 신앙은 우리 인생의 한 시기에서 다른 시기로 넘어가는 것과 마찬가지로 성숙과 성장의 과정을 포함한다. 만일 우리가 이런 생애주기적 변화를 따라갈 때 우리의 신앙을 재조정하지 못한다면, 우리 신앙은 시대착오적이 될 위험을 맞게 되고, 우리가 역할을 맞고 있는 수준과 비교해 볼 때 낡은 것이 되게 된다. 그러나 이런 성숙의 과정만으로는 충분치 않다. 우리 삶의 중심 설정과 토대 설정이 필수불가결하다. 어떤 사랑에, 어떤 가치 중심에, 어떤 헌신에 내 마음이 두어지는가? 내 마음이 어디에 가 있는가? 나의 삶의 소망과 신뢰의 근원은 무엇인가? 어떤 부르심에 내가 응답하고 열정을 쏟고 있는가? 이것이 바로 회심의 물음이며 역할인 것이다. 모든 종류의 가치 중심이 우리의 시간과 에너지와 관심의 값을 매긴다. 모든 종류의 우상들이 우리에게 신앙을 빼앗고, 마음을 두게 하고, 신뢰를 그곳에 쏟도

---

353) 제임스 W. 파울러, 『변화하는 시대를 위한 기독교교육』, 122.

록 유혹한다. 그리스도 안에서 하나님의 동역에 대한 전적인 헌신의 중심설정 및 중심 재설정, 심화와 형성의 지속적 과정이 신앙의 회심적 힘이다.354) 이것은 앞서 언급한 것처럼 각 신앙단계에서 역동적이며 역설적으로 일어난다. 이것이 기독교 신앙의 성장으로 이루어질 때, 회심은 그것의 중심경험인 것이다. 이것은 결국 회심이 기독교적 소명으로 이어져야 하며, 그 소명은 그리스도 안에서의 목적을 발견함과 동시에, 하나님의 사역에로의 헌신이다. 하지만 이는 우리의 신앙 발달의 근원적 하나님의 이미지가 삶의 이야기로 성육신되는 것이다. 이제 이것이 어떻게 가능하게 될 것인가를 물을 수 있어야 한다.

2) 공교회-실천적 회심의 장(場)

교육적 회심은 인간 개인적인 관심에서 출발하지만, 결코 그것이 최종의 목적이 되는 것은 아니다. 계속해서 지적되었듯이, 이 개인은 생태학적이고, 관계적인 상호관련성과 연결되어 있다. 이것은 우리의 회심 경험도 마찬가지이다. 개인적인 경험으로 느껴질 수 있는 회심도 궁극적으로는 공동체적 관심에서 해석될 수 밖에 없다. 이것은 개인적 회심을 부인하거나 무시하는 것이 아니라, 교육적 변화의 가능성이 회심의 사건이지만, 그것은 인간의 교육의 행위로만 의존될 수 없다는 뜻이다. 즉 하나님의 궁극적인 행하심이며, 이것은 하나님의 계획하심의 차원으로 보아야 한다는 것이다. 하나님이 개인적으로 만나주셨다는 것이 개인이 느끼는 회심의 궁극적인 목적이 아니라, 하나님이 개인을 만나주심으로 행하실 하나님의 일과 우리를 통하여 하실 일이 있다는 것을 명심하는 것이다. 이러한 차원에서 우리의 교회에서 행하는 회심의 교육을 생각해 볼 때, 회심을 성령받음을 통해 너무 쉽게 제시하는 경우가 많이 있다. "성령 받으면 무엇이든 해결되고! 성령을 통해 능력 받는다!"라는 개념에서 시작된 회심은 결코 하나님의 회심일 수가 없다. 하나님이 예비하신 회심의 경험은 철저

---

354) 제임스 W. 파울러, 『변화하는 시대를 위한 기독교교육』, 129-130.

하게 준비된 것이고 하나님과 이웃을 위한 것임을 망각해서는 안 된다는 것이다.

또 한가지의 차원은 이러한 하나님의 계획하심으로의 회심을 통해서 행하시는 광장(廣場)이 존재한다. 이것은 공간적이고 시간적인 과정을 포함하는 광장이다. 이것이 교육에서는 교육과정, 즉 커리큘럼으로 이해되고 있다. 마리아 해리스는 "교육목회 커리큘럼"[355] 을 통해서, 교회를 목회적 소명을 지닌 하나님의 백성과 함께 교육적 소명을 지닌 하나님의 백성으로 정의하고, 기독교의 교육과정을 성전에서만 가르쳐야 하는 생각에서 벗어나, 하나님의 교육은 모든 교육원리의 근원적 대안으로 작용해야 한다고 주장한다. 또한 교회의 공동체의 커리큘럼으로 확대된 교육목회는 교회가 행하는 교육적 사명을 개인의 삶과 지역 공동체, 사회로 확대되는 소명적 작업이 된다는 것이다.

이러한 작업은 소명으로의 "코이노니아:공동체의 커리큘럼, 레이뚜르기아:기도의 커리큘럼, 디다케:가르침의 커리큘럼, 케리그마:말씀의 커리큘럼, 디아코니아:봉사의 커리큘럼"으로 구체화되고 있다. 이 중에서도 우선적으로, "코이노니아 : 공동체의 커리큘럼"을 제안함으로써 교육적인 사역으로서 공동체(community)와 교제(communion)를 강조하고 있다. 이것은 오직 한 하나님의 백성으로서 모이는 생활로 부터 만이, 가르침 또는 섬김에의 봉사행위(outreach)를 위한 예배나 프로그램의 양식들이 이해될 수 있기 때문이다. 한 하나님의 백성을 창조한다는 것은 창조되어야 할 그 백성이 존재하지 않는다면 일어날 수 없다. 이 한 하나님의 백성을 창조하는 것은 하나님의 궁극적 관심이었다. 이를 위한 코이노니아 사역의 핵심은 사랑이다. 즉 공동체와 교제의 사역이 핵심이라는 말이다. 한 사람의 그리스도인은 기독교인이 아니다. 즉, 우리가 함께 연합하여 하나님께로 나아가는 것외에는 결코 하나님께로 나아갈 다른 길이 없다. 하나님의 백성을 창조하는 방식은 우리에게 공동체의 세 가지 양상을 부여함으로써

---

[355] 마리아 해리스 / 고용수 역, 『회중 형성과 변형을 위한 - 교육목회 커리큘럼』 [Maria Harris, Fashion Me A People - Curriculum in the Church] (서울 : 한국장로교출판사, 1997).

효력을 발휘한다. 즉 다스리는 실제로서, 죄를 깨닫게 하는(convicting) 실재로서, 그리고 아직 실현되지 않은 불완전한 실재로서의 공동체의 양상이 그것이다.356)

궁극적인 코이노니아란 하나님의 통치안에서 우리의 최고의 꿈과 가능성을 구현하는 세계 공동체들 중의 공동체를 의미하는 것이다. 이 공동체는 아직은 실현되지 않았지만 그러나 다스리는 실재요, 죄를 깨닫게 하는 세계 공동체의 실재다.

이 공동체는 회심자들의 역동적인 삶의 자리이다. 이 공동체의 기도는 우리가 하나님 앞에 선 채 세계 속에 존재하는 방식이다.357) 이 곳의 가르침은 역사와 문화의 생태환경인 삶의 자리에서 이루어지며, 이들의 설교 제사장적 경청, 예언적인 발언, 정치적인 변호"로서 궁극적으로 신실하다.358) 또한 이곳에서의 봉사는 사회적 돌봄, 사회적 의식, 사회적 능력부여, 사회적 입법을 통해서 사회를 변화시키는 섬김의 힘이 있다.359) 이러한 커리큘럼의 과제를 실행하는 교육공동체가 바로 회심공동체로서의 교회이다. 이 교회는 역사 속에서 현재화되고 미래를 소망하는 종말론적 하나님의 백성이며, 이러한 회심을 향한 회중들의 모임이고, 실천을 지향하는 교육의 광장이다. 다시 말하면 "하나님의 나라를 지향할 하나님 백성들의 회심 공동체"라고 할 수 있다. 파울러는 이러한 교회적 소명을 공교회(Public Church)로 이해하고 있다. 이것을 신앙의 생태 환경 속에서 사적이고 공적인 책임을 감당하는 교회의 실천(프락시스)에 대한 비전을 의미한다.360) 이것은 교회의 사회학적 탐구의 결과이기도 하지만, 궁극적으로 교회가 가지는 생태환경과 연결된 역사-종말론적인 교회의 본래적 성격이었다는 것이다. 이에 그 특성을 일곱까지로 제시하고 있다.

---

356) 마리아 해리스, 『회중 형성과 변형을 위한 - 교육목회 커리큘럼』, 90-92.
357) 마리아 해리스, 『회중 형성과 변형을 위한 - 교육목회 커리큘럼』, 125.
358) 마리아 해리스, 『회중 형성과 변형을 위한 - 교육목회 커리큘럼』, 160-172.
359) 마리아 해리스, 『회중 형성과 변형을 위한 - 교육목회 커리큘럼』, 180-189.
360) 제임스 W. 파울러, 『변화하는 시대를 위한 기독교교육』, 196.

파울러의 교회적 소명에 대한 공교회(Public Church) 이해[361]

1. 공교회는 기독교적 정체성 및 헌신에 대한 명확한 의미를 발전시킨다.
2. 공교회의 회중은 교인의 다양성을 나타낸다.
3. 공교회는 다원주의적 사회 안에서 소명과 증거를 위해 의식적으로 교인들을 준비시키고 지원한다.
4. 공교회는 그 자체 안에서의 양육 및 집단 연대성을 교회 담 너머 직업과 공적 생활에서의 소명내의 형성 및 책임성과 균형을 맞춘다.
5. 공교회는 충실한 균형 속에서 목회자와 평신도 지도력의 우선권을 유지하는 권위 및 관리의 형태를 발전시킨다.
6. 공교회는 공적으로 볼 수 있는, 그리고 공적으로 알 수 있는 방법으로 그의 증언을 제시한다.
7. 공교회는 기독교적 헌신과 공적인 영역에서의 소명을 결합하도록 해주는 어린이, 청소년, 그리고 성인을 위한 하나의 파이데이아(수업, 형성)의 형태를 만든다.

이러한 관점은 앞으로 우리의 교육적 사명에 대한 교회의 책임의 자리에 대한 새로운 의미들을 전해주고 있다. 특히 공교회의 실례들을 제시하면서 이 시대에 필요한 역사-종말론적 교육을 통한 회심 공동체로서의 가능성을 제시하고 있다. 지금까지 이어진 교육의 가능성들 속에는 '회심'이라는 개인적이고 공동체적인 진실한 경험이 기초가 되어야 한다는 것이며, 교육은 이러한 회심의 존재적인 고백으로 표현되는 순환구조를 가지는 실천적 기능이 되는 것이다.

지금까지 사회적 차원에서 이해된 회심의 종교사회학, 심리학, 교육의 주제들이 가지는 각각의 연구 주제와 방향들, 의미들을 살펴보았다. 이것은 사회적 차원이라는 구분을 통해, 회심과 연관된 학문의 주제들을 중심으로 연구한 통전적 이해의 작업이었다. 이와 함께 사회적 차원이 가지는 회심에

---

361) 제임스 W. 파울러, 『변화하는 시대를 위한 기독교교육』, 200-208.

대한 다양성 속에서 존재하는 일관된 실천적 지향성이 있다는 것을 기대한 시도였으며, 사회적 차원 또한 하나님이 사용하시는 가능성의 주제들임을 발견한 것이다. 회심은 종교적이고 신학적인 목회적 차원뿐만 아니라 사회와 심리학과 교육의 사회적 차원에서도 연관된 주제가 된다는 것이다. 이를 통해, 회심은 목회적 차원의 성서를 통해 이론적 기초를 이루고, 역사를 이해함으로써 시대에 적용되며, 신학적 탐구를 통해서 의미와 실천으로 구체화 된 순례의 과정이며, 사회적 차원의 종교사회학을 통해 이론적 기초를 이루고, 심리학을 통해 시대에 확장되어 적용되며, 교육적 탐구를 통해 의미와 실천으로 구체화된 순례의 과정이 되는 것이다. 이 순례의 과정 속에서 회심은 교회와 세상의 통합적이고 상호관계적인 대화의 중심이 될 수 있으며, 하나님이 교회와 세상 속에서 바라시는 소망으로의 가능성이 된다. 이제 이러한 순례의 작업은 목회-사회학의 이론과 실천으로서 이어진다. 지금까지 진행된 연구의 의미들과 방법들은 목회사회학을 위한 연구방법론과 실천적 제안들을 동시적으로 제시한 것이라고 할 수 있다. 그러기에 이론적 차원과 함께 실천적인 교회와 현장의 이야기를 중심으로 회심의 목회사회학적 이해의 결론적 제언을 시도한다.

제4부

회심의
목회사회학적 이해

회심의 목회사회학적 이해

지금까지 회심의 이해를 목회사회학의 이론과 방법을 기초로, 목회적-사회적 차원으로 이해함으로써, 회심의 개념이 가지는 다양한 관심과 주제들을 살펴보았다. 이러한 다양한 과제들과 연구들은 단지 관심으로만 끝나는 것이 아니라, 실제로 우리의 삶, 특히 우리의 교회와 신앙 안에서 경험되는 사건들을 이해하는 참여적인 도구들이라는 것이다.

목회사회학은 이 도구들을 통해서 우리의 삶 속에서 '회심'의 의미를 어떻게 이해하고, 어떻게 적용하며, 어떻게 실천하며 살아가야 할지를 발견하는 것에까지 이른다. 이것이 목회사회학의 관심이 된다. 그러기에 회심에 대한 목회사회학적 관점은 앞서 제시된 목회적-사회적 차원의 회심에 대한 통합적인 이해를 중심으로, 현대 교회와 사회 속에서의 새로운 직조(weaving)의 기능을 의미한다고 할 수 있다. 또한 이 직조의 의미는 새로운 회심의 이해와 창조의 사건을 제시할 수 있는 근거들을 제시하게 될 것이다. 이것은 새로운 학문적 발견이라기 보다는 과거 역사와 이론들을 바탕으로 지금 우리 시대의 교회와 사회 속에서 이해되어지고 살아지는 삶의 모양과 변화들을 발견하고 깨닫는 것이다.

I. 회심의 목회사회학적 과제

　목회사회학이 가지는 실천의 영역은 사회 속의 교회로서의 상호적인 삶의 장이다. 이것은 사회를 우선순위에 두고 교회는 하위 개념으로 두는 종속적 개념이 아니라, 하나님의 나라로서의 세계적 개념이며, 하나님의 존재적 경험의 통전적 범위를 의미하는 것이다. 이 하나님의 세계 속에서 경험되는 믿음은 사회와 교회의 상호관계이며 서로의 복합적 구조 속에서 실현되는 것이다. 목회사회학의 종교적 경험들은 정해진 인생의 상황 속에서 만들어지고, 새로운 인생의 의미를 부여하며 동시에 인생의 의미에 눈을 뜨게 해준다. 이러한 의미에서 종교적 경험들은 삶의 경험이라는 연장선 상에서 이해가 되어져야 한다. 따라서 종교적 경험의 복합적 구조를 신앙이라는 생활사적 차원을 가지며, 교회는 공동체적 삶의 과정 속에서 "신앙, 즉 종교적 경험을 그들의 생활세계에서 가장 중요한 것으로 여기는 자들의 공동체라고 할 수 있을 것이다.362) 결국, 종교적 경험으로서의 회심은 생활사적 공동체인 교회와 사회, 즉 생활사적 세계 속에서 다루어지는 신앙체계와 교육을 통한 상관 관계적 경험이라고 할 수 있다. 이러한 차원 속에서 회심의 목회사회학적 과제는 사회 속에서의 교회의 이야기들과 교회 속에서의 삶의 이야기들을 어떻게 이해하고 해석하는지를 보여주는 것이다. 이것을 위하여 우선 한국 교회의 회심의 이야기들을 들어보자.

---

362) 조성돈, 『목회사회학』, 64.

1. 한국사회 속에서 교회의 회심을 말하다.

회심은 하나님과의 신뢰 경험이며, 교회는 신뢰 경험으로서의 회심 공동체이다. 하지만 교회는 신뢰의 공동체적 기능을 상실해 가고 있다. 2008년부터 실시된 (사)기독교윤리실천의 한국교회의 신뢰도 조사는 이에 대한 많은 함의점을 전해주고 있다. 특히 2009년도 한국교회의 신뢰도는 2008년보다는 높아지고 있음에도, 기독교의 본질적인 회복이 원인이기 보다는 시대적 정치적 상황과 전략적 차원을 통한 상승으로 평가할 수 있다.363) 김병연 교수는 "한국교회의 신뢰지수가 중간 점수인 3점 이하인 2.82점에 그친다는 결과는 작년 보고서의 결론인 '한국교회는 불신 받고 있으며, 고립되어 있고 사회로부터 단절되어 있으며 소통의 위기에 처해 있다' 는 사실을 다시 한 번 확인해 주고 있다. 종교별 비교에서도 가톨릭의 신뢰도에 크게 못 미치고 있으며, 비기독교인이 평가한 다른 기관과의 신뢰도 비교에서도 개신교회의 신뢰도는 시민단체나 언론기관의 신뢰도에 미치지 못하고 있다. 한국 교회의 목사들과 기독교인들은 이원적 가치관, 즉 신앙생활과 사회생활을 분리하는 가치관을 극복해야 한다. 오히려 성경말씀을 따르는 사회생활이 기독교인의 참된 증거임을 교회에서 가르쳐야 한다. 아브라함 카이퍼의 말대로 삶의 총체적 변화가 일어나야 한다는 것이다."364) 로 정리하면서 기독교적 신앙의 삶과 실천의 중요성을

---

363) "2009년 한국교회의 사회적 신뢰도 여론조사 결과발표 세미나"(2009.11.13)를 통해서, 한국개신교회를 신뢰하는 정도는19.1% 지난 조사 대비 0.7% 상승결과를 나타냈다. 이와 관련된 다양한 분석들이 제시되었으며, 특히 신뢰의 주요이유로는 '봉사 활동을 많이 해서'(21.7%)와 비신뢰 주요 이유로는 '교회지도자, 교인들의 언행 불일치'(32.2%) 였다. 한국교회의 신뢰도 전반에 대한 측정과 함께 '교회활동〉목사〉교인' 순으로 신뢰도가 나타났으며, 결과적으로 많은 사람들이 교회의 사회 기여는 인정하면서도 교인들과 목사들에 대해서는 깊이 신뢰하지 않고 있음을 알 수 있다. 즉, 사람의 문제가 한국교회의 신뢰도가 낮은 핵심이유라는 것이며, 기독교인들 또한 교인의 신뢰도가 낮은 가장 큰 이유를 교인들에서 찾고 있음을 시사한다(자료집,38).
364) "2009년 한국교회의 사회적 신뢰도 여론조사 결과발표 세미나 자료집", 48.

강조하고 있다. 조성돈 교수는 이에 대한 평가에서 신뢰도에 대한 사회적 가치성향을 분석하면서, 봉사를 통한 신뢰회복과 교회의 이미지적 차원을 제시하였다. "신뢰도라고 하는 것이 교회의 본질적 일들에 의한 결과가 아니라 사회에서 비쳐지는 개신교회의 이미지, 그리고 그것을 인식하는 사람들의 정황 등에 의해서 많이 좌우되고 있다는"365) 점이다. 이것을 종합해 볼 때, 현재 한국교회는 사회적 신뢰의 회복을 위한 실제적 노력과 함께, 성도의 삶의 총체적 변화를 위한 본질적 노력을 경주해야 하는 시대적 상황을 맞이하고 있다고 할 수 있다. 문제는 이러한 현대 개신교의 신뢰의 문제가 일시적이거나 갑작스러운 현상으로 볼 수 없다는 것에 있다. 이미 사회의 통계들과 현상들은 이러한 위기현상들을 감지하고 있었고, 교회 내에서도 이에 대한 대책의 목소리들은 이미 시작되고 있었다.

최근 20년간 한국의 종교인구 변화 (불교, 개신교, 천주교)

단위:명(1995-2005년 통계청자료)

	내국인	종교있음	불교	개신교	천주교
1985	40,419,652	17,203,296	8,059,624	6,489,282	1,865,397
1995	44,553,710	22,597,824	10,321,012	8,760,336	2,950,730
2005	47,041,434	24,970,766	10,726,463	8,616,438	5,146,147

한국종교문화연구원, "2008년 '한국의 종교,현황조사연구'

2008년 "한국의 종교 현황 조사 연구"366)에서, 한국의 종교인 수는 지속적인 증가세를 보이고 있지만, 개신교의 인구는 기록상 1995년

---

365) "2009년 한국교회의 사회적 신뢰도 여론조사 결과발표 세미나 자료집", 56.
366) 한국종교문화연구원, "2008년 '한국의 종교,현황조사연구'"(문화체육관광부 자료), 4. 한국의 다양한 종교는 사회의 역사뿐만 아니라 문화와 복지 측면에서의 중요한 '문화자본'으로서, "종교는 외국인들에게 한국에 대한 인식의 창(窓) 또는 인식의 통로가 되고 있지만, 한국인에게도 스스로에 대한 인식의 '창' 또는 '통로'이다. 종교를 통해 한국인은 개인, 단체, 국가, 사회, 문화, 역사, 일상 등을 성찰할 수 있기 때문이다. 가령 불교를 통해 고려인과 고려 사회를, 유교를 통해 조선인과 조선 사회를 인식할 수 있다. 물론 이런 점은 현재의 상황에도 적용될 것이다."로 이해하면서, 2002년 종교현황을 보충하여 확대 조사하고 있다.

(8,760,336)부터 정체되기 시작하여 2005년(8,616,438)에는 감소로 나타나고 있다. 반면에 가톨릭, 즉 천주교의 경우는 1995년(2,950,730)부터 2005년(5,146,147)로 약 74% 이상 고도의 성장을 이어가고 있는 것이 주목된다. 이에 관련하여 종교간 개종을, 떠나간 사람을 기준으로 환산하면, 그 숫자는 개신교를 떠나 다른 종교로 간 사람은 모두 198만 명(112만 명은 불교로, 86만 명은 가톨릭으로), 불교를 떠나 다른 종교로 간 사람은 모두 138만명(88만명은 개신교로, 50만명은 가톨릭으로), 가톨릭을 떠나 다른 종교로 옮겨간 사람은 모두 55만명(26만명은 불교로, 29만명은 개신교로)이 된다. 이 결과는 개신교의 경우 다른 종교로부터 개종해 온 사람은 가장 적고 다른 종교로 개종한 사람은 많지만, 가톨릭의 경우 다른 종교로부터 개종해 온 사람은 많지만 다른 종교로 개종한 사람은 매우 적다는 사실을 말해 주고 있다. 이것은 개신교가 쇠퇴의 길로 접어든 반면에, 가톨릭은 급성장하고 있는 현실을 단적으로 보여주는 결과이다.367) 이는 기독교와 가톨릭의 연령별 비교에서도 나타나는데, 10-14세의 개신교는 737,136 명, 가톨릭은 398,217 명 이지만, 20-24세에는 개신교 684,430 명, 가톨릭 445,842 명으로 나타난다. 이것은 초등학생 시절에는 개신교가 높은 반면, 성인기에 접어들면서 많은 일탈률이 생기며, 가톨릭은 반대로 꾸준하게 연령별로 유지하고 있다고 할 수 있다.368) 이러한 개신교의 시대적 위기 징후는 한국인의 신앙의식의 연구에서도 확인되고 있다.369) 사회조사 연구와는 조금의 차이가 있지만, 개신교의 감소에 대한 부분과 개종의 경향 등 많은 부분에서 일관된 현상을 포함하고 있다.370)

---

367) 이원규, 『한국교회의 위기와 희망』 (서울 : kmc, 2010), 70.
368) 한국종교문화연구원, "2008년 '한국의 종교현황조사연구'", 21.
369) 한미준-한국갤럽, 『한국교회 미래 래포트』 (서울:두란노,2005),15-24. 한미준이 발표한 설문조사는2004년 7월부터 11월까지 총5개월에 걸쳐 일대일 개별면접 등을 통해 이루어진 여론조사 결과물이다.'개신교인 · 비개신교인 조사'는 6대 도시에서만18세 이상의 개신교 · 비개신교인 각 1천 명을 대상으로 했다. '종교현황파악을 위한 옴니버스 조사'는 제주도를 제외한 전국 6,280명의 만18세 이상 성인남녀들을 대상으로 했고,'교단기초통계조사'는 전국의 21개 주요교단을 대상으로 했다.
370) 개신교의 인구적인 차이는(통계청:8,616,438, 한미준:10,500,000) 한미준이 교단통계에 의지하였다는 점에서 실질적인 신뢰성은 통계청자료라고 볼 수 있다.

특히 한국인의 신앙의식은 "내세에서의 영생의 목적"과 "현세에서 마음의 평안"이 신앙생활의 주요 이유인 것으로 나타났다.[371] 그리스도를 구주로 영접했는지에 대한 질문에서는 개신교인의 77.1%, 가톨릭은 68.8%로 나타났다. 또한 개신교인의 52.3%가 "성령체험을 했다"고 응답했으며, 69.6%가 구원에 대한 확신이 있다고 대답했다. 그리스도의 영접 시기는 결혼 후에 영접한 경우가 많았으나, 대학 입학 전 학생 시절에 영접[51.5%(초등학교19.7%, 중학교14.0%, 고등학교17,8%)], 10대에서의 신앙성장의 중요한 계기가 됨을 알 수 있다.[372] 이 외에도 최초 신앙 시기는 모태신앙(20.7%), 초등학교 또는 그 이하(29.9%)로 초등학교 이전 어린 시절에 신앙생활을 시작한 경우가 높으며, 또한 중·고등학교와 대학교 시절을 포함하면 학생 시기 또는 그 이전에 신앙생활을 시작한 비율이 67.7%를 차지하고 있다.[373]

여기에서는 '회심'과 연관될 수 있는 내용들을 우선 선별하였지만, 이 외에도 다양한 조사들과 연구들은 현재의 우리의 자리를 객관적으로 판단하게 해 주는 근거들이라고 할 수 있다. 이 중에서 우리는 사회적 차원에서 교회의 상황을 이해하기 위한 전체적인 평가들에 주목할 필요가 있다.

종교사회학적 관점에서 한국교회를 분석한 이원규 교수는, 종교변동의 차원에서 전체 종교인수가 증가, 개신교의 수의 감소, 개신교 종교성의 강화, 개신교의 신뢰도 등을 파악하면서, "한국 개신교는 종교성이 매우 강하고 또 과거보다 더 강화되었지만 교세는 약화되고 있는데 반하여, 가톨릭의 경우는 종교성이 약하고 또 과거보다 더 약화되고 있지만 교세는 급증하고 있다는 현실이다. 따라서 우리는 한국 상황에서 교회성장의 주요 변수는 신자들의 종교성 수준이 아니라 종교에 대한 사회적 신뢰도 수준

---

371) 한미준-한국갤럽, 『한국교회 미래 래포트』, 95-122. 종교인의 신앙생활 이유로 개신교의 경우, 구원과 영생을 위해서(45.5%), 마음의 평안을 위해서(37.2%)이며, 불교와 천주교의 경우는, 마음의 평안을 위해서가 각각74.5%,73.2%로 내세보다는 현세에서의 목적에 신앙 이유가 있었다.
372) 한미준-한국갤럽, 『한국교회 미래 래포트』, 95-122.
373) 한미준-한국갤럽, 『한국교회 미래 래포트』, 123-150.

이라는 것을 알 수 있다. 따라서 한국개신교 위기의 결정적 요인은 하나의 도덕성의 위기"374)로 제시한다.

한국교회 주요현상으로 분파의 증가와 수평이동, 대형교회 중심의 성장을 들 수 있다.375) 이러한 차원은 한국개신교에 대한 사회적인 불신의 원인으로도 연관된다. 비종교인들의 경우 한국교회의 양적 성장, 분파주의, 집단 이기주의, 이단 교회 난무 등이 전반적으로 내재된 문제점으로 인식되고 있으며, 이를 위한 해결의 대안으로는 지도자의 문제와 교인들의 삶, 교회의 운영 등이 중요시 되었다. 이것은 신앙과 삶의 언행일치를 신뢰 회복의 중심으로 보고 있는 것이다.376) 이러한 상황 속에서 한국교회는 총체적인 회심을 요청받고 있다고 할 수 있다. 이 총체적 회심은 총체적 대안을 필요로 한다. 그렇지만 그 시작은 개인의 회심과 의식에서 시작된다.

동일한 신앙적 뿌리를 가진 가톨릭과 개신교의 차이는 회심의 이해에 대한 현대인의 모습을 살펴볼 수 있는 함의를 내포하고 있다고 볼 수 있다. 사회적 조사를 통해서는 가톨릭과 개신교의 신뢰성의 차이를 통한 "성쇠(盛衰)의 원인"으로 파악할 수 있지만, 종교성의 차원에서는 현대인의 종교적 특성의 변화로도 이해될 수 있다. 조성돈교수는 목회사회학적 관점에서 한국 교회의 감소의 원인과 분석을 통해 가톨릭의 성장의 요인을 분석하고 있다.377) 개신교의 강합적 분위기(헌금, 봉사 등)와 무분별한 성장주의 등이 교인들을 밀어내고 있는 반면, 가톨릭은 현대인들에게 신비적 종교 기관으로서의 이미지로 끌어당기는 힘이 강하다는 것이다. 가톨릭의 성직자의 거룩성과 신비적 묵상과 성례 등은 지친 현대인들에게 강요적 신앙보다는 영적 쉼의 장을 마련해 준다는 것이다. 또한 가톨릭의

---

374) 이원규, 『한국교회의 위기와 희망』, 349.
375) 한국종교문화연구원, "2008년 '한국의 종교현황조사연구'", 23. 2008년 까지의 종교별 교단(종단) 현황에서 개신교는 290개 로 가장 많은 분파교단을 가지고 있다. 한국교회 변화와 수평이동 현상의 분석은, 이원규, 『한국교회의 위기와 희망』, 127-142.
376) "2009년 한국교회의 사회적 신뢰도 여론조사 결과발표 세미나 자료집", 41-42.
377) 조성돈 · 정재영 역, 『그들은 왜 가톨릭 교회로 갔을까?』(서울 : 예영, 2007), 62-71.

통일적인 모습 속에서 보여지는 봉사의 일치성과 사회참여 운동 등은 현대인의 이미지와 정의적 가치 속에서 종교를 넘어선 대리적 만족을 제공한다고 볼 수 있다. 이것은 신앙생활의 이유에서 나타난, 영생과 구원중심의 개신교와 마음 평안을 추구하는 가톨릭의 신앙에서도 파악될 수 있다.

정재영 교수는 개종을 촉발하는 사회문화적 요인으로 종교생활의 가족주의, 종교의 사회적 이미지, 종교자본으로서의 종교 지식으로 분석하고 개종의 원인이 단순히 종교내부의 본질적인 요인이기 보다는 사회문화적 요인으로 분석하고 있다. 종교인 개인이 특정 종교의 세계질서에 대한 이해나 구원에 대한 교리와 같은 종교적 상징체계와 관련된 인지부조화로 인한 갈등보다는, 특정의 종교 전통이나 종교적 상징이 자신의 사회 관계 속에서 또는 종교 집단 안에서의 사회적 상호작용 중에 갈등을 일으키는 과정에서 어떤 결정적인 계기가 마련되었을 때 개종을 결심하게 되는 것이다.[378] 즉 사회 관계 속에서 현대인의 영적 가치와 욕구들이 변화하고 있다는 것이다. 현대인들은 기존의 전통적인 종교교리를 그대로 받아들이기보다는 자신의 입장에서 취사선택을 하여 자기 자신의 종교를 만든다는 것이다. 이러한 영적 가치에 대한 종교 사회학적 관심들이 활발하게 연구되고 있는데, 이머징 처치(Emerging Church), 21세기 오순절 성령운동 등은 현대인의 영적 흐름에 대한 변화와 현상으로서 활발히 연구되고 있는 주제라고 할 수 있다.

현대인의 종교적 영성의 관심은 신앙적 체험과 회심과도 깊은 관련성을 가지는 부분이다. 교회는 이러한 현대인들에게 어떤 영적인 기준과 가치들을 제시할 수 있는지에 대한 고민을 하여야 한다. 또한 사회 속에서 회복될 교회적 회심의 책임적 차원을 구체적으로 제시할 과제들을 가져야 할 것이다. 이러한 공동의 노력은 각 교회의 풀뿌리에서 시작되어야 하며, 우리의 삶의 이야기 속에서 발견되어져야 한다. 교회는 이러한 이야기들에 좀 더 적극적으로 반응하고 응답함으로서 새로운 회심의 실천의 장이 되어야 할 것이다.

---

378) 정재영, "개종의 사회 문화적 요인", 232-233.

2. 한국교회의 회심공동체 이야기

한국사회가 요청하는 교회의 총체적인 변화의 중심은 '사람'이다. 이 사람은 교회의 지도자로부터 모든 성도 개인을 포함한다. 어찌보면 이것은 당연한 결과이다. 이 사회는 사람이 사는 사회이기 때문이다. 사회는 사람의 향기로 지어진 공동체적 공간이며 이 속에서 다양하고 독특한 삶들이 조화를 이루며 살아간다. 교회라는 공동체의 향기는 그 속에서 살아가는 성도들의 신앙적 삶을 통해서 전해지며 펴져나간다. 즉 개인의 삶은 자신 뿐만 아니라 가정, 교회, 사회, 그 이상의 공동체적 관계를 가진다는 것이다. 이것이 생활세계로서 삶의 이야기로 나타나는 것이다. 이 속에서 교회는 회심의 이야기로 이루어진 생활세계이며 신앙공체이다. 교회의 회복은 이 작은 이야기에서 시작되는 회심사건이다.

신앙인들에게 회심은 하나님을 만나는 경험이지만, 대부분 이 경험을 위한 과정과 순간들은 개인적인 생활사적 세계와 연관되어 있다. 교회를 중심으로 한 신앙 생활의 모습도 생활사적 세계의 일부분이지만, 우리의 의식은 교회의 사역과 일상을 구별하는 습관을 가지게 된다. 이러한 분리는 회심을 세상과 분리시키고, 교회의 영적사건으로 형식화 시킨다.

리서치 - 회심공동체이야기

목회사회학의 과제 속에서 "목회사회학의 방법론적 실천적용"을 위하여, 회심설문과 소그룹을 통한 심층연구를 시도하였다. 최근 회중들의 삶과 의식들이 다양해지면서 교회운영에 다양한 사회학적 방법론이 필요하게 되었다. 특히 교인 설문이나, 지역 사회조사, 심층면담 등을 통해서 교인들의 의식과 필요를 알고 교회의 목적과 운영에 활용하고 있다. 또한 질적 연구방법은 목회사회학의 방법론에서 유용하게 쓰일 수 있는 방법론이다. 삶의 주관적 의미나 일상적 경험, 행위에 관한 연구 등은 내러티브와 담론의 연구로서 중요하게 다루어지며, 방법론적 접근으로 '일상생활방법론'은 다양한 사회적 현실들은 실질적으로 접근하고 경험한다. 이것은 연구의 표준화적 기능을 넘어선 가능성과 진실성을 경험하게 한다(우베플릭). 이번 회심조사에서는 방법론적 모델을 제시하는 목적이므로, 설문조사와 심층면접의 내용을 정리하여 "회심공동체의 이야기"를 통해서 회심공동체 형성의 가능성을 시범적으로 시도하였다.

이를 위해서 Y팀(예수전도단 선교훈련 수원지부)의 협조로 설문조사를 실시했으며, 이와 함께 포커스 그룹(a,b,c)은 회심공동체를 만들기 위한, 청년 소그룹을 구성하여 실시하였다. 기간은 2009년 5월-2010년 3월 까지(10개월, 월 1회) 이며, 구성원은 20대 청년(혼성)으로서, a그룹(유기적 성향의 회심), b그룹(코이노니아적 성향의 회심), c그룹(사회적 성향 회심)으로 나누어서 진행하였다. 심층면담(A. B. C)은 설문조사에 참여한 일반 성인 성도(30대,40대,50대 각 1명씩 혼성), Y팀 중에서(20대 2명, 30대1명, 40대 2명 혼성)을 선별하여 진행하였다. 본 연구결과 과정을 다 제시하는 것에는 한계가 있으므로[설문은 표본수의 부족과 내용상의 중복으로(한미준 자료) 제외했으며, 동의를 구한 설문자 중 심층면접을 통해 내용을 정리하였다], 회심에 대한 이야기적 구조를 바탕으로 심층면접과 포커스 그룹의 일부분을 활용하였으며, 녹취 및 자료는 개인의 동의하에 부분 인용 하도록 한다.

이에 대한 방법론적 자료는, 조지갤럽 · 마이클 린드세이 / 배응준 역, 『교인여론조사』 [George H. Gallup Jr. & D. Michael Lindsay, The Gallup Guide : Reality Check For 21st Century Churches](서울 : 규장, 2002). 우베 플릭 / 임은미 외 역, 『질적연구방법』 [Uwe Flick, An Introduction to Qualitative Research] (서울 : 한울, 2009).

특히 신앙 1세대를 지나고 있는 한국교회는 부모님의 신앙을 어릴 때 부터 전수 받은 새로운 신앙세대의 등장으로 많은 영적-신앙 생활의 변화를 겪고 있다. 이러한 상황을 포커스 그룹의 중심주제로 삼고, 회심의 모습들을 소그룹 모형으로 설정하여, 질적연구방법의 생활사적 연구를 시도하였다. 이를 통해 교회생활 속에서 의식하고 있는 회심에 대한 의미들과 변화의 모습들을 이해할 수 있을 것이며, 심층면접을 통해서 들려진 회심의 다양한 이야기들은 회심공동체의 과제를 전해준다.

a. (신앙생활) 어릴 때 부터 다닌 교회여서 신앙생활이 생활의 일부인 것 같아요. (회심에 대해서) 예전에 수련회에서 기도하고 은혜를 받은 기억이 있는데 그 후에 특별하게 경험하거나 변한 기억은 없는 것 같아요. 가끔씩 하나님이 살아계시는 것처럼 느껴지고, 내 죄를 대신해서 죽으신 예수그리스도가 나를 만져주시는 것 같은 느낌은 들지요. 그래도 생활하면서 기도도 하고, 나름대로 성경을 읽으려고 노력은 하는데 잘 되지는 않아요. 교회에 다닌다는 부담감 때문에 사회생활에서 좀 변화된 모습을 보여야한다고는 생각하는데 쉽지는 않아요. 그래도 구원에 대한 확신은 가지고 있어요.

위의 청년의 경우처럼, 청년의 시기에 하나님을 만나는 경험은 과거에 한정되거나, 습관적인 교회생활을 통해서 인지하는 정도이다. 이런 경우 신앙과 생활은 자연스럽게 연결되어 있지만 신앙을 통한 생활의 변화나 영향은 별로 느껴지지 못한다. 이러한 경우는 신앙이 세속화되었다고 이해할 수도 있지만, 회심의 목회적 차원에서는 "교리화된 회심 유형"으로 규정할 수 있다. 이것은 유기체적 회심 신학의 시대적 반동이라고 할 수 있다. 처음교회가 교리화 되고 정치화되면서 개인적인 신앙은 극단적이거나, 교리적으로 변하게 되는 것처럼, 현재 한국교회의 영적인 상태는 극단적 경향과 교리적 성향으로 양극화 되고 있다.[379]

---

379) 이에 대한 이해는 구체적인 자료를 발견하지 못하였기에 개인적인 목회상황에

또한 신앙 발달론적 개념에서는 파울러의 "회심적 변화 없는 단계 변화"380) 로서 신앙의 세대전승을 통한 신앙유형의 변화하는 시대적 특성을 표현하고 있다고 볼 수 있다.

b. 회심은 하나님을 만나는 과정이라고 생각해요. 하나님이 나를 어떻게 사용하실지에 대해서 지속적으로 하나님과의 대화를 통해서 알아가는 것이구요. 이것이 하나님의 음성을 듣는 훈련이나 나의 삶 모든 곳에 주관하시는 하나님의 숨결로 느껴지기도 하죠. 나는 매일매일 나 자신을 내어놓으면서 순종하는 삶을 살려고 노력하고 있습니다.

이 청년의 경우는 Y팀을 통해서 신앙에 대한 새로운 존재론적 차원을 발견하고 있다. 특히 강한 영적 코이노이아적 모임을 통해서 회심이나, 성령체험, 소명, 선교 등에 많은 관심을 가지고 있다. 이번 연구에서 도움을 준 Y팀의 경우, 일반 교인들의 많은 관심과 참여로 지역에서 활발히 활동하고 있는 단체이다. 대부분 자신의 삶을 하나님 앞에 새롭게 결단하고자 하는 열망과 함께 지금 다니는 교회에서 채워주지 못하는 부분을 회복하려는 모습들로 나타나고 있다. 다음은 이 훈련에 참여하게 된 여자 성도(A)의 면담내용이다.

A. 내가 하나님의 마음을 찾고자 했던 것은 내 관계의 문제, 삶의 문제 속에서 너무 힘들었어요. 이것이 교회 사역에도 탈진으로 오고, 결국 선택한 것이 회복을 위한 훈련입니다.

대한 판단임을 밝혀둔다. 한국교회의 영적인 상태에 대한 구체적인 연구들은 주로 "한국교회의 보수적인 경향"에 동의하고 있는 듯 하며, 한미준의 자료에 따른 개인 신앙생활의 모습 속에서, 교인들 가운에 지난1주일 동안 성경을 "전혀 읽지 않았다"는 응답이 53.0%, 매일 기도를 하지 않는 비율은 35%, 1년에 신앙 서적을 단 한 권도 읽지 않은 교인이 63.4%에 이르고 있다.(이원규, 『한국교회의 위기와 희망』,101-102). 결국 예배와 말씀, 기도의 중요성을 강조하는 보수적인 한국교회의 성도들의 신앙은 자발적이고 삶 속의 신앙생활과는 거리가 먼, 감정중심이나 교리적 신앙의 모습을 보인다고 판단할 수 있다.
380) 본 연구의 사회적 차원의 "회심과 신앙발달단계"(회심의 교육학적 이해) 참조.

이곳에서 강한 코이노니아적 회심을 체험한다. 이러한 모임을 통해서 자신의 삶을 새롭게 돌아보게 되고 하나님의 마음을 구체적으로 경험하게 된다. 심층면담에 협조해주신 한 여자성도(B)의 경우, 갑자기 찾아온 병의 고통 속에서 하나님을 새롭게 만나는 회심의 경험을 통해 삶의 새로운 차원을 고백하고 있다.

B. 나의 아픔 속에서 하나님을 바로 알고 싶었습니다. 지금까지 했던 교회생활, 직장생활, 가정생활 모든 것이 진짜가 아니라 형식적이었다는 것을, 그래서 당신 하나님이 누구신지를 묻고 싶었어요. 하나님께 매달리기 보다는 이 고통 속에서 진짜 하나님이 누구신지, 내가 지금까지 믿었던 많은 체험과 고백들의 진실이 무엇인지를 알고 싶었어요.

강한 코이노이아적 영적 공동체(Y 팀과 같은)는 성도들에게 많은 동기들과 경험들을 제공한다. b 청년과 A. B 성도의 경우에서처럼 하나님에 대한 구체적인 만남의 열정들은 우리의 삶속에서 다양한 모습과 환경 속에서 나타난다. 이것을 통해서 새로운 삶의 비전이나 소명들을 발견하고 실천으로 옮기는 구체적 경험으로도 나타나고 있다. 이렇듯, 하나님을 만나는 경험은 나의 삶의 경험 속에서 새롭게 적용되어서 가치관과 행동의 변화로 연결된다. 이 때에 '만남'은 코이노니아적 관계성을 지니는 특징을 가진다. 교회에서의 신앙생활을 일상(日常)성과 사역 중심으로 표현한다면, 교회를 벗어난 또 다른 신앙공동체는 개방성과 자율성을 중요시 한다. 회심의 마음은 일상성에서 개방적 환경으로 이끌린다. 교회의 사역에서 지친 마음들이 회복과 훈련의 자리로 바뀌면서 새로운 관계적 공동체를 형성하게 된다. 이 속에서 나누는 이야기들은 하나님과의 만남, 경험 등 관계성 속으로 들어간다. 신학적 의미로 해석한다면, 유기체적 신앙의 반동이 코이노니아적 신앙의 욕구로 표현된다고 볼 수 있다. 이것은 교회의 교권과 제도에 대한 한계들이 개인의 영적 체험으로 흐르는 수도원 운동이나 공동체 운동으로 확대되는 경향과 비교될 수 있다. 이것을 통해서 우리 현대인의 신앙 속에도 이러한 코이노니아적 영적 경향성이 지속적으로 흐르고 있으며, 이 속에서의 회심 현상은 개인적이고 체험적이 될 가능성이 높아진다고 볼 수 있다. 이것이 공동체적 모임에서 더욱 강화되고 표현되고 있다. 또한 회심이 단순히 교회만이 아닌 사회생활과 직접적으로 연결되는 경험들을 고백한다.

c. 회심은 하나님이 주신 능력을 가지고 세상에서 의미 있게 살아가는 것이라고 생각해요. 교회에서 아무리 변화되어도 결국 세상에서 실패하고 쓰러지면 하나님이 원하시는 것이 아니죠. 하나님을 만나는 경험은 나의 삶의 변화를 위해서 주시는 것이라고 생각해요.

회심의 동기는 주로 하나님과 자신의 관계에서 시작된다. 이것을 통해서 인식되는 다양한 방식과 의미들이 생긴다고 할 수 있다. 또한 회심은 신앙공동체적 사건으로서 예배나 집회 등 영적 활동과 관련된 상황에서 일어난다. 이 순간 자신의 믿음의 결단으로 표현되며 삶의 새로운 변화를 동반한다. 회심에 대한 상황에 대한 질문에 대한 내담자들의 내용을 살펴보자.

a. 가끔씩 예배 중에 뜨거운 마음이 생기기도 하죠. 손을 들고 찬양하고 설교 중에 마음에 동의가 생기기도 하는 것 같아요. 사실 개인적으로 하나님을 만나려고 노력하지는 않는 것 같아요. 그냥 주일되면 교회오고, 맡은 사역이나 봉사를 하면서 위로를 얻는 정도라고 할 수 있어요.

c. 예배가 가장 중요하다고 생각해요. 하나님의 말씀을 듣다보면 모르는 것을 깨닫게 되고, 특히 말씀을 세상 속에서 어떻게 적용할까를 생각하면서 기도해요. 그러면서 한 주간을 기대하게 되고 영적으로 준비하게 되는 것 같아요. 물론 열심히 봉사하지만, 하나님을 만나는 건 특별하게 준비된 때가 있는 것 같아요.

포커스 그룹의 경우, 정기적인 모임을 통해서 회심에 대한 경험들을 나누는 시간을 가지면서 스스로가 느끼는 하나님 존재에 대한 변화를 고백하는 모습을 볼 수 있다.

b. 훈련가운데에는 하나님을 만나는 경험이나 현상은 강조하지만, 말씀은 약하다는 생각이 들어요. 하나님의 계획, 소명들을 발견하기에 말씀 묵상, 설교 등은 듣지만, 정말 깊이 말씀에 대해서 배우지는 못하는 것 같아요. 한편으로는 살아있는 말씀을 느끼고 싶을 때가 있어요. (예배나 설교에 대해서) 너무 습관적으로 듣는 것 같아요. 오후에 피곤하기도 하고, 주일 아침부터 힘들게 봉사하다보면 오후에 드리는 예배가 자연스럽게 소홀하게 되거든요.

회심이라는 것이 단순히 현상이나 느낌으로서가 아니라, 어떻게 인격적인 사건으로 연결되어야 하며, 말씀사건을 통한 회심의 기대, 자신의 삶에 적용되는 과제들이 자연스럽게 토론의 주제로 연결되었다. 회심 현상에 대한 심층인터뷰의 경우에도 개인적인 체험이 자연스럽게 자신의 인식과 삶으로 변화되는 과정을 고백하고 있다.

A. 나는 하나님 아버지의 마음을 느꼈어요. 나의 마음 깊은 곳에서 하나님의 음성이 계속 들려왔지요. 그리고 그를 용서하라는 음성이 계속 되었고. 그리고 고백하게 되었지요. 그러던 중 실제로 관계의 문제가 해결되고 마음의 평안이 찾아왔습니다. (질문 : 훈련 중 어떤 계기로 그러한 경험을 하셨는지요) 주로 강의를 듣는데, 아마 그 간증의 내용들이 대부분 신앙의 체험과 삶의 경험을 통해서 나오기 때문에 듣는 우리에게도 그러한 영적 능력이 경험되는 것 같아요. (질문 : 회심과 회복 후에 삶의 어떤 변화가 생겼는지요!) 특별히 외형적으로 변했다기보다는 내적으로 내가 달라졌다는 것은 느껴요. 특히 예전 같으면 마음이 힘들고 어려웠을 텐데 지금은 온도조절계가 있는 것처럼, 더 참게되고 인내하게 되요. 그리고 남을 배려하는 마음이랄까요. (좀더 구체적으로) 신앙적으로 생각이 많이 바뀌게 되었어요. 전도나 교회 경쟁하는 모습이 이제는 안타깝

게 느껴져요. 다 하나님의 자녀이고 교회들인데, 저렇게 서로 경쟁하니까 마음이 아프죠. 교회가 서로 연합하면 더 보기 좋다고 생각되요. 그리고 교회보다는 좀 넓게 세상을 보게 되는 것 같아요. 예전에는 교회중심, 아는 사람들만 상관했다면, 지금은 지역사회에 작은 일이라도 관심을 가지게 되는 것 같아요. 힘든 사람들을 보면 위로해 주고 기도해주고 싶구요.

회심의 경험이 강력한 하나님과의 코이노니아적 관계의 회복이라고 한다면, 이 경험을 통한 소명과 실천은 다양한 삶의 경험과 연결되는 구체화를 가지게 된다. 이것이 소명의 사건으로 연결되는 경우를 만나보자. Y팀 사역 후 평신도 선교사로 나간 청년의 고백은 회심 이후의 소명적 삶이 구체적 실천으로 나타나는 경우라고 할 수 있다.

하나님의 이끄심이요! 하나님이 말씀으로 저에게 전해주시고 음성으로 들려주시기도 해요. 저도 구체적인 계획을 세우거나 노력하기보다는 기회가 되고 감동이 되는 것에 집중하다보니 여기까지 온 것 같아요. 내가 뭘 하려고 할 때, 나의 고집을 부리려고 할 때 오히려 나를 낮추시고 복종시키는 하나님을 삶으로 경험할 뿐이지요. 말씀을 하나하나 다시 읽으면서, 여기 인도사람들에게 내가 필요할 거라는 생각이 지금은 바뀌었어요. 그들을 통해서 나를 연단하시는 하나님이라는 것을요. 나는 그저 기대할 뿐이죠. 더 낮아지고 겸손해지라는 …

다음 성도의 경우 죽음의 불안과 고통 속에서 자신이 감당할 삶의 새로운 사명을 발견한다.

B. 아프고 나니까. 아픈 사람이 보이더라구요. 그들이 얼마나 힘들고 외로울지, 그래서 가만히 있을 수 없었어요. 나는 너무 많은 사랑은 받지만 저들을 그렇지 못하거든요.(질문:앞으로 기대하시는 일이 있다면) 하나님의 말씀을 직접 공부하고 싶어요. 듣거나 단순히 느끼는 차원이 아니라, 정말로 하나님의 말씀이 어떻게 살아서 움직이고 나를 변화시키시는지를 기대 하면서

요, 깊이 말씀을 알아가는 것이 지금의 소망이예요.

하나님과의 진정한 만남의 의식은 하나님의 말씀사건과 연관된다. 문자적이거나 의미적 해석이 문제가 아니라 회심의 마음은 하나님의 말씀을 인격화시킨다고 볼 수 있다. 여기에서 인격화는 나의 삶과 함께 움직이시는 하나님의 약속을 확신하는 데에서 온다.

포커스 그룹 마지막 모임에서 고백했던 내용들은 회심에 대한 소망적 차원의 새로운 과제를 제시해주고 있다.

a. 많은 변화는 아니지만, 지금 하는 일 속에서 하나님이 주신 기쁨을 잃지 않으려고 노력하는 중이예요. 힘들지만 교사, 찬양단, 청년부 리더도 포기하지 않고 계속할 계획입니다.

b. 아직도 하나님을 알아가는 과정 같아요. 아직도 부족하지만 언젠가 하나님이 부르실 때 달려갈 수 있도록 준비해야죠.

c. 세상에서 지혜롭게 살아가는 그리스도인이요. 교회에서만이 아니라 사회 속에서 어떻게 하면 그리스도인으로서 올바르게 살아가야 하는가가 중요한 것 같아요.

자신의 삶을 새롭게 창조해가기 위한 스스로의 노력과 책임의 차원이 있다면, 자신의 삶을 재설정하여 그 속에서 하나님의 마음을 발견하고 도전하는 "소명적 삶"의 차원이 있다. 회심은 하나님이 우리에게 주신 소명의 발견이며 경험이다. 하나님 나라의 역사적 소명 속에는 작지만 진실하게 살아가는 "역사-종말론적 회심"의 소리들이 있다. 이 소리를 먼저 듣는 일이 우리 교회가 시작할 수 있는 작은 발걸음일 것이다.

II. 한국교회, 회심을 말하다.

　　회심의 주관적 특징은 성서를 이해하는 방식에 있어서도 주관적인 특성들을 보이게 된다. 이러한 특징은 성서적 회심연구의 한계의 원인이기도 했다. 즉 우리의 관심은 성서에 표현된 회심을 먼저 규정하고, 그 다음 우리의 회심을 적용하는 방식을 선택했다. 그러나 회심의 성서적 이해는 이러한 차원을 넘어서야 한다. 회심은 성서를 이해하는 방식과 민감하게 연결되어 있기 때문이다. 또한 개인들은 자신의 회심사건을 성서에서 그 가치와 진실성을 인정받으려고 한다. 문제는 자신이 이해하고 해석한 성서로 다시 돌아와서 진실한 성서의 소리를 듣는 노력과 기준이 희미하다는 것에 있다.

　　C. 하나님을 만난 경험은 큰 축복이었습니다. 보석으로 지어진 천상에서 금과 은으로 지어진 집들로 인도되어 졌는데, 그 가운데 나의 집은 맨 위층에 자리잡고 있었지요. 바로 솔로몬의 황금성전이 바로 보이는 곳이요. 그때 저는 확신했습니다. 지금의 나의 어려움을 하나님이 이 사건을 통해서 꼭 보상해주시리라는 것을요.

　　자신이 하나님을 만난 경험을 회심사건으로 이해할 때, 많은 경우 성서의 세계와 결합되는 이해방식이 존재한다. 위의 경우, 자신의 회심 경험은 솔로몬 성전의 외형적 표상과 연결되고 있다. 여기에서 중요한 것은 성전의 외형적 가치이지, 의미는 아니다. 즉 성서적 표상으로의 회심사건은 자신의 내적 욕구가 성경에 투영되는 일차적인 동질현상이라고 할 수 있다. 문제는 이러한 성서적 회심이해가 우리의 경험에서도 "현상적 가치"에 중점을 두게 되고 "의미적 가치"는 약화되는 결과를 가져온다는 것이다. 그러기에 우리에게 성서는 회심에 대한 믿음과 동시에 해석의 기준으로 설정되어야 한다.

1. 회심의 목회사회학적 지평

1) 회심의 통전적 이해

아는 것과 믿는 것은 서로 다르지만, 서로가 필요한 신뢰의 관계이다. 안다는 것은 지식의 경험이지만 궁극적으로는 믿음으로 검증된다. 결단으로서의 믿음은 고백의 경험이지만 앎으로서 지속된다. 이러한 관계는 우리가 성경을 믿고 이해하는 관계성이다. 하나님의 창조를 "아는 것"과 "믿는 것"은 서로 다르지만, 지식의 경험과 믿음의 경험이 서로 신뢰될 때 진정한 앎과 믿음을 말할 수 있다. 이렇듯 성서의 이해와 믿음은 회심에 있어서도 우리의 자세를 규정하는 작업이다.

첫째는, 기록된 말씀으로서의 성경이해이다. 소위 문자적이라는 표현으로 보편화된 이 기준은 성서의 문자적 의미에 중심한다. 대표적으로 다음의 말씀들을 근거로 이해된다.

- 주님, 주의 말씀은 영원히 살아 있으며, 하늘에 굳건히 자리 잡고 있습니다.(시 119:89)
- 그 말씀에 아무것도 더하지 말아라. 그렇지 않으면 그분이 너를 책망하시고, 너는 거짓말을 하는 사람이 될 것이다.(잠 30:6).
- 내가 진정으로 너희에게 말한다. 천지가 없어지기 전에는 율법은 일점일획도 없어지지 않고 다 이루어질 것이다.(마 5:18).
- 성경은 폐하지 못한다(요 10:35).

· 주님의 말씀은 영원히 있다. (벧전 1:23-25).

여기에서의 "성서의 말씀"은, 구약의 율법과 예수님의 전승들도 포함한다고 할 수 있다. 그러기에 신앙공동체는 하나님의 영감으로 된 성서를 알고 배우며, 믿음으로 살아야 하는 책임을 가지게 되는 것이다(딤후 3:14-17). 문제는 이러한 성서의 말씀을 믿는 방식에 있어서 "축자적(逐字的)영감"을 중심으로 할 때 일어난다. 이러한 문자적 해석은 글자 그대로의 일차적 의미를 중심으로, 문자의 형식적 이해를 강조하면서 신앙의 적극성을 유도하기에 유용하다. 이 방법은 주로 성서의 말씀을 적절하게 부분적으로 인용하면서 '교리화'나 '체험화'를 통해서 대중적인 신앙 결단으로의 회심사건에 강조를 둔다.[381] 반면 이러한 문자적 해석은 관계적-의미적 차원이 결여되어 성서의 구속사적 의미를 왜곡할 수 있는 위험성을 가질 수 있다.

리챠드 백스터의 회심

에스겔서33장 11절을 중심으로 일곱가지의 교리를 인용하여 회심에 대한 성서적 이해를 통해 죽음과 도전, 책임을 요청하고 있다. 이 시기의 영국의 청교도 운동과 미국을 중심으로 한 영적 대각성 운동의 영향은 회심에 대한 신앙의 도전과 믿음의 긴박성을 보여주고 있다.[미국의 경우 대표적으로 조나단 에드워즈를 들 수 있다] 특히 부흥사들은 자신의 회심 경험을 바탕으로 성서의 인용과 함께 대중들에게 도전적인 회심과 결단을 요청하고 있다. 회심에 대한 성서적 이해는 의미적 차원보다는 문자적 차원을 인용하여 천국과 지옥과 같은 내세적 기제들을 사용하는 특징을 가진다. 회심에 대한 신학적인 통일성보다는 상황적 응답에 중심하고 있음을 볼 수 있다.

---

381) 리챠드 백스터 / 백금산 역, 『회심』 [Richard Baxter, A Call to the Unconverted] (서울 : 지평서원,2008).

둘째, 신학적-해석학의 범주이다. 성서에 대한 신학적 개념의 시작은 다양하게 주장될 수 있지만, 종교개혁의 성서중심과 합리주의의 계몽주의 전통에 이어 '해석학'이라는 개념이 신학에도 들어오게 된다. 이후 성서신학은 교의학에 대한 부차적인 역할에서 해방되어 과학과 역사의 산물로서 "성서의 의미"를 탐구하기 시작한다. 이 속에서 해석이란 그 본질상 그 시대에 유행하는 철학에 의존한다. 이것이 "순수한 역사적" 연구 방법(Baur, 1792-1860)을 떠나서 "적극적인 역사적 연구 방법", "종교사적 연구방법", "구속사적 연구방법"로 발전되는 계기가 되었다.[382] 이후 20세기에 이르러 "변증법적 신학"이라는 해석적 이해가 시도된다.

성서 해석학과 방법론

제믈러(1725-1791)의 "해석학의 혁명"은 하나님의 말씀과 성서는 전혀 일치되지 않는다고 주장하였다. 이것은 성서의 모든 부분이 영감을 받은 것이 아니라는 것을 의미한다. 또한 성서는 다른 문서처럼 순수한 역사적이고 비판적인 방법론을 가지고 연구될 수 있는 역사적인 문서임을 의미한다. 이 외에도 합리주의자 가블러(1753-1826)에 의해서 귀납적, 역사적, 기술적 접근과 이후 바우어의 "역사-비평적 합리주의" 등은 성서신학의 해석학에 대한 기초를 이루고 있다. 이후 성서이해의 이성과 계시의 문제는 신학과 해석의 중심주제로 지속되고 있다. 방법론적 차원에서는 "순수한 역사적 방법"의 진보적 성향은 "적극적 역사적 방법"의 실증적인 연구로 대비되고 있다. 대표적으로 바이스(Weiss)를 들 수 있으며, 구속사 학파의 대표자는 호프만(Hofmann,1810-1877)을 들 수 있다. 19세기의 "구속사 학파"는 1. "말씀으로 표현된 대로" 하나님의 백성의 역사, 2. 성서의 영감에 대한 사상, 3. 예수 그리스도 안에서의 하나님과 인간 사이의 역사에 관한(예비적인) 결과에 근거하고 있다.

---

382) G.F.하젤 / 장상 역, 『현대신약신학의 동향』 [Gerhard F. Hasel, New Testament Theology] (서울 : 대한기독교 출판사, 1994), 11-27.

1차 대전 후 이전의 자유주의 신학의 한계성은 바르트의 변증법적 신전통주의와, 불트만의 양식비판과 비신화화의 작업을 통해 지적되었다. 이것은 신학의 역사성과 실존주의의 물음을 제시한다. 하젤의 불트만에 대한 평가하면서, 불트만은 주요한 몇몇 영향들을 흡수하고 결합시킨 것으로 보인다. 첫째, 그는 "순수한 역사적인" 연구방향, 즉 종교사학파에 속한다. 그는 일관성 있는 종말론의 주류에 속하며 역사-비판적인 전승에 뿌리박고 있다. 둘째로 불트만은 그 당대에 유행한 철학을 그의 정신적인 전제로 채택하였으며, 그것은 1923년부터1928년까지 마르부르크 대학의 그의 동료였던 하이데거의 실존주의이다. 신약의 메시지(케리그마)를 현대인의 사상 체계에로 재해석하는 것이 불트만의 시도이다. 그는 현대인이 신약의 신화론적인 언어를 근거로 실존적인 결단을 하는 것을 막으려고 한다. 이것은 불트만에게 있어서 "삶의 행위"와 관련지어서 - 즉 신앙하는 자기 이해의 설명으로서 - 신약의 신학적인 사상을 해석하는 것을 의미한다. 셋째로, 불트만은 역사적 질문을 신학적 질문과 결합시키려고 한다 (39-40).[383] 특히 불트만의 역사와 실존의 물음은 "삶의 행위"로 부터의 사고의 행위를 분리하는 것이 아닌 통합의 차원으로 이해되어 진다고 본 것이다. 이러한 역사적-실존적 방법은 이 후에 많은 주류(主流)와 동시에 반발로 신학적 해석 차원의 시대를 이어간다.[384] 이러한 신학-해석적 차원은 성서이해에 대한 역사적, 실존적 의미성을 가지는 신학적 유형론이라고 할 수 있다. 물론 이것이 우리 현실의 교회에 다 사용되고 이해되는 주제는 아니지만 그럼에도 이러한 신학적 이해는 실존적 해석을 추구하는 '회심'에 대한 성서이해의 신학 자료로서 중요한 자리를 차지하게 된다.

셋째는 역사적-종말론적 이해를 들 수 있다. 다양한 신학전통은 신학의 방법론의 범주로 확대된다. 하젤은 성서를 이해하는 방법론으로서, 주제적 연구방법, 실존주의적 연구방법, 역사적 연구방법, 구속사적 연구방

---

383) G.F.하젤,『현대신약신학의 동향』, 38-49.
384) 대표적으로 불트만 학파는 콘첼만, 훅스, 에벨링, 로빈슨 등을 들 수 있으며, 불트만에 반발한 신학자로는 케제만, 보르캄 등을 들 수 있다. 하지만 이들은 모두 불트만의 영향에 따른 신학사상자들이라고 볼 수 있다.

법으로 구분하여 제시하고 있다.385) 이 구분은 단절된 의미로서가 아니라, 성서 연구의 복잡성 속에서 나타난 기초적인 측면이다. 하지만 이 속에는 공통적인 논의의 주제들이 연결되고 있다. 그것은 구약과 신약에 대한 통일성의 관점과 성서의 중심인 예수그리스도의 의미(케리그마 등), 의미를 찾고자 하는 역사(원시역사를 포함한)의 재구성이라고 할 수 있다. 결국 성서이해의 다양성을 인정하고, 복합적 접근방법의 시대적 자율성을 요청하고 있는 것이다. 구약과 신약의 통일성과 연속성의 문제는 약속과 성취의 관점에서 구속사의 새로운 이해를 제시한다. 신학적 유형론으로의 구속사의 의미가 역사적 시각에 중심한 이해라면, 구속사의 관점적 이해는 성서의 통일성을 위한 미래적 차원에 중심한다.

뛰어난 많은 학자들이 구약과 신약을 결합시키는 미래를 가리키는 하나의 관점이 존재한다는 것에 동의한다. 프리젠은 그것을 이렇게 표현한다. "신구약의 핵심은 종말론적인 관점이다." 로 울리는 다음과 같이 쓰고 있다. "구약의 희망의 완전한 완성은 아직도 먼 미래에 놓여 있다 … 신약은 이것을 인식하는 데 실패하지 않았다. 신약도 여전히 최종적인 영광을 미래에 두고 있다" 구약의 신앙인과 마찬가지로 그리스도를 믿는 자는 "약속과 성취의 긴장 아래서 새로운 방법으로 서게 된다." 386)

희망의 신학에서 몰트만은 역사-종말론적 차원을 현대의 신학적 차원으로 확장한다.

실로 종말론은 희망의 대상만이 아니라 그것에 의해 움직이는 희망까지 포괄하는 그리스도교적 희망에 관한 가르침이다. 그리스도교는 단지 부록에서만이 아니라 전적으로, 그리고 완전히 종말론이요, 희망이며, 앞을 바라보는 전망이요, 앞으로 나아가는 행진이다. 그러므로 그것은 또한 현재의 타개와 변혁이기도 하다. 종말론적인 것은 그리스도교에 속해

---

385) G.F.하젤,『현대신약신학의 동향』, 50-97.
386) G.F.하젤,『현대신약신학의 동향』, 137.

있는 그 어떤 것이 아니라 전적으로 그리스도교적 신앙의 매체요, 그 신앙 안에서 조율하는 음이며, 세상 만물이 녹아드는, 기대된 새로운 날의 여명의 색깔이다. 왜냐하면 그리스도교적 신앙은 십자가에 달린 그리스도의 부활로부터 살아가며, 그리스도의 보편적인 미래의 약속을 지향하기 때문이다.[387)]

그의 종말론적 희망은 성서 이해의 "삶의 자리(Sitz im Leben)"로의 초대이다. 우리의 실존인 위기와 불안의 역사는 예수그리스도의 십자가와 부활을 통해서 미래로 새롭게 초대된다. 이 속에서 역사는 합리주의적 과학도, 개혁적 혁명도, 개인의 실존적 고백을 넘어서는 새로운 "역사적 탐구학"을 요청한다. 이 속에는 역사의 경향성, 스타일, 생활과 일상의 행동과 환경을 포함한다. 이러한 역사의식은 성서이해에도 적용된다. 지나간 역사의 현상은 과거의 산물이 아니라 인간의 실존의 이해이고 가능성이다. 이것은 역사가 인간적 주체를 통해 어떻게 경험되고 응답되었는지를 보여주는 사건이며, 그 속에서 실존의 가능성이 어떻게 발견되고 이해되거나 파괴되었는지를 보여 준다. 그러므로 우리의 관심은 과거 사건에 있는 것이 아니라, 새로운 결단과 이해, 삶의 실천으로의 해석을 요청하는 것이다. 이것이 성서의 구속사적 이해로서, 삶의 이야기이며 신앙공동체의 과거와 현재 미래의 고백으로 우리에게 들려져야 하는 것이다.

믿음과 이해의 과제가 성서의 신학적 이해의 틀이었다면, 성서가 말하는 회심의 구속사적 맥락은 어떻게 해석될 수 있을까? 성서에는 하나님의 구원역사 속에서 이루어지는 다양한 역사적 사건들이 존재한다. 이러한 다양한 이야기는 구조적으로 선과 악의 반면구조를 지닌다. 이것은 성서 기록의 입장적 차원에서 해석되는 부분이다. 구약은 이스라엘 백성이 가지는 하나님에 대한 주권(主權)적 고백이다. 그러기에 이스라엘의 하나님은 선하시며, 반 이스라엘은 하나님께 대적하는 대상이 된다. 신약은 예수 그리스도를 믿는 신앙공동체의 복음적 해석이다. 이에 대해 율법은 새 계

---

387) 위르겐 몰트만 / 이신건 역, 『희망의 신학』 [Jürgen Moltmann, Theologie der Hoffnung] (서울 : 대한기독교서회, 2009), 22.

명에 반(反)하는 개념으로 이해된다. 이것이 역사를 거쳐 현재 우리의 삶의 자리에 까지 전해졌기에 다양한 해석의 과정과 신학적 방법이 등장한 이유이기도 하다. 그러기에 우리는 좀 더 다른 차원을 가져야 한다.

바로 신앙공동체를 위한 하나님의 입장이라는 측면이다. 이것은 구속사적 맥락으로 이해의 방법이다.

이 방법을 통해서 우리는 회심의 성서적 이해를 통한 "회심의 삶의 자리"를 발견할 수 있다.

첫째, 하나님의 계약전통이다. 하나님의 계약은 인간과 맺은 조건적인 약속이다. 이 조건의 핵심은 하나님의 사랑이다. 이 속에서 인간은 하나님을 만나는 회심의 약속을 부여받았다. 이것이 아브라함의 약속, 모세를 통한 "시내산 계약" 속에 나타난 내용들이다. 이 속에서 이스라엘은 하나님의 거룩한 나라요 제사장 백성의 책임을 부여받는다. 이 약속의 대리자로서의 책임은 이스라엘 역사를 통한 하나님 나라의 실현을 전제한다. 그러나 구약에는 또 다른 전통이 나오는데, 바로 "다윗 계약" 이다. 이 다윗계약은 하나님의 뜻을 지닌 사무엘 전통과 왕권을 통한 사울 계약의 변형적 전통을 낳게 된다. 이제 이스라엘은 하나님의 계약을 새로운 이해와 역사의 실존 속에서 경험하게 된다. 모세의 시내산 계약은 다윗전통의 계약과 대립되거나, 혼합되는 과정을 통해, 이스라엘의 포로기의 역사 속에서 신앙적 전통으로 전승되게 된다. 문제는 이 계약의 이해가 불일치되는 경우이다. 예를 들어 "사울 전통" 과 "사무엘 전통"의 갈등[388], 성막신앙과 성전신학의 갈등[389] 등을 들 수 있다. 여기에서 우리는 하나님의 입장을 알기 위해서, 성서의 역사적 문화적 이해를 바탕으로, 전체적인 구속사적 맥락으로 접근하여야 한다. 이러한 계약전통의 혼란은 우리가 경험하는 회심의 열망과 소망에 영향을 주어왔다. 하나님을 만나는 회

---

388) 「구원사로 접근하는 TBC 성서연구, 목회자교재 - 구약Ⅱ」, 96-97.
389) 「구원사로 접근하는 TBC 성서연구, 목회자교재 - 구약Ⅱ」, 164-169. 여기에서는 궁중신학(공간신학)으로 '왕실화' 된 솔로몬의 성전신학을 시내산 언약에서 맺어진 성막신앙과 비교하고 있다.

심의 축복과 은혜의 감격이 화려한 성전의 영광인지, 아니면 광야 속의 순례의 성막인지를 결단하는 중요한 순간이 찾아오기 때문이다.

둘째, 예언자 전통이다. 하나님의 계약전통의 맥락은 예언자에 이르러서 바르게 이해된다. 성경에서의 예언자의 위치와 소리, 그들의 주장들은 개인적인 경험이나 체험을 넘어선 역사이해를 바탕으로 한 소명적 회심의 산물이다. 이 속에서 그들의 외침이 전체 이스라엘에게 어떠한 방향으로 흐르고 있는지가 중심이 된다. 그것은 토라(Torah)로서의 시내산 전통이며, 하나님의 구속사적 사역이라고 볼 수 있다. 특히 잘못된 성전에 대한 왜곡, 율법적 예배에 대한 정죄 등은 하나님을 떠난 이스라엘의 범죄, 계약에 대한 오해를 지적하고 있는 것이다. 예언자들에게 역사는 하나님의 구원역사이며 종말론적 희망으로 이어지고 있다. 특히 예언자 전통은 그들의 자기이해를 통해서 구체화된 말씀이다. 즉 "하나님의 상황"에 대한 이해를 기초로 하였다는 것이다. 하나님의 상황은 예언자들의 정념, 즉 열정으로 표현된다. 이것은 욕망, 분노, 불안, 질투 혹은 동정과 같은 인간적인 자극이 아닌, 오히려 역사 안에서 일어나는 사건들과 인간의 행동과 고난을 통하여 하나님이 관련되어 있음을 증거하는 것이다.

신적인 정열의 역사는 인간의 역사와 깊이 관련되어 있다. 하나님의 창조와 계약과 역사는 그의 자유로부터 야기된 것이다. 그러므로 이 속에 작용하고 있는 그의 열정은 신비적 신화들이 말하는 바와 같이 운명에 예속되어 있는 기분적이고, 질투적이며, 영웅다운 신들의 열정과는 전혀다르다. 그것은 창조와 그의 백성과 역사에 대한 그의 자유로운 관계에 서 오는 정열이다. 예언자들은 결코 하나님의 정열을 그의 본질과 동일화하지 않았다. 왜냐하면 예언자들에 있어서 그 열정은 어떤 절대적인 것이 아니라, 타자에 대한 하나님의 관계에서 표현된다. … 따라서 예언이란 변경될 수 없는 운명이나 하나님의 예정된 구원의 계획에 미리 나타나는 바와 같은 미래를 미리 내다보는 것이 아니라, 하나님의 현재적 정열에 대한 통찰, 이스라엘의 불복종으로 인한 고난에 대한 통찰, 그리고 이 세계

에 있어서 그의 권리와 영광을 위한 그의 정열에 대한 통찰을 의미한다.390)

예언자들의 정념적 행동은 외형적으로는 하나님을 만나는 종교적 체험으로 이해될 수 있지만, 그 근본은 바로 하나님의 역사적 차원을 해석하는 인격적 정열로 표현된다. 또한 시내산 계약 전통을 살아야 하는 이스라엘에게 하나님의 선포를 통해서 회복과 실천, 희망을 선포하게 되는 것이다. 이러한 전통 속에서 우리는 예언자 전통이 가지는 회심의 역사적, 실천적 차원을 모색하게 되며, 더욱이 그들의 삶 자체에 담겨진 계약적 선포로서의 회심사건을 발견한다. 이러할 때 우리에게 율법과 예언은 예수님의 완성으로 성취될 수 있는 것이다.

내가 율법이나 예언자들의 말을 폐하러 온 줄로 생각하지 말아라. 폐하러 온 것이 아니라 완성하러 왔다. 내가 진정으로 너희에게 말한다. 천지가 없어지기 전에는 율법은 일점일획도 없어지지 않고 다 이루어질 것이다. 누구든지 이 계명 가운데 가장 작은 것 하나라도 폐지하고 사람들을 그렇게 가르치는 사람은, 하늘나라에서 가장 작은 사람이라고 일컬음을 받을 것이요, 또 누구든지 이 계명을 지키며 가르치는 사람은, 하늘 나라에서 큰 사람이라고 일컬음을 받을 것이다. 내가 너희에게 말한다. 너희의 의로운 행실이 율법학자들과 바리새파 사람들의 의로운 행실 보다 낫지 않으면, 너희는 하늘나라에 들어가지 못할 것이다. (마5:17-20).

예언자 전통의 예언자적 회심은 영적 충만을 나타내는 것이 아니라, 정열과 도전을 결단하는 것이다. 이것은 스스로의 소망이 아니라 두려움이요 떨림이다. 이 두려움이 변하여 완성된 것은 전적인 하나님의 의지요, 겸손이다. 그리고 더욱 두려운 것은 희생인 것이다.

---

390) J. 몰트만 / 김균진 역, 『십자가에 달리신 하나님』 [Jürgen Moltmann, Der gekreuzigte Gott Das Kreuz Christi als Grund und Kritik tchristlicher Theologie] (충남 천안 : 한국신학연구소, 1995), 288.

셋째, 예수의 메시지, 즉 케리그마의 사건이다. 이 중심은 하나님 나라와 함께 선포된 다시오실 메시야로서의 종말론적 전통이라고 할 수 있다. 특히 율법과 복음의 선포는 구약의 계약전통과 예언자 전통 속에서 새롭게 이해된 새율법의 완성이다. 신약의 회심은 '거듭남' 즉 새율법을 향한 총체적인 삶의 변화를 의미하게 된다. 이것은 개인과 공동체, 사회와 문화를 향한 총체적인 하나님 나라로의 변화이며 화해 사건의 초대이다. 십자가와 부활사건은 하나님의 구원사건의 정점이 된다.

이 속에서 회심으로의 변화는 미래적 소망으로의 경험적 실체이다. 이 종말론적 이해는 현재와 미래를 포함한 긴장관계이면서도 이미 도래한 하나님 나라의 선포요, 아직 오지 않은 메시야적 대망이다. 이 속에서 예수의 기적과 치유는 하나님 나라의 선포적 행위요, 비유와 가르침은 하나님의 약속에 대한 기대와 교훈이 된다. 결국 예수의 사건 속의 회심은 구속사적 약속의 성취가운데 참여하는(훈련되고 소명된) 종말론적 희망공동체의 개인적이고 공동체적 변화의 책임과 약속이다. 이것은 성령사건을 통해서 구체화 되고 전향되어 세계로 나아가게 된다.

넷째, 성령의 사건을 통한 선교적, 공동체적 지향성이다. 오순절 성령 강림사건과 바울의 성령체험, 처음교회의 공동체적 고백들은 회심에 대한 지향점을 나타내고 있는 것이다. 성령 받음이 목적이 아니라 성령 받음을 통한 하나님의 뜻을 이루는 것이 목적이다. 이것은 '성령 받음'의 회심의 현상성을 넘어서는 영적 가치이다. 이것을 통해 성서는 지금도 우리에게 성령의 선물을 기대하고 계시는 것이다. 이 기대에 부응하는 것은 단순한 개인적인 욕망을 채움이 아니라, 하나님의 기대를 채우는 것이다. 이러할 때 은혜를 통한 회심의 경험은 다시금 성서의 소리로 들어간다.

회심의 성서적 이해는, 하나님의 구원계획 속에서 성취된 계약과 예언자의 실존적 경험과 십자가에서 죽으시고 부활하신 예수그리스도를 통해 성취된, 하나님 나라의 소망 속에서 이루어진 신앙공동체의 선교적인 역사적 사건인 것이다.

2) 역사-종말론적 회심

우리들은 모두가 예언자적 정신을 갈망하고 있습니다. 장래의 두려운 운명으로부터 나라들을 구원하기를 바라고 있습니다. 그러나 우리들의 환상 중에서 보고 이를 저의 생애에서 경험한 것보다 더 나은 효과를 가질 수 있겠습니까? 우리들이 그보다 더 우수할 수가 있습니까? 우리 시대에 살고 있는 사람들이 이사야의 시대에 살고 있던 사람들보다 마신(魔神)에게 귀의(歸依)하는 일이 더 적다고 말할 수 있겠습니까? 만일 그럴 수 없다면 어찌 우리들이, 이사야의 환상을 통해서 계시된 기대 이상의 것을 바랄 수 있겠습니까? 우리들은 오래 동안 교회 안에서 자취를 감추었던 예언자적 정신의 재생을 위하여 기도하지 않으면 안됩니다. 그리고 예언자적 사명을 받았다고 느끼는 사람들은, 이사야가 그랬듯이, 이를 완수해야 할 것입니다. 하나님의 이름과 영예를 위하여, 새 정의와 새 사회 질서의 메시지를 선포하지 않으면 안 됩니다. 그러나 동시에 그는 그의 적만이 아니라, 그의 친구, 그의 당, 그의 계급, 그의 국민으로부터 반대와 박해를 당할 것을 각오해야 합니다. 그는 자기의 말이 하나님의 말씀-유일하고 거룩하신 하나님, 모든 나라의 남은 자들로부터 신성한 백성을 만들어 내실 수 있는 하나님의 말씀에 가까우면 가까운 그만큼 박해를 받을 것을 예기하지 않으면 안 되는 것입니다.[391]

우리가 가장 많이 오해하는 것 중에 '체험' 과 '박해' 를 생각해 본다. 한국에 존재하는 많은 교회들 속에는 다양한 형태의 종교 유형들이 있다. 이러한 다양성은 다양한 인간의 삶을 인도하기 위한 "선교적 차원"으로 해석될 수도 있지만, 반면에는 신앙의 기준에 대한 통일성이 없다는 것이고, 한국교회의 분파적 정향을 보여주는 단면이기도 하다. 크게는 자유주의와 보수주의, 이 속에서도 개혁과 진보, 극보수 등의 표현처

---

[391] 폴 틸리히 / 김천배 역, 『흔들리는 터전』 [Paul Tillich, The Shaking of the Foundation] (서울 : 대한기독교서회, 2006), "거룩함의 체험"(이사야6장) 설교문 중, 120-121.

럼, 교회의 신앙에 대한 진리의 책임보다는 어떠한 성향의 차이로 인식되기도 한다. 이러한 현상은 한국 교회 속에 다양한 사이비 이단들이 양성되는 결과로 나타나고 있다. 특히 이단들은 독특한 체험과 박해를 이용해서 급속하게 퍼져나가고 있다. 결국 하나님을 경험하는 회심의 체험적 요소를 이용하거나, 극단적인 금욕주의, 반사회주의, 말세론적 사상들을 이용하여 우리를 현혹하고 있다. 이러한 왜곡 속에서 박해와 같은 수단은 예언자적 박해가 아닌, 종파적인 박해로서 내부결속을 강하게 하는 심리적 기재로 활용되고 있으며, 종교적 가치와 진리보다는 개인적인 축복과 내세적 소망에 열중하게 한다. 이러한 현상이 기독교적 가치관과는 거리가 있다고 주장할 수는 있지만 세상의 눈에는 다 같은 교회라는 이름으로 행해지는 이상한 체험집단일 뿐이다. 이러한 이면 속에서 교회의 책임도 자유롭지 못하다. 우리가 가진 신앙과 교리적 진리에 대해서 얼마만큼 솔직하고 진지하게 이해하고 실천하여 왔는지부터, 우리 한국 기독교 역사 속에서 하나님이 주신 축복과 은혜를 어떻게 활용하여 왔는지까지, 너무나 많은 신학적 실천적 난제의 현실을 맞이하고 있다. 이 속에서 우리가 회복해야 할 진정한 회심의 신학과 실천이 목회사회학적 회심의 주제가 될 것이다.

기독교는 완전히 전적으로 또 철저히 희망이다. 곧 앞을 바라보고 전진하는 방향이다. 희망은 결코 부록이 아니다. 그래서 기독교는 불가피하게 새로운 착수를 의미하고 현재의 변모를 의미한다. (마지막에 관한 교리인) 종말론은 단지 기독교의 교리 중의 하나가 아니다. 그것은 단순히 기독교 신앙의 매개자이며 기조이며 모든 것을 자기의 색으로 칠해놓은 새롭게 기대되는 날의 여명의 색깔이다. 기독교 신앙은 십자가에 달린 그리스도가 부활하심으로 생을 유지하여 그리스도의 보편적 미래의 약속을 지향한다. 그러나 희망하는 인격은 결코 율법과 이 세상의 필요성 등과 타협하지 않는다. 그는 결코 죽음의 불가피성이나 계속적으로 악을 배태하는 악과 타협할 수 없다.[392]

---

392) J. 몰트만 / 전경연 역, 『하나님 체험』 [Jürgen Moltmann, Gottes-erfahrungen] (서울: 대한기독교서회, 1992), 18.

희망으로서의 회심은 그리스도의 부활사건이다. 부활의 믿음과 경험은 회심의 희망을 증거하는 역사적, 성서적 증거이다. 회심은 탈혼적인 감정적 경험을 넘어선 부활의 영적경험이다. 바울은 이 하나님의 영을 "살리는 영" 혹은 "부활의 영" 이라고 부른다. 부활한 그리스도를 신앙하는 것은 부활의 영에 사로잡히는 것을 의미했다. 부활하신 그리스도 현현은 피안세계로의 신비적인 도피로 이해된 게 아니라, 새로운 세계의 첫 창조일에 나타나는 하나님의 다가오는 영광의 서광으로 이해되었다(고후4:6) 몰트만은 이러한 부활의 영적 경험을 3차원의 해석학적 인지행위로 구분한다. ① 전망적인(앞을 바라보는)희망의 환상 ② 회상적인(뒤를 바라보는) 기억의 환상 ③ 반성적인(자기를 되돌아보는) 소명의 환상이다. 393)

그리스도가 죽은 자들 가운데서 부활한 것은 죽음의 멸절과 그리고 영원한 생명의 출현의 시작으로서 모든 것을 변화시키는 사실이고, 그러기에 그 자체로서 하나님의 계시이다. 칼 바르트가 말했듯이, 하나님은 "모든 것을 변화시키는 자" 로서 새로운 세계의 창조자이다. 부활신앙은 그 자체로서 이미 생명의 능력 가운데로 인간을 살린다. 그리스도의 부활은 세계사를 종말사로 규정지으며, 역사 경험의 영역을 새로운 창조의 기대지평 안으로 옮겨 놓는다.394) 이것이 하나님의 미래이다. 하나님은 세계를 새롭게 하시기 위해서 오신다. 성서의 마지막 날은(계21:3-5a) 새로운 영생의 날이며, 영원한 서광이다. 예수그리스도의 화해의 경험으로 우리의 변혁은 시작되며(고후5:19,17. "보라, 모든 것이 새롭게 되었도다"), 우리는 하나님의 생명의 영을 경험한다. "내가 진정으로 진정으로 너에게 말한다. 누구든지 다시 나지 않으면(거듭남), 하나님 나라를 볼 수 없다(요3:3)" 여기서 거듭남은 한없는 생명의 기쁨의 경험이다. 우리의 시간적 생명은 성령으로부터 거듭남으로써 영원한 생명으로 변한다. 그러기에 우주의 거듭남(마19:28)은 우리 안에서 시작된다. 우리는 새로운 생활방식으로 살아가는(엡4:23) 책임적 회심자들이다. 이것은 하나님의 미래가 벌써

---

393) 위르겐 몰트만, 『희망은 어디서 오는가-희망에 관한 몰트만의 글모음』, 108.
394) 위르겐 몰트만, 『희망은 어디서 오는가-희망에 관한 몰트만의 글모음』, 116.

시작되었다는 것을 뜻한다. 만물의 새 창조는 이미 진행되고 있다. 우리는 이에 동참하라는 초대장을 받았다.395) 회심은 그리스도 부활사건의 현재화를 통해서 하나님의 미래적인 산 소망을 일으키는 사건이다. 이것의 표상은 성령체험으로 나타나고 거듭남으로 증거된다. 거듭남의 증거는 역사적 계시와 소명의 실천이다.

결국 참된 회심은 성령의 능력 안에서 하나님의 온 역사 가운데 경험되고 기대하는 "종말론적 삶의 소명과 실천으로의 사건이며 과정"이다. 여기에서 과정은 우리에게 성장이라는 가능성을 주고있는 개념이다. 성장은 미래적인 것이지만, 동시에 책임적인 과제를 제시한다. 책임적 과제는 하나님께 순종하는 과정가운에 주어지는 인간의 지혜이다. 이 지혜는 하나님의 세계가운데 펼쳐져서 온 세계 가운데 하나님의 정의를 실현한다. 이 실현은 예수그리스도의 삶을 재현한 것의 일부이자 전체이다. 이것이 회심자의 선택의 몫이다. 중요한 것은 일부나 전체가 아니라 우리의 진실성이라고 믿는다. 완성은 우리의 몫이 아니기 때문이다. 진실하다면 하나님은 신뢰하신다. 이 신뢰는 큰 것에서만 오는 것이 아니라 작은 노력에서도 더 크게 나타날 수 있는 하나님의 법칙이기 때문이다. 이제 우리의 회심은 어디로 향하여야 하는가? 세계가 원할 수도 있고, 나라가 원할 수도 있으며, 나의 교회와 가정이 원할 수도 있다. 더욱 중요한 것은 나 스스로가 진정으로 원할 때 이미 주신 하나님의 숨결을 느끼게 될 것이다.

2. 회심의 목회사회학적 과제

1) 회심의 시대적 요청

신앙으로서의 회심의 경험은 생활세계인 사회와의 관계로 확장된다. 성서로서의 회심의 근원적 의미는 사회라는 삶의 자리에서 성취되기 때문

---

395) 위르겐 몰트만, 『희망은 어디서 오는가-희망에 관한 몰트만의 글모음』, 129-138.

이다. 이것은 회심이 가지는 사회적 기능으로 확장되고 있다. 회심이 가지는 사회학적 차원은 나의 체험과 경험의 문제가 우리의 생활 세계와 사회 관계 속에서 깊은 상호작용이 있음을 말해주고 있다. 기독교 신앙으로의 회심이 하나님을 만나는 것이라면, 당연히 하나님의 관심이 우리의 관심이 되어야 한다. 하나님은 종교적 교리나 종파적 믿음에 관심있으신 분이 아니라, 하나님의 통치 역사 속에서 변화될 세상에 관심이 있으시다. 그렇다면 세상을 이해하는 것은 하나님의 관심에 참여하는 것이며, 좀 더 적극적으로는 이해하는 것이다. 이 참여와 이해는 하나님의 역사의 지평을 넓혀주는 작업이라고 할 수 있다. 어찌보면, 세속화는 교회를 세상으로 타락시키는 위험 요소가 아닌, 교회가 대응하는 사회와의 대화방식이다. 즉 시대가 세속화 되어서 우리의 회심이 위험한 것이 아니라, 우리 시대의 회심 자체가 세속화된 종교적 언어이며 행위라고 보아야 한다. 이것은 하나님의 진리가 변화한다는 뜻이 아니라, 불변하는 하나님의 진리가 이 시대에 적응되는 방식이며 객관적 판단을 인정한다는 뜻이다. 오히려 세속화 없는 회심은 하나님의 창조적인 회심의 가능성을 도구화 시키고 형식화시켜 인간을 세뇌하는 기능으로 변질될 위험성이 크다. 문제는 이 다양성의 가치를 절대성의 기준으로 삼을 때 나타나고 있다. 많은 교회들이 능력의 종을 통해 통회와 순종으로 받는 회심을 여전히 외치고 있다. 교회는 회심을 실현하는 진실한 장이 되어야 함에도 불구하고 제도적인 한계와 존재론적 혼란 속에서 회심의 무가치화, 비현실화, 기복주의화 시키고 있다. 결국 회심의 진정성은 나와 우리의 삶의 열매를 통해서 검증되어야 한다.

　이 검증의 작업은 심리학적 원리들을 통해서 현대에 적용되고 있다. 종교는 사회적 기재로서 인간의 본성적 종교성을 바탕으로 한다. 이 바탕은 인간의 정신적이고 심리적인 과정을 통해서 현상적 가치로 증명된다. 이 속에서 정신 세계와 영적 세계의 구별점이 생기게 되는 것이다. 회심은 이 두 세계에 공통적으로 걸쳐진 현상적 주제이기에, 종교 체험으로서의 심리학적 연구가 가능하게 되는 것이다. 결국 우리가 점검할 수 있는 것은 심리학을 통해서 정신적인 것과 영적인 것을 구별하고 진정한 영적 회심의 가치를 발견해야 하는 것이다. 현대의 영성에 대한 관심은 이러한 구별을 더욱 중요하게 요청하고 있다. 심리적인 종교체험은 단순히 개인의 문제가 아니라 영적 공동체의 도전이 되고 있기 때문이다. 특히 현대사회가 가지는 종교체험의 특징은 양 극단적 방향으로 흐르는 경향을 보여주고 있다. 성령운동을 바탕으로 한 종교적 열광주의는 다양한 은사와 체험을 통해서 하나님의 전권적인 역사를 강조한다. 반면 다양한 종교의 만남을 통해서 발견된 영성의 다양성은 일방적인 회심의 현상보다는 종교성의 차원에서 회심의 근원적인 원리를 통한 정신세계를 강조한다. 이러한 생태환경의 변화는 회심을 인간의 행위와 감정으로 환원시키는 공통된 문제를 야기시키고 있다. 이 속에서 우리가 선택할 수 있는 방법은 심리적인 종교체험을 건전한 인격과 사회성의 차원으로 회복하고 분별하는 것이다. 이를 통해 하나님의 역사 속에서 준비된 새로운 영적 순례의 길이 시작되기 때문이다. 이제 역사는 회심의 실천의 장이다. 회심자들에게 사회는 역사적 과제들과 소명의 요청이다. 역사속의 회심(conversion-in-history)을 외치는 짐 월리스는 그의 신앙을 역사 속의 신앙을 향한 회심으로 정의한다.

> 이 책의 과제는 우리의 역사적 상황에서 회심이 의미하는 바를 발견하는데 있다.… 이 책에서 우리가 사용하는 접근 방식은 회심의 성경적 의미를 찾아내고 이를 우리가 마주치는 특정한 역사에 적용하는 방식이다. 우리가 답하려고 하는 질문은 바로 이것이다. 회심의 의미는 오늘날 무엇인가? 396)

그의 신학적 고백은 미국사회의 소위 종교근본주의자와 세속근본주의자들에 대항한 신복음주의적 공적 신앙에 근거한다.397) 하나님은 개인적이지만 사적이지는 않으며, 예언자적 소명으로서의 종교는 개인적 책임과 사회적 책임을 하나의 시대적 변화 와 대안으로 창조해야 한다. 이러한 대안은 영적 기초위에서 가난, 전쟁, 정책 등의 실천적이고 도전적인 과제로

---

396) 짐 월리스,『회심』, 24.
397) 짐 월리스 / 정성묵 역,『하나님의 정치』[Jim Wallis, God's Politics] (서울: 청림, 2008), 65-76.

연결되는 것이다.

우리 시대의 가장 큰 필요는 '케리그마(kerygma)', 곧 복음의 전파만은 아니다. '디아코니아(diakonia)', 곧 정의를 위한 섬김도 아니다. '카리스마(charisma)', 곧 성령의 은사를 체험하는 것도 아니다. 심지어 '프로페테이아(propheteia)', 곧 왕에게 도전하는 것도 아니다. 우리 시대의 가장 큰 필요는 '코이노니아(koinonia)', 곧 단순히 교회가 되고, 서로 사랑 하고, 세상을 위해 자신의 삶을 제공하라는 부르심이다. 살아 있고, 숨쉬고, 사랑하는 지역교회로서의 신앙 공동체는 다른 모든 대답의 토대다. 신앙 공동체는 전적으로 새로운 질서를 몸으로 살아내고, 가시적이고 구체적인 대안을 제공하며, 교회 그 자체로서 세상에 대한 기초적 도전을 내놓는다. 교회는 교회가 되도록, 곧 신앙이 주장하는 바에 대한 실체를 제공하는 그런 공동체를 재건하라는 부르심을 받는다. 교회가 된다는 것은 무엇보다도 신앙공동체의 성경적 정체성과 소명을 안다는 것이다.[398]

이러한 회심의 역사적 차원을 한국의 역사 현실 속에서 실현해가는 과제가 목회사회학적 회심의 가능성이 되어야 한다. 이를 위한 노력들은 지금도 지속되고 있는 과정 중에 있다고 할 수 있다. 성도 개인의 영적 회심을 통해 사회와 지역을 섬기기 위해 끊임없이 고민하며 시도하는 교회들, 작은 교회 속에서도 회중들의 진정한 삶을 하나님의 소명으로 이끌기 위해 겸손히 도전하는 교회들, 자신의 회심을 자랑하지 않고 더욱 낮아져서 몸부림치는 목회자들, 이들이 지금도 우리 주위에는 살아있는 소리로 들려온다는 것이 회심의 희망이다.

이 희망을 실천하는 교회의 과제가 역사-종말론적 교육의 가능성이 된다. 이 속에서 회심은 만남의 사건이다. 이 만남의 사건은 교육을 창조화 시킨다. 즉 내가 회심시키고자 하는 것이 아니라, 하나님의 행하심 속에서 우리가 발견하고 깨닫는 도야의 과정인 것이다. 하나님은 자유롭게 행

---

398) 짐 월리스, 『회심』, 166-167.

하시지만, 우리는 준비된 과정과 책임 속에서 하나님을 만나게 된다. 이 속에서 회심은 개인적인 전 존재적인 인격의 변화를 통해서 공동체적인 삶과 실천으로 들어간다. 이것은 회심공동체의 존재적인 변화와 함께 삶의 이야기에서 드러나는 열려진 공간이다. 공교회, 회중 형성과 변화를 위한 생태학적(ecological) 교육의 과제들, 한국기독교교육의 존재적 근원을 찾는 작업들 속에서 펼쳐지는 소망의 현장이 되는 것이다.

한국 교회교육의 미래와 과제

2010년 5월 25-27일에 - 실천신학대학원 제8회 국제실천신학심포지엄에서 "2020 어린이 없는 교회 : 차세대, 하나님나라 그루터기"라는 주제로 기독교교육의 현실과 현장의 이야기들이 발표되었다. 이 속에서, Mary Elizabeth Moore 교수는, 운동(movement)으로서의 기독교교육의 확대된 이해와 생태학적(ecological) 환경 속에서, 심화되고 변화를 지향하는 창조적이고 신뢰적인 회심교육의 가능성을 제시하였다. 은준관 교수는 한국기독교교육의 100년의 역사를 역사적 변동과정 속에서 새롭게 해석하고, 한국기독교교육의 회복을 작은 공동체로서의 살아있는 "역사-종말론적 하나님의 백성공동체" 로서의 의식의 전환과 적용으로 제시하였다. 즉 회심(conversion)은 프로그램이나 조직, 구조에서 오는 것이 아니라, 진정으로 변화된 (transformed) 존재적 사건을 통해서 성취되는 변화(transforming)의 신앙공동체의 전 존재적 사건(metanoia)이 되는 것이다.

---

3) 끝나지 않은 회심의 이야기

믿음은 보이지 않는 소망이라고 말한다. 보이지 않기에 가짜가 아니라, 진짜는 보이지 않는 것을 신뢰하고 기대하는 것이라고 말한다.

믿음은 바라는 것들의 바탕이요, 보이지 않는 것들의 증거입니다. 실상 옛 조상들은 믿음이 있었기에 좋은 증언을 받았습니다. 믿음으로 우리는, 하나님께서 말씀으로 이 세상을 창조하셨다는 것, 곧 보이는 것은 나타나 있는 것에서 생기지 않았음을 깨닫습니다.(히11:1-3)

회심을 기대하는 이의 마음은 어떠할까? 반대로 회심한 삶을 바라보는 이의 마음은 어떠할까? 사실 이것은 동일한 질문이다. 누구나 회심을 기대하고 회심자를 보고있기 때문이다. 이것은 세계와 삶의 변화의 물음에서부터, 종교적인 회심에 이르기까지 모두를 포함하는 회심의 요청이다. 교회는 성도들의 회심을 원하지만, 사회 또한 교회의 회심을 요청한다는 것을 기억해야 한다. 성도들은 교회를 통해서 은혜와 감격의 회심을 원하지만, 변화된 삶을 통해 세상에서 어떻게 살아가야 하는지를 알기 원한다. 그러기에 우리는 하나님이 주시는 은혜의 경험을 왜곡하거나 단순화 시키는 오류를 경계해야 한다. 개인적이고 현세적인 욕심을 위해 체험적 회심만을 강조하거나, 자신들의 교리나 신념을 정당화하기 위해 성경을 왜곡하며 회심의 환상을 주장하거나, 불안과 아픔을 이용하여 심리적인 회심을 팔아먹는 등, 우리 주위에 너무 많은 파괴적 회심들을 볼 수 있다. 이것의 결과는 교회의 신뢰성의 문제가 말해 주듯이 개인 뿐만 아니라 교회 전체의 아픔으로 다가온다. 물론 우리는 하나님 경험으로의 주관적 회심을 인정해야 한다. 하지만 적어도 무분별한 인정이 전부 옳을 수는 없다. 성경은 하늘로부터 오는 지혜를 요청한다. 그것은 지혜 있는 구별이다.

여러분 가운데서 지혜 있고 이해력이 있는 사람이 누구입니까? 그러한 사람은 착한 생활을 해서, 지혜에서 오는 온유함으로 그 행함을 나타내 보이십시오. 여러분의 마음 속에 지독한 시기심과 파당심이 있거든, 여러분은 헛되이 자랑하지 말고, 진리를 거슬러 속이지 마십시오. 이것은 위에서 내려오는 지혜가 아니라, 세속적이고 육욕적이고 악마적인 것입니다. 시기심과 파당심이 있는 곳에는, 혼란과 온갖 더러운 행실이 있기 때문입니다. 그러나 위에서 오는 지혜는 먼저 순결하고, 다음으로 평화스럽고, 친절하고, 온순하고, 자비와 선한 열매가 풍성하고, 편견과 위선이 없습니다. 정의의 열매는, 평화를 이룩하는 사람이 평화를 위해서 그 씨를 뿌려서 거두어들이는 열매입니다.(약 3:13-18)

하나님을 만나는 것은 하나님의 말씀을 만나는 것이다. 이 말씀은 내 감정과 취향에 따라 보이는 문자적 해석이 아니라, 나의 삶과 모든 것을 통해 인격적으로 전해주시는 사건으로서의 말씀이다. 그것이 성경으로 주어졌으며, 나의 생활가운데 이해되고 실천되어야 한다. 그래서 회심은 용기이다. 이 용기는 큰 다짐보다는 작은 삶의 실천에서 시작되고 감동으로 전해진다. 교회는 이러한 용기있는 회심자들을 지지하며 세워줘야 한다. 그리고 세상으로 파송하는 교회의 용기를 보여주어야 한다. 이러할 때 하나님이 보시기에 아름다운 하나님의 나라가 이 땅위에 이루어지기 때문이며, 이것이 교회와 사회의 모두에게 주어진 공동체적 책임이기 때문이다.

마지막으로, 사랑스러운 역사 종말론 공동체인 교회의 소중한 작은 이야기를 소개한다. 이 이야기는 현장의 이야기이며, 아직 포기할 수 없는 소망의 기도이다. 인간이 미래에 대해서 얼마만큼 희망할 수 있을까. 삶, 죽음, 고통 등에서 얼마만큼 인간이 자유로울 수 있을까를 생각해보면, 그 해답은 여전히 불안하다. 하지만 이 불안을 넘어서는 가치가 있다면 바로 하나님 나라에 대한 소망일 것이다.

모두가 죽음을 앞에 두고 있지만, 특히 죽음을 가깝게 경험하는 많은 사람들이 있다. 그들에게 죽음의 의미는 너무나 고통이고 긴급하다. 그들에게 소망은 죽음의 고통을 넘는 것이다. 그들에게 하나님의 회심사건은 선택의 문제가 아니라 운명적 사건이 되는 것이다. 이러한 절망 속에서도 희망을 말할 수 있다면 그것이 역사 종말론적 회심의 가능성이다. 지금도 우리 주위에는 자신의 삶의 고통 속에서도 하나님의 종말론적 소망으로 살아가는 많은 영혼들이 있음을 감동으로 만나게 된다.

오히려 죽음을 이야기 하죠. 오히려 아직 남아있는 내려놓지 못할 것을 넘어설 수 있도록 기도합니다. 지금 기도제목은 하나님의 말씀을 더욱 깊이 아는 것입니다. 죽음의 고통을 경험하면서 지금까지 내가 믿고 회심했던 것이 다 잘못되어 있음을 이제야 깨닫게 해주심을 감사해요. 때론 믿음으로 나의 병을 낳게 기도해주시는 모든 분들이 부담스러울 때가 있어요. 혹시 낳지 못하면 어떻게 될까? 내가 조금이라도 안좋아지면 오히려 그 분들이 많이 힘들어 하실 때도 있습니다. 이 고통의 과정 속에서 발견한 하나님, 나를 새롭게 알게 해주세요! 하나님을 바로 알게 해주세요! 가 나의 기도제목이었습니다. 그리고 죽음을 너무 쉽게 받아들이는 나를 보면서, 이런 생각을 했어요. 내가 이미 죽고 싶어 했다는 것을요! 너무나 담대하게 죽음을 받아들이면서, 지금까지 살았던 내 인생, 신앙, 모든 것을 포기하고 싶어했다는 것을요! 그래서 하나님께 그렇게 기도했는지도 몰라요. (지금 기도제목에 대해서) 하나님의 말씀을 제대로 이해하고 싶어요. 내 스스로 깊은 하나님의 말씀을 연구하고 묵상하면서 하나님을 새롭게 만나고 싶어요.

회심에 대한 연구를 진행하면서, 교회 속에서 다양한 회심의 경험들과 이야기들을 탐구하고 관찰하게 되었다. 이 가운데에서 역사-종말론적 회심의 모습을 발견하게 해 준 한 여자 권사님의 실제 사례이다. 40대 후반의 나이에 갑작스럽게 찾아온 심각한 암의 고통 속에서도 새로운 회심의 삶을 살고자 노력하시는 모습 속에서 교회와 성도들은 많은 감동과 변화를 경험하였다. 죽음의 두려움 속에서도 지역의 암 환우들을 돌보고 그들의 아픔을 자신의 아픔으로 이해하셨고, 그들을 위한 섬김과 많은 사역들을 통해서 헌신된 삶을 마지막 까지 감당하셨다. 권사님은 심층면접(B) 협조해 주셨으며, 동의하에 본 연구에 소개하게 되었다. 권사님은 2010년 6월 어느 날 새벽 "사랑해요. 고마워요. 미안해요. 그동안 행복했습니다." 라는 마지막 유언을 남기시고 하나님 품으로 돌아가셨다.

한 영혼의 고통이 한 공동체를 변화시키고, 이 변화는 결코 사람이 할 수 없다는 것을 경험한 순간이었다. 암으로 투병 중에도 병원과 지역에서 만나는 같은 아픔의 영혼들을 위해 헌신적으로 봉사를 하셨다. 권사님의 사랑을 통해서 많은 환우들은 죽음의 고통 속에서도 희망과 변화를 경험하였다. 권사님의 활동을 통해서 교회와 성도들은 진정한 지지자가 되어주었고 섬김의 가치를 배우게 되었다. "암 환우를 위한 자선 음악회"

는 벌써 2회째를 지내고 있다. 이 모임은 "○○를 사랑하는 사람들"이 주체가 되었다. 여전히 권사님은 찬양과 섬김으로 그 자리를 지키시고 계셨다. 여전히 아프고 불안하지만, 그가 본 하나님의 마음은 자신에게 주신 긍휼과 사명이었다. 결국 그들의 아픔이 자신이 아픔이 되었고, 자신의 외로움과 몸부림을 그들의 마음으로 새롭게 투영할 수 있었다. 자신이 받은 사랑을 보답하는 것은, 자신의 병을 낳는 것에 있는 것보다 또 다른 아픔과 절망을 향해 나아가는 것이라고 말씀하신다.

때론 자신도 힘들고 지친다고 하신다. 그래서 더 기도한다고 하신다. 이 마음마저 회복시켜 주시길. 두려움이 아니라 용기로 하루 하루를 살기를. 이 한 영혼의 모습을 통해서 역사 종말론적 회심의 채색된 이론보다 더 뜨거운 하나님의 체험을 만나게 한다. 하나님을 진정으로 만나는 완성은 이 땅에 있지 않기 때문이다.

제5부
평가 및 전망

평가와 전망

　종교는 만남이다. 만남은 경험의 실재이다. 우리는 만남을 통해서 신을 체험하고 삶으로 실제화 시킨다. 이것은 '나' 와 '너' 의 사건으로 확대되고 '우리' 의 공동체적 경험이 된다. 이 경험은 다양한 삶의 이야기들로 전승되고 삶의 양식으로 표현된다. 이러한 삶의 이야기가 종교적 경험, 신화(myth), 의례(ritual)를 통해서 역사의 지평으로 확장된다. 우리는 여전히 그 지평(horizon)안에서 살아가는 피조물이다. 그러기에 지평 저 너머를 볼 수 없다. 하지만 지평의 저 너머를 만날 수는 있다. 지평은 하나님의 역사의 사건으로 경험된 처음과 나중이기 때문이다. 우리의 삶의 자리는 그 역사적 사건의 현장이다. 예수의 십자가 사건은 단순한 사건이 아니라 우리의 경험 속으로 들어 올 때 새로운 의미를 갖게 된다. 이것을 지평융합(fusion of horizons)이라 한다. 예수 당시에 예수를 경험한 사람들의 지평과 현대를 살아가는 나와 우리의 지평이 만나는 것이다. 이 지평적 만남은 우리의 실체이자 신비이다. 우리는 날마다 예수를 경험하고 만난다. 이 만남이 우리가 경험해야 할 회심이다.

　지금까지 진행된 회심에 대한 다양한 이야기들은 미완성의 지평이다. 나름대로 회심에 대한 근원적 의미들을 탐구했지만, 그 진실은 결코 인간의 힘을 의지하지 않는다는 것을 확신한 순간이었다. 그럼에도 이 부족한 연구를 통해서 앞으로 새롭게 전개될 회심의 사건들을 기대하면서 본 연구를 정리하도록 한다.

　본 연구의 문제제기로서, "회심의 의미와 교회의 사명" 을 목회사회학의 방법론을 통해서 진행하였다. 목회사회학의 방법론적 틀로 사용된 목회적 차원과 사회적 차원은 목회사회학의 개론적 연구의 역할을 기대한 구분이었다. 그러기에 각 영역들은 상호 관계적으로 연결되고 구조화되었다. 이 구조 속에서 목회사회학의 학문적 지향점이 제시되고, 그 속에서 발견된 회심의 주제들을 구체화함으로써, 회심의 목회사회학적 관점을 새롭게 정의하였다.

목회적 차원에서, 회심의 중심은 성서를 통해서 전해졌다. 구약의 계약, 역사, 예언자 전승들은 회심의 성서적 뿌리 경험이었으며, 신약에 이르러 예수그리스도와 성령사건, 바울과 공동체 사상은 회심을 사건화 하는 종말론적 사건의 중심이야기이다. 이어진 회심의 기독교 역사를 통해서, 회심이 가지는 역사적 변형과 의미들을 시대적 구분을 통해서 고찰하고 (종말론적, 제도·정치적, 개혁적 회심기), 한국 역사 속의 회심을 통해서 회심의 역사적 의미를 정리하였다. 이어진 신학의 과제는 회심 사건을 신학화하는 작업으로서, 교회론의 도움을 받아 유기체·코이노니아·말씀사건·섬김으로서의 회심 신학으로 정의하였다. 각 신학적 주제 속에서 전해지는 변증법적 신학(세속화신학, 평신도신학, 말씀의 신학, 선교신학)은 회심이 가지는 교회의 이론적·실천적 과제와 함께, 역사-종말론적 회심 신학을 위한 과정적 시도였다. 이제 목회적 차원에서의 회심은, 신앙공동체의 종말론적 성서의 틀 속에서 하나님의 역사적 사건을 경험하는 역사-종말론적 회심을 지향하는 하나님 백성들의 존재적 경험이다.

사회적 차원은, 회심연구를 통해 목회 사회학의 사회적 주제들을 이론화시킨 과정적 시도이다. 이를 위하여 종교사회학과 심리학, 교육학의 분야를 통해 회심연구의 사회적 차원을 고찰하였다. 종교사회학은 사회적 차원에 대한 중심 이론과 방법론적 차원을 제시해 주고 있다. 종교의 본질적 물음에서 시작하여, 회심과 사회와의 관계, 세속화의 물음들을 통해서 회심이 가지는 사회학적 차원을 접근한 것이다. 이것을 통해서 사회속의 교회가 가지는 사회적 책임과 대화의 가능성을 발견하였다. 종교 체험으로서의 회심은 인간을 중심으로 하는 심리학의 중심주제이다. 이 심리학의 뿌리경험들(정신분석학, 분석심리학)은 다양한 종교체험 현상들과 연결되고, 종교와 인간의 정신적 세계를 해석하고 있다. 이 속에서 회심의 심리학적 연구는 회심의 정신적 차원과 영적인 차원을 바르게 구별하고 적용해야 할 과제를 제시한다.

마지막으로 회심의 교육의 차원은 변화로의 실천적 과제를 제시한다. 회심의 종교적이고 주관적 차원은 교육의 통전적인 개념에서 새롭게 이해되어야 한다. 이것은 교육의 지평의 확대와 역사 이해를 통해서 회심을 위한 만남의 교육으로 적용되었으며, 회심교육의 실천의 장으로의 공교회의 모습 속에서 역사 종말론적 교육의 가능성을 제시하였다. 이를 통해 사회적 차원에서의 회심은, 사회라는 틀 속에서 종교의 본질과 기능들을 인간의 심리학적 연구와 교육을 통한 변화의 가능성으로서, 교회를 포함한 사회변화의 실재적 경험이 된다. 이제 이러한 연구의 과정을 새롭게 직조하는 차원에서 목회사회학적 회심을 통해 회심의 통전적 이해와 역사종말론적 회심의 주제를 한국교회의 회심의 가능성으로 제시하였다. 이를 통하여 회심이란 무엇인가?에 대한 의미적 작업과 회심의 교회의 사명은 무엇인가?의 실천적 과제에 응답하였다.

급격한 과학의 발달로 인한 세계화의 시대 속에서도 영성에 대한 관심은 늘어나고 있으며, 세속화로 인해 쇠(衰)하리라 생각했던 종교의 세계도 오히려 확장되고 있는 현실을 목격한다. 이 속에서 회심이라는 종교적이고 경험적 주제는 다양한 생태환경 속에서 그 연구의 범위가 계속해서 확장되고 있다. 이것은 회심의 용어가 가지는 다양성에서도 기인하지만, 본질적으로는 세계가 가지는 변화에 대한 필요성과 절박성에 뿌리를 두고 있다. 이러한 연구는 회심의 개념을 재정의하고 새롭게 적용하는 단계로 발전하였다. 이미 사회적 차원에서 제시 되었던 회심에 대한 관심은 학문 간의 통전적 대화를 통해서 확장되고, 회심에 대한 전문적 연구들도 새롭게 전개될 것이다. 램보는 그의 회심연구를 통해서 생태환경 속에서의 상관 관계적 틀을 제시하고, 회심을 점진적이고 총체적인 사건으로 이해하였다. 이것은 회심의 다양한 학문과의 대화의 가능성을 열어둔 것이다. 이러한 상황은 기독교를 중심으로 한 회심 연구의 새로운 가능성으로 연결되고 있다.

고든 스미스는 기독교의 회심을 이해하는 데 있어서 더욱 중요한 과제는 회심을 이루는 본질적인 요소들이 갖추어져 있는지를 점검하는 것이라고 주장한다. 그는 신약성경과 교회사의 회심사례 들을 해석한 다음, 기독교적으로 좋은 회심이란 지적인 요소인 신념, 정서적 요인인 회개, 의지적 요소인 신뢰, 참회적 요소인 회개, 용서의 확신, 충성, 세례, 성령의 은사, 기독교 공동체의 소속이 반영되어야 한다고 말한다. 이것은 회심의 발달단계를 넘어서 역사와 문화, 신학적 요소들을 통합적으로 이해할 때 생기는 근본적인 변화의 총체라는 것이다.[399] Paul N. Markham은 종교적 회심의 탐구를 사회 환경과 의미형성의 체계(meaning-making system) 속에서, 기독교인의 회심도 인간의 생물학적 수용력과 신앙공동체의 상호관계적인 수용력 속에서 나타난다고 주장한다. 회심은 생태학적 재형성(Rewired)으로서, 현대사회의 재통합과 새로운 창조의 가능성이 되고 있다.[400] 이 외에도 기독교 신앙을 통한 정치와 사회변화를 요청하는 신복음주의 진영의 "역사적 회심"에 대한 논의도 회심연구의 중요한 전망이 될 것이다.[401]

한국 교회의 회심에 대한 연구들은 아직 협소한 범위를 벗어나지 못하고 있다. 다양한 학문과의 대화의 노력들이 시도되고는 있지만, 회심에 대한 통전적인 연구의 부족으로 인해 회심의 다양성과 창조적 연구에는 아직 미치지 못하고 있는 현실이다. 이 속에서 실천신학의 한 분야로 최근 소개되고 있는 목회사회학은 회심 연구의 다양한 지평을 열어주는 학

---

399) Gordon Smith, *Beginning Well* (Downers Grove, IL : IVP, 2001), 145. 인용은, 김선일, "생태적 사고를 통한 복음 전도의 이해", 「복음과 선교」 12집(2010.6).
400) Paul N. Markham, *Rewird - Exploring Religious Conversion* (Pickwick Publications, 2007), 27-29.
401) 짐 윌리스 / 배덕만 역, 『그리스도인이 세상을 바꾸는 7가지 방법』 [Jim Willis, *The Great Awakening*] (경기 : 살림, 2009).

문적 토대가 될 수 있다고 확신하다. 본 연구는 회심의 과제를 통전적으로 접근하였기에 전문성의 한계와 실천적 과제를 제시하지 못한 아쉬움이 남는다. 하지만 본 연구의 부족한 도전과 비평 작업을 통해 회심의 창조적 지평의 연구들이 지속되길 기대해본다.

마지막으로 본 회퍼의 짧은 고백을 소개한다. 철없던 나에게 그의 삶과 글은 회심의 새로운 가치를 발견하게 해 주었으며, 회심의 겸손함과 두려움을 가르쳐 주었다. 회심은 자유함 속에서 나오는 용기있는 결단이다.

훈 련
자유를 찾아 떠나려거든,
욕망과 너의 지체가 너를 이리저리 끌고 다니지 못하도록
너의 감각과 영혼을 훈련하는 일을 배우라.
너의 영혼과 신체를 정결히 지키고,
너에게 정해진 목표를 찾아
자기를 복종시키고 순종하라.
훈련 없이 자유의 비밀을 맛본 자는 없다.

행 위
순간의 쾌락에 동요되지 말고, 정의를 단호히 행하고,
가능성에서 동요되지 말고, 현실적인 것을 담대히 붙잡으라.
사고의 세계로 도피하는 것이 아니라,
오직 행위에만 자유가 존재한다.
두려워 주저하지 말고 인생의 폭풍우 속으로 나아가라.
하나님의 계명과 너의 신앙이 너를 따르며,
자유는 그대의 혼을 환호하며 맞아주리라.

고 난
놀라운 변화! 강하고 힘찬 손이 너에게 매어져 있다.
무력과 고독에서 너는 네 행위의 결말을 본다.
그러나 안심하고 고요히

강한 손에 너의 의를 맡기고 홀로 기뻐하리라.
오직 순간에 자유를 맛보는 축복을 받아 그것을 하나님께 맡기면,
하나님께서 영광 중에 자유를 성취하리.

죽음
오라, 영원한 자유를 향한 길 위에 펼쳐진 최고의 향연,
죽음이여, 우리의 무상한 육체와 현혹당한 영혼의
무겁고 괴로운 쇠사슬과 벽을 치워주려무나,
이 세상에서는 보이지 않는 것, 저 자유를 보도록 하라.
자유여, 훈련과 행위와 고통에서 오랫동안 너를 찾았다.
죽어가면서 우리는 하나님의 얼굴에서 너 자신을 본다.402)

---

402) 디이트리히 본회퍼 / 손규태 역, 『기독교윤리』 [Dietrich Bonhoeffer, Ethik] (서울 : 대한기독교서회, 1990), "자유의 도상에 있는 정류장", 3-4 .

■ 저자후기_

　참으로 두려운 질문이다. 철없던 전도사시절 작은 교회당 십자가는 그날 더욱 나를 짓누르고 있었다. 짓누른다기보다는 한없이 슬퍼하고 있었다. 어느 월요일 새벽, 피곤한 주일사역의 몸을 이끌고 겨우 올라온 예배당은 그날따라 텅 비어 있었다. 마음속에는 안도의 한 숨이 밀려왔다. 갑작스럽게 목사님께서 새벽예배를 부탁하셨기도 했지만, 내 마음에 영적 방황의 깊이가 나를 괴롭게 하고 있었기 때문이다. 조금은 죄송한 마음이 들었는지, 잠깐만이라도 기도를 하고 가려고 강대상 앞 십자가 아래에 자리를 잡았다. 기도를 시작하기 전 아무 생각 없이 펴든 성경이 나를 사로잡아가고 있었다. 그의 주위엔 많은 사람들이 있었고 그의 얼굴은 너무나 자신에 차 있었다. 많은 사람들이 그를 향해 돌을 던지고 야유하고 있었지만, 그럴수록 그의 소리는 더욱 힘이 차오르고 있었다. 그는 하나님의 역사를 선포했고, 예수님의 삶을 찬양했다. 그리고 자신이 그렇게 살아가야 하는 이유를 증거했다. 그래서 죽음도 두렵지 않다고! 오히려 그들이 안타까워 간절히 기도하고 있었다. 스데반! 그 순간 그가 나에게 향하고 있었고, 나의 더러운 죄악들과 두려움, 영적 방황을 만지고 있었다. "주님, 내 생명을 받아 주옵소서!" 이 한마디가 나를 새롭게 깨우고 있었다. 눈을 뜬 후 땀과 눈물로 젖은 옷과 방석 들, 몇 시간이 지난지도 모르게 나를 회복시켰던 성령의 힘을 생생히 기억한다. 그 생생함이 지금의 과정을 인도하고 있음을 두려움과 진지함으로 고백한다.

　회심은 두려운 응답이다. 나는 용기가 없지만 하나님이 모든 상황을 주관하시기 때문이다. 이 두려운 회심의 과정이 이 부족한 논고(論告)로 나오게 되었다. 모든 것이 하나님의 은혜라! 고백할 수밖에 없다. 특별히 너무나 많은 감사의 조건을 하나님께서 허락하셨다.

나에게 실천신학대학원의 만남은 목회와 학문의 새로운 지평을 보게 해 주었다. 한국교회의 회복을 위해서 평생 헌신하신 은준관 총장님과 교수님들, 특히 이곳에서 배운 교회론과 조성돈 교수님과 정재영 교수님을 통해 배운 목회-사회학적 지평은 이 연구의 기초가 되고 있다. 학문의 열정을 통해 회심의 진지함을 가르쳐주셨던 김영봉 목사님, 기독교교육을 통해서 변화의 지평을 넓혀주셨던 많은 교수님들과 학우들, 이 모든 분들의 만남이 이 연구의 뿌리적 경험임을 고백한다. 또한 함께 걸어온 회심의 고향인 교회를 잊을 수 없다. 모교회인 우이교회와 사역했던 성민교회, 성흔교회, 감람교회는 회심의 순례의 길에서 만난 기쁨이었다. 부곡교회는 부족한 종을 지금까지 이끌어 주고 계신 신앙의 고향이다. 김봉균 담임목사님과 모든 성도분들의 사랑에 감사드린다. 또한 조금은 어렵고 힘든 논문의 출판을 허락해 주신 열린출판사의 김윤환목사님께 감사드린다. 그분과의 만남이 아니었다면 두꺼운 논문의 무게만을 자랑하고 있었을 것이다. 이 책을 접하게 될 분들께 먼저 감사를 드린다. 신학적 주제를 소통한다는 것에 많은 한계가 있음을 인정한다. 더욱이 학위논문을 책으로 표현 한다는 것에 두려움이 있었지만, 회심의 주제가 한국교회의 회복에 필요한 시대라는 절박함이 이 작업을 서두르게 했다. 이 작은 연구는 완성이 아니기에 더욱 많은 회심의 대화들이 나누어지길 소망한다. 이러한 차원에서 깊은 나눔은 논문과 참고문헌에 도움을 받으시길 부탁드린다. 마지막으로 나와함께 어려운 회심의 순례의 길을 가고 있는 나의 가족들에게도 감사드리며 이 작은 고백이 한국교회의 회복에 조그마한 거름이 되기를 기도한다.

2010년 가을을 보내며
장진원

참 고 문 헌

강희천.『종교 심리와 기독교 교육』. 서울 : 대한기독교서회, 2001.
고용수.『만남의 기독교사상』. 서울 : 장로회신학대학교 출판부, 1994.
길동무.『하비루의 길』. 경기 : 케노시스영성원, 2007.
길동부.『죄인의 길』. 경기 : 케노시스영성원, 2008.
김경동.『급변하는 시대의 시민사회와 자원봉사』. 서울 : 아르케, 2007.
김경재.『폴 틸리히 신학연구』. 서울 : 대한기독교출판사, 1996.
김광기.『뒤르켐&베버-사회는 무엇으로 사는가?』. 서울 : 김영사, 2007.
김득중.『누가의 신학』. 서울 : 컨콜디아사, 1995.
_____ .『복음서 신학』. 서울 : 컨콜디아사, 1995.
김명용.『칼 바르트의 신학』. 서울 : 이레서원, 2007.
김선일. "생태적 사고를 통한 복음 전도의 이해"「복음과 선교」12집 (2010.6).
김성민.『종교체험』. 서울 : 동명사, 2001.
김세윤.『바울복음의 기원』. 서울 : 엠마오, 2007.
김영봉.『신앙공동체를 위한 신약성서이해』. 서울 : 성서연구사, 1995.
_____ .『사귐의 기도』. 서울 : IVP, 2009.
김영재.『한국교회사』. 서울 : 이레서원, 2008.
김영진 외 공저.『구약성서개론』. 서울 : 대한기독교서회 , 2004.
김종서.『종교 사회학』. 서울 : 서울대학교 출판부, 2006.
김태원. "마틴 부버의 인격주의와 기독교 교육"「현대와 신학」제19집, 1994.
류석춘 외 공저.『한국의 사회자본』. 서울 : 백산, 2008.
박봉목 · 송화섭.『교육학기초개설』. 서울 : 학문사, 2006.
박영신· 정재영.『현대 한국사회와 기독교-변화하는 한국사회에서의 교회 역할』. 서울 : 한들출판사, 2006.
박영신. "공동체주의 사회 과학의 새삼스런 목소리"「현상과 인식」22권 (1998년 봄/여름).
_____ . "잊혀진 이야기: 시민사회와 시민종교"「현상과 인식」24권 (2000년 봄/여름).
사미자.『종교 심리학』. 서울 : 장로회신학대학교출판부, 2002.
송순재 외 공저.『에두아르트 슈프랑어-동서양 근대교육 사상가론』. 서울 : 원미사, 1994.
심종혁. "Donald L. Gelpi의 회심이론과 그 성격"「신학과 철학」제13호 (2008 겨울).
안   신. "회심의 다양성과 회심학의 등장-램보의 통합적 종교심리학을 중심으로". 「종교연구」 제54집 (2009년 봄).
양영미. "종교적 회심에 대한 해석-사회학과 인접학문들을 통해서 본 회심의 변천과정". 연세대학교대학원 석사학위논문, 1988.
옥성호.『심리학에 물든 부족한 기독교』. 서울 : 부흥과 개혁사, 2010.
은준관.『신학적 교회론』. 서울 : 한들, 2006.
_____ .『실천적 교회론』. 서울 : 한들, 2006.
왕대일.『신앙공동체를 위한 구약성서이해』. 서울 : 성서연구사, 1993.
이덕주 · 조이제.『한국 그리스도인들의 신앙고백』. 서울 : 한들 , 1997.
이덕주.『한국 그리스도인들의 개종 이야기』. 서울 : 전망사, 1990.
_____ .『한국교회 처음 이야기』. 서울 : 홍성사, 2007.
이부영.『분석심리학 - C. G. Jung 의 인간심성론』. 서울 : 일조각, 2008.
이양호. "칼빈의 회심론"「현대와 신학」제19집, 1994.
이원규.『종교의 세속화』. 서울 : 대한기독교출판사, 1987.
_____ .『종교사회학-이론과 실재』. 서울 : 한국신학연구소, 2000.

_____ . 『종교사회학의 이해』. 경기 : 나남, 2006.
_____ . 『한국교회의 위기와 희망』. 서울 : kmc, 2010.
이정배 . "켄 윌버의 홀아키적 우주론과 과학과 종교의 통합론", 「신학과 세계」 제42호 (감리교신학대학교, 2001 봄).
이태하 . 『종교적 믿음에 대한 몇 가지 철학적 반성』. 서울 : 책세상, 2001.
이황직. "종교 사회학에서 본 개인주의와 공동체 형성의 문제 : 헤겔과 뒤르케임의 종교론을 중심으로". 「사회 이론」, 20호 (2006년 봄/여름).
임미수. 『교육학개론』. 서울 : 학문사, 2006.
장진원. "멘토링을 모형으로 하는 기독교 종교교육의 스승론". 감리교신학대학 신학대학원 석사, 1999.
장종철. "회심의 성서 신학적 이해". 「신학과 세계」 제31호 (감리교신학대학교, 1995 가을).
_____ . "종교적 회심의 유형". 「신학과 세계」 제36호 (감리교신학대학교, 1998 봄).
_____ . "회심의 심리학", 「신학과 세계」 제42호 (감리교신학대학교, 2001 봄).
정재영. 『소그룹의 사회학』. 서울 : 한들, 2010.
_____ . "개종의 사회 문화적 요인"「신학과 실천」 제14호(2008 봄).
정진홍. 『M.엘리아데 종교와 신화』. 서울 : 살림, 2003.
조성돈 · 정재영 편. 『그들은 왜 가톨릭 교회로 갔을까?』. 서울 : 예영, 2007.
_____ . 『시민사회속의 기독교회』. 서울 : 예영, 2008.
_____ . 『더불어 사는 지역공동체 세우기』. 서울 : 예영, 2010.
조성돈 . 『목회사회학』. 서울 : 토라, 2004.
최신한 . 『지평확대의 철학-슐라이허마허, 점진적 자기발견의 정신탐구』. 경기 : 한길사, 2009.
표안식 . 『바울의 회심과 갈라디아교회 : 갈라디아서의 사회학적 연구』. 경기 : 한국학술정보, 2007.
한춘기. "회심의 기독교교육학적 이해", 「기독교교육연구」 Vol 10 (총신대학교부설 기독교교육연구소, 1999).
황영식 . 『조나단 에드워즈의 참된 부흥』. 서울 : 누가, 2005 .
미래사회와 종교성연구원 역. 『종교성, 미래교육의 새로운 패러다임』. 서울 : 학지사, 2007.
한국기독교교육학회 편. 『기독교교육』. 서울 : 대한기독교교육협회, 1994.
한미준·한국갤럽. 『한국교회 미래 래포트』. 서울 : 두란노, 2005.
「구원사로 접근하는 TBC 성서연구, 목회자교재 - 구약 I, II」. 경기 : TBC 성서연구원, 2003.
종교교재편찬위원회 편. 『성서와 기독교』. 서울 : 연세대학교 출판부, 2008.
편집부 역. 『현대 신학을 이해하기 위해 꼭 알아야 할 신학자 28인』. 서울 : 대한기독교서회, 2008.
"국제실천신학심포지엄 자료집".실천신학대학원 제8회 국체심포지엄 (2010.5).
"2009년 한국교회의 사회적 신뢰도 여론조사 결과발표 세미나 자료집". 기윤실, 2009.
한국종교문화연구원. "2008년 한국의 종교, 현황조사연구 ". 문화체육관광부.
『쉐마 주제별 종합자료사전, 15』. 서울 : 성서연구사, 1992.
『브리태니커 세계 대백과사전, 19』. 한국브리태니커, 1997.
『표준새번역 성경전서』. 대한성서공회. 1993.
Anderson, G. W. / 김찬국 역. 『이스라엘 역사와 종교』. *The history and Religion of Israel*. 서울 : 대한기독교서회, 1990.
Aurelii Augustini, S. / 최민순 역. 『고백록』. *Confessionum Libri XIII*. 서울 : 성바오로출판사, 1993.
Barth, Karl / 신경수역. 『교의학 개요』. *Dogmatics In Outline*. 경기 : 크리스챤 다이제스트, 2009.
Banks, Robert John / 장동수 역. 『바울의 그리스도인 공동체 사상』.

Paul's Idea of Community. 서울 : 여수룬, 1999.
Banks, Robert & Julia / 장동수 역. 『교회, 또 하나의 가족』.
　　　The Church Comes Home. 서울 : IVP, 2003.
Baxter, Richard / 백금산 역. 『회심』. A Call to the Unconverted. 서울 : 지평서원, 2008.
Berger, Peter L. etc. / 김덕영·송재룡 역. 『세속화냐? 탈세속화냐?』.
　　　The Desecularization of the World. 서울 : 대한기독교서회, 2002.
Bellah, Robert N. / 박영신 역. 『사회 변동의 상징구조』. Beyond Belief.
　　　서울 : 삼영사, 1997.
Bonhoeffer, Dietrich / 손규태 역. 『기독교윤리』. Ethik. 서울 : 대한기독교서회, 1990.
_____ / 문익환 역. 『신도의 공동생활』. Gemeinsames Leben Das Gebetbuch der Bible.
　　　서울 : 대한기독교서회, 2006.
Bornkamm, Günther / 허혁 역. 『바울-그의 생애와 사상』. Paulus.
　　　서울 : 이화여자대학교출판부, 1994.
Bosch, David J. / 전재옥 역. 『세계를 향한 증거』. Witness to the World. 서울 : 두란노, 1997.
Bright, John / 박문제 역. 『이스라엘 역사』. A History of Israel. 서울 : 크리스챤 다이제스트,
　　　1998.
Brunner, Emil / 전택부 역. 『정의와 사회질서』. Gerechtigkeit. 서울 : 대한기독교서회, 2003.
Buder, M. / 김천배 역. 『나와 너』. I and Thou. 서울 : 현대사상사, 1974.
_____ / 박문재 역. 『나와 너』. Ich und Du. 서울 : 인간사, 1992.
_____ / 남정길 역. 『사람과 사람사이』. Between Man and Man. 서울 : 전망사, 1991.
Clair, Michael St. / 이재훈 역. 『인간의 관계 경험과 하나님 경험-대상관계 이론과 종교』.
　　　Human Relationship and the Experience of God-Object Relation and Religion.
　　　서울 : 한국심리치료 연구소, 1998.
Clements, Ronald E. /김찬국 역. 『구약신학』. Old Testament Theology.
　　　서울 : 대한기독교서회, 1995
Cobb, John B. Jr. / 김종순 역. 『평신도 신학』. Lay Theology. 서울 : 성서연구사, 1996.
Cox, Harvey / 구덕관외 역. 『세속도시』. The Secular City. 서울 : 대한기독교서회, 2007.
Dunn, J / 김득중·이광훈역. 『신약성서의 통일성과 다양성』.
　　　Unity & Diversity in the New Testament. 서울 : 솔로몬, 2002.
Durkeim, Emile / 노치준·민혜숙 역. 『종교 생활의 원초적 형태』.
　　　The Elementary Forms of the Religious Life. 서울 : 민영사, 1992.
Dyrness, William / 김지찬 역. 『주제별로 본 구약신학』. Themes in Old Testament Theology.
　　　서울 : 생명의 말씀사, 2006.
Eliade, Mircea / 이동하 역. 『성과 속』. The Sacred and the Profane, The Nature of Religion. 서
　　　울 : 학민사, 2006.
Flick, Uwe / 임은미 외 역. 『질적연구방법』. An Introduction to Qualitative Research. 서울 : 한
　　　울, 2009.
Fowler, James W. / 사미자 역. 『신앙의 발달단계』. Stages of Faith.
　　　서울 : 한국장로교출판사, 1995.
_____ / 박봉수역. 『변화하는 시대를 위한 기독교교육』. Weaving the New Creation. 서울 :
　　　한국장로교출판사, 1996.
Freud, Sigmund /이정식 엮음. 『정신분석입문』. Vorlesungen zur Einführung in die Psycho analyse
　　　. 서울 : 다문, 1995.
_____. 『꿈의 해석』. Gesammelte Werke. 서울 : 거산, 1985.
_____ / 김숙진 역. 『새로운 정신분석 강의』. New Introductory Lectures on Psycho-Analysis.
　　　서울 : 문예출판사, 2006.

Frost, Michael / 홍병룡 역. 『일상, 하나님의 신비』. *Eyes Wide Open : Seeing God in the Ordinary*. 서울 : IVP, 2006.
Gallup, George H. Jr. & Michael Lindsay, D. / 배웅준 역. 『교인여론조사』. *The Gallup Guide : Reality Check For 21st Century Churches*. 서울 : 규장, 2002.
Gomez, Lavinia / 김창대 외 공역. 『대상관계이론 입문』. *An Introduction to Object Relation*. 서울 : 학지사, 2008.
Groome, Thomas H. / 이기문 역. 『기독교적 종교교육』. *Christian Religious Education*. 서울 : 대한예수교장로회총회출판국, 1991.
Guinness, Os / 홍병룡 역. 『소명』. *The Call*. 서울 : IVP, 2004.
Hall, Calvin S. & Nordby, Vernon J. / 김형섭 역. 『융 심리학 입문』. *A Primer of Jungian Psychology*. 서울 : 문예출판사, 2004.
Harris, Maria / 고용수 역. 『회중 형성과 변형을 위한 - 교육목회 커리큘럼』. *Fashion Me A People - Curriculum in the Church*. 서울 : 한국장로교출판사, 1997.
Harvey, Van A. / 박양조 역. 『신학 용어해설』. 서울 : 기독교문사, 1995.
Hasel, Gerhard F. / 장상 역. 『현대 신약신학의 동향』. *New Testament Theology*. 서울 : 대한기독교 출판사, 1994.
Helm, Paul / 손성은 역. 『회심』. *The Beginning : Word & Sprit in Conversion*. 서울 : SFC, 2005.
Heschel, Abraham Joshua / 이현주 역. 『예언자들』. *The Prophets*. 서울 : 삼인, 2008.
Heussi, Karl / 허혁 역. 『교회사 편람』. *Kompendium der Kirchengeschichte*. 서울 : 임마누엘, 1988.
Howard Marshall, I. / 이한수 역. 『누가행전』. *Luke:Historian & Theologian*. 서울 : 엠마오, 1996.
Howe, Reul / 김관선 역. 『대화의 기적』. *The Miracle of Dialogue*. 서울 : 대한기독교교육협회, 1965.
James, William / 김성민 · 정지련 역. 『종교체험의 여러 모습들』. *The Varieties of Religious Experiences*. 서울 : 대한기독교서회, 1997.
Jung, Carl Gustav. etc / 권오석 역. 『무의식의 분석』. *Analysis of Unconsciousness*. 서울 : 홍신문화사, 2007.
Jung, Carl Gustav ed. par / 이기춘 · 김성민 역. 『융의 생애와 사상』. *Ma Vie-Souvenirs reves et pensees*. 서울 : 현대사상사, 1995.
Justo, Gonzalez L. / 서영일 역. 『종교개혁사』. *The Story of Christianity*. 서울 : 은성, 1992.
_____ / 서영일 역. 『현대교회사』. *The Story of Christianity*. 서울 : 은성, 2004.
_____ / 서영일 역. 『초대교회사』. *The Story of Christianity*. 서울 : 은성, 2006.
_____ / 서영일 역. 『중세교회사』. *The Story of Christianity*. 서울 : 은성, 2007.
_____ / 주재용 역. 『간추린 교회사』. *Church History an Essential Guide*. 서울 : 은성, 2006.
Kerr, Hugh T. & Mulder, John M. / 김영봉 역. 『위대한 회심자들』. *Conversions*. 서울 : 생명의 말씀사, 1987.
Landman, Patrik / 민혜숙 역. 『프로이트 읽기』. *Freud*. 서울 : 동문각, 2005.
Lohfink, Gerhard / 정한교역. 『예수는 어떤 공동체를 원했나』. *Wie hat Jesus Gemeinde gewollt ?* 경북 : 분도출판사, 1993.
Luckmann, Thomas / 이원규 역. 『보이지 않는 종교』. *The Invisible Religion*. 서울 : 교문사, 1982.
Maduro, Otto / 강인철 역. 『사회적 갈등과 종교』. *Religion and Social Conflicts*. 서울 : 한국신학연구소, 1993.
Martin, David / 김승호 외 공역. 『현대세속화이론』. *On Secularization : Toward a Revised*

General Theory. 서울 : 한울아카데미, 2008.
McCarth, Dennis J./ 장일선 역. 『구약의 계약사상』. *Old Testament Covenant*. 서울 : 대한기독교출판사, 1993.
Mcguire, Meredith B. / 김기대·최종렬 역. 『종교사회학』. *Religion : The social context*. 서울 : 민족사, 1994.
McKown, D. B. / 강돈구·박정해 역. 『마르크스주의 종교이론』. *The Classical Marxist Critiques of Religion*. 서울 : 서광사, 1991.
Miller, Donald E. and Tetsunao Yamamori / 김성건·정종현역. 『왜 섬기는 교회에 세계가 열광하는가?』. *Global Pentecostalism : The New Face of Christian Social Engagement*. 서울 : 교회성장연구소, 2008.
Miller, Donald E. / 이원규 역. 『왜 그들의 교회는 성장하는가?』. *Reinventing American Protestantism*. 서울 : kmc, 2008.
Mills, Charles Wright / 강희경·이해찬 역. 『사회학적 상상력』. *The Sociological Imagination*. 서울 : 돌베개, 2007.
Moltmann, Jrűgen / 이신건 역. 『희망의 신학』. *Theologie der Hoffnung*. 서울 : 대한기독교서회, 2009.
_____ / 곽미숙 역. 『세계 속에 있는 하나님』. *Gott im Projekt der modern Welt*. 서울 : 동연, 2009.
_____ / 이신건 역. 『희망의 신학』. *Theologie der Hoffnung*. 서울 : 대한기독교서회, 2009.
_____ / 김균진 역. 『십자가에 달리신 하나님』. *Der gekreuzigte Gott Das Kreuz Christi als Grund und Kritik tchristlicher Theologie*. 충남 천안 : 한국신학연구소, 1995.
_____ / 전경연 역. 『하나님 체험』. *Gottes-erfahrungen*. 서울 : 대한기독교서회, 1992.
_____ / 이신건 역. 『희망은 어디서 오는가-희망에 관한 몰트만의 글모음』. 서울 : 한들, 2004.
Mouw, Richard J. / 홍병룡 역. 『무례한 기독교』. *Uncommon Decency - Christian Civility in an Uncivil World*. 서울 : IVP, 2005.
Newdigin, Lessle / 홍병룡 역. 『다원주의 사회에서의 복음』. *The Gospel in a Pluralist Society*. 서울 : IVP, 2007.
Niebuhr, H. Richard / 김재준 역. 『그리스도와 문화』. *Christ and Culture*. 서울 : 대한기독교 서회, 1996.
Ornstein, Allan C. & Hunkins, Francis P. / 장인실 외 공역. 『교육과정』. *Curricu lum : foundation, principles, and issues*. 서울 : 학지사, 2007.
Palmer, Richard E. / 이한우 역. 『해석학이란 무엇인가?』. *Hermeneutics*. 서울 : 문예출판사, 2001.
Peace, Rechard / 김태곤 역. 『신약이 말하는 회심』. *Conversion in the New Testament:Paul & the Twelve*. 서울 : 좋은씨앗, 2001.
Robertson, Roland / 이원규 역. 『종교의 사회학적 이해』. *The Sociological Interpretation of Religion*. 서울 : 대한기독교서회, 1992.
Schleiermacher, Friedrich / 최신한 역. 『기독교신앙』. *Der christliche Glaube*. 경기 : 한길사, 2006.
Schweitzer, Friedrich / 송순재 역. 『삶의 이야기와 종교』. *Lebensgeschichte und Religion*. 서울 : 한국신학연구소, 2009.
Scott Peck, M. / 신승철·이종만 역. 『아직도 가야할 길』. *The Road Less Traveled*. 서울 : 열음사, 2008.
_____ / 손홍기 역. 『아직도 가야할 길 그리고 저 너머에』. *The Road Less Traveled and Beyond*. 서울 : 열음사, 2007.

Sherrill, L. J. / 김재은·장기옥 역. 『만남의 기독교교육』. *The Gift of Power*.
　　서울 : 대한기독교 출판사, 1981.
Sire, James W. / 김헌수 역. 『기독교 세계관과 현대사상』.
　　The Universe Next Door. 서울 : IVP, 2007.
Spranger, E. / 김재만 역. 『천부적인 교사』. 서울 : 배영사, 1996.
Stevens, R. Paul / 홍병룡 역. 『21세기를 위한 평신도 신학』.
　　The Abolition of the Laity. 서울 : IVP, 2009.
Stott, John R. W. / 김명혁 역. 『현대기독교 선교』. *Christian Mission in the Mordern World*. 서울
　　: 성광문화사, 1993.
John, Stott / 정옥배 역. 『현대 사회 문제와 그리스도인의 책임』. *New Issues Facing Christians
　　Today* (Fully Revised Edition). 서울 : IVP, 2006.
Stuhlmacher, Peter/전경연·강한표 역. 『신약성서 해석학』. *Vom Verstehen des Neuen Testaments
　　Eine Hermeneutik*. 서울 : 대한기독교출판사, 1994.
Kűmmel,Werner Georg / 박창건 역. 『주요 증인들에 따른 신약성서신학』.
　　Die Theologie des Neuen Testaments nach seinen Hauptzeugen   Jesus · Paulus · Johannes.
　　서울 : 성광문화사, 1994.
Kűng, Hans / 정지련 역. 『교회』. *Die Kirche*. 서울 : 한들, 2007.
Thomas, Owen C./ 이재정 외 역. 『요점 조직신학』.
　　Introduction to Theology. 서울 : 대한기독교서회, 1999.
Tillich, Paul / 김천배 역. 『흔들리는 터전』. *The Shaking of the Foundation*
　　. 서울 : 대한기독교서회, 2006.
──────── / 차성구 역. 『존재의 용기』. *The Courage to Be*. 서울 : 예영, 2006.
Von Rad, Gerhard / 허혁 역. 『구약성서신학 I. II. III』.
　　Theologie des Alten Testament. 서울 : 분도출판사, 1996.
Wallis, Jim / 정모세 역. 『회심』. *The Call to Conversion*. 서울 : IVP, 2008.
──────── / 정성묵 역. 『하나님의 정치』. *God's Politics*. 서울 : 청림, 2008.
──────── / 배덕만 역. 『그리스도인이 세상을 바꾸는 7가지 방법』.
　　The Great Awakening. 경기 : 살림, 2009.
Warnke, G. / 이한우 역. 『가다머의 철학적 해석학』. *Gadamer - Hermeneutics*.
　　서울 : 사상사, 1993.
Weber, Max / 박성수 역. 『프로테스탄티즘의 윤리와 자본주의 정신』.
　　Die Protestantische Ethik und der Geist des Kapitalismus. 서울 : 문예출판사, 2006.
──────── / 김진욱 역. 『이해사회학의 카테고리』. *Über einige Kategorien der Verstebenden
　　Soziologie*. 서울 : 범우사, 2002.
──────── / 전성우 역. 『'탈주술화' 과정과 근대학문,종교,정치 : 막스베버사상선집 I』.   서울 : 나
　　남, 2002.
Wesley, J. / 나원용 역. 『존 웨슬리의 일기』. 서울:기독교대한감리회교육국, 1994.
Wilber, Ken / 박정숙 역. 『의식의 스펙트럼』. *The Spectrum of   Consciousness*   . 경기 : 범양사,
　　2006.
Wulf, Christoph / 정은해 역. 『해석학. 경험론. 비판론 사이에서의 교육학』.
　　Theorien und Konzepte der Erziehungswissenschaft. 서울 : 철학과 현실사, 1999.
Antes, Peter · Geertz, Armin W. · Warne, Randi R. ed. *New Approachs to the
　　Study of Religion*. Berlin : Walter de Gruyter GmbH, 2004.
Bainbridge, William Sims. "12. The Sociology of Conversion" in (edited)
　　Newton Malony & Samuel Southard, *Handbook of Religious
　　Conversion*, Religious Education Press (REP) , Birmingham, 1992.

Berger, Peter & Luckmann, Thomas. *The Social Construction of Reality :
A Treatis in the Sociology of Knowledge*. Garden City : Doubleday, 1966.
Berger, Peter L. *The Sacred Canopy:Elements of a Sociology of Religion*
. New York : Doubleday, 1967.
Brown, Raymond E. *The Death of the Messiah vol, I,II - A Commentary
on the Passion narrative in the four Gospels*.
New York : Doubleday, 1994.
Brunner, Emil. *The Divine-Human Encounter*. Loss, Amandus W. trans.
Philadelphia : The Westminster Press, 1943.
Bultmann, Rudolf. *The Gospel of John - A Commentary*, tr. G. R. Beasley   - Muttay, General editor R. W. N. Hoare and J. K. Riches.
Philadelphia : The Westminster Press, 1971.
Campbell, Colin and Coles, Robert W. "Religiosity, Religious Affilation
and Religious Belief : The Exploration of a Typology".
Review of Religious Research Vol.14, No.3 , spring, 1973.
Conn, Walter E. ed. *Conversion* . New York : Alba House, 1978.
Dick, Michael Brennan. "Conversion in the Bible" . (ed, Robert Duggan)   Conversion and the Catechumenate, New York : Paulist Press, 1984.
Dobbelaere, Karel. "Some Trends in European Sociology of Religion :
The Secularization Debate". Sociological Analysis 48, 1987.
_____. "Toward an Integrated Perspective of the Process Related   to the Descriptive Concept of Secularization", in William H. Swatos   and Danial V.A. Olson(eds.), *The Secularization Debate*. Lanham etc.: Rowman and Littlefield, 2000.
Ferm, Robert O. *The Psychology of Christian Conversion*.
Westwood, N. J.: Revell, 1959.
Freud, Sigmund. *The Future of an Illusion*. Garden City, N.Y.: Doubleday, 1957.
_____. "A Religious Experience". *Collected Papers, Volume 5*. ed.
James Strachey. New York : Basic Book, 1959.
Gelpi, Donald L. *Committed Worship : A Sacramental Theology for
Converting Christian*. Collegeville : The Liturgical Press, 1993.
Gooren, Henri. *The Religious Market Model and Conversion : Toward a
New Approach*. Koninklijke Brill NV, Leiden, 2006.
Granberg, Lars I. "Some Issue in the Psychology of Christian Conversion".
The Reformed Review 15, 1962.
Granqvist, Pehr & Kirkpatrick, Lee A. "Religious Conversion and Perceived
Childhood Attachment : A Meta-Analysis". The International Journal
for the Psychology of Religion, 14(4), 2004.
Hall, G. Stanley. *Jesus the Christ in the Light of Psychology*.
New York : Appleton, 1917.
James, William. *The Varieties of Religious Experience*.
New York : Prometheus Books, 2002.
Jewett, Paul K. *Emil Brunner*. Chicago : Inter-Varsity Press, 1961.
Johnson, Cedric B. and Malony, H. Newton. *Christian Conversion : Biblical
and Psychological Perspectives*. Grand Rapids, Mich.:Zondervan, 1982.
Kasdorf, Hans. *Christian Conversion in Context*.
Scottsdale, Pa. : Herald Press, 1980.

Kildahl, John P. "The Personalities of Sudden Religious Conversion".
　　Pastoral Psychology 16, September 1965.
Kriebel, Oscar S. *Conversion and Religious Experience*, Pennsburg,
　　Penna, 1907. (Biblio Bazaar, LLC).
Lamb, Christoper & Bryant, M. Darrol(eds). *Religious Conversion :*
　　Comtemporary Practices and Controversies. Cassell, 1999.
Lofland, John & Skonovd, Norman. "Conversion Motifs".
　　Journal for the Scientific Study of Religion, 20(4), 1981.
Lofland, J. & Stark, R. "Becoming a World-Saver. A Theory of Conversion to
　　a Deviant Perspective". American Sociological Review 30, 1965.
Lonergan, Bernard. *Method in Theology*. New York : Seabury Press, 1972.
Long, Theodore E. & Hadden, Jeffrey K. "Religious Conversion and the
　　Concept of Socialization : Integrating the Brainwashing and Drift　Models". Journal for
　　the Scientific Study of Religion, 22(1), 1983.
Markham, Paul N. *Rewird - Exploring Religious Conversion*.
　　Pickwick Publications, 2007.
Malony, H. Newton."G. Stanley Hall's theory of conversion". Newsletter :
　　Psychologists Interested in Religious Issues : Division 36.
　　American Psychological Association, Fall, 1989.
Matarazzo, Joseph D. "There is Only One Psychology, No Specialities,
　　but Many Application". American Psychologist 42, October 1987.
Miller, R. C. *Education for Christian Living*. Englewood Cliffs : Prentice-Hall, Inc, 1956.
Musser, Donald W. & Price, Joseph L. *A New Handbook of Christian*
　　Theology. Nashville : Abingdon Press, 1992.
Parrucci, Dennis J. "Religious Conversion : A Theory of Deviant Behavior".
　　Sociological Analysis 29:3, 1968.
Rambo, Lewis R. "Current Research on Religious Conversion".
　　Religious Studies Review, Vol.8, NO 2 / April, 1982.
　　_____. "The Psychology of Conversion". ed. Newton Malony
　　& Samuel Southard. Handbook of Religious Conversion, REP, 1992.
　　_____. *Understanding Religious Conversion*. New Heaven,CT :
　　Yale University Press, 1993.
　　_____. "Educating for Conversion", Yonsei Unversity : November 19, 2005.
Remus, Harold E. "Sociology of Knowledge and the Study of Early
　　Christian". Sociology of Religion 11, 1982.
Robertson, Roland ed. *Sociology of Religion*. New York : Penguin, 1978.
Salzman, Leon. "The Psychology of Religious and Ideological
　　Conversion". Psychiatry 16, 1953.
Sanctis, De. *Religious Conversion :A Bio-psychological Study*.
　　London : Kegan Paul,Tranch, & Co., 1927.
Scroggs, James R. and Douglas, William G. T. "Issues in the Psychology of
　　Religious Conversion". Journal of Religion and Health 6, 1967.
Smith, Gordon. *Beginning Well*. Downers Grove, IL : IVP, 2001.
Snow, David A. & Machalek, Richard. "The Sociology of Conversion".
　　Annual Review of Sociology, Vol.10, 1984.
Snow, David A. & Phillips, Cynthia S. "The Lofland-Stark Conversion Model

: A Critical Reassessment". Social Problems 27, 1980.
Spellman, Charles M. · Baskett, Glen D. · Byrne, Donn. "Manifest Anxiety as a Contributing Factor in Religious Conversion".
    Journal of Consulting and Clitical Psychology 36, 1971.
Starbuck, E. D. *The Psychology of Religion*. New York : Charles
    Scribner's Sons, 1915.
Stark, Rodney and Finke, Roger. *Acts of Faith : Explaining the Human
    Side of Religion.* Berkeley etc. : University of California Press, 2000.
Tillich, Paul. *Theology of Culture*. Oxford Univ' Press : 1959.
Turner, Paul R. "Religious Conversion and Community Development".
    Journal for the Scientific Study of Religion 18(3), 1979.
Warner, R. Stephen. "More Progress on the New Paradigm". in : Ted G.
    Jelen(ed.). *Sacred Markets, Sacred Canopies : Essays on
    Religious Market and Religious Pluralism.* Lanham : Rowman and Littlefield Publishers, 2002.
Wilson, Bryan. *Religion in Sociological Perspective.* Oxford etc. : Oxford University Press, 1987.

■ 저자소개_

장진원 박사는 1972년생으로 협성대학교 신학과를 거쳐 감리교신학대학원(Th.M/기독교교육전공)을 졸업하였다. 기독교대한감리회 목사로 현재 부곡감리교회에서 부목사로 섬기고 있다. 실천신학대학원대학교에서 실천신학석사와 실천신학박사(Ph.D)과정을 졸업하고, 목회사회학연구소를 통해 한국교회의 회복을 위한 신학적, 실천적 연구를 지속적으로 하고 있다. 현장목회와 학문적 연구를 바탕으로 기독교교육, 제자훈련 및 평신도사역, 문화사역, 지역공동체운동, 기독교인의 자살문제 등 목회와 사회학적 관점을 통해 한국교회의 새로운 방향을 제시하고 있다.